JN440541

국제정치경제의 이해

역사, 이념 그리고 이슈

| 개 정 판 |

국제정치경제의 이해

역사, 이념 그리고 이슈

Understanding International Political Economy

History, Ideology and Issues

김석우 지음

한울
아카데미

• • •

내가 진정으로 사랑하는

나의 가족에게 이 책을 바칩니다.

개정판 서문

몇 년 전 이 책을 처음 쓸 때가 생각난다. 오래전 미국 대학에서 박사학위를 받고 몇 년간 강사로 이 대학 저 대학에서 이런저런 강의들을 하다가, 2002년 서울시립대학교 국제관계학과에 취업해 몇 년간 강의와 연구 활동을 하다 처음으로 연구년을 맞아서 미국 오레곤대학교에 갔을 때였다. 왜 내가 이 책을 써야 하는가에 관한 고민이 있었고, 또 내가 이 책을 쓸 수 있는 역량이 있는가에 대한 고민도 있었다. 첫 번째 고민에 대해서는 서문에서도 밝혔듯이 길핀(Gilpin) 교수가 쓴 국제정치경제 교과서에 못 미치더라도 한국의 많은 독자들을 위해 용기를 내자는 것이었다. 두 번째 고민에 대해서는 이런 생각을 했다. 지금 못 쓰면 영원히 못 쓸 것이다. 그래서 용기를 내서 책을 쓰기 시작했다.

책을 쓰는 것은 고통스러운 작업이다. 논문과는 다르게 많은 양을 써야 하고 일관되게 써야 하기 때문이다. 또한 자신의 나태함과도 싸워야 하는 작업이다. 한국 내 전문 서적에 대한 독자의 요구가 제한적이고, 또한 교과서 집필을 통해 얻을 수 있는 경제적 혜택과 명예도 제한적이다. 사실 합리적 선택과 효용이라는 측면에서 보면 한국에서 교과서를 쓰는 작업은 비합리적 선택이다. 노력과 비용 대비 효용과 이익이 크지 않기 때문이다. 그래도 용기를 냈고 결심을 했다. 국제정치경제를 전공하는 학자가 평생에 적어도 한 번은 자기 전공에 관한 교과서를 쓰는 것이 권리이고 의무라고 생각했다. 내 오기와 학자로서의 책임으로 인해 교과서 집필 작업이 합리적 선택이 되었다. 『국제정치경제의 이해』라는 제목의 책이 2011년 출간되었다.

이 책이 출간되고 나서도 나는 학교에서 '국제정치경제' 과목을 영어로 강의했고, 그 결과 내가 쓴 책을 교재로 채택하지 못했다. 나는 여전히 길핀이 2000년 저술한 책을 교과서로 채택했다. 그러면서 시간이 지나갔다. 그동안 이 책을 교과서로 채택했다는 몇몇 소식이 전해졌고, 나에게 강의 자료를 보내달라는 요청도 있었다. 저자 특강을 해달라는 소리도 간혹 들렸다. 출판사를 통해 이 책이 4쇄까지 출간되었다는 소식을 들었다. 다른 학교 학생들로부터 내 책을 읽었다는 소리도 종종 들었다. 책을 읽는 독자가 많아지면서 이 책에 문제점이 없을까 하는 생각을 하기 시작했다. 내 생각과 판단을 명확하게 하기 위해서 국제정치경제 과목을 한국어로 강의하기로 결심했고, 처음으로 내가 쓴 책을 교과서로 채택했다. 강의를 하면서 이 책을 다시 꼼꼼히 읽었고 문제점을 파악하기 시작했다.

이 책은 여러 가지 문제점이 있었다. 첫째는 심각한 문제는 아니었지만 철자와 띄어쓰기 등에서 몇몇 오류가 발견되었다. 학생들의 제보가 큰 도움이 되었다. 둘째는 명확하지 않은 표현들이 있었다. 이 역시 학생들의 제보가 도움이 되었다. 셋째는 책의 분량에 관한 것이었다. 이 책을 쓰고 출판할 때 나는 나태함을 완전히 극복하지 못했다. 어떤 부분은 더 써야 할 내용이 있는 줄 알았는데도 불구하고 무시했다. 220여 쪽의 길이를 가진 책이 너무 짧다는 지적이 있었다. 국제정치경제에 관한 많은 내용이 포함되어 있지만 그래도 미진한 부분들이 있다는 지적이었다. 마지막으로 새로운 현상과 사건이 발생하면서 이 부분들을 언급하고 있지 못하다는 지적이 있었다. 개정판을 쓰라고 노골적으로 말하는 동료 교수들의 압력도 있었다. 개정판을 쓰기로 결심했다.

이 책의 서문에서 밝혔듯이 이 책의 문제점을 보완할 수 있는 새로운 집필 작업을 5년 전에 약속했었다. 나의 게으름을 경계하면서 부족한 부분을 채우는 작업을 하겠다고 했었다. 이 약속을 다소간 지킬 수 있어서 다행이다. 그렇다고 해서 지금의 개정판이 원문의 모든 문제점을 해소했다고 얘기하는 것은 아니다. 이 개정판도 여전히 문제가 있고 미진한 부분이 있다. 그래도 원문보다는 조금 더 발전된 모습을 보이고 있다고 확신한다. 언젠가 또 새로운 발전을 보일 수 있으면 좋겠다.

개정판에서는 원문에 더해 몇 가지 작업을 진행했다. 첫째는 철자, 띄어쓰기, 불명확한 부분의 개정 등의 작업을 진행했다. 둘째는 상대적으로 내용이 빈약했던 부분을 보완하는 것이었다. 특히 제2장 '국제경제체제의 관리'에서 21세기의 내용을 보완하는 것, 제4장 '자본주의 내에의 경제이념' 부분에서 자본주의체제의 변화를 설명하는 것, 그리고 제9장 '발전의 정치경제'의 내용을 대폭 보완하는 작업을 진행했다. 마지막으로 각 장에서 새로운 내용들을 추가하고 설명하는 작업을 진행했다. 이러한 보완과 첨가, 그리고 수정 작업을 통해 이 개정판은 원문보다 약 70쪽 정도 길어졌다. 이 책의 독자들에게 더 많은 지식을 제공할 수 있어서 기쁘다. 다만 두꺼워진 책을 들고 다녀야 하는 수고를 하게 해서 미안한 생각도 든다.

이 책을 집필하기 전과 후에 동료 국제정치경제 학자들에 의해 몇몇 권의 교과서가 집필되고 번역되었다. 그 책들도 많은 좋은 내용을 포함하고 있다고 생각한다. 상호의 협력과 경쟁 과정을 통해 후학들에게 좀 더 나은 책을 읽을 수 있는 기회가 제공되길 바란다. 이 개정판도 그런 역할의 한 부분을 담당할 수 있으면 좋겠다.

개정판을 쓰는데도 여러 사람들의 도움을 받았다. 원문의 내용을 꼼꼼히 읽고 문제점을 지적해준 많은 국제관계학과 대학원생들과 학부생들에게 진심으로 고마움을 표하고 싶다. 그리고 개정판 내용을 검토해 원고의 완성도를 높이고 편집 작업을 도와준 이슬기 양에게 특히 감사하다. 개정판 출간에 도움을 주신 한울엠플러스(주)의 김종수 사장님, 기획실 윤순현 차장님, 편집부 조인순 팀장님, 그리고 예쁜 표지를 만들어주신 디자인실 선생님들께도 감사드린다. 개정판 집필 작업 중 까칠해진 나의 행동과 말을 끝까지 웃음으로 받아준 내 인생의 영원한 파트너인 규진에게 특별히 이 서문을 통해서 고맙다는 말을 전하고 싶다. 한나와 종훈이에게 아빠로서 나름대로 좋은 추억을 하나 선사하고 싶다는 욕심이 이 개정판 작업을 가능하게 했다는 말도 하고 싶다. 끝으로 하늘나라에서 아들의 행복과 건강을 빌며, 우리 가족 모두를 영원히 지켜주실 아버지와 어머니께 감사드리며 이 개정판의 출간을 말씀드리고 싶다.

2016년 8월

지은이

초판 서문

학자로서 책을 쓰는 것은 즐거운 일이면서도 힘든 일이다. 책을 써야겠다는 생각을 한 것은 오래전이고 본격적으로 쓰기 시작한 것도 거의 3년 전의 일이다. 처음 몇 장을 쓰고 나서는 시간 여유가 없어 글을 쓰는 것을 한동안 중단했다. 집필 작업에 대한 부담은 계속 있었고 책을 빨리 마무리해야지 하는 생각이 머리를 짓누르는 경우도 많았다. 그러나 생각뿐이었다. 시간은 빨리 지나갔다.

그러다가 작년에 오레곤대학교로 연구년을 갔다. 그곳에서도 처음 몇 개월간은 전혀 글을 쓰지 못했다. 오래전 박사학위를 마친 후 처음 맞는 연구년이라서 그런지, 지쳤던 몸과 마음을 추스르는 기간이 필요했다. 또다시 몇 개월이 훌쩍 지나가 버렸다. 조만간 한국으로 돌아갈 생각을 하면서 문득 집필을 다시 시작해야겠다는 생각이 들었다. 책을 쓰는 작업을 서둘렀고 오레곤대학교 도서관에서 몇 주를 보냈다. 그렇게 몇 장을 쓸 수 있었지만 두어 장을 남겨둔 채 완성하지 못하고 귀국했다.

귀국한 후에도 한동안 글을 쓸 여유가 없다가 다시 마음을 굳게 먹고 글을 썼고 책을 완성할 수 있었다. 책을 써야겠다고 마음먹은 지 근 5년 만이었고 쓰기 시작한 지는 거의 3년 만의 일이다.

이 책은 국제정치경제라는 학문 분야의 핵심 이념, 역사 그리고 이슈들을 소개하고 설명한다. 책을 쓰면서 몇 가지 생각이 있었다. 첫째, 되도록 쉽게 써서 이 분야를 공부하려는 대학생과 대학원생들이 많은 지식을 얻었으면 좋겠다는 것이었다. 이러한 맥락에서 각주 없는 책을 썼다.

둘째, 국제정치 혹은 국제정치경제의 특정 시각에서 치우치지 않겠다는 것이었다. 예를 들면 현실주의나 비판이론 입장에서 책을 쓰지는 않으려고 했다. 그저 객관적으로 국제정치경제에 관한 사실들과 이론들을 소개하고 설명하고자 했다. 내가 현실주의이론에 약간 경도되어 있어서 그런 시각에서 책을 쓸 수도 있었지만 독자들에게 균형된 시각과 지식을 전달하려고 노력했다.

셋째, 특정 국가의 입장에서 쓰지 않으려고 했다. 한국의 입장에서 보는 국제정치경제에 관한 책을 쓰려고 하지 않았고, 패권 위치를 가지고 있는 미국의 입장에서 쓰려고 하지도 않았다. 모든 국가에 적용할 수 있는 개념과 이론을 바탕으로 책을 써야 한다고 생각했다. 물론 이 책의 많은 내용은 미국에서 발전된 이론과 개념을 포함하고 있지만 그렇다고 해서 미국의 시각을 대변하는 것은 아니다.

넷째, 국제정치경제의 중요 이슈뿐만 아니라 국제정치경제에 관한 핵심 시각 그리고 국제정치경제의 발전 과정에 관해서도 소개하고 설명한다. 되도록 많은 내용을 책 한 권에 담고 싶었기 때문이다.

이 책을 쓰면서부터 한 가지 고민이 계속 나를 떠나지 않았다. 10여 년 전쯤 국제정치경제에 관한 책을 쓰고 싶다는 생각을 할 때부터 가졌던 이 고민은 '내가 정말로 길핀(Gilpin) 교수와 같은 책을 쓸 수 있을까' 하는 것이었다. 길핀 교수는 1980년대 중후반부터 국제정치경제 일반에 관해 몇 차례에 걸쳐서 책을 썼고, 그가 쓴 책들은 전 세계 수많은 학자들과 학생들의 필독서였다. 그의 책은 다양한 지식과 이론을 포함하고 있었고 현실주의라는 국제정치의 패권적 패러다임을 근거로 했기 때문이다. 길핀 교수와 비슷한 수준의 책을 쓰지 못한다면 차라리 원본이든 번역본이든 그의 책을 학생들에게 읽게 하면 될 것이었다. 실제 나는 학부와 대학원 과정에서 오랫동안 길핀 교수의 원본 책을 교과서로 사용해 국제정치경제를 강의해왔다.

그러나 몇 년 전 생각을 바꾸었다. 우선 한국에서 한글로 강의를 듣고 공부하는 학생들에게는 한국 학자가, 한글로 쓴 책이 필요하다고 생각했다. 내가 생각하기에 중요한 지식과 이론을 담은 책을 써서 국제정치경제에 관한 사실과 이론을 소개하고 설명하는 작업을 하면, 이런 집필의 축적을 통해 미래의 후학들이 길핀 교수보다 더 좋은 책을 쓸 수 있지 않을까 싶었다. 그래서 용기를 냈다. 이 책을 읽는 독자들이 길핀 교수의 책에서는 얻을 수 없는 지식과 이론을 조금이나마 배울 수 있다는 것 하나만으로도 이 책을 쓴 의미를 찾을 수 있을 것 같다.

이 책은 총 3부로 구성되어 있다. 1부에서는 국제정치경제에 관한 기본 개념, 가정, 발전 과정 등을 소개하고 설명한다. 2부에서는 국제정치경제에 관한 세 가지 핵심 시각인 현실주의, 자유주의, 마르크스주의를 소개하고 설명한다. 특히 세 시각의 핵심 가정과 주장에 관한 설명을 바탕으로 세 시각이 가지고 있는 문제점이 무엇인가를 살펴보고 이를 통해 독자들이 세 시각의 장단점을 비교할 수 있도록 구성했다. 그리고 자본주의체제 내에서의 다양한 시각을 소개함으로써 국제정치경제의 핵심 이론의 변화과정을 짚어본다. 3부에서는 이 책의 가장 많은 지면을 차지하는 핵심 이슈들을 다룬다. 핵심 이슈들은 국제통상, 국제통화, 국제금융, 해외투자, 발전, 지역주의 그리고 세계화를 포함한다. 3부의 각 장은 각 이슈의 기본 개념, 발전 과정, 중요 이론 그리고 현재와 미래의 당면 과제 등을 담고 있다.

각 장의 끝부분에는 독자들이 한 번쯤 다시 생각해볼 만한 토론 대상 문제들을 넣었다. 물론 독자들이 자체적으로 판단해서 중요하다고 판단하는 더 많은 토론 주제들이 있을 것이라고 생각한다.

이 책은 몇 가지의 한계를 가지고 있다. 첫째, 국제정치경제에 관한 여러 내용을 포함하고 있기 때문에 중복되는 부분도 많다는 것이다. 특히 복지국가체제(welfare state system)와 세계화 그리고 신자유주의 이념에 관한 내용은 여러 장에 걸쳐 중복 설명하고 있다. 이 책이 국제정치경제의 발전 과정, 시각 그리고 이슈들을 모두 포함하고 있기 때문에 집필 과정에서 이 내용들을 다른 장에서 다시 언급할 수밖에 없었다는 것을 독자들이 이해해주길 바란다.

둘째, 이 책의 몇몇 부분은 내가 썼던 기존의 글을 가져왔다. 특히 국제정치경제의 세 시각에 관한 부분과 국제통화에 관한 많은 부분은 나의 기존 글을 그대로 인용한 것이다. 기존의 글과 매우 비슷한 글을 새로 쓸 바에야 기존의 글을 그대로 인용하는 것이 좋겠다고 생각했기 때문이다.

셋째, 이 책이 국제정치경제의 역사, 이념, 핵심 이슈들에 관해 여러 내용을 포함하고 있지만 독자가 판단하기에 중요한 많은 사실과 이론이 누락되어 있다는 것도 사실이라는 것이다. 한 권의 책이 모든 것을 포함할 수는 없다. 여러 사실과 이론을 누락한 것은 의도된 것일 수도 있고, 아닐 수도 있다. 즉, 내가 모르는 내용일 수도 있고, 별로 중요하지 않다고 판단했을 수도 있다. 그리고 이 책과 어울리지 않는 내용들은 넣지 않았다. 특히 국제정치경제에서 핵심 이론이라고 할 수 있는 통합이론, 상호의존론, 패권안정이론, 레짐이론 등의 핵심 내용들은 포함시키지 않았다. 그 내용들에 관한 소개와 설명은 또 다른 저술이 필요하다고 생각한다. 어떻든 이 책에 관해 남아 있는 모든 문제는 내가 책임져야 할 것들이다.

책을 완성하면서 안도감과 성취감, 미진한 부분이 있다는 아쉬움도 있다. 그리고 독자가 어떻게 판단할 것인가에 관한 두려움과 설렘도 있다. 하지만 책은 또 쓸 수 있으며, 학자로서 또 써야 한다. 국제정치경제라는 학문 분야가 매우 빠르게 변화하는 국제경제 문제와 환경을 정치적으로 해석하는 분야라는 점을 생각할 때, 어느 정도 시간이 흐른 후 또 다른 형태의 집필 작업이 필요하다고 생각한다. 현재 부족한 부분은 그때 다시 채우면 된다. 게으름만 경계한다면 말이다.

이 자리를 빌려 이 책을 쓰는 데 도움을 준 사람들에게 고마움을 표현하고 싶다. 우선 교정작업에 참여해준 차지현 양에게 고맙다. 또 지속적으로 응원해준 서울시립대학교 국제관계학과 대학원생들에게 감사한다. 출판에 도움을 주신 도서출판 한울의 김종수 사장님, 기획실 윤순현 과장님에게도 감사드린다. 그리고 집필 작업을 묵묵히 바라보며 책의 무사한 완성을 빌어주었던 내 인생의 동반자인 규진과, 아빠로서의 역할을 소홀히 했던 나를 이해해줬을 한나와 종훈이에게 고맙다. 마지막으로 하늘에서도 늘 자식을 걱정하며 나의 건강과 행복을 빌어주고 계실, 그리고 영원히 나와 나의 가족을 지켜주실 아버지와 어머니께 감사드리며 이 책의 발간을 말씀드리고 싶다.

2010년 12월

지은이

차례

제3부 이슈

| 제1부 |

역사

⋮

제1장　국제정치경제의 의미

제2장　국제경제체제의 관리

제1장

국제정치경제의 의미

Understanding International Political Economy: History, Ideology and Issues

1. 국제정치경제의 정의

우리는 세계화 시대를 살고 있다. 한미 FTA와 한중 FTA, 2008년 미국발 금융위기와 주요 국가들에 의한 양적완화 정책, 유럽 국가들의 경제통합과 그 국가들 간의 경제 갈등, 중국의 부상과 그로 인한 미국과의 패권 경쟁, 삼성과 현대자동차 같은 한국 대기업들의 해외투자 정책과 그에 따른 고용효과 변화, 교육과 의료시장 개방을 둘러싼 경제사회적 갈등, 세계화 정책과 그 후폭풍, 자본주의체제의 변화 등 많은 현상과 사건들이 우리의 경제와 사회, 그리고 정치에 영향을 주고 있다. 그리고 그러한 영향은 적어도 지난 수십 년간 점점 커져왔다. 세계경제에서 벌어지는 많은 사건과 현상들이 우리의 일상생활에 큰 영향을 끼치고 있다. 다른 국가들에서 일어나는 사건과 현상들이 우리의 고용, 소득, 주식, 부동산, 이자율 등 많은 일상생활과 밀접한 문제들에 긍정적 혹은 부정적 영향을 끼치고 있는 것이다. 특히 한국처럼 대외의존적 경제 구조를 가지고 있는 국가에서는 세계경제의 영향이 더 클 수밖에 없다. 이러한 환경 속에서 우리는 어떤 행동을 해야 하고, 국가는 어떤 정책을 채택해야 하는가의 문제는 우리의 생존과 미래를 위해 매우 중요한 문제이다. 세계경제에서 일어나는 현상과 사건들을 분석하고, 우리의 이익을 위해 적절한 정책을 채택하고, 미래의 사건과 현상에 대비하는 일을 하는 것은 국가 흥망과 관련된 문제인 것이다.

세계경제의 변화와 국가정책의 밀접한 관계를 다루는 학문이 국제정치경제(international political economy)이다. 국제정치경제라는 용어에는 세 가지 단어가 포함되어 있다. 이 세 가지의 단어를 이해하는 것이 국제정치경제라는 학문 분야를 이해하는 데 가장 기초가 된다. '국제'라는 용어는 한 국가의 영토 범위를 벗어나서 무엇인가가 발생하는 현상을 의미한다. 좀 더 구체적으로 국가라는 행위자에 초점을 맞추면, '국제'라는 개념은 국가가 자국의 영토 범위를 벗어나서 다른 국가와 상호작용을 하는 것을 의미한다. 물론 다른 행위자들도 '국제적' 행동을 할 수 있다. 예를 들면 기업이 다른 국가에 속한 기업과 거래하는 행위, 혹은 개인이 다른 국가에 여행을 하고, 다른 국가의 상품을 구입하는 행위 등도 모두 '국제적' 행위로 간주된다. 따라서 국제라는 용어는 국가행위자와 비국가행위자 모두가 국경을 벗어나서 타국에 속한 행위자들과 상호작용을 하는 행위를 일컫는 말이다.

'정치'라는 용어는 주로 '가치의 권위적 배분과정'이라고 정의된다. 가치는 행위자들 스스로가 중요하다고 간주해서 획득을 원하거나 혹은 지키기를 원하는 대상이라고 정의할 수 있다. 이 가치는 제한적이라는 특성을 가진다. 즉, 가치는 무궁무진하게 제공되지는 않아서 이것을 원하는 모든 행위자가 획득할 수는 없는 속성을 가지고 있다. 예를 들면, 국가나 개인이 추구하는 부는 무한정으로 제공되지 않는다. 또한 많은 강대국들이 추구하는 패권의 위치 역시 매우 제한된 가치이다. 이런 상황 속에서 특정 가치를 원하는 행위자들은 때로는 협력하고 때로는 갈등하는 과정을 통해 이 가치의 획득을 도모할 것이다. 가치 추구 과정에서 행위자 간의 협력과 갈등의 행위 유형이 발생하는 것이다.

정치의 정의 속에 포함된 '권위적'이라는 말은 가치가 자의적으로 분배되는 것이 아니라 법, 질서, 규범, 관습 등에 의해 분배되는 것을 의미한다. 이는 주로 국내정치의 특징을 서술하는 데 사용되는데, '권위적'이라는 용어는 국가가 정한 법과 규칙 그리고 규범 등에 의해 가치가 배분되는 것을 말한다. 그러나 국제정치는 국내정치와 속성이 조금 다르다. 국내정치 속성을 '권위적(hierarchical)'이라고 규정하는 반면, 국제정치 속성은 '무정부적(anarchical)'이라고 규정한다. '무정부적'이라는 말은 국가권위체를 넘어서는 상위권위체가 존재하지 않는다는 의미이다. 다른 말로 표현하면, '세계정부(world government)' 같은 것이 존재하지 않는다는 것이다. 무정부적 상태에 처해 있는 국가들은 자신의 국가이익을 위해 다른 국가들과 협력하기도 하고, 경쟁하기도 하는 것이다. 세계정부 같은 것이 존재해서 국가들에게 국제법, 국제규칙 혹은 국제규범에 근거하여 국가들이 추구하는 가치를 분배하는 것이 아니라는 것이다. 따라서 정치를 서술하는 '가치의 권위적 배분과정'이라는 정의는 국제정치에 적용될 수 없다. 따라서 국가들은 자국이 추구하는 가치를 얻기 위해 자국이 보유한 모든 수단을 동원할 수 있는데, 이때는 무력의 사용과 전쟁 행위 등도 포함될 수 있다. 또한 외교와 경제적 거래 등의 행위도 가치를 추구하는 데 유용한 국가 행위이다. 그리고 국가 간 합의에 의해서 탄생한 국제협약, 국제기구, 국제 레짐 등을 통해 국가들이 협력적으로 가치를 배분할 수도 있다.

그렇다면 국제정치에서 주요한 행위자인 국가가 추구하는 가치는 무엇인가? 국가가 추구하는 가치는 매우 다양한 형태로 나타나는데 국제정치에서는 주로 권력(power)과 부(wealth)를 국가가 추구하는 두 가지 주요 가치로 규정한다. 무정부 상태에 처한 국가는 자국의 주권, 영토 그리고 시민의 생명과 재산을 보호하기 위해 권력을 필요로 한다. 그리고 국민복지의 향상과 경제사회 발전을 위해 부를 추구한다. 이러한 두 가지 가치를 동시에 극대화하려는 국가의 정책을 국제정치에서는 흔히 '대전략(grand strategy)'이라고 부른다. 물론 국가들은 이들 가치들 이외의 것들도 추구한다. 예를 들면, 국제사회에서의 지위라던가 좋은 평판 등도 국가가 추구하는 가치이다. 국제사회에서 좋은 평판을 얻는 것, 국제기구나 제도에서 좋은 지위를 얻는 것, 그리고 우수한 국가 브랜드(national brand)를 갖는 것도 궁극적으로 국가 이익을 달성하는 데 매우 중요한 요소들이다. 그러나 국가들이 추구하는 많은 가치들 중에서 상대적으로 더욱 중요한 가치는 권력과 부이다.

국가가 이 두 가치를 동시에 추구한다는 것을 가정하더라도, 여전히 남아 있는 문제는 권력의 추구와 부의 추구가 상호보완적인가 아니면 상호경쟁적인가의 문제이다. 상호보완적이라는 것은 권력의 추구 행위가 부의 추구 행위에 도움이 되고, 반대로 부의 추구 행위가 권력의 추구 행위에 도움이 된다고 가정하는 것이다. 반면에 상호경쟁적이라는 것은 권력의 추구 행위가 부의 추구 행위에 오히려 해가 되고, 또한 부의 추구 행위가 권력의 추구 행위에 해가 된다고 가정하는 것이다. 그러나 권력과 부라는 두 가치가 항상 상호보완적이거나 혹은 항상 상호경쟁적인 것은 아니다. 이 두 가치는 때로는 상호보완적이고, 다른 경우에는 상호경쟁적인 특성을 보인다. 예를 들면, 경제적으로 부유한 국가들이 더 강력한 군대를 보유할 가능성이 크다. 대표적으로 미국과 영국의 사례를 들 수 있다. 이러한 경우는 권력과 부가 상호보완적이라고 판단할 수 있다. 반면에 매우 부유한 국가라고 하더라도 큰 권력을 가지고 있지 못한 국가들도 존재한다. 스위스와 여러 북유럽 국가들, 그리고 중동 국가들은 상당한 부를 보유하고 있고 시민들의 개인소득이 매우 높지만, 이들 국가들을 강대국이라는 범주에 포함시키지는 않는다. 반면에 국제사회에서 권력을 발휘할 수 있는 능력은 있지만 경제적으로는 매우 저발전된 국가들도 존재한다. 예를 들면, 과거 중국의 경우처럼, 현재 인도의 경우 상당한 수준의 군사력과 국제적 위치를 보유하고 있지만, 여전히 경제적으로 저발전된 국가이다. 북한 역시 많은 무기와 군인을 보유하고 있지만, 경제적으로는 매우 취약한 국가이다. 권력과 부가 잘 호응하지 않는 사례라고 할 수 있다. 결국 국가들이 당면한 문제는 어떻게 하면 이 권력과 부라는 두 가치의 상호보완성을 높이고, 이를 통해 국가 이익을 극대화할 수 있는가를 고민하고 방안을 만들어내는 것이다.

국제정치경제라는 용어에서 '경제'는 과연 무엇인가? 경제는 재화와 서비스의 생산, 유통 그리고 소비에 관한 것이다. 경제행위에 참여하는 행위자는 자신들의 효용을 극대화하려는 목적성을 가지고, 이를 위해 생산, 유통, 소비행위에 참여한다. 소비자는 제한된 여건 속에서 자신의 효용을 극대화하기 위한 방식으로 소비행위를 한다. 그리고 기업 역시 다양한 제약 속에서 자신의 기업이윤을 극대화하기 위한 방식으로 생산과 유통행위를 한다. 마찬가지로 국제정치적 의미를 담고 있는 국제경제 관계에서, 각 국가는 국가 부의 극대화를 이루기 위한 목적을 가지고, 상품과 서비스를 생산, 유통, 소비하는 것이다. 이러한 행위가 국제통상, 국제통화금융 거래, 해외투자, 국제인적 교류, 정보와 기술의 교환 등의 형태로 나타나는 것이다.

앞의 논의를 바탕으로, 국제정치경제에 포함된 세 가지 단어인 '국제', '정치', '경제'에 대한 정의와 그 의미를 조합하면, 국제정치경제는 '국가들이 추구하는 권력과 부를 극대화하려는 전략의 일환으로 행해지는 다른 국가들과의 상호작용 유형을 서술, 설명, 예측하는 학문'이라고 정의할 수 있다. 여기서 상호작용의 유형은 협력과 갈등이라는 두 가지 큰 형태로 나타난다. 즉, 국가들은 때로는 협력을 하고 때로는 갈등하는 과정 속에서 국가 이익을 극대화하기 위한 노력을 기울인다. 이러한 과정 속에서 정치와 경제는 상호 밀접한 연관성을 갖는다. 정치행위가 경제관계를 규정하고, 경제행위가 정치에 다시 영향을 끼친다. 다음 절에서는 정치와 경제의 이러한 상호작용에 관해 설명하도록 한다.

2. 국제정치경제에서의 정치와 경제의 상호작용

국제정치경제에서 정치와 경제는 상호작용한다. 정치와 경제가 상호작용하는 현상은 몇 가지로 구분해서 설명할 수 있다. 첫째, 정치가 경제체제 자체를 규정하는 것이다. 국제정치에서의 정치는 주로 국가 간 권력배분 형태에 의해서 영향을 받는다고 가정한다. 강대국의 수에 따라서 규정되는 국제체제적 특성이 국가들의 행위에 영향을 끼친다는 것이다. 국제정치경제에서도 이러한 현상이 발생한다. 즉, 패권국가의 존재 여부가 국가들의 대외경제정책의 특성에 영향을 끼친다. 예를 들면 근대적 의미의 민족국가 탄생 시기인 16~18세기에는 패권국가가 존재하지 않았다. 이 시기에 국가들은 자국의 국가건립을 도모하기 위한 수단으로 자국의 경제를 보호하고, 다른 국가들의 경제를 공략하려는 전략을 채택했다. 이는 중상주의 경제정책이라는 특징으로 나타났다. 그러나 19세기에 영국이 패권국가로 부상하면서 세계경제에는 자유주의 사상이 팽배하게 되었다. 자유주의 사상의 확산은 자유무역과 통화체제의 안정이라는 구체적 결과로 표출되었다. 영국의 힘이 약화되고 상대적으로 다른 국가들의 힘이 강화되는 19세기 말과 20세기 초, 각 국가들은 제국주의 사상과 정책을 채택하게 되고, 이는 국가 간 관계를 극단적 대립과 경쟁으로 몰아갔다. 제2차 세계대전 이후에, 세계경제는 다시 미국이라는 패권국가의 존재로 인해 자유무역과 고정환율체제가 정착되는 형태를 띠게 되었다. 그러다가 다시 미국의 힘이 약화되는 1970년대에는 신보호무역주의가 등장했고, 미국의 패권세력이 강화되는 1990년대 이후에는 신자유주의 사상이 팽배하게 되었다. 현재 나타나고 있는 미국과 중국의 G2체제의 형성은 앞으로 특정한 경제이념과 경제정책을 낳을 것이다. 미국식 자본주의체제와 중국식 사회주의체제가 사안별로 협력과 갈등을 반복하는 현상을 초래할 것이고, 이러한 현상이 각 국가들의 정치경제 정책의 내용과 방향에 큰 영향을 끼칠 것이다. 과거와 현재에 나타났고 나타나고 있는 이러한 유형을 살펴보면, 국가 간의 경제관계는 국제체제적 권력 분배에 의해 영향을 받는다는 것을 알 수 있다. 국제정치가 국제경제에 영향을 끼치는 것이다.

국제정치경제에서 정치와 경제가 상호작용하는 두 번째 유형은 정치적 관심이 경제정책을 형성하는 것이다. 이러한 관계에는 적어도 두 가지 형태가 존재한다. 그중 하나는 국내행위자의 선호와 요구 그리고 이익에 관한 것이다. 국가들의 대외경제정책과 행위는 국내행위자들 간 협력과 경쟁의 결과로 탄생한다. 예를 들면 자유무역을 선호하는 국내행위자들과 보호무역을 선호하는 국내행위자들 간의 경쟁에서 승리한 집단의 선호와, 요구 그리고 이익이 정책에 반영되는 것이다. 또한 환율 상승을 선호하는 국내행위자들과 환율 하락을 선호하는 국내행위자들 간의 경쟁 역시 국가 통화금융정책에 영향을 끼친다. 따라서 국내정치적 관심이 대외경제정책을 형성하는 데 영향을 끼치는 것이다. 이러한 상호작용 형태는 국내행위자 간 경쟁을 계급투쟁으로 바라보는 마르크스주의에도 적용될 수 있다. 즉, 자본가와 노동자 간의 경제정책을 둘러싼 갈등과 대립이 국가의 대외정책에도 반영된다고 할 수 있다. 또한 자본가 계급과 군부의 이익이 제국주의 정책에 반영된 것이라는 설명도 가능하다.

정치적 관심이 경제정책을 형성하는 두 번째 형태는 국제정치에서 국가들의 정치적 목적 추구에 경제정책이 수단으로 활용되는 경우이다. 예를 들면, 국가들은 종종 다른 국가들에 대해 경제제재 정책을 채택한다. 다른 국가의 정치적 행동을 바꾸거나 다른 국가들의 군사적 행위를 저지하기 위해 경제제재를 취하기도 한다. 수출입 통제, 투자제한, 금융제재 그리고 인적이동의 금지 등을 포함하는 경제제재는 정치적 목적을 달성하기 위해 경제정책이 동원된 사례이다. 이러한 행위는 정치와 경제가 밀접한 연관이 있다는 것을 보여준다.

마지막으로, 경제행위 자체가 정치적 의미를 띠는 경우를 생각해볼 수 있다. 국가 간의 경제적 상호작용 행위는 이익을 창출해내는데, 이 이익의 분배를 두고 갈등이 발생할 수 있다. 국가들은 이익의 분배문제에서 절대이익(absolute gain)을 추구할 수도 있고 상대이익(relative gain)을 추구할 수도 있다. 절대이익이란 경제관계를 맺고 있는 상대국의 이익을 고려하지 않고, 시간 개념을 근거로 자국의 이익 변화만을 고려하는 것이다. 예를 들면 A라는 국가가 B라는 국가와의 무역을 고려할 때, 무역을 하지 않을 경우의 이익과 무역을 했을 경우의 이익을 비교해서 무역을 했을 경우의 이익이 크다면 B국가와 무역행위를 한다는 것이다.

그러나 상대이익을 고려하는 국가는 이러한 경우에도 B국가와 무역관계를 맺지 않을 가능성이 있다. A국가와 B국가와의 무역거래에서 B국가가 A국가보다 이익을 많이 얻는다면 상대이익을 고려하는 A국가는 B국가와의 무역관계에서 절대이익을 얻을 수 있을지라도 B국가와 무역을 하지 않을 것이다. 이렇듯이 국가 간의 경제행위는 이익을 창출하고, 이 이익은 불균등하게 배분될 가능성이 크다. 이를 통해 국가 간 권력관계의 변화가 초래될 가능성이 높고, 국가 간 세력균형(balance of power)의 변화는 궁극적으로 국가의 흥망성쇠에 영향을 끼친다. 따라서 국가 간의 경제행위 그 자체가 이익 분배를 둘러싼 갈등적 정치 행위라고 규정할 수 있는 것이다.

3. 국가, 시장 그리고 분석수준

국가와 시장은 국가의 대외경제행위를 결정하는 주체이다. 주체를 중심으로 경제행위를 구분해보면 국가 중심적으로 이루어지는 경우와 시장 중심적으로 이루어지는 경우로 나눌 수 있다. 시장 중심적으로 이루어지는 경우에는 주로 경제행위에 참여하는 소비자, 기업 그리고 다양한 집단들에 의한 경제행위가 대외경제행위의 방향과 내용을 결정한다. 애덤 스미스(Adam Smith)가 제시했듯이, 비국가 행위자들에 의한 시장에서의 결정은 '보이지 않는 손(invisible hand)'에 의해서 이루어지고, 이를 기반으로 효율을 극대화하는 시장 내 결정이 이루어진다고 할 수 있다. 반면에 국가 중심적으로 이루어지는 경우에는 국가 이익을 추구하는 정책결정자들이 종종 비국가행위자들의 선호와 이익에 반해 대외경제정책을 결정한다. 국가는 다양한 목적을 달성하기 위해 때로는 보호무역 정책을 채택하기도 하고, 또한 종종 통화금융 시장에 개입해 환율과 외환거래에 영향을 끼치기도 하는 것이다.

국내적으로 혹은 국제적으로 정치행위는 국가를 중심으로 행해진다. 경제 문제에서도 국가는 경제행위가 잘 이루어질 수 있는 제도와 규칙을 제공하는 역할을 한다. 국가는 경제행위를 통해 여러 가지 목적을 추구할 수 있다. 이 목적들은 효율성(efficiency), 자율성(autonomy), 평등성(equality) 그리고 안정성(stability) 등을 포함한다.

효율성은 최소의 비용으로 최대의 이익을 얻는 것을 목표로 한다. 즉 생산, 유통, 소비의 과정에서 가장 낮은 비용으로 가장 큰 경제적 이익을 얻을 수 있는 제도와 규칙을 제공하려고 하는 것이다. 국가는 경제행위의 각 단계에서 다양한 대안을 가지고 있고, 이 대안들 중 최소의 비용으로 최대의 이익을 얻을 수 있는 대안을 선택한다.

국가가 추구하는 자율성은 국제시장으로부터의 영향을 축소해서 자국의 경제정책에서의 독립성을 유지하려는 것이다. 예를 들면 경제의 자유화로 인해 국제시장에서의 변화가 국내경제에 끼치는 영향이 증가하면서 국가들이 수립하는 경제정책이 효과적으로 작동하지 못하는 상황이 발생하게 되는 경우가 있다. 세계시장으로부터의 압력으로 인해 독립적 경제정책의 효과성이 떨어지는 것이다. 이러한 상황에서 국가는 국제시장으로부터의 영향을 축소하고 자국의 경제정책의 효과성을 증대시키기 위해 노력한다.

평등성은 경제활동에 참여하는 다양한 경제행위자들에게 경제적 이익을 골고루 분배하는 것과 연관된 것이다. 자유방임적 경제체제는 빈익빈 부익부 현상을 초래할 수 있고, 이는 다시 정치·사회·경제체제에서의 갈등과 모순을 초래할 수 있다. 따라서 국가는 경제와 연관된 정치적 비용과 사회적 비용을 축소하기 위해 소득의 균등 분배 혹은 소득 재분배 정책을 채택한다. 또 이를 통해 정치적 지지를 확보하고, 사회적 안정을 구축하려고 노력한다.

안정성은 경제의 미래에 대한 예측성과 연관된 것이다. 국가는 미래에 대한 안정적 예측을 기반으로 경제정책을 수립하고 집행하기를 원한다. 경제상황이 불안정하고 등락폭이 커지면, 미래에 대한 예측이 어려워지고 그만큼 위험성도 증가한다. 이런 상황이 되면 경제행위자들은 정상적 경제활동에 참여하기보다는 위험성을 줄이는 방향으로 경제활동을 축소하거나 위험을 받아들이고 투기적 행동을 한다. 이 두 가지 형태의 행동들은 모두 경제에 부정적 영향을 끼친다. 따라서 국가는 정상적 경제활동을 유도하기 위해 안정적 경제체제를 유지하기 위해 노력하는 것이다.

이러한 다양한 목적성을 추구하는 국가는 경제활동에 개입한다. 국내적으로 국가는 세금을 부과하고, 복지혜택을 제공하고, 소득 재분배 정책을 택하고, 공기업을 만들고, 각종 규제를 만드는 행위를 통해 경제활동에 관여한다. 이러한 시장에 대한 국가의 개입은 긍정적 결과를 초래할 수도 있지만 반대로 부정적 결과를 초래할 수도 있다. 시장 중심의 경제 질서를 주장하는 입장에서 보면, 국가의 시장개입은 대체로 비효율성을 창출하게 되고, 종종 지대(rent)를 만들어낸다. 경제의 비효율성이 높아지면 경제발전은 느리게 진행될 수밖에 없다. 지대는 경제행위자들이 완전경쟁시장에서 얻을 수 있는 정상적 이익보다 큰 이익이라고 정의될 수 있다. 지대가 창출되면 경제활동에 참여하는 행위자들은 지대를 얻기 위해 경쟁한다. 이런 과정 속에서 경제행위자들은 종종 정상적 경제활동에 참여하는 것이 아니라 지대를 얻기 위해 정치활동에 참여한다. 정부에 로비를 하거나 정부 관료에게 뇌물을 공여하는 일을 하는 것이다. 이러한 활동은 경제활동을 축소시키고 경제체제를 왜곡시키며 부패를 야기하는 등의 부정적 결과를 도출할 수 있다.

따라서 극단적으로 시장 중심의 경제체제를 주장하는 사람들은 국가가 야경국가(Nachtwachterstaat)의 역할과 공공재 제공의 역할만을 담당해야 한다고 주장한다. 즉, 경제활동이 제대로 이루어질 수 있도록 국가는 경찰과 안보 제공의 역할을 담당하고, 완전경쟁시장에서 제공될 수 없는 공공재를 제공하는 역할을 해야 한다는 것이다. 시장이 완전하게 작동할 수 있도록 제도와 규칙을 만들어야 하며, 시장에 능동적으로 적극적으로 참여하는 일은 삼가야 한다는 것이다. 국가의 시장개입을 최소한으로 억제해야 한다는 주장이다. 이들의 주장에 근거하면, 국가는 국제경제 행위에 있어서도 소극적 역할만을 담당해야만 한다. 자유무역체제를 유지해야 하고, 시장기제에 자국화폐의 가치를 맡기는 변동환율체제를 채택해야만 한다. 그리고 다국적 기업들에게 시장을 개방하고, 정부조달에서의 동등한 참여를 보장해야만 한다. 즉, 상품, 서비스, 인력, 정보와 기술의 국경 간 이동을 자유롭게 하는 정책을 채택해야만 한다.

반면에 극단적으로 국가 중심의 경제체제를 주장하는 사람들은 사회주의 경제체제를 주장하는 사람들이다. 국가가 모든 상품과 서비스의 생산, 유통, 소비 과정에 참여해 완전한 경제계획을 수립하고, 가격을 책정하며, 모든 생산설비를 소유하는 등의 방식이라고 할 수 있다. 이러한 주장에 근거하면, 국가는 해외경제활동에도 적극적으로 개입해야만 한다. 계획경제의 틀 속에서 반드시 필요한 상품과 서비스만 유통되도록 제한해야 한다. 국가 경제체제의 독립성을 유지하기 위해 국제경제 관계를 제한해야만 한다는 것이다.

현실세계에 존재하는 국가들은 이 두 극단 사이의 어느 지점에 위치한다. 경제체제가 국가 중심으로 운영되어야 한다는 주장과 시장 중심으로 운영되어야 한다는 주장 모두가 어느 정도의 적실성과 타당성을 가지고 있기 때문에, 국가의 시장개입 정도는 시대에 따라서 변화하는 양상을 보였다. 또한 특정 국가가 처한 특수한 경제상황에 따라 하나의 주장이 힘을 얻기도 한다. 자유시장과 자유무역을 주창하는 논리가 득세한 시기가 있었던 반면에 국가주도 시장과 보호무역을 주창하는 논리가 득세한 시기도 있었다. 따라서 이러한 논쟁은 현재도 이루어지고 있고, 미래에도 지속될 것이다.

국가의 대외경제행위에 영향을 끼치는 요인들을 분석수준(levels of analyses)의 틀을 적용해서 분석할 수도 있다. 국가들의 경제정책에 영향을 끼치는 요인들은 크게 국내적 요인과 국제적 요인으로 구분한다. 국내적 요인이란 국내에서 발생하는 다양한 정치·경제·사회 현상들과 사건들이 그 국가의 대외경제정책에 영향을 끼치는 것을 의미한다. 예를 들면 국내 이념정당들의 세력 분포, 경제정책 결정자들의 이데올로기 그리고 경제호황 혹은 침체상황으로 나타나는 경기순환(business cycle) 등이 대외경제정책에 상당한 영향을 끼치는 것이다. 국제적 요인은 주로 국제정치와 경제에서의 변동이 국내에서 결정되는 대외경제정책에 영향을 끼치는 것이다. 예를 들면 전쟁 상황, 국제시장에서의 가격변동, 기술적 변화, 패권국가와 국제기구의 존재 여부 등이 각 국가들의 대외경제행위에 영향을 끼치는 것이다.

국가들의 대외경제행위에 영향을 끼치는 두 측면의 요인을 조합하면 서로 다른 네 가지 시각을 도출할 수 있다. 즉, 한 측면에서는 국가와 시장의 영향을 구분할 수 있고, 다른 측면에서는 국내적 요인과 국제적 요인을 구분한다는 것이다. 이러한 조합은 〈표 1-1〉과 같이 국제정치경제에 관한 네 가지 시각을 도출한다.

〈표 1-1〉과 같이 국제정치경제에 관해서는 서로 다른 네 가지 시각이 존재한다. 첫째, 국내 국가 중심적 시각은 국가들의 대외경제행위를 설명하기 위해 국내적 요인과 국가행위에 초점을 맞추는 것이다. 이에 따르면 국가들의 대외경제행위의 내용과 방향은 국가행위자(혹은 권력을 가지고 있는 국내엘리트)에 의해 주도된다. 이 시각은 대외

〈표 1-1〉 국제정치경제에 관한 네 가지 시각

분석수준 \ 주체	국가 중심적	시장 중심적
국내적 요인	국내 국가 중심적	국내 시장 중심적
국제적 요인	국제 국가 중심적	국제 시장 중심적

경제정책의 수립에서의 국제체제의 영향과 국내 사회집단들의 영향을 등한시한다. 국가행위자들은 국가 이익을 추진하는 과정 속에서 대외경제행위와 관련된 우선순위를 설정하고, 국가 이익을 달성하기 위한 방향으로 대외경제정책을 수립하고 집행하는 것이다. 이 시각은 국가를 단일행위자(unitary actor)로 간주한다. 즉, 국가는 하나의 목소리를 내고 하나의 선호를 가지고 있는 단일체로서, 국가 내 모든 행위자들이 동의할 수 있는 국가이익을 추구한다는 것이다. 이 시각에 의하면, 정책결정 과정에서 국가가 가장 중요하고 압도적인 역할을 담당하며, 국가 이익이라는 공통의 이익을 달성하기 위해 정책을 수립하고 집행한다고 가정된다.

두 번째 시각은 국내 시장 중심적 시각이다. 이 시각에 의하면, 국내 사회집단들의 역할과 국내시장 상황이 국가의 대외경제행위에 가장 큰 영향을 끼친다. 국내 사회집단들은 소비자, 기업 그리고 다른 경제이익집단들을 포함한다. 이들은 서로 다른 선호, 이해와 요구를 가지고 있다. 따라서 특정 경제정책의 결정은 이들 사회집단 간의 연합형성 유형과 재편성 유형에 의해 결정된다. 국가의 대외경제정책의 방향과 내용은 국내 사회집단들 간의 경쟁에서 도출된 다수연합의 선호, 이해와 요구를 반영하는 방식으로 결정된다는 것이다. 또한 국내시장 상황 역시 국가들의 대외경제행위에 영향을 끼친다. 기술력 수준, 국내시장 규모, 생산력 수준 그리고 국내 경기변동 등이 국가들의 대외경제정책에 영향을 끼치는 것이다.

세 번째 시각은 국제 국가 중심적 시각이다. 무정부상태(anarchy)라고 규정되는 국제정치에서 국가들은 자국의 안보증진을 위해 노력하게 되고, 이러한 각 국가들의 행위는 국제적 갈등을 야기한다. 안보는 상대적 개념이므로, 자국이 보유한 권력의 양도 중요하지만 더 중요한 것은 상대국이 보유한 권력의 양과 비교한 자국의 권력 보유량이기 때문이다. 따라서 국가들은 대외경제행위를 하는 과정 속에서 그 행위가 자국의 권력증진과 안보확립에 어떤 영향을 끼치는가를 고려해야 한다. 이 시각에 의하면 국가들이 처한 전략 지정학적(geostrategic) 상황과 외교관계의 특성이 국가들의 대외경제행위에 큰 영향을 끼친다. 국가들은 대외경제행위에서 경제적 이익의 증진도 중요하게 고려하지만, 이 이익이 자국의 안보에 어떤 영향을 끼치는가를 더욱 중요하게 고려한다. 경제 목적이 정치 목적의 수단으로 간주되는 것이다.

네 번째 시각은 국제시장 중심적 시각이다. 이 시각에 의하면 국제시장에서 발생하는 다양한 경제 현상이 국가들의 대외경제정책의 방향과 내용을 결정한다. 예를 들면 국제적 경기변동, 기술적 변화, 국제 금융시장의 상황, 국제 분업구조, 국제시장에서의 가격변동 등이 국가들의 대외경제행위에 상당한 영향을 끼친다는 것이다. 그러나 국제시장에서 발생하는 현상들이 모든 국가에게 공통적 제약요인으로 작동하지만, 이에 대한 대응은 국가들이 보유한 능력에 따라서 다르게 나타날 수 있다. 예를 들면, 글로벌 금융위기 상황 속에서도, 어떤 국가들은 매우 취약한 상황에 처하게 되는 반면에, 다른 국가들은 대체로 잘 적응해가는 모습을 보이기도 한다. 이러한 차이는 국내정치경제적 상황에 의해서 결정된다. 따라서 국제적 요인들과 국내적 요인들이 밀접하게 연관되어 있다고 할 수 있다.

이러한 네 가지 시각은 모두 그 나름대로의 타당성과 현실설명력을 가지고 있다. 따라서 국제정치경제에서 발생하는 특정 현상과, 사건 그리고 한 국가의 대외경제행위를 설명하기 위해서는 어떤 시각이 가장 적합한가를 고려해야 한다. 각 시각의 적용은 사안에 따라서, 국가에 따라서, 시기에 따라서 다르게 나타날 수 있는 것이다.

4. 국제정치경제학의 발전 배경

현대적 의미의 국제정치학이 발전하기 시작한 것은 제2차 세계 대전 종전 전후라고 할 수 있다. 그러나 국제정치학의 한 분야인 국제정치경제라는 학문 분야는 1960년대까지는 큰 주목을 받지 못했다. 그 원인은 여러 가지로 설명될 수 있다. 첫째로, 종전 이후 국가들의 정책결정자들과 국제정치 학자들은 또 다른 전쟁 발발을 막고, 혹시 발발할 수 있는 대규모 전쟁에서 어떻게 이길 수 있는가에 관한 연구와 정책 대안 마련에 몰두했다. 2차 대전 종전 이후 동과 서로 대립경쟁하게 된 자본주의체제 국가들과 공산주의체제 국가들 간에는 서로의 안보를 위협하는 많은 사건들이 발생했다. 예를 들면 두 번에 걸친 베를린(Berlin)위기, 나토(NATO, 북대서양조약기구)의 결성과 이에 대항하는 바르샤바 조약기구(Warsaw Pact)의 결성, 소련 봉쇄를 위한 미국과 다른 국가들 간의 안보동맹 형성, 6.25 전쟁, 베트남 전쟁, 쿠바 미사일 위기 등 많은 군사적 대립과 경쟁이 발생했다. 따라서 국제정치학의 핵심 관심은 안보와 전쟁 방지, 그리고 전쟁 승리에 초점이 맞추어져 있었다. 상대적으로 국제경제에 대한 관심이 적을 수밖에 없었다.

둘째로는 1940년대부터 형성된 강한 자유주의적 전통의 발전을 지적할 수 있다. 국제사회의 주요 국가들은 1920년대와 1930년대에 경제침체와 대공황이라는 경제위기를 맞게 되었고, 이 시기에 국가들은 국수주의적 경제정책을 채택하면서 갈등과 대립이 심화되는 시기를 겪었다. 이를 극복하기 위해 국가들은 2차 대전 이후 국제경제체제를 관리하기 위한 몇 가지의 원칙을 마련하고 제도를 형성하기 위해 브레튼우즈(Bretton Woods)에서 국제회의를 개최하고 몇몇 합의를 이루었다. 이러한 합의의 가장 중요한 핵심 사항은 국가들 간에 자유무역을 하자는 것이었다. 즉, 19세기에 유지되었던 강한 자유주의 전통을 다시 구현하고, 이를 통해 국가들 간 협력체제를 구축하자는 것이었다. 이러한 자유주의 전통의 재확립은 국가들 간의 협력을 강화시키고 갈등을 완화시키는 요인으로 작동했다. 자유주의 전통의 또 다른 측면은 국가의 시장개입을 제한하는 것이었다. 따라서 학문적 입장에서 볼 때, 국가 간 갈등이 축소되고 정부의 역할이 제한되는 분야에 관한 "정치학"적 연구는 크게 매력적이지 않은 것이었다.

셋째로는 매우 빠른 경제성장을 지적할 수 있다. 2차 세계대전 종전 이후 자본주의체제를 유지하거나 새로이 채택한 많은 국가들은 대략 20여 년간 매우 빠른 경제성장을 이뤘다. 특히 세계 주요 자본주의 국가들인 미국, 유럽 국가들, 그리고 일본의 성장은 매우 빨랐다. 경제성장 시기에 국가들의 대립과 갈등은 제한적으로 나타난다. 경제성장으로 인해 국가들은 자유개방 경제체제를 구축하고 확대할 수 있었고, 이는 국가들 간의 갈등을 완화시키는 요인으로 작동한 것이다. 따라서 국제정치경제라는 학문 분야에 대한 연구는 더디게 진행되었다.

이러한 상황은 1960년대를 걸치면서 서서히 변화하기 시작했다. 다음과 같은 몇 가지 변화 요인들로 인해 국제정치경제라는 학문 분야에 대한 관심이 증가하기 시작했다. 첫째로 안보와 전쟁 사안의 상대적 중요성이 감소하게 된 것이다. 극한의 대립을 보였던 미국과 소련의 관계, 그리고 자본주의 국가들과 공산주의 국가들 간의 관계는 1960년대를 기점으로 변화의 조짐을 보이게 된다. 1960년대 초에 발생한 쿠바 미사일 위기를 계기로, 미국과 소련은 여러 형태의 위기관리체제 구축에 합의하게 된다. 예를 들면, 1960년대에 핵실험 금지조약과 비확산 조약이 체결되고, 이를 기반으로 전략무기제한협정(SALT)을 위한 협상이 시작된다. 미국과 소련 간의 경쟁, 그리고 자본주의체제와 공산주의체제 간의 대립과 갈등이 완화되면서 안보와 전쟁에 관한 학문적 관심도 상대적으로 줄어들기 시작했다. 이에 더해 몇 가지의 다른 요인들도 안보 문제에 대한 관심을 상대적으로 덜하게 되는 계기를 만들게 되었다. 예를 들면, 국제사회에 본격적으로 등장하기 시작한 평화문화가 정착되기 시작하면서 많은 국가들의 시민, 언론, 그리고 세계시민사회가 평화를 위한 운동을 시작했다. 그리고 핵무기 개발과 재래식 무기의 첨단화는 전쟁 수행의 효용과 전쟁 승리에 대한 기대감을 크게 떨어뜨리는 효과를 발휘했다. 전쟁가능성이 축소되고 평화정착을 위한 노력들이 강구되면서 안보와 전쟁에 관한 학문적 관심이 다소 축소된 것이다.

두 번째 변화는 국제경제체제에 관한 이념적 변화에서 찾을 수 있다. 미국이 주도한 자유주의 사상에 기반을 둔 정책은 다른 국가들의 경제적 성장과 더불어 도전을 맞게 된다. 대부분의 유럽 국가들은 사회주의적 전통을 가지고 있었고, 또한 강력한 노동집단을 가지고 있었다. 따라서 이들은 시장이 주도하는 미국식 자본주의체제보다는 자신들의 역사적·경제적·사회적 상황을 반영하는 형식의 조합주의적(corporatist) 자본주의를 채택했다. 또한 일본은 국가가 경제운영과 정책형성에 깊고 넓게 관여하는 국가 중심적(statist) 자본주의를 채택했다. 미국의 힘이 매우 강력했을 때는 유럽 국가들과 일본이 미국의 정책을 따라 하고 학습하는 모습을 보였지만, 이들 국가들의 상대적 힘이 증가하면서 이들은 자신들의 이념적 성향을 정책에 반영하는 방식을 채택하기 시작한 것이다. 국제경제에 관한 국가들의 정책적·이념적 차이가 커지면서 국가들 간 갈등도 증가하기 시작했다. 따라서 국제정치를 연구하는 학자들이 자본주의 국가들 내에서 발생하는 국가 간 이념적 대립과 경쟁 사안에 관한 관심을 보이기 시작한 것이다.

셋째로는 경제침체를 지적할 수 있다. 1945년 전쟁 이후 빠르게 성장한 세계경제는 1960년대에 들어오면서 침체 국면을 맞기 시작했다. 미국의 베트남 전쟁 수행과 복지 확대에 의한 경상수지 적자, 유럽과 일본의 성장 둔화, 남미와 아프리카 국가들의 저발전 문제 심화 등으로 인해 세계경제의 성장률은 둔화하기 시작했다. 경제가 빠르게 성장할 때는 국가들이 협력하고 공동의 정책을 채택하기 마련이다. 그러나 경제가 침체되면서 국가들은 자국의 이익을 우선적으로 보호하는 정책을 펼치게 되고, 따라서 국가 간 경쟁과 대립, 갈등이 증가하기 시작한 것이다. 국제정치학자들의 관심을 끌 현상이 벌어진 것이다.

이러한 요인들 외에도 제2차 세계대전 종전 후부터 본격적으로 증가한 국가 간 경제교환의 증가와 이로 인한 국가 간 상호의존 관계의 증대가 국제정치에 끼치는 영향과 함의에 대한 관심이 증가하기 시작했다. 국가 간 상호의존의 증가는 때로는 협력을 증대시키기도 하지만, 반대로 국가 간 갈등을 증대시키기도 한다. 또한 상호의존적 관계는 국가 간 권력 균형에 변화를 초래하기도 한다. 따라서 어떤 조건하에서 어떻게 국가 권력 분포에 변화가 생기는가에 대한 관심이 발생하기 시작했고, 이로 인해 국제경제관계의 확대로 인한 상호의존 증가와 국가 권력의 재배분에 관한 인과관계를 분석하려는 시도들이 등장했다.

요약하면, 국제정치경제라는 학문 분야는 안보사안의 상대적 중요성의 약화와 경제사안의 상대적 중요성의 증가라는 밀접하게 연관된 두 현상의 동시발생 상황 속에서 크게 발전하기 시작했다. 동서 간 긴장 완화와 군사 기술의 발전으로 인한 군사전략의 변화가 안보 문제에 관한 상대적 관심을 감소시켰다. 반면에 저발전의 문제, 국가 간 경제관계의 확대와 상호의존의 심화, 그리고 이로 인한 국가 권력 배분의 변화, 몇몇 큰 경제적 문제의 발생 등은 국제정치경제에 관한 학문적 관심을 증폭시키는 계기를 제공한 것이다.

5. 국제정치경제에서의 협력과 갈등

앞에서 언급했듯이, 국가들은 자국의 이익을 증대시키기 위해 노력하는 과정 속에서 다른 국가들과 때로는 협력하고 때로는 갈등한다. 국제정치경제에서 국가 간 협력-갈등 관계에 관해서 두 극단적 상황을 고려할 수 있다. 첫째는 국가 간의 갈등이 전혀 없는 상황이다. 이러한 상황은 '이익의 조화(harmony of interests)' 상황이라고 표현되는데, 이 경우에 국가들의 자국 이익의 추구는 전체 이익의 증대라는 이상적 결과를 초래한다고 가정된다. 이러한 상황에서 국가들은 갈등할 여지도 필요도 없다. 각 국가는 자국의 이익을 추구하기 위한 행동을 하면 되고, 이러한 행동은 국제사회 전체의 이익을 증대시키는 결과를 초래한다. 종종 각 국가의 이익이 국제사회 전체의 이익과 동일시된다.

두 번째 극단은 국가 간 협력의 가능성이 전혀 없는 상황을 생각해볼 수 있다. 이러한 상황은 교착상태(deadlock)라고 표현되는데, 이러한 상황 속에서 국가 간 관계는 갈등만 남아 있고, 협력의 여지는 전혀 없다. 국가들은 다른 국가들과 협력하기보다는 대립하는 것을 더 선호하게 되고, 따라서 어떤 협력의 모습도 보이지 않는 상황이 되는 것이다. 이러한 상황 속에서 국가들은 다른 국가와의 경제관계를 최소화하고 단절하려는 정책을 취한다.

국제정치경제에서 국가 간의 관계는 이러한 두 극단 사이의 어느 점에 위치한다. 정치경제적 관계가 매우 좋아서 이익의 조화 상태에 근접한 관계도 있을 수 있고, 반면에 정치경제적 관계가 매우 나빠서 교착상태에 근접한 관계도 있을 것이다. 어떤 점에 위치하든지 간에 이 두 극단 사이에 위치한 국가들의 관계는 협력과 갈등이 모두 존재하는 복합관계이다. 국제정치경제체제에서 국가들은 자국의 이익을 추구하는 과정에서 때로는 협력하고 때로는 갈등하게 되는 것이다. 다만 상호협력이 두 국가에게 모두 이익을 증대시키는 효과를 갖는다고 가정한다면, 국가들이 어떻게 갈등을 축소시키고 협력을 확대할 것인가가 국가전략의 일부분이 될 것이다.

국제정치경제 관계에서 나타나는 국가들의 협력은 소극적 협력과 적극적 협력으로 구분될 수 있다. 소극적 협력은 종종 조정(coordination)이라는 용어로 표현되는데, 이는 국가들 사이에 갈등 정도는 낮고 협력 없이는(혹은 조정 없이는) 국가들이 이익을 창출할 수 없는 상황을 말한다. 예를 들면 우편배달에서의 상호주의, 국제공항 서비스의 상호주의, 국제전화에서의 국가번호 부여 등은 국가 간 갈등의 여지는 적지만, 상호 협력 없이는 국가들이 이익을 증진시킬 수 없는 사례들이다. 이러한 경우에 국가들이 협력하는 것을 소극적 의미의 협력이라 할 수 있다.

반면 국가 간 갈등의 여지가 상당히 있는 경우에도 국가들이 협력하는 것을 적극적 의미의 협력(cooperation 혹은 collaboration)이라고 말한다. 이러한 상황에서 국가들은 갈등을 완화 혹은 폐지하고 협력을 도모함으로써 국가 이익을 증진시키려고 노력한다. 예를 들면 상호 높은 관세율을 책정한 국가들은 상호 수출입의 제한을 받게 되고, 이는 국가 간 갈등을 초래할 수 있다. 이런 상황 속에서 관세를 축소하거나 폐지하는 행위는 국가들의 적극적 협력이 필요한 사안이다. 이를 통해 국가들은 더 많은 수출입을 하게 되고, 궁극적으로 경제적 이익을 창출한다.

국제정치경제에서 국가 간 협력을 도모하는 하나의 방법은 국가 간 경제적 상호작용을 확대하는 것이다. 상품과 서비스의 거래를 증가시키고, 통화와 금융거래를 확대하고, 해외투자를 증가시키며, 인적 이동을 확대하는 것이다. 이러한 현상은 국가 간 상호의존(interdependence)의 증가를 의미한다. 상호의존적 관계가 확대되면, 국가들은 다른 국가들에서 발생하는 일에 의해 더 많은 영향을 받는다. 상호의존 정도가 증가하는 것은 대체로 국가 간 협력의 증진을 의미하며 상호의존은 종종 국가 간 권력관계의 변화를 발생시키기도 한다. 상호의존적 관계에서 국가들은 상호의존 단절에 대한 서로 다른 민감성(sensitivity)과 취약성(vulnerability)을 가지고 있기 때문이다. 민감성은 상호의존 관계가 단절될 경우 한 국가가 당장 입게 될 피해에 관한 개념이다. 취약성은 상호의존 관계가 단절될 경우 한 국가가 어떤 대안을 가지고 있는가에 관한 개념이다. 예를 들면 A라는 국가와 B라는 국가 간 무역관계의 단절로 인해 당장 A국가와 B국가가 입을 경제적 피해는 민감성에 관한 문제이다. 그리고 A국가와 B국가 간 무역관계의 단절 이후, 두 나라가 기존의 상품과 서비스를 확보하기 위해 어떤 대안 상품과 서비스 그리고 대안 무역 상대국가를 확보하고 있는가 하는 것은 취약성에 관한 문제이다.

상호의존 관계에 대한 민감성과 취약성이 높을수록 국가는 상호의존적 관계에 집중할 수밖에 없다. 따라서 국가들은 다른 국가들의 민감성과 취약성을 이용해 상호의존적 관계에서 자국의 권력을 증대시키려는 노력을 보일 것이다. 결국 국제경제 관계의 증가는 국가 간 상호의존적 관계를 증대시키고 국가 간 협력을 도모하는 작용을 하지만, 이는 국가 간 권력관계의 변화를 초래하기도 하고, 종종 국가 간 갈등을 일으키기도 한다. 따라서 권력의 증대와 부의 증대를 동시에 추구하는 국가들은 상호의존적 관계를 확대할 것인지, 어떤 형태의 상호의존적 관계를 추진할 것인지를 고민해야 하고, 이것이 국가의 중요한 책무 중 하나가 되는 것이다.

국가들이 국제경제체제에서 갈등을 줄이고 협력을 증대시키기 위해 고안한 다른 방법은 국제기구나 국제 레짐의 형성이다. 국가들은 지난 수십 년간 자신들의 국제경제 관계를 조정하고 규제하기 위해 많은 국제기구와 레짐을 창설해왔다. 세계무역기구, 국제통화기금, 세계은행과 같은 주요 세계경제기구뿐만 아니라 다양한 지역 경제기구들도 창설했다. 그리고 최소한의 국가들만 참여하는 자유무역협정과 관세동맹 등의 수도 크게 증가한 것이 사실이다. 그렇다면 국가들은 왜 국제기구에 참여하는가의 문제를 제기할 수 있다. 왜냐하면 국제기구에의 참여는 국가들이 보유하고 있는 배타적 주권 권리의 일부를 포기하는 행위이기 때문이다. 또한 국제기구 참여는 규칙과 규범의 준수, 국제회의 참석, 상설 주재 기구의 유지, 혹은 분담금 지급 등의 다양한 비용을 초래하기 때문이다. 이러한 주권 양도와 경제적 비용에도 불구하고 국가들이 국제기구에 참여하는 이유는 참여를 통한 기대이익이 크기 때문일 것이다.

국제기구와 레짐에 참여해 얻을 수 있는 이익은 다양하다. 우선 단독으로 만들 수 없는 공공재를 만들어서 경제적 이익을 얻을 수 있다. 예를 들면 자유무역 레짐 혹은 고정환율 레짐 등은 혼자의 단독 정책과 노력에 의해 얻어질 수 없는 것이다. 국가들 간의 공동의 노력으로 이루어질 수 있을 뿐이다. 따라서 공공재 제공과 이를 통한 국가이익을 달성하기 위해 국가들이 종종 국제기구와 레짐에 참여하는 것이다. 또한 국가들은 국가들 간의 상호작용에 따른 거래비용(transaction costs)을 줄이기 위해 국제기구와 레짐에 참여한다. 일대일 협상과 소통을 통해 얻은 소수 국가들 간의 합의와 협력 기제를 다른 국가들에게 적용시키는 데는 한계가 있다. 따라서 되도록 많은 국가들이 참여하는 다자간 국제기구와 레짐을 통한 다자 합의의 도출과 협력은 국가들 간의 거래비용을 대폭 줄일 수 있는 효과가 있다. 이를 통해 국가 간 협력을 제도화하고, 국가들 간의 협력 양상을 안정화할 수 있는 것이다. 제도화와 안정화를 통해 국가들은 자신들의 국가 이익을 도모할 수 있는 것이다.

6. 국제정치경제 연구의 주요 가정들

국제정치경제를 연구하는 데 필요한 몇 가지 가정이 있다. 이러한 가정들은 매우 상식적인 것으로 보일 수도 있지만 국제정치경제 연구를 위해서는 반드시 필요한 것이기도 하다. 첫 번째 가정은 희소성(scarcity) 가정이다. 앞에서 언급했듯이 국가들은 국제정치경제 관계에서 특정한 가치들을 추구한다. 가치들은 권력, 부, 위상, 평판, 분배, 정의 등을 포함하는 것들이다. 이 중 국가들이 추구하는 가장 근본적이고 궁극적인 가치는 권력과 부이다. 그런데 문제는 권력과 부가 무한정으로 존재하지는 않는다는 것이다. 만약에 권력과 부 혹은 국가들이 추구하는 다른 가치들이 무한정으로 존재하는 것이라면, 국가들은 상호경쟁하고 대립할 이유가 없다. 각 국가가 원하는 만큼의 권력과 부를 얻을 수 있고, 각 국가의 이러한 행위는 다른 국가의 가치 획득에 전혀 부정적 영향을 끼치지 않기 때문이다. 즉, 국가 간 이익의 조화(harmony of interests) 상태와 평화가 유지된다. 이러한 상태가 이상적일지라도 현실적으로 실현하기엔 불가능한 것이 사실이다.

따라서 국가들이 추구하는 가치에 관해 더 현실적인 가정은 가치의 부족 상태에 관한 희소성 가정이다. 가치의 부족 때문에 국가들은 때로는 경쟁하고, 때로는 협력한다. 국가들은 가치의 창출, 배분 그리고 소비 과정에서 경쟁하거나 협력하기도 한다. 또한 다른 국가들보다 절대적으로 혹은 상대적으로 더 많은 가치를 획득하기 위해 경쟁한다. 가치의 부족 정도에 따라서 국가 간 협력과 갈등의 유형이 변화하고, 가치의 부족 정도가 심화될수록 국가 간 경쟁과 갈등이 심해진다.

가치의 부족 상황에서 가치의 창출, 배분, 소비에 영향을 끼치는 요인으로는 크게 권력의 분배 상황과 제도의 존재를 들 수 있다. 국제사회에서 권력을 많이 보유하고 있는 국가는 그 권력을 이용해 다른 가치를 더 많이 얻을 수 있다. 또한 권력을 많이 보유하고 있는 국가는 더 많은 권력을 확보하는 데 유리한 위치에 있다. 따라서 국가 간 권력 분배 상황이 가치 획득을 위한 국가 간 경쟁과 갈등의 형태에 영향을 끼친다.

가치의 창출, 배분 그리고 소비에 영향을 끼치는 다른 요인은 국제제도이다. 국제제도의 존재 여부, 원칙과 규범, 의사결정 과정, 분쟁해결 기제 등이 중요한 요인으로 작동한다. 국제제도의 존재는 국가 행동을 제한하고, 국가들의 기대를 수렴하며, 국가들의 특정 행동을 유도하는 역할을 담당한다. 그리고 일탈 국가의 행동을 감시하거나 제재하기도 한다. 이러한 모든 과정과 환경이 국가들의 가치 추구 행위에 영향을 주는 것이다.

국제정치경제 연구에서의 두 번째 가정은 합리성(rationality) 가정이다. 국제경제행위에 참여하는 행위자들이 합리적이라고 가정한다는 것이다. 합리성 가정은 행위자들이 완전한 합리성을 가지고 있다는 주장은 아니다. 모든 행위자가 모든 정보를 가지고 있고, 자신들이 어떤 대안을 가지고 있는가에 관한 모든 지식을 보유하고 있으며, 자신들이 가지고 있는 대안의 기대이익과 기대비용을 모두 알고 항상 이를 바탕으로 자신들의 이익과 효용을 극대화하는 방식을 선택한다고 주장하는 것은 아니라는 것이다. 현실적으로 이러한 완전한 합리적 선택은 불가능하다. 다만 행위자가 주어진 환경에서 자신들의 이익과 효용을 극대화하는 방향으로 선택할 것이라고 '가정'하는 것이다. 실제 그들이 그렇게 행동하는지는 정확하게 알 수 없다.

국가가 주어진 것 중에 국가 이익을 극대화하기 위한 대안을 선택한다고 가정해보자. 기업들은 기업의 이익을, 소비자들은 자신의 이익을 극대화하기 위해 같은 행동을 한다고 가정한다. 이러한 가정하에서의 문제는 국가 이익, 기업 이익 그리고 소비자 이익을 정확히 정의하기 힘들다는 것이다. 특히 국가 이익은 많은 요소를 포함하고 있는 개념이므로 여러 상황과 사안에서 국가가 어떤 국가 이익을 추구하는가를 정확히 파악하기는 어렵다.

이러한 한계에도 불구하고 합리성 가정이 필요한 이유는 국제정치경제를 연구하는 데 과학적 논의를 가능하게 하기 위해서다. 합리성 가정이 없다면 국제정치경제에 참여하는 행위자들의 행동을 분석하거나 예측할 수 없다. 어떤 근거와 기준으로 행위자들이 행동하는가를 설명할 수 없다는 것이다. 따라서 국제정치경제에 참여하는 국가와 비국가 행위자들의 행위를 설명하기 위해 행위자들이 추구하는 가치, 가치를 얻기 위해 행위자들이 동원하는 수단, 행위자들의 선택 범위, 행위자들의 능력 등에 관한 분석이 따라야 한다. 그리고 이러한 상황을 과학적·논리적으로 분석하기 위해서 합리성 가정이 필요한 것이다.

7. 국제정치경제의 연구방법

국제정치경제를 연구하는 다양한 방법이 있다. 첫 번째 방법은 국제정치경제에 관한 시각과 이념들을 연구하는 것이다. 국제정치경제 현상을 설명하는 데는 다양한 경쟁 시각이 있는데 크게 자유주의, 중상주의, 마르크스주의로 구분할 수 있다. 이들의 근본 가정, 주장, 소이론 그리고 한계를 살펴보고 그 장단점을 비교·연구하는 것이다. 자유주의, 중상주의, 그리고 마르크스주의의 주요 개념, 주장, 한계 등에 대해서는 이 책의 뒷부분에서 자세하게 설명할 것이다.

물론 이런 주요 시각들 이외에도 다른 많은 시각과 이념들이 있다. 예를 들면, 국제정치에서 하나의 주류 시각으로 자리 잡은 구성주의 이론을 들 수 있다. 행위자들 간의 소통, 공유하고 있는 문화, 규범과 원칙들을 강조하는 구성주의의 입장에서는 국제정치경제의 다양한 사안들에서 발생하는 행위자들에 의한 행동, 그리고 그들 간 발생하는 협력과 갈등의 유형을 공유하고 있는 정체성 혹은 정체성의 변화, 지배 문화, 소통의 가능성과 용이성, 규범의 형성과 유지 등의 변수로 설명한다.

국제정치경제를 연구하는 두 번째 방법은 사안별 연구이다. 국제통상, 국제통화, 국제금융, 해외투자, 발전, 지역주의, 세계화 등 매우 다양한 사안이 국제정치경제 연구의 대상이 된다. 또한 이러한 사안들 간의 긴밀한 관계 역시 연구의 대상이 된다. 앞에 언급한 사안들은 상호 유기적으로 연결되어 있다. 예를 들면 통상과 금융 간의 관계, 해외투자와 지역주의 간의 관계 등은 매우 밀접하다. 또한 각 사안과 관련된 국내정치 문제, 국제정치 문제 그리고 국내정치-국제정치 연계 문제 등도 연구의 대상이 된다.

국제정치경제를 연구하는 세 번째 방법은 지역별 연구이다. 지역별 연구는 매우 다양하게 진행될 수 있다. 우선 특정 국가의 경제, 외교 정책을 연구할 수 있다. 예를 들면 한국의 통상 정책 혹은 해외투자 정책 등을 정치경제적 시각에서 연구하는 것이다. 국제정치경제체제에서 주도권을 행사하고 있는 주요 국가들의 국제경제정책 또한 주요 연구대상 중 하나이다. 예를 들면, 패권의 변화와 밀접한 미국과 중국의 대외경제 정책의 정치경제적 측면을 비교하는 것이 매우 중요한 연구대상과 방법이 될 수 있다. 또한 유럽연합(EU: European Union)의 과정과 특성에 관한 연구, 아시아 국가들의 발전 전략 등 특정 지역의 정치경제적 특성을 연구하는 방법도 있다. 이러한 연구를 통해 특정 지역이 가지고 있는 정치경제적 특성을 분석할 수 있다. 그리고 이러한 특수성이 다른 국가와 지역에 적용될 수 있는 것인가에 관한 일반성을 분석할 수도 있다.

다음으로는 지역 간 연구를 고려할 수 있다. 국제정치경제 연구에서 지역은 주로 자본주의 국가군(동)과 공산주의 국가군(서)으로의 구분, 그리고 선진 국가군(북)과 저발전 국가군(남)으로의 구분 등이 가능하다. 이러한 구분을 바탕으로 동-서 간의 국제정치경제 관계, 남-북 간의 국제정치경제 관계, 북-북 간의 국제정치경제 관계, 남-남 간의 국제정치경제 관계 등에 대한 연구가 가능하다.

이러한 다양한 연구방법 중에서 이 책은 두 가지의 연구방법을 다룬다. 첫째, 국제정치경제에 관한 자유주의, 중상주의 그리고 마르크스주의에 관해 비교 설명한다. 둘째, 국제정치경제 연구의 주요 대상이 되는 사안들에 관해 설명한다. 국가별·지역별 연구는 국제정치경제에서 중요한 위치를 차지하고 있는 국가와 지역의 수가 상대적으로 많아서 또 다른 구성의 책이 필요하다고 판단되므로 이 책의 논의대상에서 제외하도록 한다.

토론 주제

1. 국제정치경제는 무엇을 어떻게 연구하는 학문 분야인가?
2. 정치와 경제는 유기적으로 어떻게 연결되어 있는가?
3. 국제정치경제를 연구하는 데 사용되는 분석수준은 어떤 것이 있는가?
4. 국제정치경제를 연구하는 데 기초가 되는 가정에는 어떤 것들이 있는가? 희소성 가정과 합리성 가정 이외에 어떤 가정이 유용한가?
5. 국제정치경제를 연구하는 방법에는 어떤 것이 있는가?

제2장

국제경제체제의 관리

Understanding International Political Economy: History, Ideology and Issues

1. 서론

현대적 의미의 국제정치학은 1940년대경부터 발전하기 시작했다. 당시 국제정치학의 제1차 대논쟁(great debate)이라고 부르는 이상주의와 현실주의 간의 논쟁을 계기로 국제정치학은 큰 발전을 이루게 되고, 과학적 설명과 분석의 기반을 다진다. 따라서 이 글에서도 대략 1940년대 전후의 상황부터 현재까지의 상황까지 국가들이 국제경제를 어떻게 관리했고, 어떤 변화가 있었으며, 시대적으로 주요한 사건과 현상들은 무엇이 있었는가 등을 설명하려고 한다.

제1차 세계대전 이후 국제경제는 큰 혼란을 맞이한다. 국제경제를 관리할 수 있는 패권국가의 부재, 환율체제의 혼란, 무역에 관한 국가 간 합의 부족 등의 현상으로 인해 국제경제는 위기 상황에 직면했다. 19세기 중반이후 유지되었던 영국 주도의 국제경제체제가 붕괴하면서 리더십의 위기가 발생했고, 영국을 대체할 어떤 국가 혹은 제도가 등장하지 않으면서 국제경제체제는 혼란을 겪게 된다. 이러한 위기를 한층 고조시킨 것이 대공황(Great Depression)이다. 1929년부터 대공황을 겪으면서 국제경제는 큰 혼란에 빠지게 되고, 각국은 국제경제 사안에서 협력하기보다는 자국의 시장을 보호하고, 자국의 이익을 탐하는 정책들을 채택했다. 이러한 국가들의 국수주의적 경제 정책은 국제경제를 더욱 혼란스럽게 만들었고 국가 간의 경쟁을 더욱 치열하게 하는 결과를 가져왔다.

대공황 이후 국제경제의 혼란 속에서, 국가들이 자국의 시장을 보호하고, 자국의 경제이익만을 증대시키기 위해 채택한 두 가지 정책은 보호무역 정책과 환율인상 정책이다. 국가들은 자국의 시장을 보호하기 위해 높은 관세를 책정하는 보호무역 정책을 채택했고, 또한 타국의 시장을 공략하기 위해 환율인상 정책을 채택했다. 환율인상 정책은 여러 형태의 긍정적이거나 부정적인 효과를 동시에 나타내지만, 적어도 수출이라는 측면에서만 보면 자국 상품과 서비스의 수출에는 긍정적 영향을 끼치는 것으로 알려져 있다. 이러한 국가들의 정책은 국제경제체제에서의 국가 간 갈등과 경쟁을 강화시켰다. 물론 이 시대에도 환율과 무역에 관한 몇몇 국가 간 협력 시도가 있었지만, 이러한 협력의 노력은 큰 결실을 보지 못했고, 국가 간 경쟁과 대립은 점점 커졌다. 예를 들면, 미국, 영국과 프랑스는 이 기간 동안에도 과거의 고정환율체제로 회귀하기 위한 다양한 노력을 전개했다. 주요 국가들에 의해서 경쟁적으로 채택되었던 환율인상 같은 국수주의적 정책을 방지하기 위한 노력의 일환이었다. 그러나 이러한 협력체제는 큰 효과를 보이지 못했다. 경제 상황이 날로 악화되는 상황에서 국가들 간의 합의와 협력은 유지되기 어려웠다. 따라서 국가들이 국제경제의 혼란에 대처하고 위기를 극복하기 위해 각각 독자적인 정책을 채택하면서, 국가들 간의 협력을 통한 문제해결 방식은 잘 작동하지 못했다.

제2차 세계대전의 발발 원인에 관한 전통적인 설명은 독일의 부상과 이에 대한 영국과 프랑스의 유화 정책에 초점을 맞춘다. 즉, 국제체제에서의 세력균형의 변화와 과거 제1차 세계대전에서 얻은 교훈으로 영국이 유화 정책을 채택한 것이 제2차 세계대전을 발발하게 한 원인이었다는 것이다. 그러나 국제정치경제적 시각에서 보면, 1930년대에 나타난 국가 간의 국제경제 사안에서의 대립과 경쟁 역시 제2차 세계대전 발발의 한 요인이었다. 국제경제에서의 불신과 대립, 경쟁이 안보·군사 문제에서의 대립과 경쟁을 악화시켰다는 것이다.

2. 1940~1950년대의 국제정치경제

제2차 세계대전은 국가들이 과거의 사건을 회고하고 그에 따라 반성하게 하는 학습 효과를 낳았다. 전쟁이 끝나갈 무렵 국가들은 전후 새로운 시대에 국제경제를 관리할 수 있는 새로운 체제를 모색했다. 이러한 노력의 일환으로 1944년 주요 국가의 대표자들이 미국 뉴햄프셔(New Hampshire)주 브레턴우즈(Bretton Woods)에 모여 전후 국제경제 관리에 관해 논의했다. 이러한 노력의 결과로 브레턴우즈체제(the Bretton Woods System)가 탄생했다.

브레턴우즈체제의 근간이 되는 원칙은 자유무역, 고정환율 레짐 그리고 경제재건과 발전으로 요약할 수 있다. 1930년대 국가 간 경쟁적 보호무역 정책의 채택이 상품과 서비스의 국제거래를 위축시켜 국제경제의 전반적 침체를 초래했고, 또한 이것이 국가 간 갈등을 증폭시켰다는 점을 인정하면서, 각국은 전후체제의 무역원칙을 자유무역으로 할 것에 동의했다. 또한 제2차 세계대전 이전 국가들이 채택한 경쟁적 환율인상 정책 역시 혼란스러운 경제체제의 원인이 되었다고 분석했다. 국가들이 경쟁적으로 환율을 인상하면서, 국제경제에서는 매우 높은 인플레이션 현상이 나타났고, 이는 어떤 국가에도 도움이 되지 않는 혼란만을 가져왔다. 따라서 국가들은 자유무역을 실현하고, 각 국가들의 일방적 환율인상 정책을 방지하기 위해 고정환율체제로의 복귀에 동의했다.

국가들이 동의한 세 번째 원칙은 경제재건과 발전의 원칙으로서, 이는 제2차 세계대전을 겪으면서 황폐해진 경제를 복원시키지 않으면 정상적인 소비활동이 이루어질 수 없고, 이렇게 되면 국제경제의 거래 역시 매우 위축될 수밖에 없다고 인식하게 된다. 따라서 국가 간 자유무역을 실현하고 국제경제에서의 협력체제를 구축하기 위해서는 우선 각 국가 경제를 재건하고 발전시키는 노력이 필요했던 것이다. 경제발전을 통해 자유로운 국제경제체제에 대한 국내외적 지지를 확보하려고 했던 것이다.

마지막 원칙은 국제협력의 원칙이었다. 세계경제체제라는 큰 틀 속에서, 각 국가들의 경제체제가 유기적으로 연결되어 있다는 것은 모두 인식하고 있는 사실이었다. 이러한 상황 속에서, 각 국가의 경제발전은 세계경제의 발전과도 밀접한 연관이 있는 것이었다. 따라서 국가들에 의한 국수주의적 경제정책의 채택과 그로 인한 국가 간 경쟁과 대립의 증가는 국가들의 경제발전과 성장에 도움이 되지 못한다는 점에 동의한 것이다. 주요 원칙과 규범의 틀 속에서 국가들의 협력적 경제정책의 채택과 운영이 궁극적으로 자신들의 경제발전에도 도움이 된다는 인식이 자리를 잡기 시작했다.

국가들이 이러한 기본적 원칙에 동의한 것은 사실이지만, 몇몇 예외도 인정되었다. 이는 국가들로부터 기본적 원칙에 대한 합의를 도출하기 위해 국가들이 민감하게 생각하는 부분들을 예외로 인정한 결과였다. 우선 농업과 섬유분야에서의 예외가 인정되었다. 많은 노동을 고용하고 있었던 이 두 분야에서는 국내경제의 안정과 사회정치적 안정을 고려해 자유무역 원칙이 적용되지 않는 예외 분야로 인정된 것이었다. 또한 국가들이 과거 식민지 국가들과 가졌던 특수 호혜관계(preferential treatment)도 인정하는 예외조항을 둠으로써 이들 국가들로부터 합의를 도출할 수 있었다. 이러한 예외 조항들은 당시 국가들 간의 합의를 도출하게 하는 긍정적 요인으로 작동했지만, 차후 국가 간 무역과 통화 거래에서의 갈등을 유발시키는 하나의 부정적 요인으로 작동하기도 했다.

브레턴우즈체제가 가능했던 가장 큰 이유 중 하나는 미국이라는 패권국가의 존재였다. 미국은 1945년 제2차 세계대전이 종식되는 시점에 전 세계 총생산의 50%를 생산했고, 전 세계 비행기의 75%를 가지고 있었으며, 전 세계에서 생산되는 석유의 90%를 장악하고 있었다. 또한 세계에서 가장 강력한 군사력과 가장 높은 수준의 기술력을 가지고 있었고, 제2차 세계대전 이후 막대한 무역수지 흑자를 기록하고 있었으며, 세계에서 인구가 세 번째로 많은 것 등 서방진영에서는 유일한 초강대국으로서의 위치를 점하고 있었다.

이 외에도, 미국의 패권이 브레턴우즈체제의 발족과 유지에 영향을 끼친 요인으로는 미국의 자유주의 사상과 '이타적' 행동을 꼽을 수 있다. 제2차 세계대전 이후 미국은 오랫동안 유지했던 고립주의를 벗어나서 국제주의와 자유주의에 기초한 정책을 펼쳐나가기 시작했다. 이를 바탕으로 자유무역을 확대하고, 자국의 화폐를 세계경제에서의 기축통화로 사용하고, 서방진영 국가들과의 협력을 도모하는 전략을 채택한 것이다. 또한 미국은 유럽에 대한 마셜 플랜(Marshall Plan)과 다른 지역 국가들에 대한 해외원조에서도 볼 수 있듯이, 막대한 부를 다른 국가들에 이전하는 정책을 채택했다.

물론 이러한 정책을 '이타적' 정책으로 볼 것인지, 아니면 '이기적' 목적으로 볼 것인지에 대해서는 논쟁의 여지가 있다. 미국이 궁극적으로 서방세계의 결속을 확립해 대소련 봉쇄정책을 확대하려는 의도와 장기적인 경제적 목적으로 미국수출의 확대를 위한 타 국가들의 경제발전을 도모했다는 점을 고려할 때, 미국의 대외원조 확대 정책이 반드시 '이타적' 목적으로 행해졌다고 이야기하기는 어려울 것이다. 순수한 인도주의적 목적을 위해 대외원조를 제공했다는 주장은 설득력이 떨어진다. 어떤 목적이었든지 간에, 미국의 대외원조는 다른 국가들의 경제재건과 발전에 큰 공헌을 했고, 이 국가들이 브레턴우즈체제에 동의하게 하는 동력으로 작용한 것이 틀림없다. 또한 미국이 제공하는 안보우산 속에서 자본주의체제를 채택했던 많은 국가들이 경제발전을 이룰 수 있었던 것도 틀림없는 사실이다.

브레턴우즈체제를 가능하게 했던 국제정치적 환경은 대략 세 가지로 지적할 수 있다. 첫째는 앞에서 언급했듯이 국가 간 불균형적 권력 분배이다. 서방진영 내에서 거의 모든 국가들은 제2차 세계대전에 의해 황폐화되었다. 따라서 미국의 권력에 필적할 수 있는 국가는 없었고, 대부분 미국으로부터의 원조에 상당히 의존하는 현상을 보였다. 이런 환경 속에서 미국은 리더십을 발휘했고, 자국의 신조(creed)에 맞는 형태의 전후 경제체제를 구축하려는 노력을 강구하게 된 것이다. 국가들은 자의적이건 타의적이건 간에 미국식 자본주의체제의 핵심 원칙들을 수용하는 정책을 채택했다. 이념적 갈등은 줄어들었고, 미국이 주도하는 세계경제체제 속에서 자국의 경제발전을 도모하는 정책을 채택했던 것이다.

둘째는 냉전(cold war)의 시작을 들 수 있다. 제2차 세계대전 이후 세계는 미국을 중심으로 하는 서방진영과 소련을 중심으로 하는 동구진영으로 분리되었다. 이 두 진영은 이념적으로 다른 가치들을 내세우며 군사적으로 정치적으로 대립하는 상황을 만들었다. 소련의 위협으로부터 자국의 안보를 지켜낼 수 없었던 기존의 많은 유럽 강대국들은 미국의 안보우산에 의존할 수밖에 없었고, 이는 경제 문제에서의 협력에도 공헌하게 되었다. 강대국들의 사정이 이러하니 약소국들의 사정은 말할 것도 없었다. 약소국들은 여전히 식민지 상태로 남아 있거나 새로이 독립을 달성한 상태였다. 이들은 경제발전과 안보를 위해 미국 혹은 이전 식민지배 국가들에 의존할 수밖에 없었고, 따라서 자본주의체제를 유지하는 한 미국의 리더십을 수용할 수밖에 없는 상황이었다.

셋째는 국가 간 이념적 합의(consensus)였다. 앞에서도 지적했듯이, 국가들은 1930년대에 팽배한 경제적 국수주의의 결과가 좋지 않았다는 것을 경험하고 이를 통한 학습을 하게 되었다. 또한 이념적으로 대립하고 있던 공산주의 진영과의 경쟁 속에서 자본주의체제의 기본 이념을 수용했다. 이러한 상황 속에서, 자본주의체제 내에서의 차이는 희석되고, 자본주의 이념 그 자체가 공통분모로 수용되는 현상을 보였다. 자본주의체제의 국제적 원칙은 자유무역의 실현이다. 따라서 이념적 합의는 자유무역을 목적으로 하는 브레턴우즈체제가 확립되는 데 공헌하게 된 것이다.

브레턴우즈체제는 세 기구의 출범과 함께 시작되었다. 국가들은 자유무역을 실현하기 위해 국제무역기구(ITO: International Trade Organization)를 창설하려고 노력했다. 그러나 국제무역기구 창설은 결국 실패했다. 국가들의 요구와 선호가 매우 다르게 나타났고, 이를 주도했던 미국의 국내사정도 여의치 않았기 때문이다. 유럽 국가들은 국제수지 문제의 해결을 위한 예외조항 삽입을 요구했고, 저발전 국가들은 경제발전을 위한 특별조항의 삽입을 요구했다. 미국은 당시 보호무역적인 성향이 강했던 공화당이 의회를 장악하고 있었고, 무역자유화에 대한 반대집단의 영향도 무시할 수 없는 상황이었다. 또한 미국은 이 시대에 여전히 고립주의 이념의 영향을 상당히 받고 있었다. 국제주의와 고립주의가 대립하는 상황에서 강력한 국제기구를 이끌어갈 동력을 완전히 확보하기는 어려운 것이 현실이었다. 이러한 복잡한 상황에서 미국의 트루먼 정부는 국제무역기구에 대한 의회의 비준을 포기하게 되고, 이는 궁극적으로 이 기구의 실패를 의미하는 것이었다.

국제무역기구가 실패로 귀착되는 상황 속에서, 국가들은 다자간 관세협상에 대한 절차적 근거를 제시하고 원칙을 수립하기 위해 관세와 무역에 관한 일반협정(GATT: General Agreements on Tariffs and Trade, 이하 GATT)을 타결시키고, 이를 국제무역기구의 대체기구로 받아들였다. '기구'와 '협정'의 차이만큼 국제무역기구와 GATT는 그 역할과 권한에서 큰 차이를 보였던 것이 사실이다. 국제무역기구의 실패와 GATT의 출범은 무역사안에서 국가 간 합의를 도출하는 것이 얼마나 어려운 일인가를 보여준 사례라고 할 수 있다. 제한적 역할과 권한만을 가진 GATT였지만, GATT는 무역장벽의 축소, 무역차별의 해소 그리고 저발전 국가들의 경제성장을 위한 상품가격 안정과 선진국 시장으로의 접근성 제고라는 원칙을 수립하고, 이를 집행함으로써 전후 국제무역질서를 확립하는 역할을 담당했다.

자유무역의 실현을 위해 발족한 다른 두 기관은 국제통화금융(IMF: International Monetary Fund, 이하 IMF)과 국제부흥개발은행(IBRD: The International Bank for Reconstruction and Development, 이하 IBRD)이다. IMF는 국가들의 단기 국제수지 불균형을 해소시키기 위한 여신제공을 목적으로 했고, IBRD는 주로 저발전 국가들의 경제 인프라 건설을 통한 경제발전을 위해 장기 여신제공을 목적으로 했다. 이 두 기관의 주요 업무는 국가들에게 장단기 여신을 제공하는 것이지만, 궁극적 목적 중 하나는 국제수지 불균형의 해소와 경제발전을 통해 국가 간 자유무역을 활성화시키는 것이었다.

브레턴우즈체제의 출범은 국제경제에 두 가지의 긍정적 효과를 낳았다. 첫째, 국가들이 예상하지 못할 정도로 매우 빠른 전무후무한 경제발전을 이루었다. 제2차 세계대전이 끝난 시점부터 약 15년간 세계경제는 매우 빠른 속도로 성장하게 된다. 빠른 경제성장으로 인해 국가들 간의 갈등은 축소되고 현재의 협력체제를 유지하고 확대하려는 노력들이 강구되었다. 국제통상의 확대와 더불어서 안정적으로 유지된 통화금융체제가 세계경제의 성장을 이끌었다. 제2차 세계대전 이후 국가들은 관세 인하와 비관세 장벽의 완화를 통해 국제통상 규모를 크게 증가시켰다. 또한 브레턴우즈체제에서 유지된 안정적 통화체제와 고정환율제도는 경제행위자들의 미래에 대한 예측가능성을 크게 제고시킴으로 인해서 국제통상의 확대에 기여했고, 환율인상 경쟁을 근본적으로 억제함으로 인해서 국제통화 이슈에서의 국가 간 갈등을 조절하는 데 기여했다.

둘째, 자본주의체제를 채택한 국가들 사이에 협력이 강화되면서 자본주의 이념이 확산되고 공고화되는 현상이 나타났다. 이 두 가지 효과를 통해 서방진영 국가들의 결속이 강화되고, 무역거래가 확대되고, 경제의 효율성이 증가하며, 국제적으로 부가 빠르게 증가하는 현상이 초래되었다. 마지막으로 안보체제에서의 협력도 강화되는 모습을 보였다. 미국이 주도하는 북대서양조약기구(NATO)가 창설되었고, 아시아, 중동, 오세아니아 등에서 미국과의 동맹체제가 구축된다. 소련의 팽창을 제지하고, 자본주의체제에 속한 국가들 간의 안보협력이 강화된 것이다. 궁극적으로 안보문제와 경제문제 모두에서 자본주의체제에 속한 국가들 간의 협력이 강화되는 현상이 나타났다. 또한 이에 대응해 공산주의체제를 채택했던 국가들 간의 안보와 경제 협력 현상도 강화되었다. 냉전이 심화된 것이다. 냉전은 자본주의 국가들과 공산주의 국가들 간의 대립과 경쟁을 증폭하는 부정적 효과가 있었지만, 반면에 각 체제 내 국가들 사이에서의 협력과 동맹을 강화시킴으로 인해서 국가 간 협력과 평화를 증진시키는 긍정적 효과도 있었다.

3. 1960년대의 국제정치경제

제2차 세계대전의 종식과 브레턴우즈체제의 출범 이후 매우 빠른 성장세를 보였던 국제경제는 1960년대에 들어서면서 서서히 그 발전 속도가 더더지는 현상을 보이기 시작한다. 경제순환 과정에서 침체기가 도래한 것이다. 또한 국제경제체제에 관한 국가 간 이념적 합의도 약화되기 시작해 국가 간 갈등이 서서히 등장하는 국면을 맞이했다. 이는 궁극적으로 1970년대 초반 브레턴우즈체제의 붕괴라는 파국으로 귀착되는데, 어떻든 그 붕괴의 싹은 1960년대부터 자라기 시작했다.

1960년대 국제경제의 가장 큰 특징은 미국 패권세력의 약화현상이다. 1945년 제2차 세계대전 종식 당시 보였던 미국의 '비정상적인' 패권세력은 '정상적'인 모습을 찾아가면서 상대적으로 약화되기 시작했다. 세계경제에서 차지하는 미국의 비중이 감소했고, 세계경제 거래 규모에 있어서도 미국의 비중은 낮아졌다. 군사적 측면에서 그리고 정치적 측면에서도 미국의 강력한 패권과 리더십이 약화되는 모습을 보였다.

이러한 미국 패권 세력의 약화를 초래한 원인으로 적어도 세 가지를 들 수 있다. 첫째는 다른 국가들의 경제회복과 경제발전이다. 제2차 세계대전 중 황폐해졌던 다른 국가들의 경제가 재건되고 다시 부흥하는 모습을 보였다는 점이다. 특히 서독을 중심으로 한 몇몇 유럽 국가들과 일본은 빠른 경제 회복과 발전을 보였다. 이들 국가들은 국제시장에서 우위를 차지하기 위해 미국과 치열하게 경쟁하기 시작했고, 이 국가들의 몇몇 수출품들이 국제시장에서 가격경쟁 우위를 차지하면서 이는 미국에 상당한 위협으로 등장했다.

둘째는 미국의 베트남 전쟁 수행과 관련된 현상이었다. 미국은 1960년대 초부터 본격적으로 베트남 전쟁에 참여했다. 이로 인해 막대한 달러가 해외에 유출되는 현상이 초래되고, 그로 인해 미국의 경제능력은 상대적으로 약화되는 현상이 나타났다. 막대한 양의 미국달러가 해외에 유출되면서 달러공급 과잉(overhang)이 발생하게 되고, 이는 미국달러 가치에 대한 신뢰성(confidence) 문제를 초래했다. 브레턴우즈체제 내 고정환율제도의 유지가 금태환(dollar-gold exchange) 제도에 달려 있다는 점을 고려할 때, 미국달러의 과잉공급 현상은 브레턴우즈체제 존립에 상당한 위험 요인으로 등장했다. 특히 미국의 영향으로부터 독립해서 이념적·정책적 차별화 정책을 펼쳤던 프랑스의 '미국 때리기' 정책은 미국을 곤혹스럽게 만들었다. 프랑스는 미국이 더는 외국 국가들이 보유한 달러를 금으로 바꿔줄 수 있는 능력이 없다는 점을 알면서도 미국 정부에게 금-달러 교환을 지속적으로 요구함으로써 미국의 입장을 난처하게 했고, 이는 미국의 경제능력을 상당히 제한하게 되었다. 프랑스는 제2차 세계대전 이후 미국 중심적으로 재편되었던 세계경제체제의 근본적 변화를 원했다. 과거 유럽 중심적 세계를 회복하겠다는 야망과 함께 미국 주도적으로 유지되어 왔던 브레턴우즈체제의 변화를 모색한 것이다.

셋째는 미국 존슨(Johnson) 행정부의 '위대한 사회(The Great Society)' 프로그램이었다. 베트남 전쟁에 대한 미국 내 반대가 거세지고, 히피문화(hippie culture)로 표현되는 저항문화가 확산되면서, 존슨 행정부는 이러한 반대와 저항을 무마하기 위해 대규모 복지혜택을 시민들에게 제공하는 정책을 채택했고, 이로 인해 특히 소수민족과 소외계층에 대한 복지혜택이 크게 증가했다. 이러한 정책은 미국의 재정적자의 확대와 이로 인한 무역적자의 확대라는 부정적 결과를 초래했다. 수입이 급증하게 되고, 미국은 지난 수십 년간 누려왔던 무역수지 흑자의 혜택을 더 이상 보지 못하는 상황에 처하게 된 것이다. 미국달러는 미국 정부의 재정적자 확대와 더불어서 지속적으로 해외에 유출되었다. 미국달러의 신뢰성에 대한 근본적 문제가 등장하기 시작한 것이다.

미국의 패권세력의 약화와 대조적으로, 다른 국가들의 경제상황은 현저히 개선되는 모습을 보인다. 서독을 대표로 하는 몇몇 국가들과 일본의 부상은 괄목할 만한 것이었다. 서독의 기계와 일본의 섬유와 전자제품들이 세계시장에서 가격경쟁력과 기술경쟁력을 확보하기 시작했다. 또한 일본의 경제성장 모델을 답습하기 시작한 몇몇 동아시아 국가들의 경제 재건과 부상 현상도 서서히 등장하기 시작했다. 반면에 수입대체화 산업정책을 채택했던 중남미 국가들은 오히려 경제상황이 나빠지는 현상을 보이기 시작했다. 이로 인해 수출진흥전략(export promotion strategy)과 수입대체화전략(import substitution strategy), 그리고 자유주의와 마르크스주의 정책들에 대한 장단점 비교를 하는 학문적·정책적 논의들이 많이 등장하기 시작했다.

공산주의체제 내에서도 균열이 발생하기 시작했다. 냉전이 최고조에 달했던 1950년대 말과 1960년대를 지나서면서, 몇몇 공산주의 국가들에서의 변화가 시작되었다. 유고슬라비아의 독립적 노선, 헝가리와 체코에서의 개혁 운동, 그리고 중소분쟁 등이 발생하기 시작했다. 몇몇 공산주의 국가들은 자본주의 국가들과의 경제교류를 모색하기 시작했고, 경제침체와 위기를 극복하기 위해 부분적 경제개방을 시도하기도 했다.

1960년대는 경제위기의 태동기라고 할 수 있다. 대략 20여 년간 유지되었던 초고속 경제성장 시대는 막을 내리기 시작했다. 미국과 소련의 패권이 도전받으면서, 국가 간 협력과 갈등이 혼재하는 시대가 열렸다. 경제정책에서의 경쟁과 대립이 이념적 논쟁을 야기하기 시작했다. 그리고 세계경제체제의 근본적 변화에 대한 압력이 증가하기 시작했다.

4. 1970년대의 국제정치경제

1970년대는 제2차 세계대전 이후의 시기 중 국제경제체제가 가장 큰 혼란을 겪었던 시대였다. 1960년대부터 시작된 국제경제의 혼란 조짐이 본격화된 것이다. 첫째로 1960년대에 있었던 미국달러의 과잉공급이 문제였다. 미국은 달러의 과잉공급 문제와 그로 인한 금-달러 교환 문제를 다소나마 해결하기 위해 다른 국가들에게 달러의 평가절하를 지속적으로 요구했으나 거절당했다. 다른 국가들은 달러의 평가절하로 인해 자국의 수출이 감소하고 수입이 증가할 것을 우려했고, 또한 그들이 보유한 달러 가치의 하락으로 인한 손실을 우려했다. 이러한 갈등 상황 속에서 미국의 입장을 더욱 어렵게 만드는 현상은 미국 무역수지의 악화였다. 1971년에 미국은 20세기 사상 처음으로 무역수지 적자를 기록했고 그 이후 적자폭이 증가하는 모습을 보였다.

이러한 위기의식 속에서 당시 미국의 대통령이었던 닉슨(Nixon) 대통령은 1971년 8월 15일 닉슨 선언을 발표했다. 닉슨 선언의 두 가지 주요 내용은 미국 정부가 더 이상 타국이 보유한 달러를 미 정부가 보유한 금으로 바꿔주지 않겠다는 것과 미국으로 수입되는 외국 상품에 대해 10%의 관세를 더 부과한다는 것이었다. 이러한 미국의 조치는 두 가지 결과를 초래했다. 첫째, 1945년부터 유지되어 오던 브레턴우즈체제가 붕괴되었으며, 둘째, 이로 인해 신보호무역주의 시대가 열렸다. 브레턴우즈체제가 붕괴되면서 국제환율체제는 변동환율체제로 바뀌었고, 이는 국제경제와 국제무역에 상당히 큰 불안정 요인으로 등장했다. 또한 1945년 이후 상대적으로 잘 유지되던 자유무역체제가 불안정한 모습을 보이기 시작했다. GATT체제의 제약을 받았던 국가들은 노골적으로 관세를 올리는 일은 하지 못했지만, 여러 가지 형태의 비관세 장벽을 이용해 자국의 시장을 보호하려는 정책을 채택했다. 미국의 보호무역적 성격의 정책 채택과 변동환율에 의한 정부의 환율개입 가능성은 국가들로 하여금 보호무역 유혹에 굴복하게 하는 현상을 만들기 시작했다. 또한 1960년대 이후로 지속된 경제침체는 국수주의적 대외경제정책의 채택을 국가들에게 강요하는 요인으로 작동했다.

1970년대 국제경제를 뒤흔든 두 번째 사건은 석유파동이었다. 석유파동은 1973년과 1978년 두 번에 걸쳐서 발생했다. 석유파동의 근원은 정치적-군사적 갈등이었다. 1973년에 발발한 제2차 중동전쟁에서의 패배를 경험한 아랍권 석유생산 국가들이 미국-영국의 이스라엘 지원에 대한 반발로, 석유시설을 국유화하고 카르텔을 형성해 대서방 석유수출 금지 조치를 단행함으로써 석유파동이 발생했다. 석유파동의 결과는 실로 엄청난 것이었다. 석유파동은 전 세계 모든 국가에 영향을 끼칠 만큼 큰 파장을 나타냈다. 단기간에 석유가는 3~4배 증가했고, 이는 전 세계 시장의 인플레이션 현상을 초래했다. 인플레이션 현상은 또한 극심한 경제침체 현상과 더불어 스태그플레이션(stagflation: stagnation+inflation) 현상이 발생했다. 세계의 부는 급속히 재편되었고, 석유를 수입하는 저발전 국가들의 채무는 빠르게 증가해서 1980년대 초 채무위기라는 결과를 낳았다.

석유파동은 정치적으로도 몇몇 흥미로운 현상을 초래하기도 했다. 우선 서방 국가들의 대중동 정책이 전환될 수밖에 없었다. 몇몇 중동 국가들과 서방 국가들과의 관계가 급속히 악화되는 현상이 발생했다. 1979년 근본주의자들에 의한 이란 혁명과 이에 동반된 인질 사건은 서방국가들과 중동 국가들 간의 관계 악화 현상을 보여준 극단적 사례라고 할 수 있다. 그리고 저발전 국가들이 카르텔 형성의 성공 사례를 보여줌으로 인해 선진국과 저발전 국가 간의 대립이 증가했다. 그리고 자원 확보와 관련된 국가 간 갈등이 증폭되는 현상이 발생했다. 석유파동이 대부분의 국가들에게 막대한 경제적 피해를 끼친 것은 사실이었다. 그러나 이러한 위기를 극복하는 과정에서 국가들 간 차이가 있었다. 석유가격 인상으로 인해 막대한 오일 달러를 벌어들인 국가들이 큰 규모의 인프라 건설을 추진하면서 이런 기회를 포착한 국가들은 상대적으로 수월하게 경제위기를 이겨낼 수 있었다. 예를 들면, 한국은 대규모 중동 인프라 사업들을 수주하면서 막대한 돈을 벌어들였고, 따라서 수입에 100%의 석유 공급을 의존하고 있었던 한국이 상대적으로 빠르게 석유파동과 관련된 경제위기를 극복할 수 있는 기회를 제공했다.

저발전 국가들은 1960년대와 1970년대를 거치면서 지속적으로 경제발전에 관한 사안에서 선진국들과 대립했다. 저발전 국가들은 1960년대 이후 종속이론으로 사상적으로 무장했고, 신경제질서(New International Economic Order)를 표방했으며, 유엔(UN) 내 '무역과 발전에 관한 유엔회의(UNCTAD: United Nations Conference on Trade and Development)'를 창설해 자신들의 경제적 이익을 도모하려는 집단적 움직임을 보였다. 이러한 상황 속에서 전개된 석유수출 국가들에 의한 카르텔 형성과 그로 인한 석유파동은 저발전 국가들의 협력이 국제경제와 정치에 막대한 영향을 끼칠 수 있다는 점을 보여주는 사건이 되었다.

1970년대 국제경제체제에서 발생한 특이한 사건 혹은 현상 중 세 번째는 유로달러(eurodollar) 시장의 급격한 확대였다. 이러한 현상은 석유파동과 직접적 관련이 있는 것이었다. 유로달러 시장은 국제적으로 유통되는 통화들이 이 통화를 발행한 국가들의 금융당국의 감독을 벗어나서 국제적으로 유통되는 시장을 말한다. 예를 들면 유로달러(eurodollar)는 미국 금융당국의 통제와 감시 밖에서 유통되고 거래되는 미국달러이다. 마찬가지로 유로엔(euroyen)은 일본 금융당국의 통제와 감시를 벗어나서 거래되는 일본 화폐이다. 이러한 시장은 1960년대부터 서서히 형성되기 시작해 1970년대는 매우 빠른 속도로 증가했다. 이러한 시장의 형성과 확대에는 구소련권 국가들과 석유수출 국가들의 역할이 매우 중요했다. 국제시장에서 경제적 활동을 하려는 국가들은 당시 중요 기축통화였던 달러를 보유하려고 노력했다. 그러나 구소련권 국가들과 중동의 국가들은 자국이 보유한 달러를 미국 금융당국의 감독을 받는 은행들과 거래하는 것을 꺼리는 경향을 보였다. 자국의 경제활동이 미국 정부에 의해서 감시당하고, 그로 인해 정치적·군사적 제약을 받을 수 있다고 생각한 것이다. 따라서 이 국가들은 미국계 은행이 아닌 다른 은행들과 미국달러를 거래하는 형식을 취했고, 이는 유로달러 시장의 확대에 크게 기여했다. 유로달러 시장이 크게 발전한 국가들은 케이먼군도(Caymen Islands), 홍콩, 스위스 등 미국 금융당국의 통제와 감시가 어려운 곳들이었다. 이렇게 금융당국의 감시를 벗어나 거래되는 통화의 증가는 국제금융 시장의 불안요인으로 등장하게 되고, 이러한 국가들의 행위는 미국과의 갈등을 증가시켰다.

마지막으로, 1970년대는 선진경제 국가들 간 경제 문제에 관한 이데올로기적 갈등현상이 나타났다. 이 국가들이 모두 자본주의라는 체제를 근간으로 하는 경제체제를 운영하고 있지만, 이들의 경제운영 방식과 정책은 상당한 차이를 보이는 것이 사실이다. 예를 들면 미국은 시장 중심적 자본주의(market-oriented capitalism), 유럽은 조합주의적 자본주의(corporatist capitalism) 그리고 아시아 국가들은 국가 중심적 자본주의(state-centered capitalism)체제를 운영하는 것이다. 미국은 정부의 시장개입을 최소화하고 대부분의 경제활동 결정이 시장 행위자들에 의해서 결정되는 경제체제를 유지하고 있었다. 반면에 유럽의 많은 국가들은 정부-자본-노동이 공동으로 경제정책의 주요 내용들과 방향을 결정하는 조합주의적 경제운영 방식을 채택하고 있었다. 반면에 일본과 다른 아시아 국가들은 정부가 주요 경제행위자로서 중요한 경제정책을 결정하는 방식의 국가주도적 경제운영 방식을 채택하고 있었다. 경제체제에 관한 이러한 이념적 갈등은 1960년대까지 명확하게 드러나지 않았다. 아니 독특한 특성을 보이고 있었지만, 이로 인한 갈등은 최소화하는 그런 체제가 유지되었다. 1945년 이후 등장한 냉전 상황 속에서, 미국의 안보우산과 경제원조에 의존해 있던 국가들이 미국의 이념을 수용하는 모습을 보였고, 또한 압도적 우위를 차지하고 있던 미국의 입장에서도 다른 국가들의 색다른 경제정책을 문제 삼지 않았던 것이다. 특히 서로 다른 경제체제적 특성에도 불구하고, 국제경제 거래에 있어서는 미국식 아이디어와 이념이 작동되는 체제를 수용한 것이다. 자유무역, 안정된 통화체제, 그리고 제도를 통한 협력이 미국 주도적으로 이루어진 것이다.

그러나 1970년대부터 본격적으로 진행된 데탕트로 인해 유럽과 아시아 국가들의 대미국 안보의존 관계는 약화되기 시작했다. 1960년대 초 쿠바 미사일 위기(Cuban Missile Crisis) 이후 미국과 소련은 미래의 위기를 관리하고 통제하기 위한 몇 가지의 중요한 합의에 도달했다. 예를 들면, 지상에서의 핵실험을 금지하는 조약(Test Ban Treaty), 핵과 관련 물질들과 무기의 해외 확산을 금지하는 조약(Non Proliferation Treaty) 등이 1960년대에 체결되었다. 그리고 1972년 미국과 소련은 냉전체제 등장 후 가장 중요한 합의를 이루게 되는데, 그것이 전략무기제한협정(Strategic Arms Limitation Talk)의 타결이었다. 이를 계기로 미국과 소련은 데탕트라는 긴장완화 시대에 들어서게 되었다. 동서 간 긴장완화는 자본주의 국가들의 대미국 안보의존도를 약화시키는 것이었고, 이를 계기로 몇몇 자본주의 국가들이 미국에 도전하는 현상이 발생하기 시작했다.

이와 동시에 국제경제에서의 경쟁이 치열해지고, 미국의 상대적 우위가 쇠퇴하고, 다른 국가들의 경제가 성공하면서, 이념적 갈등이 표면화되기 시작한다. 이러한 이념적 갈등은 경제정책의 내용과 방향에서의 갈등으로 표출된다. 예를 들면 미국은 아시아 국가들, 특히 일본의 국가주도적 산업정책을 비난하면서 불공정 무역관행을 비난하기 시작하고, 반면에 다른 국가들은 미국의 방만한 경제운영과 에너지 정책을 비난했다. 안보환경의 변화와 경제 환경의 변화가 국제경제에서의 국가 간 갈등을 증폭시킨 것이다.

1970년대는 세계경제가 매우 혼란스러운 상황이었다. 변동환율체제의 도입과 그로 인한 불확실성의 상승, 신보호무역주의 정책의 채택, 경제침체의 지속, 이념적 대립과 갈등의 등장 등 많은 일들이 발생했다. 그러나 이러한 혼란스러운 상황이 국제경제체제의 붕괴를 초래한 것은 아니다. 앞에서 지적한 여러 가지 위기 상황 속에서도 국가들은 국제경제체제를 안정화시키기 위해 다방면으로 노력했다. 미국 패권세력의 약화로 인해 미국이 일방적으로 국제경제체제를 관리할 수는 없었지만, 미국은 다른 선진국들과의 협력을 통해 국제경제를 관리하려는 노력을 강구했다. 국가들은 1930년대의 극한적 상황으로 회귀하는 것을 원하지 않았다. 혼란 속에서도 협력과 합의를 모색했다. 예를 들면 1978년에 미국과 독일 그리고 일본은 국제경제를 안정화하는 합의에 도달한다. 이 본(Bonn) 정상회의에서 미국은 에너지 소비 감소를 통한 석유가 안정에 합의하게 되고, 반면에 독일과 일본은 경제 활성화를 위해 정부지출을 확대할 것에 합의했다. 미국의 일방적 관리체제에서 국가 간 협력체제로 전환하는 계기를 마련한 것이었다.

국가 간 협력의 두 번째 결과는 도쿄라운드(Tokyo Round)의 타결로 나타났다. 1970년대 신보호주의 시대 속에서도 국가들은 자유무역 원칙의 실현이 국가들에게 경제적 이익을 줄 것이라는 신념을 잃지는 않았다. 그러나 다른 한편으로는 석유파동으로 인해 증폭된 저발전 국가들의 경제 문제에 관해 더 많은 관심을 기울여야 한다는 인식도 증가했다. 선진국들의 관세는 더욱 낮추지만, 저발전 국가들에 대한 특별대우(preferential treatment)는 유지해야 한다는 것에 합의해, 혼란스러운 경제상황 속에서도 도쿄라운드가 타결될 수 있었던 것이다. 자유무역체제의 약화 혹은 극단적 붕괴는 막아야 한다는 국가 간 공동의 인식과 이익이 있었던 결과이다.

5. 1980년대의 국제정치경제

1970년대의 혼란은 1980년대에도 이어졌다. 가장 먼저 부상한 문제는 저발전 국가들의 채무위기 발생이었다. 1980년대 초에 발생한 채무위기의 근원은 대략 세 가지로 요약할 수 있다. 그 첫째로는 석유파동으로 인해 석유가가 폭등하면서 석유를 수입하는 국가들의 무역수지는 악화될 수밖에 없었다는 점을 지적할 수 있다. 둘째로, 석유파동은 전 세계 경제의 인플레이션 상황을 초래했고, 국가들은 인플레이션을 억제하기 위해 금리인상 정책을 단행했다. 기존 채무를 많이 가지고 있던 저발전 국가들의 입장에서 볼 때, 금리 인상은 더 많은 이자의 상환을 의미했고, 이는 채무의 증가로 이어졌다. 셋째로, 선진국들이 채택한 신보호주의 정책을 들 수 있다. 선진국들은 1970년대에 나타난 경제침체 상황에 대처하기 위해 자국시장을 우선적으로 보호하는 신보호주의 정책을 채택했다. 선진국들에 의한 신보호주의 정책의 채택은 저발전 국가들의 대선진국 수출의 감소를 의미했다. 저발전 국가들의 입장에서 볼 때, 석유가 인상으로 인한 적자폭의 확대는 궁극적으로 수출증가로 보상되어야 했다. 아니면 대외채무에 의존하는 방법밖에 없었다. 그러나 선진국들에 의해 채택된 신보호주의는 저발전 국가들의 수출을 억제하는 효과를 가졌고, 저발전 국가들은 해외채무에 더욱 의존하는 경향을 보였다. 석유가 인상과 그에 따른 금리 인상으로 인해 저발전 국가들의 지출은 증가하게 되었다. 반면에 수출 감소로 인해 달러 수입이 줄어들면서 석유를 수입하는 국가들의 해외채무는 빠르게 증가했다. 결국 많은 저발전 국가들은 지불불능의 상황을 맞았다. 대규모 채무위기가 발생한 것이다.

1980년대 초에 발생한 채무위기는 1980년대 내내 국제경제체제를 위협하는 요인으로 남아 있었고, 채무위기를 해소하기 위한 다양한 방안이 마련되었다. 특히 채무 일부분의 면제 혹은 일정 비율의 면제 조치가 채택되었고, 1980년대 말이 되면 채무위기는 거의 해결되었다. 그러나 1980년대에 있었던 이러한 채무위기 그리고 몇몇 저발전 국가들의 통화금융 위기는 다른 지역으로 확산되는 모습을 보였고, 1990년대에 들어서도 동유럽 국가들, 중남미 국가들 그리고 아시아 국가들에서 통화금융 위기가 발생했다.

1980년대 국제경제체제의 특징 중 두 번째는 일본 경제를 필두로 하는 아시아 경제의 부상이다. 이들 국가 중 일본과 한국의 부상은 두드러진 것이었다. 특히 일본의 부상은 국제경제체제를 뒤흔들기에 충분한 것이었다. 일본의 자동차와 전자제품이 전 세계 시장을 뒤덮기 시작하면서, 일본 경제력에 대한 우려의 목소리가 본격화되었다. 소니와 토요타 제품들이 세계시장을 석권하기 시작했고, 반면에 미국의 자동차 산업과 전자산업은 큰 타격을 입게 된다. 또한 강한 일본 엔(yen)을 근거로, 일본의 해외투자가 매우 큰 규모로 이루어졌다. 또한 일본이 해외부동산과 산업체들을 대규모로 구입함으로써 다른 국가들의 일본 부상에 대한 우려가 커진 것이 사실이었다. '제1 국가로서의 일본(Japan as a number one)' 혹은 '일본에 의한 평화(Pax Nipponica)' 등의 표현들이 종종 등장했다. 미국을 포함한 다른 국가들이 위기 의식을 갖는 것은 당연한 일이었다. 이러한 상황 속에서, 일본과 미국, 일본과 유럽 국가들 간의 무역마찰이 빈번히 발생했다. 일본의 부상에 대해 '일본 지지자들'은 일본이 채택해왔던 산업정책(industrial policy)을 배워야 한다는 주장을 펼친 반면에 '일본 때리기'를 주장하는 사람들은 일본의 보호주의적 성향을 타파하기 위한 보복조치를 강구해야 한다고 주장했다. 선진국들 간 무역마찰과 경제경쟁이 치열해진 것이다.

일본 경제의 부상에 대한 다른 선진국들의 우려에 더해, 다른 아시아 국가들의 경제 발전 역시 큰 관심거리로 부상했다. 특히 소위 네 마리의 용이라고 불리는 한국, 대만, 홍콩, 싱가포르 경제의 부상은 선진국들의 우려를 낳기에 충분한 것이었다. 이 국가들의 상품이 국제시장에서 가격경쟁력을 확보하면서 이 국가들의 수출이 빠르게 증가했다. 특히 첨단 제품이라고 인식돼왔던 자동차, 전자제품, 반도체 등에서의 경쟁이 치열해지면서, 선진국들의 우려는 증폭되었다. 많은 선진국들의 대동아시아 국가 무역적자폭이 증가했고, 동아시아 국가들은 다른 많은 경제 사안에서도 경쟁력을 구축해나갔다.

1980년대에 발생한 세 번째 현상은 신보호무역주의의 확대 현상이다. 특히 미국은 1980년대의 대부분을 집권했던 레이건 행정부에 의한 방만한 경제운영의 결과 막대한 재정적자와 무역적자를 경험하면서, 여러 형태의 보호무역 조치들을 채택했다. 미국은 양자 간 협상을 통해 타국의 시장을 개방화하려는 정책을 펼치기도 했고, 여러 형태의 신보호주의 정책을 채택해 자국의 시장을 보호하려는 정책을 펼치기도 했다. 특히 반덤핑 관세(anti-dumping duties)와 상계관세(countervailing duties)를 부과할 수 있는 권한을 명시한 불공정 무역관행 규제 정책은 다른 국가들과의 무역마찰을 증폭시켰다. 다른 국가들의 덤핑 혹은 정부보조금 지급을 제한하려는 목적을 가진 미국의 불공정 무역관행 규제 정책은 이 개념들의 모호함과 판정 기준의 자의적 해석 등으로 인해서 다른 국가들과 종종 갈등을 만드는 결과를 초래했다. 미국의 통상정책의 기조가 자유무역에서 공정무역(fair trade)으로 전환하면서 다른 국가들과의 무역마찰이 증폭된 것이다. 또한 농업부분에 대한 보호, 다자간 섬유협정(multi-fiber agreements)의 지속을 통한 섬유산업 보호 그리고 위생관련 보호조치의 채택 등을 통해 보호무역 성향을 강화시켰다. 국가 간 무역 분쟁이 증가했고, 향후 국제경제체제의 주도권을 두고 국가 간 대립이 치열해지는 양상을 보였다.

1980년대 국제경제체제에서 두드러진 현상 중 네 번째는 저발전 국가들의 분리 현상이다. 저발전 국가들은 1960년대 이후 UNCTAD와 '신국제경제질서(New International Economic Order)'를 통해 자신들의 경제적 권익을 확보하기 위한 공동의 노력을 기울여왔다. 그러나 저발전 국가들의 경제현실과 전망이 두드러진 차이를 나타내면서 이 국가들 간의 공동 노력은 약화되고, 저발전 국가들이 분열되는 모습을 보이기 시작했다. 특히 한국을 비롯한 몇몇 아시아 국가의 경제가 부상하면서, 기아와 빈곤에 시달리는 많은 아프리카, 아시아 국가들과 차이를 드러내기 시작했다. 그때까지 '제3세계(the 3rd World)'라고 통칭되었던 국가들이 '제3세계'와 '제4세계(the 4th World, 혹은 최저발전국 혹은 최빈국)'로 분리되는 현상이 발생한 것이다. 몇몇 저발전 국가들은 빠른 산업화를 통해 선진국 경제를 위협하는 수준에 이르게 된 반면, 다른 저발전 국가들의 경제는 붕괴되어 비참한 경제상황을 맞게 된 것이다. 기아와 빈곤으로 수많은 사람들이 고통 받는 심각한 인권 침해 현상이 발생했다. 이러한 현상에 대한 우려가 증가했고, 최저발전 국가들의 경제발전에 대한 국제적 관심을 증가시키는 계기를 마련하게 되었다.

1980년대에 나타난 또 다른 큰 현상은 중국의 개혁개방이다. 1960년대 중소분쟁과 마오쩌둥(毛澤東)에 의한 문화혁명의 위기 상황을 겪었던 중국이 1970년대 말부터 개혁개방 정책을 채택하기 시작한 것이다. 거대한 시장, 인구와 노동력, 자원을 보유한 중국의 개혁개방은 다른 국가들에게는 기회이기도 하면서 위기이기도 했다. 1980년대에는 중국의 부상이 미미한 것이었지만, 중국의 개혁개방은 훗날 세계경제를 뒤흔드는 요인으로 작동하게 된다.

채무위기, 국가 간 무역마찰의 증대, 최저발전 국가들의 경제적 붕괴 등의 혼란스러운 상황 속에서도, 국제경제체제를 관리하기 위한 몇몇 노력이 선진국 중심으로 강구되었다. 첫째로 1985년에 이루어진 플라자 합의(Plaza Agreement)를 들 수 있다. 선진 5개 국가 간 합의의 주요 내용은 미국의 재정 적자 규모를 줄여서 세계경제의 인플레이션을 축소하려는 것과 일본 엔화의 평가절상을 통해 일본의 무역흑자 폭을 축소하려는 것이었다. 이를 통해 선진국들 간의 세계경제 관리를 위한 회의는 정례화하는 모습을 보였다. 특히 2년 뒤에 이루어진 1987년 루브르 합의(Louvre Agreement)를 기반으로 소위 G7이라 부르는 서방 7개국 정상회의가 정례화되는 형태를 띠게 되고, 선진국들은 이를 통해 세계경제를 공동으로 관리하려는 노력을 보였다.

두 번째로는 우루과이 라운드(Uruguay Round)의 시작을 들 수 있다. 신보호주의의 대두와 국가 간 무역마찰의 증폭에도, 국가들은 자유무역의 실현과 이를 통한 세계경제의 발전에 대한 신념을 가지고 있었다. 특히 그때까지 무역자유화에서 예외로 인정되었던 농산물과 섬유분야 그리고 새로이 서비스 시장에 대한 무역자유화를 의제로 포함하면서, 포괄적 무역자유화를 위한 노력을 강구하는 모습을 보였다. 우루과이 라운드는 시작 당시 예상한 시간보다 훨씬 더 오랫동안 협상이 진행되기는 했지만, 어떻든 1994년에 타결되어 무역자유화를 촉진시키는 역할을 담당했다.

마지막으로는 저발전 국가들에 대한 해외원조의 확대를 들 수 있다. 최빈 국가들의 경제 상황이 급속도로 악화되고 이로 인해 많은 국가들에서 내전과 종족 살상 현상이 발생하면서, 저발전을 극복하기 위해 다양한 논의와 연구, 그리고 정책들이 등장했다.

6. 1990년대의 국제정치경제

1990년대는 국제체제의 큰 변동이 있었다. 공산주의체제를 유지했던 구소련과 동구유럽 국가들이 붕괴하면서 1945년부터 유지되었던 냉전이 해체되기 시작한 것이었다. 이로 인해 동서 간 이념적 갈등이 해소되고, 구 공산권 국가들이 자본주의체제로 흡수되는 현상이 발생했다. 이런 상황 속에서, 이 국가들의 경제를 안정화시키고 새로운 체제를 정착시키며 경제발전을 위한 기초를 마련해주는 등의 일이 큰 과제로 부상했다. 많은 국제적 지원과 국제기구를 통한 금융지원에도, 구 공산권 국가들은 경제적으로 매우 혼란스러운 모습을 보였고, 여러 차례에 걸쳐서 외환금융 위기에 봉착했다. 자본주의 경제 운영의 경험이 부족한 국가들을 어떻게 자본주의체제 속으로 편입시킬 것인가의 문제가 있었다. 또한 공산주의체제에서 자본주의체제로 전환하는 이들 국가들에서 소유권의 문제, 시장 작동의 문제, 금융시장 발전의 문제, 기술 가격 경쟁력 확보 문제, 생산과 분배의 사유화 문제, 해외투자 유치의 문제 등 많은 문제들이 존재했다. 1990년대 후반이 되면서 차츰 안정화되긴 했지만, 여전히 경제 불안의 요인은 존재하고 있었다.

1990년대의 두 번째 국제경제체제적 특징은 국제경제를 관리하는 제도화의 강화라고 지적할 수 있다. 특히 IMF와 새로 발족한 세계무역기구(WTO: World Trade Organization, 이하 WTO)의 역할 강화를 대표적 사례로 지적할 수 있다. 외환금융 위기가 확산되면서 IMF의 역할이 크게 강화되어왔다. 그 이전에 독자적으로 국제금융 업무를 했던 국제 상업은행들(international commercial banks)이 1980년대 초반에 발생한 채무위기를 계기로 IMF의 역할에 상당히 의존하는 경향을 보이게 되었다. 또한 '최후의 대출자(lender of the last resort)'의 역할을 하는 IMF에 대해 외환금융 위기에 직면한 국가들이 의존할 수밖에 없는 상황이 전개되었다. 제한된 자원을 가지고 있었던 IMF는 대규모 외환금융위기가 발생하기 전에는 제한적인 역할만을 담당했던 것이 사실이다. 그러나 1980년대 이후 큰 규모로 빈번하게 발생하는 외환위기에 대처하고 해결하는 과정에서 IMF의 역할은 크게 강화된다. 이와 더불어서 세계은행(World Bank)의 역할도 한층 강화되는 모습을 보인다. 위에서 지적했듯이, 최빈국가들의 경제사정이 악화되고 대규모 기아와 빈곤 문제가 세계시민사회의 주목을 받기 시작하면서, 저발전국가들에 대한 경제적 기술적 지원의 문제가 매우 중요한 국제사회 사안으로 등장하게 된다. 이러한 논란과 토의 과정 속에서 세계은행의 적절한 역할에 대한 기대가 높아지게 된 것이다.

이와 더불어 국제무역체제에서도 국제기구의 역할이 한층 강화되었다. 우루과이 라운드 협상이 1994년 타결되면서, 이를 통해 1995년 1월 1일자로 WTO가 GATT를 대체했다. GATT와 WTO는 매우 큰 차이를 보이는데, GATT는 국가 간 협정일 뿐이지만 WTO는 국제기구의 위상을 갖는 것이었다. 국제기구에는 막강한 권한과 임무를 부여받은 사무국이 존재한다. 따라서 무역체제를 관리하고, 회원국들의 무역관행을 감시·제재하고, 무역분쟁을 조정하는 등의 역할이 강화되었다. 새로운 무역사안에 대한 의제설정도 증가했고, 우루과이 라운드 협정을 준수하기 위한 노력도 더욱 강화되었다. 무역사안에 관한 제도가 강화된 것이다.

1990년대의 세 번째 특징으로는 미국 경제의 부활과 일본, 독일 경제의 쇠퇴라는 국제경제체제적 변화를 들 수 있다. 국가 간 부의 분배의 재편을 통해 국제경제체제가 변화를 겪은 것이다. 1980년대 막대한 재정적자와 무역적자 그리고 경제침체를 경험했던 미국의 경제는 1990년대에 들어서면서 부활하기 시작한다. 레이건(Reagan) 행정부부터 시작된 경제효율화 제고 노력, 냉전 해체에 따른 군사비 부담의 경감 그리고 빠른 속도로 진행된 정보통신분야에서의 발전 등에 힘입어 미국 경제가 상대적으로 빠르게 성장한 것이다. 신 미국 경제(New American Economy)라는 용어로 표출되는 이 시대의 미국 경제정책의 핵심은 자유화, 효율화, 사유화, 기술혁신 등이다. 미국 경제는 1990년대 후반에 이르면 높은 성장률, 낮은 실업률, 안정적 인플레이션 그리고 재정적 흑자 등을 나타내는 등 경제가 빠르게 안정되어 갔다. 다만 무역적자의 문제는 여전히 해결되지 않아서 경제 불안 요소로 남아 있었다.

미국의 경제에 비해 일본과 독일의 경제는 쇠퇴하게 된다. 일본 경제는 1990년대 초반 거품경제(bubble economy)의 붕괴와 더불어 추락하는 모습을 보인다. 1980년까지 발생한 부동산 가격의 빠른 상승이 정지하고 이로 인한 경제 거품의 붕괴로 인해 일본 경제는 큰 충격에 빠지게 된다. 은행과 기업체들의 도산이 줄을 이었고, 부동산 가격의 하락으로 인해 개인자산이 큰 폭으로 축소되면서 소비가 위축되었다. 일본 경제를 살리기 위해 일본 정부가 많은 경기부양책을 동원했지만, 일본 경제는 지속적으로 침체현상을 보였고 오히려 국가채무만 증가하는 부작용을 낳게 되었다.

독일의 경우, 통일과 관련된 비용 부담으로 인해 경제가 쇠퇴하는 모습을 보였다. 비록 서독 정부가 어느 정도의 준비를 했던 것이 사실이지만, 동독의 붕괴와 그로 인한 동독의 흡수 통일은 예상보다 너무 빠르게 진행되었다. 큰 규모의 경제를 가지고 있었던 서독이었지만, 통일비용을 효과적으로 감당하기에는 역부족이었다. 구동독 지역의 경제상황은 예상보다 더 나빴고, 따라서 통일비용은 막대한 것이었다. 경제침체가 발생했고, 구 동서독 간 경제차이로 인한 사회적·경제적 갈등이 증폭되었다.

1990년대의 네 번째 특징은 지역주의의 확산이다. 유럽연합을 통한 지역 통합이 가속화되어 단일시장을 형성했고, 단일통화의 창설에 합의하는 경지에 이른다. 지역주의의 확산에 공헌한 다른 하나의 사건은 북미자유무역지대(NAFTA)의 형성이다. 전통적으로 다자간 무역자유화를 주도했던 미국이 캐나다와 멕시코와 함께 북미자유무역협정(NFA: North American Free Trade Agreement)에 서명한 것이다. 이 사건은 다른 국가들이 그들 지역에서의 지역통합을 서두르게 하는 큰 요인으로 작동했다. 1995년 WTO 발족 이후 지역 무역협정의 수는 빠르게 증가했다. 세계화라는 현상과 함께 지역화가 시대적 조류로 자리 잡게 된 것이다.

1990년대 후반에 발생한 가장 큰 사건은 아시아 외환금융 위기의 발발이었다. 1997년 태국부터 시작된 외환금융 위기는 다른 아시아 국가들로 확산되었고, 거의 모든 아시아 국가들에게 영향을 끼쳤다. 또한 이 사건이 국제금융 시장 전체를 위협하는 요인으로 등장하게 되면서, 외환금융 위기 해소를 위한 다각적인 노력이 전개되었다. 아시아 외환금융 위기의 원인에 관한 많은 학문적이고 실제적인 논쟁이 전개되었고, 아시아 국가들과 다른 지역 국가들 간에 소위 '아시아 가치(Asian Value)'라는 개념을 두고 갈등이 증폭되었다. 외환금융 위기를 겪으면서 아시아 국가들의 개방화와 재구조화(restructuration)가 빠르게 진행되었고, 이런 상황 속에서 국내외적 정치·경제·사회에 관한 갈등도 많이 발생했다. 21세기에 진입하면서 아시아 외환금융 위기 상황은 거의 다 해소되었지만, 현재까지도 그 영향은 일부분 지속되고 있다.

중국의 부상은 1990년대부터 매우 빠른 속도로 진행되었다. 중국의 저가 상품들이 세계시장을 석권하기 시작했고, 중국 경제는 빠르게 성장했다. 중국으로의 해외투자는 매년 기록을 경신하면서 확대되었다. 중국 경제가 발전하면서 중국에서의 에너지, 식량 수요가 급증했다. 세계시장에서 에너지, 광물자원, 식량 가격이 큰 폭으로 상승했다. 중국은 다른 국가들과의 무역 관계에서 많은 무역흑자를 기록했고, 막대한 외환을 축적하기 시작했다. 경제성장을 바탕으로 중국이 강대국으로 등장하면서 국제체제적 변화가 시작되었다. 이는 21세기에 큰 국제정치 변동의 결과를 초래했다.

1990년대 구소련체제의 붕괴로 인해 경제이념적 변화가 빠른 속도로 진행되었다. 1970년대까지 유지되었던 복지자본주의(welfare capitalism)체제의 한계를 극복하기 위해 1980년대부터 미국의 주도하에 신자유주의(neoliberalism) 경제이념이 대두되었다. 그러나 모든 국가들이 미국식 자본주의체제와 이념을 받아들일 수는 없는 것이었다. 위에서 설명했듯이, 아시아와 유럽의 국가들은 미국식 자본주의체제와는 상이한 형태의 자본주의체제를 유지발전시켜왔기 때문이다. 다만 신자유주의로의 시대적 변화에 일정 부분 따라갈 수밖에 없었던 것도 사실이다. 아시아 국가들은 외환위기를 겪으면서 자유화, 구조조정 등의 방식으로 신자유주의 정책과 이념을 일부분 수용할 수밖에 없었다. 유럽에서는 제3의 길(the third way)이라는 독특한 방식의 경제운영 정책과 이념이 제시되기도 했다. 이는 미국식 신자유주의 정책과 유럽식 조합주의 정책을 혼합한 형태의 경제운영 방식이었다. 이 밖에도, 공식적으로는 공산주의체제를 표방하고 있지만 개혁개방을 서둘러 온 중국과 베트남의 혼합경제체제도 존재했다. 그리고 공산주의체제에서 자본주의체제로 변화하는 전환경제(transition economy)체제를 운영해야만 했던 구소련권 국가들도 독특한 형태의 경제운영체제를 유지할 수밖에 없었다. 적어도 경제이념과 정책 측면에서 보면, 1990년대도 혼란의 시대의 연속이었다.

1990년대의 또 다른 특징적 현상은 빠른 기술적 발전이었다. 특히 정보와 컴퓨터 기술, 그리고 운송 분야에서의 발전은 두드러졌다. 인터넷의 발전과 보급, 모바일 기기의 등장과 확산, 소프트웨어의 발전과 적용, 빠르고 큰 운송체제의 발전 등으로 인해 세계경제는 하나의 시장으로 통합되는 모습을 보였다. 거래비용(transaction costs)이 감소되면서, 무역, 금융, 해외투자 등이 급속도로 증가했다. 막대한 부를 창출하고 축적할 수 있는 기회가 제공되기도 했지만, 이로 인해 소득 불균형이 증가하고 경제가 불안정해지는 부정적 영향도 나타나기 시작했다.

7. 21세기 국제정치경제

21세기에 들어와서 국제경제체제는 다양한 측면에서 매우 빠른 변화를 보이고 있다. 특히 세계경제 부의 재편, 기술적 발전, 경제거래의 규모, 경제거래 방식 등에서는 빠르고 큰 변화를 겪고 있다.

각 국가들의 경제상황이 서로 다르게 전개되면서 각 국가의 미래경제에 대한 기대도 다르게 나타나고 있다. 우선 선진 국가들과 저발전 국가들 간의 경제적 차이의 확대를 지적할 수 있다. 1980년대 이후 개방화와 자유화를 핵심 내용으로 하는 세계화가 급속도로 전개되면서, 국가 간 부의 차이가 확대되었다. 몇몇 선진 국가들의 경제는 꾸준히 성장한 반면에 대다수 저발전 국가들, 특히 최빈 국가들의 경제상황은 악화되었다. 저발전 국가들의 경제상황 악화는 몇 가지의 현상으로 귀착되었다. 저발전 국가들의 저발전 상태 극복, 특히 기아와 빈곤 퇴치를 위한 국제사회의 노력이 강구되었다. 21세기가 시작되면서 국가들은 새천년개발계획(Millennium Development Goals)을 수립하여 저발전 극복을 위한 대규모 경제적 기술적 지원에 합의하게 된다. 저발전 국가들의 경제상황 악화는 대규모 (불법) 이민과 난민의 문제를 일으키고 있다. 생존을 위해, 높은 임금을 받을 수 있는 국가에서의 고용을 위해, 그리고 경제상황 악화로 인한 내전과 종족 갈등의 혼란을 벗어나기 위해 많은 저발전 국가 시민들이 다른 국가로 가기를 희망하고 있다.

세계경제에서의 부의 재분배 현상과 연관된 또 다른 큰 현상은 중국의 강대국화이다. 위에서 설명했듯이, 중국은 1990년대 이후 막대한 부를 축적하기 시작했다. 축적된 막대한 부를 기반으로 중국은 선진 국가들과의 기술격차를 줄이면서, 많은 기술집약적 제품들을 시장에 내놓고 있다. 막대한 자본, 노동력, 국내 시장, 치열한 경쟁, 해외 시장 점유 능력, 강력한 리더십 등이 결합되면서 중국이 국제경제체제에서 강대국으로 등장한 것이다. 21세기에 들어서면서 많은 학자들과 언론이 G2라는 용어를 쓰기 시작했다. 미국과 경쟁할 수 있는 국가는 중국밖에 없다는 의미이다. 이미 많은 학자들과 언론은 조만간 중국이 미국을 넘어서서 적어도 경제규모에 있어서는 세계 1등 국가가 될 것이라고 예측하고 있다. 중국은 축적된 부를 기반으로 다른 저발전 국가들에 대한 해외원조량을 빠른 속도로 늘리고 있고, 이들 국가들과의 정치적 군사적 협력도 강화하고 있다. 미국의 아시아 중심정책(pivot to Asia)에 대응해 일대일로(one belt one road) 정책을 수립하여 진행하고 있다. 국제경제체제에서의 변화가 국제체제 전반의 변화로 이어지고 있는 상황이다.

21세기에 진행되고 있는 다른 중요한 현상 중 하나는 지역주의의 확산이다. 국가들 간 자유무역협정(FTA: Free Trade Agreement)부터 더 높은 단계의 경제통합까지 다양한 형태의 지역주의 협력체제가 발전되고 있다. 이는 WTO체제 내에서 진행되고 있는 다자간 무역협상인 도하개발어젠다(DDA: Doha Development Agenda)의 '실패'와 연관된 것이다. 다자간 무역협정 실현 가능성이 떨어지면서 국가들은 다소 용이한 형태의 지역주의 협력을 모색하고 있는 것이다.

21세기 초반 국제경제체제에서 발생한 가장 큰 사건은 2008년부터 시작된 미국발 금융위기라고 할 수 있다. 미국 부동산 시장의 급등 현상, 이로 인한 저신용자들에 대한 서브프라임 모기지(subprime mortgage)의 대폭적 증가, 부동산 가격의 하락과 그로 인한 신용 불량자의 대규모 양산, 금융기관들의 도산, 실물경제의 위기 등 일련의 사건들과 현상으로 인한 미국발 금융위기는 전 세계 경제에 큰 악영향을 끼쳤다. 경제가 침체하고, 무역이 감소하고, 해외투자 규모가 감소하고, 환율 변동이 심해지는 등 국제경제체제의 불안정성이 증폭되었다. 현재 미국발 금융위기의 악영향은 점차 사라지고 있지만, 몇몇 유럽 국가들의 재정건정성 악화와 국가채무 증가로 인한 또 다른 형태의 금융위기 조짐이 나타나고 있는 것도 사실이다. 1980년대부터 본격적으로 시작된 국제금융 시장의 위기가 지속되고 있는 것이다.

미국발 금융위기는 자본주의체제의 변화에 대한 요구를 증폭시켰다. 1980년대 이후 유지되고 있는 신자유주의 경제체제의 전환을 요구하는 목소리가 커지고 있는 것이다. 시장의 자율적 조절 능력이 약화되고, 막대한 금융거래로 인한 불안정성이 증대되고, 국가들 간의 협력 가능성이 낮아지면서, 새로운 경제체제를 모색하는 노력들이 강구되고 있다. 하지만 아직까지는 신자유주의를 대체할 수 있는 적절한 이념과 정책을 찾지 못하고 있기 때문에 이에 대한 논쟁과 노력은 앞으로도 지속될 전망이다.

이러한 현상들 이외에도 21세기에 들어서면서 본격적으로 나타나고 있는 몇몇 주요 현상들이 있다. 우선 장기간에 걸친 경제침체를 들 수 있다. 1990년대에 빠른 성장을 보였던 미국 경제가 21세기에 들어서면서 다소 침체되는 현상을 보이다가 2008년 금융위기를 맞게 된다. 그 이후로 막대한 재정이 경제회복을 위해 투입되었지만, 그 효과가 크지 않은 것이 사실이다. 최근에 와서 미국 경제가 다른 경제들에 비해 다소 좋은 모습을 보이고 있지만, 미국 경제를 낙관하는 시각은 크지 않다. 유럽과 일본의 경제 상황은 더욱 심각하다. 경제 침체로 인해 유럽연합 내 의견 대립과 갈등이 증폭되고 있다. 일본은 지난 20여 년간 막대한 자본을 투입했지만, 그 효과가 크지 않다. 아베노믹스(Abenomics) 채택 이후 일본정부가 공격적으로 자본을 투입하고 금리를 낮추고 환율을 인상하는 등의 정책을 취하고 있지만, 아직까지 기대 이하의 성적을 보이고 있다. 21세기 초반까지 빠른 경제성장과 발전을 이루었던 브릭스(BRICS: Brazil, Russia, India, China) 국가들의 경제도 침체 국면을 벗어나지 못하고 있다. 장기간의 경제침체와 에너지 가격 하락으로 러시아와 브라질의 경제가 취약해졌다. 중국의 경제 성장률도 대폭 감소하면서 여러 위기의 징후가 나타나고 있다. 세계경제가 침체를 겪고 있고 마땅한 출구를 발견하지 못하면서, 국가들 간 대립과 경쟁은 확대될 것으로 예상된다.

실업과 노령화의 문제도 세계경제에 큰 영향을 끼치고 있다. 기술적 발전과 이로 인한 자동화, 사람에 의한 노동의 기계적 대체가 장기적 경제침체와 연결되어 실업의 문제를 악화시키고 있다. 높은 실업은 소비하락과 부동산 경기 하락을 통한 자산 가치 하락의 결과를 초래한다. 또한 사회적 복지비용의 확대로 인해 정부 재정을 악화시키고 궁극적으로 경제침체의 다른 요인으로 작동하게 된다.

이와 더불어서 고령화의 문제가 있다. 고령화는 비생산 인구의 증가를 의미한다. 의료비와 고령 복지 지출의 증가는 실업의 문제와 마찬가지로 정부 재정 부담을 증가시키고, 정부 채무의 확대와 세금 증가의 결과를 낳는다. 고령화에 대한 대비를 위해 시민들이 소비를 줄이고 세금을 더 부담해야 한다. 이는 당장 경제발전에 부정적 요인으로 작동하고 있다.

현재의 경제침체 상황을 극복하기 위한 새로운 질서가 모색되고 있다. 국가들은 경제침체 속에서도 자유무역체제를 유지하기 위한 다양한 노력들을 강구하고 있다. 국가 간 공조를 통해 현재의 경제침체 상황을 극복하기 위한 제도도 형성되었다. G20가 가장 대표적인 제도이다. 다만 국가들이 서로 상이한 경제상황을 겪으면서 국제협력의 가능성이 과거보다 떨어진 것은 사실이다. 과거에 국가들이 세계경제의 위기 상황을 극복하기 위해 본 정상회의와 플라자 합의 등 큰 틀의 합의를 했던 것처럼 주요 국가들 간 중요한 합의가 이루어질지는 예측하기 힘들다. 다만 국가들이 자신들의 독자적 노력과 정책만으로 경제위기 상황을 벗어날 수 없다는 인식을 공유하고 있기 때문에, 어느 정도의 공동 노력은 강구할 것으로 예측할 수 있다. 국가 간 공동 노력 필요성과 각 주요 국가의 이기적 국가 야망이 충돌하는 현상이 당분간 지속될 것으로 예측할 수 있다.

1940년대 이후 국제경제체제의 변화를 요약하면 다음과 같다. 1940년대 중반부터 대략 20여 년간 잘 유지되었던 국제경제체제는 1960년대 후반부터 불안의 징조를 나타내었다. 이러한 불안은 1970년대와 1980년대를 거치면서 현실화되어, 브레턴우즈 체제가 붕괴하고, 석유파동이 발생하고, 채무위기가 발생하고, 저발전 국가들의 일부가 몰락하고, 국가 간 경제경쟁이 치열해지는 등의 현상이 발생했다. 그러나 1990년대 미국의 경제가 재부상하면서, 국가 간 경제적 마찰은 상대적으로 적어지는 현상을 보이고, 미국식 이념에 기초한 세계화와 정보화가 빠르게 진행된다. 그러나 21세기가 들어서면서 세계경제는 침체 국면을 보이고 있고, 불안정성이 확대되면서, 국가 간 협력가능성이 다소 낮아지고 있다. 또한 중국의 부상으로 인한 체제적 변화가 앞으로 어떤 결과로 귀착될지에 대해 많은 논의와 이견이 존재하고 있다.

이러한 국제경제의 변동 속에서, 1940년대 중반 이후 약 20~30여 년간 미국이 일방적으로 국제경제체제를 관리하는 모습을 보였지만, 미국의 패권이 상대적으로 쇠퇴하기 시작하면서 다른 선진국들과 공동으로 관리하는 모습을 보였다. 1990년대 미국 경제의 재부상 이후 다시 미국의 일방적 행위가 모습을 드러내기도 했지만 21세기에 발생한 미국발 금융위기로 인해 다시 한 번 미국의 패권세력이 약화되고 있다. 반면에 다른 국가들 특히 중국의 영향력과 위상이 높아지고 있다. 또한 국가 간 다자간 협력을 통해 금융위기를 해소하고 국제경제체제를 관리하려는 노력이 강화되고 있다. 미국발 금융위기 이후 G20을 통해 국제경제를 공동 관리·감독하고, 또 다른 위기를 방지하려는 것이다. 궁극적으로 장기간에 걸친 각 국가들의 경제상황 변화가 국제경제체제의 관리 양식에 영향을 끼칠 것이다.

이러한 현상들을 볼 때, 지난 세계경제체제의 변화는 다음과 같이 정리될 수 있다. 제2차 세계대전 이후 국제경제체제는 국가 간 세력균형의 변화와 패권세력의 변화, 국제경제체제의 위기, 이러한 현상에 의한 이념과 아이디어의 변화 그리고 국제경제체제를 관리·감독하는 국제제도 역할과 위상의 변화 등으로 인해 변동하는 현상을 보였다. 앞으로 전개될 국제경제체제 역시, 패권, 위기, 이념, 제도에 의해 변화할 것으로 판단된다.

토론 주제

1. 브레턴우즈체제의 형성을 가능하게 했던 요인은 무엇인가?
2. 국제경제체제에서 균열이 발생해 혼란이 초래된 시기는 언제이며 왜 이러한 현상이 발생했는가?
3. 1980년대와 1990년대를 비교할 때 가장 두드러진 차이를 보인 현상은 무엇인가?
4. 국제정치경제체제가 가장 안정적이고 효율적이었던 시대는 언제라고 생각하는가?
5. 국제경제체제의 변동이 패권국가의 존재 여부와 관련성이 있다고 생각하는가?
6. 21세기에 나타날 가장 중요한 국제경제체제 내 변화는 무엇이라고 생각하는가?

| 제2부 |

이념

⋮

제3장

국제정치경제의 세 가지 시각

Understanding International Political Economy: History, Ideology and Issues

국제경제 관계를 설명하는 데는 세 가지 주요 시각이 있다. 이들 중상주의, 자유주의, 마르크스주의는 국제경제 관계의 주체, 기본적 특성, 가정, 주장, 제안 등에 대해 서술이나 설명이 모두 다르다. 이 세 가지 시각은 모두 현실 속 국제경제의 모습과 특성을 어느 정도 설명하는 타당성과 적실성을 가지고 있기 때문에 국제정치경제에서 서로 경쟁하는 시각으로 인정받는 것이다. 이 세 주장은 서로 다른 장점과 단점을 가지고 있다. 각 시각은 국제정치경제의 일부 주요 현상과 국가들의 정책을 정확히 설명하고 있는 측면이 있는 반면에, 다른 현상들과 국가들의 정책을 설명하는 데에는 한계를 노출하고 있다.

1. 자유주의(Liberalism)

자유주의는 기본적으로 인간의 본성이 선하다는 가정에서 출발한다. 착한 인간은 자신들의 이익뿐만 아니라 타인의 이익도 동시에 고려한다고 가정한다. 또한 자유주의는 이러한 선한 인간들이 형성하는 사회관계는 근본적으로 화합적(harmonious)인 것으로 간주한다. 각 개인에 의한 이익 추구가 다른 개인들에 의한 이익 추구와 근본적으로 화합한다는 것이다. 즉, 개인의 이익 추구가 궁극적으로는 공동의 이익 추구로 귀착될 수 있다는 것이다.

자유주의 사상에 개념적 혹은 논리적 아이디어를 제공한 철학자들은 많다. 예를 들면, 루소(Rousseau)의 공동선, 로크(Locks)의 사회계약, 애덤 스미스(Adam Smith)의 자유시장, 밀(Mill)의 이성, 케인스의(Keynes)의 수요 창출 등에 대한 개념과 주장들이 자유주의의 기본 시각을 형성하는 데 도움이 되었다. 특히 애덤 스미스의 '보이지 않는 손(invisible hand)'의 개념은 자유주의 시각에 의한 자유시장 형성에 근원이 되었다. 국가의 개입이 없는 상태에서, 공급자들과 소비자들의 합리적 경제행위는 '보이지 않는 손'에 의한 과정을 통해 부의 창출을 극대화하고, 모두가 행복한 결과를 만든다는 주장이다.

그러나 현실은 이러한 주장들과 다르게 나타나는 경우들이 있다. 예를 들면, 시장이 효율적으로 작동되지 않고, 경제행위자들 간의 대립과 경쟁으로 인해 나쁜 결과가 생기는 경우들이 등장하는 것이다. 자유주의에 의하면 경제적으로 나쁜 결과가 도출되는 원인은 개인들의 자유로운 경제활동을 방해하는 나쁜 사회제도나 습관 – 예를 들면 정부의 시장개입 혹은 상품과 서비스의 자유로운 교환을 방해하는 보호무역 정책 – 등에 있다고 주장한다. 이러한 형태의 나쁜 제도들은 개인들의 합리적 경제활동을 제한하고, 개인들이 서로 대립하고 경쟁하는 결과를 초래한다. 착한 개인들에 의한 행동이 나쁜 결과를 만들어낼 수 있다는 것이다. 그러므로 정부는 개인들의 경제활동에의 개입을 자제하고, 자율적인 시장원리에 따라 경제활동이 이루어지도록 해야 한다는 주장이다.

경제 문제에서 자유주의 사상이 등장한 역사적 배경을 살펴보면, 무엇보다도 사유재산제도의 도입, 노동의 자유로운 이동에 따른 임금노동의 등장, 특허법의 발전에 의한 기술개발 및 연구의 활성화, 도시의 발전에 따른 경제활동의 활성화 등을 들 수 있다. 자본주의체제가 등장하기 전 유럽에서는 봉건제도(feudalism)가 주를 이루었다. 봉건제도하에서는 개인이 사적 재산을 소유할 수 없었고, 임금 노동의 개념도 없었다. 자유로운 시장도 존재하지 않았다. 따라서 자본주의체제의 형성과 더불어 발전하기 시작한 사유재산과 임금 노동은 자유주의 시각을 발전시키는 데 큰 기여를 한 것이다.

이러한 요인들의 등장과 발전을 통해 개인과 기업의 자유로운 경제활동이 가능해졌다. 국가개입으로부터의 탈피, 개인과 기업의 권리와 자유의 확대 그리고 경제활동의 국제화 등을 내용으로 하는 이념이 발전하기 시작한 것이다.

국제정치경제에 관한 자유주의 시각은 몇 가지의 중요한 가정으로부터 출발한다. 첫째는 경제활동에서의 주요 행위자는 각각의 개인이라고 가정한다. 이러한 개인들은 합리적 행위자로 간주되는데, 이것은 각각의 개인이 최소의 비용으로 최대의 이익을 얻으려고 노력한다는 의미에서의 합리성을 강조하고 있다. 즉, 각 개인은 시장의 균형이 달성될 때까지, 다시 말하면 어떤 경제적 목적을 달성하는 데 필요한 한계비용이 한계이익과 같아질 때까지 경제적 목적을 달성하기 위해 노력한다는 것이다.

둘째, 자유주의는 각 개인이 상품, 가격과 시장구조에 관한 완전한 정보(complete information)를 가지고 있고, 따라서 그들에게 가장 유리한 방향으로 경제활동과 선택을 한다고 가정한다. 제한된 자원 혹은 자산을 가지고 있는 개인들이 생산과 분배, 그리고 소비에 관한 완전한 정보를 가지고 있으면, 각 개인은 자신의 효용(utility)을 최대화할 수 있는 방향으로 경제활동을 한다. 생산자들은 가장 효율적인 방법과 최소한의 자원을 활용해 질 높은 상품과 서비스를 생산하려고 노력한다. 그리고 소비자들은 제한된 자산을 가지고 자신들의 효용을 최대화할 수 있는 방법으로 소비활동을 하는 것이다. 이를 위해서는 시장에 대한 완전한 정보를 가지고 있어야만 하는 것이다.

셋째, 자유주의 시각은 개인들의 경제활동의 상호작용이 이루어지는 시장이 완전경쟁 상태에 있다고 가정하고 있다. 완전경쟁하에서는 가장 효율적으로 생산할 수 있는 공급자들만이 시장에 남을 수 있고, 그리하여 가장 낮은 가격으로 상품과 자원을 공급함으로써 각 개인의 부를 극대화하는 효과가 있다는 것이다. 만약에 시장이 과점(duopoly) 혹은 독점(monopoly)의 상황에 있다면, 소수의 혹은 단독의 공급자는 가격을 임의대로 책정할 수 있고, 따라서 개인들의 소비 선택권을 제한하고 효용의 극대화를 방해하게 된다. 만약에 소비자가 하나인 독매(monopsony)의 시장 구조를 가지고 있다면, 이 역시 공급자의 선택을 제한하고 가격 구조를 왜곡하게 한다.

이러한 자유주의 시각의 가정들을 국제경제에 적용한다면, 각각의 개인은 그들이 어떤 국가의 국민이든 상관없이 완전경쟁을 이루는 세계시장에 관한 완전한 정보를 가지고 있고, 각각의 소득과 재산에 따라 그들의 효용을 극대화시키는 방향으로 구매

활동을 한다는 것이다. 이러한 시장 구조를 위해서 각 국가들은 시장에 개입하는 정책을 없애거나 최소화해야 하고, 적극적으로 시장에 관한 정확한 정보를 개인 혹은 기업 경제행위자들에게 제공해야 하는 것이다.

자유주의 시각에 근거한 국가 간 경제거래의 근원은 생산요소(factors of production)의 상이한 분배이다. 생산요소는 자본, 노동, 토지로 크게 구별될 수 있다. 기술과 정보를 다른 하나의 생산요소로 취급하는 것도 가능하지만, 기술과 정보는 자본과 매우 밀접한 연관이 있다. 국가들이 보유하고 있는 생산요소는 국가마다 다르다. 어떤 국가는 자본을 많이 가지고 있고, 다른 국가들은 노동 혹은 토지를 많이 가지고 있다. 서로 다른 생산요소의 분배 형태는 상품과 서비스 생산 비용의 차이를 만들어낸다. 즉, 자본을 많이 보유하고 있는 국가는 자본을 주로 사용하여 생산되는 상품과 서비스를 다른 국가들에 비해 상대적으로 적은 비용으로 생산할 수 있다. 이렇게 생산된 제품과 서비스는 세계시장에서 가격 경쟁력을 확보할 수 있다. 마찬가지로 노동을 많이 보유하고 있는 국가들은 노동집약적 산업에서의 상품과 서비스 생산에서 가격 경쟁력을 확보할 수 있다. 서로 다른 생산 비용이 국가 간 상품과 서비스의 교환의 근거가 되는 것이다.

이러한 논리는 애덤 스미스의 절대우위(absolute advantage) 개념과 데이비드 리카르도(David Ricardo)의 비교우위(comparative advantage) 개념으로 잘 설명되고 있다. 국가 간 서로 다른 절대우위 혹은 비교우위가 국가 간 무역의 근원이 된다는 주장이다. 비교우위를 바탕으로 한 생산, 특화(specialization), 그리고 국가 간 자유무역이 이러한 과정에 참여하는 모든 국가들에게 경제적 부를 가져다준다고 가정한다. 위에서 지적했듯이, 국가들에 의한 시장 개입, 예를 들면 보호무역 정책 같은 나쁜 제도들이 이러한 경제거래 과정을 방해하고, 개인들의 효용 극대화를 방해한다는 것이다.

자유주의 시각에 의하면, 국가는 특별한 경우를 제외하고는 시장개입을 자제해야만 한다. 특수한 상황은 여러 가지이다. 완전경쟁 시장이 작동하지 않고, 과점 혹은 독점 시장이 형성되는 것과 같은 시장실패(market failure) 상황에서 국가는 시장에 개입해야 한다. 국가는 또한 공공재(public goods) 제공을 위해 시장에 개입해야 하고, 때때로 재산권과 지적재산권(intellectual property rights) 보호를 위해서도 시장에 개입해야 한다. 효율적 시장 작동을 위한 제도와 규범의 확립과 유지를 위해서도 국가는 종종 시장에 개입해야 한다. 이러한 특수한 상황을 제외하고 국가는 생산, 분배와 소비 활동을 개인과 기업에 맡겨야 한다는 것이다.

자유주의 시각에 의하면, 합리적 선택을 하는 개인들의 경제활동은 가격과 소득의 기제를 통해 자율적으로 조정된다. 자유주의 시각은 적어도 장기간에 걸쳐서는 시장경제가 균형과 안정을 이루는 경향이 강하다고 주장한다. 이러한 자율 운영과 조정-균형의 개념이 시장경제운영에 대한 자유주의 학자들의 강한 믿음의 바탕이 되고 있다. 즉, 정부의 적극적인 시장개입 없이도 시장은 자율적 조정과 균형과정을 통해 효율적으로 운영된다는 것이다.

자유주의 사상은 또한 합리적 개인들에 의한 개인 이익의 추구가 사회적으로 가장 바람직한 결과를 초래할 것이라는 믿음을 가지고 있다. 그리고 개인 이익의 추구는 경제활동의 효율성을 극대화할 것이고, 그럼으로 인해서 경제성장에 도움을 줄 것이며, 이렇게 달성된 경제성장은 개인들 모두에게 이익을 주는 효과를 가질 것이라고 주장한다. 즉, 개인 이익의 달성이 공동 이익의 달성에도 도움을 준다는 것이다.

대다수의 자유주의 학자들은 개인의 부의 증대로서 정의될 수 있는 경제발전에 대한 강한 믿음을 가지고 있다. 이러한 경제발전은 인구의 증가에 의한 노동력 증가, 자원의 증가 그리고 기술발전에 따른 생산성 증가를 통해 이루어진다. 자유주의 학자들은 또한 경제는 발전적(progressive)이고 정치는 퇴보적(retrogressive)이라고 간주하며, 그에 따라 경제활동의 정치로부터의 분리가 경제발전을 이루는 데 도움이 될 것이라고 주장한다.

자유주의 사상은 또한 국제경제와 국제정치와의 관계에 관해서 자유로운 경제관계는 국가 간 협력을 증진시키고 국제평화에 기여할 것이라고 주장하고 있다. 즉, 정부의 통제가 없는 개인과 기업에 의한 자유로운 경제활동은 국가 간 경제적 상호의존성을 증대시킬 것이라고 주장한다. 또한 한 부문에서의 국가 간 협력은 다른 부문으로 확산되어 국가 간의 전반적인 협력관계에 기여할 것이며, 이러한 과정을 통해 국가 간의 갈등을 해소하고 평화를 달성하는 데 이로울 것이라는 주장이다.

이런 가정과 주장을 바탕으로 자유주의는 국제정치경제 문제에 대해 국가들이 시장개입 행태를 포기해야 한다는 처방을 내리고 있으며, 이러한 과정을 통해 개인의 부와 세계적 부의 극대화를 이루어야 한다고 주장하고 있다. 또한 국가 간의 자유로운 국제경제 거래 행위가 국가 간의 협력을 제고시킬 것이며, 궁극적으로 세계평화에 기여할 것이라고 주장하고 있다. 경제 사안에서의 자유로운 행위와 선택이 정치적 평화와 안정을 이끌 것이라는 주장이다. 이를 위해 국가들이 자유무역 원칙, 완전 시장경쟁 원칙, 지적재산권 보호 원칙, 안정된 화폐거래 원칙 등을 준수할 것을 제안하고 있다.

2. 자유주의에 대한 비판

자유주의는 몇 가지 장점을 가지고 있다. 첫째, 경쟁, 효율, 창조 그리고 성장 등의 가치를 강조하는 이론으로 실제로 많은 국제경제 거래행위가 이 이론을 바탕으로 이루어진다는 점이다. 또한 비교우위에 근거한 국가 간 무역거래 행태도 실제로 대부분의 경제거래를 차지하고 있다. 국가 간 자유무역 확대가 이 이론에 근거해 진행되어 왔고, 자유주의 이념을 바탕으로 경제정책을 펼친 많은 국가가 경제적 성공을 거둔 것도 사실이다.

둘째, 국가의 시장 개입이 최소화되면, 그만큼 국가 간 갈등이 적어질 수 있다. 의도적으로 시장에 개입해 국가의 목적을 달성하려는 시도가 적어지기 때문이다. 생산과 수출을 주목적으로 하는 정부보조금은 불공정무역관행으로 간주되어 국가 간 무역분쟁을 일으키고 있는 것이 사실이다. 또한 경제상황에 따라서 국가들이 채택하는 다양한 형태의 보호무역 조치들이 국가 간 분쟁을 일으키는 것도 사실이다. 따라서 이러한 국가 개입이 최소화되는 자유시장을 통해 국가 간 평화와 협력이 증진된다는 것이다.

셋째로, 기술의 발전, 인구의 증가, 소비자 선호의 변화가 경제발전과 성장에 영향을 끼친다는 주장도 매우 현실적이다. 인류의 경제성장은 이러한 요인들에 의해 이루어진 것이 사실이다. 기술이 발전하면서 새로운 상품과 서비스가 공급되었고, 더욱 효율적인 방식으로 생산되었다. 소위 말하는 슘페터(Schumpeter)의 창조적 파괴(creative destruction)가 진행되면서 경제가 성장한 것이다. 인구가 증가하면서 더 많은 노동이 공급되었고, 소비자가 증가되었다. 그리고 시대 환경의 변화에 따른 소비자 선호의 변화로 인해 새로운 상품과 서비스가 개발되었고, 이는 경제발전과 성장에 영향을 끼쳤다.

이러한 몇 가지 장점들이 있음에도 자유주의에 대한 많은 비판 역시 존재한다. 첫째로, 자유주의 이념의 근간을 이루는 몇몇 가정이 비현실적이라는 비판이 있다. 자유주의는 행위자들의 합리성, 완전경쟁, 완전한 정보 등의 가정을 바탕으로 그 논의를 전개한다. 그러나 경제에 참여하는 모든 행위자가 완전한 정보를 보유할 수 없고, 모든 시장이 완전경쟁하에 존재하지 않으며, 행위자들이 모두 완전히 합리적일 수 없다. 자유주의의 가정이 모두 비현실적이라는 것이다. 따라서 자유주의의 한계성을 지적하는 학자들은 불완전 시장의 존재와 경제행위자들의 제한적 합리성(bounded rationality) 등을 인정하고 있다.

시장구조가 독점(monopoly) 혹은 과점(duopoly), 독매(monopsony) 등의 형태를 보이는 경우도 많다. 특히 첨단산업, 시장진입이 매우 어려운 산업, 새로운 상품과 서비스가 개발된 산업 그리고 자원산업의 경우 독점 혹은 과점의 형태를 보일 가능성이 크다. 또한 군수물자와 무기산업의 경우 정부가 모든 상품을 구매하는 형태의 독매시장이 형성될 가능성도 크다. 이러한 경우 완전경쟁이 불가능하고, 특정 생산자와 소비자 혹은 구매자가 임의로 가격을 책정할 수 있는 상황이 발생함으로써 시장 왜곡 현상이 나타난다.

또한 모든 행위자가 자신들이 가질 수 있는 모든 대안에 대한 모든 정보를 가지고 합리적 선택을 하는 상황은 가정하기 어렵다. 제한된 형태의 정보를 가지고, 제한된 형태의 대안 중에서 자신에게 가장 큰 효용을 줄 수 있는 선택을 하는 경우가 많다. 완전한 합리성이 아닌 제한된 합리성이 작동한다는 것이다. 이러한 제한된 합리성 가정이 경제행위의 현실을 설명하는 데 더 타당성이 있다.

둘째로, 자유주의 이념이 제안하는 자유경쟁과 완전경쟁이 가진 모순을 지적하는 학자들도 있다. 완전한 자유경쟁이 공평하게 실현되기 위해서는 행위자들의 출발점이 같아야 하는데, 실제로 현실은 그렇지 못하다는 것이다. 산업화 수준, 기술수준, 시장지배력 등 많은 분야에서 서로 다른 국가들이 어떻게 공평하게 경쟁을 할 수 있을 것인가에 대한 회의이다. 특히 제국국가의 경험이 있는 국가들과 식민국가의 경험이 있는 국가들 간의 완전한 자유경쟁이 정말로 가능할 것인가에 관한 회의는 크다. 국가들이 보유하고 있는 국가권력(national power)이 다른 상황에서 국가들이 공정한 경쟁을 할 수 있을 것이라고 생각하기는 어렵다. 출발점이 다르면 공정하고 자유로운 경쟁이 어렵다. 불공정하고 자유롭지 못한 경쟁이 발생하면 시장은 왜곡될 수 있고 시장 효율성은 담보될 수 없다.

셋째로, 이와 관련해 자유주의 이념은 시장경제의 결과로서 평등과 정의라는 측면을 등한시한다는 비판을 받아왔다. 자유주의 경제정책의 실현으로서 세계 부가 증가하더라도, 이렇게 창출된 부를 어떻게 분배하느냐의 문제는 여전히 남아 있는 것이다. 최첨단 제품과 서비스를 생산하고 공급하는 국가와 누구나 생산할 수 있는 제품과 서비스를 생산하고 공급하는 국가가 평등한 경제 이익을 얻을 수 있는가에 관한 의문이 있다. 따라서 '불균등'한 분배로 인해 국가 간 빈부격차가 커질 수 있고, 이로 인해 국가 간 갈등이 증폭될 수 있는 것이다. 또한 국제정치에서의 현실주의이론이 제시하듯이, 국가들이 부의 분배 문제와 관련해 '상대적 이익(relative gains)'을 더욱 추구하는 현상을 보이게 되면 국가 간 갈등이 더욱 커질 수 있다. 상대적 이익의 분배가 궁극적으로 국가들의 권력과 안보에 영향을 끼칠 것이기 때문이다. 자유주의 이론은 이러한 부분에 대한 고려가 상대적으로 부족하다.

넷째로, 군사적·정치적 고려로 인해 국제경제 거래가 제한되기도 하는데, 자유주의는 이러한 현상을 설명하기에 한계가 있다는 점을 지적할 수 있다. 예를 들면 국가들은 종종 군사적·정치적 목적을 달성하기 위해 경제제재 정책을 채택한다. 수출입 금지, 금융거래 금지, 해외자산 동결 등의 조치를 취하는 것이다. 실제로 미국을 비롯해 많은 자본주의 국가들은 구 공산권 국가들과 '불량 국가들(rogue states)'에 대해 경제제재 조치를 채택해왔다. 경제제재를 당하는 국가뿐 아니라 이를 실행하는 국가에게도 경제적 손실을 끼친다는 점을 고려할 때, 경제이익의 창출에 초점을 맞추는 자유주의는 이러한 국가 행위를 설명하는 데 한계가 있을 수밖에 없다.

다섯째, 자유주의는 경제변동을 설명하는 데 약점을 드러낸다. 자유주의는 경제행위를 설명하기 위해 주어진 시간에서 소비자의 선호와 요구, 경제행위를 규정하는 제도적 틀 그리고 기술적 환경 등을 상수(constant)로 취급해 정적인 분석을 시도하는 경향을 보인다. 이러한 정적인 분석은 경제의 변화를 설명하는 데 한계가 있다. 즉, 경제변동, 경제체제의 변화에 관한 역사 그리고 시대적 상황에 따른 경제행위자들의 변화 등을 설명하는 데 한계를 드러내고 있다. 물론 위에서 지적했듯이 자유주의 시각은 기술적 변화, 인구의 변화와 소비자 선호의 변화를 통해 경제가 성장하고 발전한다고 주장한다. 그러나 적어도 중단기적 관점에서 보면, 자유주의 시각에 근거한 주장은 매우 정적인 경제 분석에 초점을 맞추고 있다.

여섯째, 자유주의의 근간을 이루는 비교우위 개념의 문제를 지적할 수 있다. 비교우위론에 의하면, 국가들은 특정 시점에 자신들이 비교우위가 있는 산업에 특화하고, 다른 국가와의 자유무역을 통해 부를 창출하는 선택을 해야 한다고 제안한다. 그러나 국가들은 자신들이 비교우위를 가지고 있는 산업의 특화에 만족하지 않고, 더 많은 경제적 이익을 창출할 수 있는 산업을 의도적으로 육성해 이 산업에서의 비교우위를 만들어가는 산업정책을 채택하기도 한다. 국가들이 경쟁우위(competitive advantage)를 창출해나가는 것이다. 예를 들면, 자본이 매우 부족했던 한국이 1980년대 이후부터는 자본집약적 산업들에 큰 투자를 하고 이러한 산업들을 육성하는 정책들을 채택했다. 이러한 정책들이 이후 성공하면서 한국은 반도체와 자동차 같이 매우 자본집약적인 산업에서 비교우위를 확보하게 되었다. 즉, 한국은 국가의 시장개입을 통해 의도적으로 특정 산업에서의 비교우위를 창출해 낸 것이다. 자유주의는 국가들의 이러한 전략과 정책을 설명하는 데 한계를 드러내고 있다.

마지막으로, 자유주의는 특화정책과 관련된 구조조정 비용을 고려하지 않는다는 비판을 받는다. 국가들이 비교우위를 확보한 산업들에 특화하기 위해서는 자본과 노동의 구조조정이 필요하다. 재교육, 고용보험, 자본이동 등과 관련해 비용을 지불해야 하는 것이다. 이러한 구조조정 비용은 경우에 따라서 매우 크다. 경제적으로 수용하기 어려운 막대한 비용일 가능성도 있다. 또한 구조조정 과정이 경제적으로 실현가능하더라도, 상당한 사회적·정치적 비용을 동반할 수도 있다. 정치적 반대와 저항이 동반될 가능성이 있는 것이다. 따라서 자유시장의 경제적 효과뿐만 아니라, 정치적·사회적 효과도 고려해야 하는 정부가 자유주의 제안을 받아들이기 어려운 상황도 많은 것이다.

3. 중상주의(Mercantilism)

중상주의는 인간의 본성이 근본적으로 경쟁적이고 투쟁적이라는 가정으로부터 출발한다. 이 시각에 의하면 사람들은 다른 사람보다 더 많이 갖기를 원한다. 모든 사람들이 더 많이 갖기를 원하기 때문에 제한된 가치의 분배를 두고 경쟁하고 투쟁해야만 한다. 투쟁적인 모습을 보이는 인간들의 상호과정의 결과는 기본적으로 제로섬(zero-sum) 행태를 취한다고 가정한다. 즉, 한 개인이(혹은 국가가) 이익을 얻으면, 반드시 다른 개인들은(혹은 다른 국가는) 손실을 입어야 한다는 것이다. 그리하여 각 개인에 의한 이익의 추구는 갈등과 경쟁을 초래할 것이라고 가정한다. 이러한 주장은 기본적으로 국가 간 국제경제 거래행위가 이 행위에 참여하는 모든 국가들에게 경제적 이익을 준다는 주장을 바탕으로 한 자유주의 시각의 포지티브섬(positive-sum) 모델과는 상반되는 것이다.

중상주의 시각의 등장과 발전에 영향을 끼친 많은 사상가들이 있다. 예를 들면, 홉스(Hobbes)의 만인에 대한 투쟁 개념, 마키아벨리(Marchiavelli)의 국가론 개념, 해밀턴(Hamilton)의 국수적 경제정책 개념, 그리고 리스트(List)의 경제 민족주의 개념 등이 중상주의 발전에 영향을 끼쳤다. 이들의 주장은 개인 혹은 국가 간 투쟁, 국가 중심적 경제운영, 그리고 자국 중심적 경제정책의 채택 등을 가정하거나 주장하는 것들이다.

국제정치경제에서 중상주의 이론의 등장은 근대 민족국가(nation-state)의 형성과 밀접한 연관이 있다. 초기 근대국가체제의 출현 시에 국가를 형성하기 위한 노력 과정에서 각국의 왕들은 교황, 봉건영주 그리고 외국국가들과 대항하기 위해 자본이 필요했고, 이러한 요인에 의해 이를 제공할 수 있는 상인계급(merchants)과의 연합을 모색했다. 상인들의 입장에서는 자신들의 경제활동이 봉건영주들이나 외국 세력들에 의해 방해받을 수 있었기 때문에, 자신들을 보호할 수 있는 세력으로서 국가가 소유한 강력한 군대를 필요로 했다. 이러한 국가와 상인계급 간의 상호협력적인 관계는 〈그림 3-1〉로 설명될 수 있다.

〈그림 3-1〉을 보면 상인계급의 경제활동이 활성화되면 국가가 이러한 경제활동에 부과하는 세금을 통한 재정수입이 증대되고, 이렇게 확보한 재정수입을 바탕으로 강력한 군대를 양성할 수 있다. 이러한 군대의 힘을 바탕으로 대내적 안정을 유지하고

〈그림 3-1〉 중상주의 이론의 등장

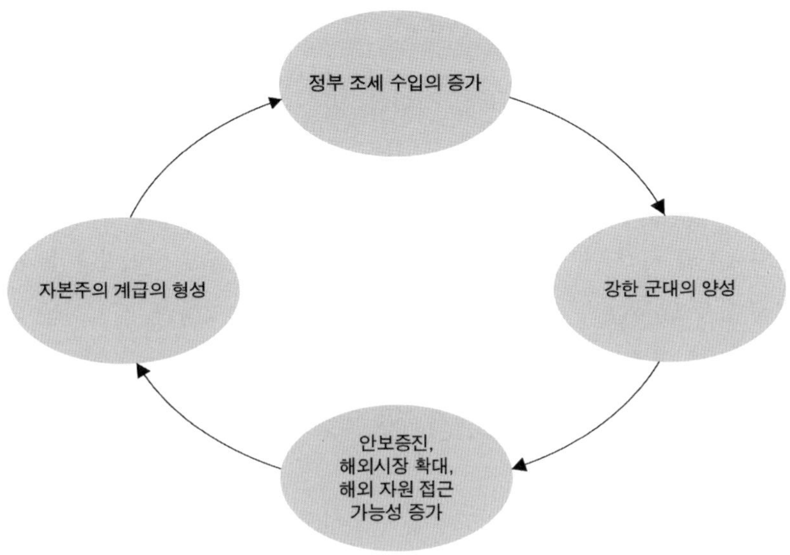

대외적인 안보를 확보하면 상인들의 경제활동을 보호할 수 있고, 이렇게 해서 다시금 경제활동의 활성화를 이룰 수 있다는 것이다. 즉, 〈그림 3-1〉에서 보여주듯이 국가의 안보 확보와 부의 증대에는 상호 순환적인 관계가 있다는 것이다.

중상주의는 그동안 중상주의(mercantilism), 국가주의(statism), 보호주의(protectionism), 독일 역사주의(German Historical School) 그리고 신보호주의(new protectionism) 등 여러 가지 명칭으로 불려왔다. 이러한 이념의 기본적인 주장은 국가의 건립과 유지, 그리고 국가적 이익에 경제활동의 초점이 맞춰져야 한다는 것이다. 그리고 국가안보와 군사력 증대가 국제관계에서 가장 중요한 사안이라는 주장을 바탕으로, 국가의 경제활동 역시 국가안보와 군사력 증대를 위해 수행되어야 한다는 주장을 펼치고 있다.

자유주의 시각에서 부의 추구와 권력의 추구가 적어도 단기간에 걸쳐서 상충되는 부분이 있다고 가정되는 반면에, 중상주의는 이러한 두 가지 목적 추구가 서로 보완적인 관계에 있다고 주장하고 있다. 즉, 부의 추구와 달성은 권력의 추구와 달성에 긍정적 영향을 끼치고, 또한 권력의 추구와 달성 역시 부의 추구와 달성에 긍정적 영향을 끼친다는 것이다. 부와 권력 간에는 근본적으로 보완성(fungibility, 혹은 상보성)이 있다고 주장한다. 부와 권력 중 하나를 얻으면, 이를 이용해 다른 하나를 얻는 것이 쉽다는 주장이다.

중상주의 시각에 따르면, 국가들은 산업화 정책을 추구해야만 한다. 어떤 경제 분야든 자국이 비교우위를 확보하고 있는 경제 분야에 특화하고 외국 국가들과의 자유무역을 통해 필요한 상품과 서비스를 수입함으로써 부의 극대화를 이룰 수 있다고 주장하는 자유주의 시각과는 대조적으로, 중상주의는 국가들이 산업화를 통해야만 부와 권력을 모두 달성할 수 있다고 주장한다. 중상주의에 의하면, 산업화는 외부경제(external economy) 효과, 해외경제에 대한 의존도의 감소, 이로 인한 정치적 독립성의 달성, 산업화를 통한 군비산업의 성장과 그로 인한 국가안보 증진 등의 긍정적 효과가 있다.

중상주의는 시장의 경제적 집중 효과를 강조하고 있다. 즉, 국가 간의 미미한 경제력의 차이가 점차 증대되어 결국은 큰 격차를 보일 것이며, 이러한 과정의 결과로서 강대국과 약소국 사이에 종속적인 관계가 형성될 것이라고 주장하고 있다. 그리하여 국가들은 자국의 경제를 보호하고 타국의 경제를 이용할 수 있는 방향으로 전략과 정책을 채택해야 한다는 것이다. 이를 바탕으로 중상주의는 국가들이 자국의 수출을 증대시키고 수입을 감소시키며, 가능한 한 다른 국가들에 대한 경제의존도를 최소화시키는 방향으로 정책을 채택할 것을 제안하고 있다.

자유주의가 국가들의 자유로운 경제관계를 통해 발생한 이득을 국가들이 모두 공유할 수 있다는 주장을 바탕으로 국가의 절대이익(absolute gains)에 초점을 맞추는 반면에, 중상주의는 국가의 상대이익(relative gains)에 더 초점을 맞춘다. 즉, 중상주의는 국가 간 경제관계에서 발생한 이익을 어떤 국가가 더 취할 수 있고 어떤 국가가 덜 취할 수밖에 없는가에 대한 논의가 더 중요하다고 간주한다. 즉, 자유주의는 국가 간 공동이익을 통한 협력적 관계를 강조하는 반면에, 중상주의는 국가 간 경제이익의 분배 문제로 인한 갈등적 관계를 강조하는 것이다.

경제관계에서 국가 간 갈등적 관계를 강조하는 중상주의에 의하면, 국가 간 협력 달성은 매우 어렵고, 국가들은 타국의 경제적 손실을 바탕으로 자국의 경제이익을 달성하려고 노력한다. 이러한 주장들을 바탕으로 중상주의 시각은 국가는 자국의 시장을 보호하고 타국의 시장을 공략함으로써 자국에 유리한 방향으로 부의 창출을 도모하고, 궁극적으로는 타국에 대비한 권력증대를 이룰 것을 제안하고 있다. 따라서 중상주의 시각은 '너의 상대 국가를 거지로 만들어라(beggar-thy-neighbor)'는 정책을 국제정치경제에서의 정책 대안으로 제안하고 있다.

중상주의는 의도가 선한(benevolent) 중상주의와 의도가 나쁜(malevolent) 중상주의로 구별될 수 있다. 의도가 선한 중상주의는 다른 국가들의 중상주의 정책에 대응하는 방식으로 자국의 시장을 보호하려는 정책을 표현하는 것이다. 반면에 의도가 나쁜 중상주의는 다른 국가들의 부를 빼앗고 궁극적으로는 군사적으로 정치적으로 가장 강력한 국가가 되기 위해 공격적으로 국수적 경제정책을 채택하는 것을 표현하는 것이다.

국가 간 경제거래가 확대되는 상호의존적 상황 속에서 민감성(sensibility)과 취약성(fungibility)의 변화에 따라서 국가 간 권력 관계가 변화할 수 있다는 복합적 상호의존론(complex interdependence theory)도 중상주의 주장의 일부분을 설명할 수 있다. 한 국가가 자신들의 대외의존도를 줄이고 다른 국가들의 자신에 대한 의존도를 제고시킴으로 인해서, 타 국가들의 민감성과 취약성을 높여 국가 권력을 높일 수 있는 것이기 때문이다. 즉, 국가 간 경제관계의 변화가 궁극적으로 국가 간 권력관계의 변화를 일으킬 수 있는 것이다. 따라서 국가들은 다른 국가들에 비해 더 많은 부를 얻기 위해 투쟁해야 하고, 궁극적으로 권력관계를 자신들에게 유리한 방향으로 만들기 위해 노력해야 한다.

경제상황의 변화에 따라서 국가들이 중상주의 성격의 정책을 채택할 가능성이 달라질 수 있다. 일반적 경기변동 상황 속에서 국가들은 경제 호황의 상황보다는 경제 침체의 상황에서 중상주의 정책을 채택할 가능성이 높다. 경제가 침체되면 자국의 시장을 보호하고 외부로부터의 부정적 영향을 줄이려는 방식으로 정책을 채택할 가능성이 커지기 때문이다. 또한 군사적으로 정치적으로 협력하고 있는 국가 혹은 대립하고 있는 국가와의 경제 관계에서 다른 정책을 채택할 가능성도 크다. 군사적으로 협력하고 있는 국가들은 부의 분배에 관한 걱정과 근심이 크지 않을 가능성이 크다. 반면에 군사적으로 대립하고 있는 국가들 간에는 부의 분배가 권력 분배에 궁극적으로 어떤 영향을 끼칠 것인가에 관해 매우 민감해질 수밖에 없다. 따라서 중상주의 정책의 채택 여부는 국가들이 처한 다른 시대와 상황에 의해서 결정되는 것이다.

4. 중상주의에 대한 비판

중상주의 역시 몇 가지 장점을 가지고 있다. 첫째, 국제경제 관계는 국경 간 거래이고, 국경 간 거래는 국가들에 의해서 통제·관리될 수 있다. 즉, 국가의 목적에 맞게 경제행위들이 관리될 수 있는 것이다. 중상주의는 국제경제행위에서의 국가 역할의 중요성을 강조한다는 장점을 가졌다고 할 수 있다.

둘째, 국가는 경제행위를 통해 권력과 안보를 추구한다. 국가 대전략(grand strategy)의 일환으로 국제경제행위를 하는 것이다. 중상주의는 부의 추구와 권력의 추구라는 국가전략의 유기적 연계성을 잘 설명할 수 있는 이론이라고 할 수 있다. 특히 패권을 추구하는 강대국들 간의 관계에서는 부의 추구와 권력의 추구가 매우 밀접하게 작동할 수 있다. 이러한 측면을 중상주의 시각이 잘 설명하고 있다.

셋째로, 중상주의는 현실 세계에서 나타나고 있는 다양한 현상들과 국가 정책을 설명하고 있다는 장점을 가지고 있다. 예를 들면, 냉전체제에서의 자본주의 국가들과 공산주의 국가들 간의 대립과 경쟁을 잘 설명할 수 있다. 또한 위에서도 설명했듯이 많은 국가들에 의해 종종 채택되는 경제제재 정책도 잘 설명하고 있다. 이외에도 국가들에 의한 자본 확보 경쟁, 기술 표준(technical standard) 설정 경쟁, 내수시장 확대 정책 등도 중상주의 시각의 주장으로 잘 설명될 수 있다.

이러한 장점들에도 불구하고 중상주의 또한 여러 가지 측면에서 많은 비판을 받는다. 첫째로, 중상주의는 국가들의 경제행위를 갈등에 너무 초점을 맞추어서 설명하려는 경향을 보인다는 것이다. 중상주의는 국가 간 경제관계를 제로섬(zero-sum) 형태로 규정한다. 국가들이 경제행위를 하는 데 근본적으로 대립하고 경쟁할 수밖에 없다는 것이다. 그러나 자유무역을 통해 혹은 해외투자를 통해 이러한 행위에 참여하는 모든 국가가 경제적 이익을 창출하는 현실적 사례가 많이 있다. 포지티브 섬(positive sum)의 경제관계를 가지고 있는 국가들을 현실 세계에서 많이 찾아볼 수 있는 것이다. 따라서 중상주의는 국가들의 협력적 경제관계를 설명하는 데 한계를 드러낸다.

둘째로, 중상주의가 주장하는 부와 권력의 보완성이 종종 현실적이지 않다는 비판을 제기할 수 있다. 즉, 국가가 동시에 추구하는 부와 권력이 종종 상충적 관계에 있을 수도 있다는 것이다. 부의 추구를 위해 국가가 권력을 다소 희생하는 경우도 있고, 반면에 권력을 추구하기 위해 국가가 부를 다소 희생하는 경우도 있는 것이다. 예를 들면 군사적으로 대립하고 있는 국가와 무역행위를 하는 사례도 있고, 또한 외교관계가 좋은 국가들에 대해서도 무기판매를 제한하는 사례도 있다. 권력과 안보에 대한 고려와 경제적 이익에 대한 고려가 상충하는 사례들인 것이다. 또한 현실적으로 부의 수준이 매우 높지만 국제사회에서 큰 권력을 갖지 못한 국가들도 존재하고 있고, 반면에 부의 수준은 낮지만 국제사회에서 상대적으로 큰 권력을 가지고 있는 국가들도 존재한다. 예를 들면, 북유럽 국가들은 높은 경제적 수준을 가진 국가들이지만 그 국가들의 권력은 크지 않다. 반면에 경제적으로 빈곤한 국가인 북한은 군사적 능력 측면에서 보면 약소국이라고 할 수 없다. 국가에 의한 부의 축적과 권력 축적이 상충되는 사례들도 많이 있다는 것이다.

셋째로, 중상주의가 가정하는 단일행위자(unitary actor) 모델의 한계를 지적할 수 있다. 중상주의는 국제경제 관계에서 국가가 가장 중요한 단일한 행위자라고 가정한다. 즉, '국가 이익'을 추구하는 국가라는 행위자가 단일한 선호와 이익을 가지고 행위를 한다는 것이다. 그러나 현실적으로 볼 때, 국제경제행위와 관련해 국가 내에서 서로 대립하고 경쟁하는 경제행위자가 많이 존재한다. 소비자, 수출기업, 수입경쟁기업, 다국적 기업, 노동자, 시민단체 등 많은 행위자들이 국제경제행위와 관련해 다양한 선호와 이익을 가지고 있다. 이러한 행위자들의 선호와 이익은 국가의 선호와 이익과 근본적으로 다를 가능성이 크다. 따라서 다양한 행위자들에 대한 고려 없이 국가라는 단일행위자의 행동에 초점을 맞추는 분석은 한계가 있는 것이다. 국제경제 거래에 참여하는 모든 국가들이 국가 이익만을 추구하고, 다른 모든 국내 행위자들이 이러한 방식의 경제정책 채택에 동의한다고 가정하는 것은 매우 비현실적일 수 있다.

넷째로, 주류 경제학에서 지적하듯이, 국가의 시장개입은 종종 비효율을 창출하고, 따라서 경제적 손실을 초래할 가능성이 크다. 국가가 국가 이익을 위해 시장에 개입하는 행위가 근본적으로 경제적 불이익을 초래하는 행위라는 주장이다. 이러한 주장이 옳다면, 중상주의가 주장하는 국가 부의 축적을 위한 국가의 시장개입은 최선의 전략이 아니다. 수출을 증대시키기 위한 정부보조금 지급, 혹은 수입을 줄이기 위한 보호무역 정책의 채택 등은 모두 비효율적이고 비효과적인 정책이 될 수 있다는 것이다.

다섯째로, 중상주의 전략의 한계성 중 하나는 종종 국가들이 그 목적성을 달성할 수 없다는 것이다. 한 국가가 중상주의 전략을 채택하는 상황에서, 다른 국가들이 이 국가에 대한 보복조치의 일환으로 같은 중상주의 전략을 채택한다면, 애초에 중상주의 전략을 채택한 국가의 목적성은 달성되기 어렵다. 이러한 상황은 죄수들의 딜레마(prisoners' dilemma) 모델로 잘 설명될 수 있다. 즉, 한 국가가 중상주의 전략을 채택하고 다른 모든 국가가 자유주의 전략을 채택한다면, 중상주의 전략을 채택한 국가가 경제적 이익을 창출하고 자신들의 목적을 달성할 가능성이 크다. 그러나 모든 국가가 중상주의 전략을 채택한다면, 국가들은 그들이 자유주의 전략을 모두 채택한 경우보다 좋지 않은 결과를 얻게 될 것이다. 각 국가의 '합리적' 선택인 중상주의 전략이 공동의 '비합리성'이라는 딜레마의 결과를 낳게 되는 것이다. 이러한 상황 속에서 국가들은 합의, 대화, 반복적 경제관계 등을 통해 문제를 해결하게 되는 것이다.

여섯째로, 중상주의 정책을 통한 국가 부의 축적이 장기적으로 지속될 수는 없다는 비판이 있다. 한 국가의 부가 축적되면, 그 부는 그 국가 내 물가상승 요인으로 작동한다. 물가가 상승하면 수입이 증가하고 수출이 감소한다. 그런 상황이 되면 국가의 부가 해외로 유출되며, 그 결과 국가 부는 감소하게 된다. 반대의 상황도 마찬가지다. 국가 부가 감소하면 물가가 하락하고, 이는 수출 증가와 수입 감소로 이어지므로 국가 부가 축적되는 것이다. 이러한 논의는 흄(Hume)의 '물가-정화 조정과정(price specie flow adjustment mechanism)' 논의에 의해 잘 설명된다. 즉, 중상주의 전략에 의한 지속적 부의 축적은 불가능하다는 것이다.

마지막으로, 국가가 추구하는 '부'가 과연 무엇인가에 관한 논의를 제기할 수 있다. 특히 중상주의에서 주장하는 국가 부인 금은보화의 축적이 시민들의 부의 상승에도 도움이 되는 것인가에 관한 근본적인 의문을 제기할 수 있다. 국가 부와 시민 부 간에 상당한 격차가 있다는 주장이 있다. 시민 부는 소비력(consumption power) 혹은 구매력(purchasing power) 등으로 측정될 수 있는데, 단순히 국가의 부 축적이 시민의 부 향상과 크게 상관이 없을 수 있다는 비판이다.

5. 마르크스주의(Marxism)

마르크스주의는 자본주의체제의 산업화 과정에서 노출된 자본과 노동 간의 갈등관계에 대한 해석으로부터 출발했다. 마르크스주의는 대략 1880년대부터 1920년대까지 있었던 고전적 마르크스주의와 제2차 세계대전 이후 발달한 신마르크스주의로 구분될 수 있다. 고전적 마르크스주의는 주로 국내경제체제에서의 자본과 노동 간의 갈등에 초점을 맞추는 반면에, 신마르크스주의는 그 범위를 국제경제체제로 확대하는 노력을 보였다. 따라서 전후 신마르크스주의는 종속이론과 세계체제론의 형태로 발전했다.

마르크스주의의 등장과 발전에 영향을 끼친 많은 사상가들이 있다. 마르크스(Marx)의 계급투쟁 개념, 레닌(Lenin)의 제국주의 개념, 프랑크(Frank)의 저발전의 발전 개념, 월러스타인(Wallerstein)의 세계체제 개념 등이 마르크스주의 발전에 큰 기여를 했다. 이들 모두는 인간의 투쟁, 불균형, 역동적 변화 등에 초점을 맞춘 개념들이다.

마르크스주의의 가장 근본적 가정은 경제계급(economic class)이 가장 기초적 사회단위라는 것이다. 이러한 가정을 기초로 마르크스주의는 경제계급 간 관계에 초점을 맞춘다. 그 핵심 주장은 경제계급 간 갈등이 인간 역사를 형성하고 있으며, 사회를 움직이는 동력이라는 것이다. 즉, 생산양식과 경제활동이 역사적 변화의 중심축이라고 주장한다. 또한 노동자 계급은 자본가 계급에 의해 착취당하는데, 이는 자본주의 유지를 위해 반드시 필요한 일이라고 주장한다. 마르크스주의에 의하면, 경제적 교환은 이익을 창출하지만, 이러한 이익은 불균등하게 분배된다. 불균등 분배는 자본가 계급이 노동자 계급을 지배하는 수단으로서, 자본주의 경제체제의 필수조건이라는 것이다.

신마르크스주의자들은 국가 간 계급관계에 초점을 맞춰서 국제경제 관계의 특성을 설명하려고 시도했다. 이들은 국가를 핵심국가군(core countries)과 주변국가군(periphery countries)으로 구분하고, 이 국가군 간 경제관계는 착취적 관계라고 주장한다. 즉, 핵심국가들이 주변국가들을 경제적으로 착취함으로써 주변국가들의 경제상황은 점점 더 악화된다는 것이다. 이러한 과정은 '저발전의 발전(development of underdevelopment)'이라는 말로 명확히 표현되는데, 이는 저발전의 상태가 발전된다는, 즉 저발전의 상태가 더욱 악화된다는 것을 의미한다. 국제경제체제에서의 착취관계로 인해 핵심국가들의 경제는 더욱 발전하고 부를 축적하는 반면에, 주변국가들의 경제는 더욱 침체하고 부를 상실한다는 주장이다. 국제적으로 빈익빈 부익부 현상이 발생한다는 것이다.

이러한 현상은 국제무역, 국제금융과 해외투자 그리고 심지어는 국제원조를 통해도 발생한다고 마르크스주의자들은 주장한다. 국제무역에서는 핵심국가들과 주변국가들 간에 불평등 교환(unequal exchange)이 이루어지고, 이를 통해 부가 핵심국가들로 이전된다는 것이다. 국제금융에서는 자본이 부족한 주변국가들의 이자율이 상대적으로 높게 책정되기 때문에, 핵심국가들의 자본이 주변국가들에서 더 많은 이익을 창출할 수 있다고 주장한다. 해외투자에서도 주변국가에 투자된 핵심국가들의 다국적 기업들이 이익을 창출하게 되면, 이러한 이익이 주변국가들의 시장에 재투자되지 않고, 다국적 기업의 모기업(mother firms)들로 이전되기 때문에 부의 전환이 이루어진다고 주장한다. 심지어는 핵심국가들이 주변국가들에 제공하는 해외원조 역시 대부분 핵심국가들의 상품구매와 연계되는 특성이 있기 때문에, 주변국가들로 부의 전환이 이루어지지 않는다고 주장한다.

마르크스주의자들은 자본주의가 그 내부의 모순에 의해 궁극적으로 몰락할 것이라고 주장한다. 그 몰락의 원인으로 마르크스주의자들은 자본주의의 네 가지 법칙을 지적하고 있다. 첫째는 불균형 법칙(law of disproportionality)이다. 자본주의체제는 공급과 수요가 경제행위자들에 의해 자유롭게 이루어지는 체제이다. 공급과 수요가 완전시장에서 균형을 달성할 것이라는 자유주의 주장과는 다르게, 마르크스주의에서는 공급과 수요 간 불균형이 이루어질 가능성이 크다고 주장한다. 즉, 생산된 재화와 서비스가 완전히 소비되지 않는 과잉생산이 발생한다는 것이다. 이렇게 소비되지 않은 재화와 서비스는 폐기되어야 하고, 이는 경제위기를 초래할 수 있다는 것이다.

두 번째 법칙은 자본집중의 법칙(law of concentration of capital)이다. 자본가 계급은 노동의 착취를 통해 자본을 축적하고, 또한 대자본은 소자본을 흡수하는 현상을 보여 자본이 집중된다는 것이다. 이러한 현상은 시장을 완전경쟁시장으로부터 독점과 과점시장으로 변환시킨다. 이는 경제적 왜곡과 비효율을 창출하고, 생산자와 소비자 간의 갈등을 초래한다. 이러한 과정은 자본이 노동을 더욱 착취할 수 있는 기반을 만든다. 경제위기가 발생하고 자본주의가 쇠퇴한다는 것이다.

세 번째 법칙은 이윤율 하락의 법칙(law of the falling rate of profits)이다. 마르크스주의자들은 진정한 경제적 이윤을 창출할 수 있는 경제주체는 노동밖에 없다고 가정한다. 노동에 의한 생산 활동만이 진정한 의미의 경제적 잉여를 창출할 수 있다는 것이다. 따라서 자본의 집중이 이루어지고 노동에 비해 자본의 비율이 증가하게 되면, 차츰 이윤율이 하락하게 되고 이는 투자 감소를 초래한다는 것이다. 궁극적으로 자본주의체제의 위기가 발생한다는 것이다.

자본주의와 관련된 마지막 법칙은 제국 확산의 법칙(law of imperial expansion)이다. 앞에서 설명한 세 가지 법칙이 주로 국내경제 현상을 설명한 이론들이라면, 네 번째 법칙은 자본주의의 국제적 확산 현상과 관련된 법칙이다. 이 법칙에 의하면, 자본축적과 확대의 속성을 가진 자본주의가 국내시장 포화상태에 직면하면, 다른 국가들로 자본주의체제를 확대하는 방법밖에는 없다. 이러한 현상이 19세기 말부터 20세기 초에 이루어진 제국주의 경쟁의 모습으로 나타났다는 것이다. 자본주의 국가들이 제국주의화 되어 식민지를 개척하고, 이 식민지를 통해 노동의 공급, 자원의 공급, 시장의 확대 그리고 궁극적으로는 자본의 축적을 도모한다는 것이다. 레닌(Lenin)에 의하면 이러한 과정이 궁극적으로 제국주의 국가 간 전쟁으로 귀착되었다는 것이다. 저발전 국가들을 식민지화한 제국주의 국가들이 자본주의 팽창의 속성에 의해서 다른 제국주의 국가들을 착취하려는 정책을 채택한다는 것이다. 자본주의의 마지막 단계로서 제국주의를 가정한 레닌은 제1차 세계대전의 원인으로 제국주의 국가들 간의 치열한 경쟁과 대립을 지적했다.

자본주의체제가 가진 이러한 모순들로 인해 마르크스주의자들은 자본주의가 붕괴되고 사회주의와 공산주의체제가 형성될 것이라고 주장했다. 마르크스주의자들은 이러한 과정 속에서 자본주의 붕괴를 촉진하기 위해, 노동자 계급과 주변국가들이 해야 할 두 가지 과제를 제시한다. 첫째는 현실적 대안으로 자본주의가 많이 발전한 국가에서는 사회민주주의체제를 형성하는 것 그리고 주변국가는 핵심국가와의 경제관계를 축소 혹은 단절하는 것을 제시한다. 마르크스주의의 영향을 많이 받은 몇몇 유럽의 국가들은 실제로 사회주의 요소가 많이 포함된 자본주의체제를 형성했다. 또한 종속이론의 영향을 많이 받은 남미의 여러 국가들은 선진자본의 유입을 줄이고, 무역관계를 축소하기 위해, 수입대체산업화 정책을 채택하기도 했다.

둘째는 공산주의 혁명을 위해 노력해야 한다는 것이다. 한 국가의 경제체제에서는 노동자 계급에 의해 공산주의 혁명이 이루어져야 하고, 국제경제체제에서는 각 국가의 노동자 계급의 연대, 혹은 주변국가들 간의 연대를 통해 국제적 공산주의 혁명이 이루어져야 한다는 것이다. 이를 통해 자본주의체제를 붕괴시키고 노동자들이 지배하는 공산주의체제를 확립해야 한다는 것이다.

6. 마르크스주의에 대한 비판

마르크스주의는 몇 가지 장점을 가지고 있다. 첫째로, 그 이전의 분석들에서 시장과 국가라는 경제주체들에 초점이 맞춰진 반면에 마르크스주의는 계급이라는 새로운 경제주체가 만들어져 현실을 설명하는 데 하나의 다른 측면을 강조하게 되었다는 점이다. 계급이라는 새로운 개념에 초점을 맞추어서 인류 역사를 재조명하고, 현대 국제체제에서의 국가 간 관계를 설명하려는 시도는 학문적으로도 매우 큰 기여를 한 것으로 판단할 수 있다.

둘째로, 분배의 문제에 초점을 맞추어서 효율, 성장 그리고 발전이라는 측면 이외에 경제관계에서 매우 중요한 다른 한 측면을 강조했다는 것이다. 특히 국내경제에서의 불균등에 관한 문제뿐만 아니라, 국제경제에서의 불균등에 관한 문제에도 관심을 기울여, 국제경제체제 자체의 모순을 지적했다는 점이다.

셋째로, 역사변화에 대한 고찰을 바탕으로, 인류역사와 경제관계 그리고 정치 관계에 관한 동태적 설명을 하고 있다는 점이다. 즉, 국제경체체제의 분석에 시간 개념을 포함시켜서, 체제 자체가 역사적으로 어떤 변화를 보이고 있고, 또한 보일 것인가에 대한 동적 분석을 하고 있다는 장점이 있다. 봉건주의 시대부터 자본주의 시대, 그리고 미래의 사회주의 시대로의 전환 과정을 계급투쟁의 관점에서 일관적으로 설명하고 있다는 장점이 있다.

이러한 장점들에도 불구하고 마르크스주의에 대한 여러 형태의 비판도 존재한다. 첫째로, 마르크스주의는 유물론적 역사관을 바탕으로 경제관계를 지나치게 강조함으로써 정치적·전략적 요인들에 대한 고려가 부족하다는 비판을 받는다. 특히 17세기 이후 국제정치가 민족국가를 중심으로 전개되었다는 사실을 고려할 때, 이들 국가 간에 나타나는 정치적·군사적 관계에 대한 고찰 부족으로 인해 현실세계를 설명하는 데 한계를 드러내고 있다. 자본과 노동이라는 계급 간 투쟁보다 국제체제에서 국가 간 투쟁, 특히 패권을 추구하는 강대국들 간의 투쟁과 대립이 지난 근대국가체제에서 더 두드러진 현상이라는 것이다.

둘째, 마르크스주의가 지향하는 공산주의 경제체제가 가지고 있는 근본적 문제점에 대한 고려가 부족하다는 비판이 있다. 특히 도덕적 해이(moral hazard) 문제를 제기할 수 있는데, 이러한 문제는 인간의 본성과도 연결되는 문제이다. 예를 들면 인간은 자신이 소유하는 경우와 그렇지 않은 경우에 다른 경제활동 현상을 보인다. 자신이 소유하지 않는 경우에 도덕적 해이 문제가 발생할 수 있다는 것이다. 구체적인 예로 공산주의 경제체제를 유지했던 국가들에서 발생한 도덕적 해이 현상을 들 수 있다. 열심히 일하건 하지 않건 동등한 임금을 받고, 자신이 얻은 경제적 이익을 개인이 소유할 수 없다면, 인간들은 열심히 일할 동력을 상실하는 도덕적 해이 현상에 빠지게 된다는 것이다. 인간의 이러한 행동은 경제체제의 비효율성을 창출하고, 궁극적으로 경제가 쇠퇴하는 현상을 초래한다.

셋째, 마르크스주의의 현실 설명력에 대한 여러 비판이 있다. 우선 신마르크스주의에 속하는 종속이론과 세계체제론에 의하면, 주변국가들로 분리된 국가들은 '저발전의 발전' 현상으로 인해 핵심국가로 발전할 수 없다고 주장한다. 그러나 지난 수십 년간 국제경제체제에서 발생한 한국, 대만, 싱가포르 같은 국가들의 빠른 경제발전으로 인해 마르크스주의의 이러한 주장은 그 타당성을 상실한 것이 사실이다. 또한 국제경제체제에서 발생하고 있는 대부분의 무역, 해외투자, 금융 등은 선진 자본주의 국가들 간에서 발생하고 있기 때문에 국제경제체제의 핵심이 중심국가군과 주변국가군의 경제관계라고 가정하는 마르크스주의의 주장은 현실 설명력이 떨어진다.

마지막으로, 마르크스주의의 예측과는 달리 자본주의체제는 지속적으로 성장하고 발전하는 반면에, 공산주의 경제체제를 채택했던 구소련과 동구 유럽 국가들은 몰락하고 말았다. 공식적으로 사회주의체제를 표방하고 있는 중국과 베트남 같은 국가들도 상당 부분 자본주의적 경제운영 방식을 채택하고 있다. 최근 발생하고 있는 쿠바

〈표 3-1〉 자유주의, 중상주의, 마르크스주의 비교			
구분	자유주의	중상주의	마르크스주의
경제관계의 성격	조화/협력	갈등	갈등
경제행위의 주체	소비자, 기업	국가	계급
경제활동의 목적	세계 부의 극대화	국가 이익 극대화	계급이익 극대화
경제와 정치의 관계	경제가 정치 결정	정치가 경제 결정	경제가 정치 결정
변화에 대한 시각	시장, 기술, 선호 변화	힘의 균형의 변화	불균형/자본주의 몰락

의 개혁개방, 그리고 과거 공산주의 이념을 받아들였던 많은 아프리카 국가들의 자본주의화는 마르크스주의의 예측과는 상반된 것이다. 마르크스주의 주장의 한계를 명확히 드러내는 현실세계의 현상인 것이다.

앞에서 설명한 세 가지 시각을 경제관계의 기본 특성, 경제행위의 주체, 경제활동의 목적, 경제와 정치의 관계 그리고 변화에 대한 시각으로 정리하면 〈표 3-1〉과 같다.

경제관계의 성격으로, 자유주의는 조화/협력을 강조하는 반면에 중상주의와 마르크스주의는 갈등적 경제관계에 초점을 맞춘다. 경제행위의 주체로, 자유주의는 소비자와 기업, 중상주의는 국가, 마르크스주의는 계급에 초점을 맞춘다. 경제활동의 목적으로 자유주의는 세계 부의 극대화, 중상주의는 국가 이익의 극대화 그리고 마르크스주의는 계급이익의 극대화를 주장한다. 경제와 정치의 관계에 관해, 자유주의는 경제행위를 통해 정치관계가 규정되고 결정되어야 한다는 규범적 주장을 한다. 중상주의는 국가의 목적성을 우선시하면 정치관계와 목적이 경제행위를 결정하고 있다고 주장하고, 마르크스주의는 계급 간 경제관계가 정치의 근본 현상이라고 주장한다. 변화에 관해, 자유주의는 시장, 기술, 선호의 변화에 의해 시장체제가 변화한다고 주장한다. 이 시각에 의하면, 단기적으로는 시장에서 균형이 이루어지고, 장기적으로는 새로운 균형을 찾는 현상이 발생한다는 것이다. 중상주의에 의하면, 경제관계를 통해 국가 부의 축적에서의 불균형이 발생하고, 이는 국가 간 권력분포 혹은 세력균형에서의 변화를 발생시키고, 이러한 변화가 다시 시장에 영향을 끼친다고 주장한다. 마르크스주의는 자본주의체제가 근본적으로 불균형 현상을 보이고, 따라서 궁극적으로는 몰락해 공산주의체제가 형성된다고 주장한다.

토론 주제

1. 절대우위, 비교우위, 경쟁우위라는 개념들 간의 차이는 무엇인가?
2. 자유주의와 중상주의에 기초한 설명에서 경제행위자들의 도덕적 해이 현상은 어떻게 나타날 수 있는가?
3. 마르크스주의는 구소련권 국가들의 붕괴 이후에도 여전히 적실성을 가지고 있다고 생각하는가?
4. 각 시각의 장단점을 비교할 때, 가장 현실 설명력이 높은 시각은 무엇이라고 생각하는가?
5. 세 가지 시각 모두를 근거로 하는 절충적 시각은 가능한가? 만약 가능하다면 그 핵심 주장은 무엇인가?
6. 자유주의, 중상주의, 마르크스주의 이외에 국제정치경제 사안에서 중요하다고 생각하는 이념은 무엇인가?

제4장

자본주의 내에서의 경제이념

1. 서론

한 시대의 국제경제체제의 운영과 특성에 큰 영향을 끼치는 요인 중 하나는 경제이념이다. 경제이념은 국가와 시장이 어떤 역할을 해야 하는가, 개방과 보호 중 어떤 정책이 채택되어야 하는가, 성장과 분배 중 무엇이 우선시되어야 하는가, 공급과 수요 중 무엇이 경제를 이끌어야 하는가 등의 문제들에 대한 해답을 제공한다. 앞 장에서 제시한 자유주의, 중상주의, 마르크스주의 역시 이러한 문제들에 대한 서로 다른 해답을 제공한다.

또한 국가들의 자본주의 경제체제 운영상에도 여러 형태를 발견할 수 있고, 이러한 다른 형태의 자본주의체제 역시 앞에서 제기한 문제들에 대해 제시하는 해답이 서로 상이하다. 예를 들면 미국이 채택해왔던 시장 중심적 자본주의, 몇몇 유럽 국가들이 채택했던 조합주의적 자본주의, 일본과 아시아 국가들이 채택했던 국가 중심적 자본주의는 모두 자본주의라는 용어를 경제의 기본이념으로 채택하고 있지만, 그 운영과 특성에서는 서로 상당한 차이가 있는 것이 사실이다.

따라서 이 장에서는 전후 어떤 경제이념이 채택되었고, 이것이 어떤 환경 속에서 변화되어왔는가를 설명한다. 특히 1945년 이후 대략 1970년대까지 유지되었던 내재적 자유주의(embedded liberalism)의 형성 배경과 주요 내용을 알아보고, 이 경제이념이 1980년대에 신자유주의(neoliberalism)로 변화하게 되는 배경과 원인 등에 대해 논의한다. 또한 이 장의 뒷부분에서는 미국식, 유럽식, 아시아식 자본주의가 어떤 특성을 갖고 있는지 비교 설명하고, 이러한 차이가 신자유주의 시대에는 어떤 변화를 보이고 있는가를 살펴본다. 마지막으로 2008년 미국발 금융위기 이후 활발히 논의되고 있는 자본주의체제의 변화에 대해 설명한다.

2. 내재적 자유주의

제2차 세계대전 이후 국가들은 과거의 경험과 그것을 통해 얻은 교훈을 바탕으로 자유주의에 근거한 국제경제체제를 만들어야 한다는 것에 동의했다. 1920년대와 1930년대에 나타난 극단적 중상주의 이념에 근거한 국가들의 경제 민족주의적 정책의 채택이 경제혼란과 경제침체를 일으켰을 뿐만 아니라 국가 간 갈등을 증폭시키는 결과를 초래했다는 것에 대한 반성이었다. 1920년대와 1930년대 국가들이 채택했던 국수적 경제이념과 정책은 어떤 국가에게도 경제적 혜택을 가져다주지 못했다. 한 국가에 의해서 채택된 보호무역 정책과 환율인상 정책은 다른 국가들의 경제적 보복으로 인해 별 효과를 보이지 못한 것이 사실이다. 궁극적으로는 모든 국가들의 경제가 침체되고, 수출입이 축소되고, 인플레이션이 폭증하는 결과만 초래한 것이다.

또한 전후 국제체제가 자본주의체제와 공산주의체제로 양분되면서 자본주의체제를 공고화하기 위한 자유주의의 확립 역시 매우 시급한 문제였다. 과거 중상주의의 실패와 그로 인한 교훈 그리고 공산주의와의 경쟁으로 인해 자연스럽게 자유주의 이념이 채택된 것이다. 국제경제체제에서 자유주의 이념을 실천하기 위해 채택된 정책의 핵심은 자유무역의 실현이었고, 이를 뒷받침하기 위해 GATT, IMF와 세계은행(World Bank)이 창설된 것이다.

하지만 국제경제체제에서의 자유무역을 실현하기 위한 큰 문제가 남아 있었다. 국가 간 자유무역을 실현하기 위해서는 해외 상품에 대한 수요가 각 국가에 존재해야만 한다. 해외 상품을 구매하고 소비할 수 있는 수요자가 있어야 수입이 되고, 이를 통해 국가 간 자유무역이 실현되고 그로 인한 이익을 실현할 수 있는 것이다. 그러나 문제는 제2차 세계대전으로 인해 국가들의 경제가 대부분 황폐화되고, 시민들의 부가 손실되어 수요가 원활히 창출되지 못한다는 것이었다. 제2차 세계대전 이후 공급능력과 수요능력은 미국에 크게 편중되는 현상을 보였고, 자본주의체제 내 다른 국가들은 공급능력과 수요능력 모두에서 매우 열악한 상황이었다. 이러한 불균형적 상황 속에서 국가 간 자유무역이 실현되기는 어려웠다. 미국에서 생산되는 많은 상품에 대한 수요가 해외시장에서 창출되지 않았고, 미국 외 국가들의 상품이 미국시장을 공략하기에는 한계가 있었다. 이러한 상황 속에서 수요를 창출하고 공급을 만들기 위해 국가의 역할이 필요했던 것이다.

제2차 세계대전 이후 국가들이 채택한 경제정책의 이론적 토대가 된 것은 케인스(John M. Keynes)의 경제이론이었다. 케인스는 국가가 시장에 개입해 총수요 증대를 위해 노력을 해야 하고, 이를 통해 경제발전을 도모해야 한다고 주장했다. 국가가 시민들에게 적당한 복지혜택을 제공하고, 이를 바탕으로 시민들이 소비를 할 수 있는 여력을 증대시키자는 아이디어였다. 소비가 증가하면 공급이 증가하고, 기업의 이윤이 증가하고, 기업활동 증가로 인해 국가의 조세수입이 증가하고, 궁극적으로는 복지혜택을 제공한 국가의 재정이 안정화된다는 생각이었다.

국가의 역할이 절대적으로 필요했던 당시 상황 속에서, 많은 국가들은 케인스의 이론적 제안을 받아들였다. 국가들은 국제경제에서는 자유무역을 실현하려고 노력했고, 국내경제에서는 총수요 증대를 위해 노력했다. 국제경제에서는 국가의 역할을 축소하려고 노력했고, 국내경제에서는 국가의 역할을 오히려 증대시키려는 노력을 강구한 것이다. 이러한 '부조화' 정책은 내재적 자유주의(embedded liberalism)로 표현된다. 내재적 자유주의란 국내경제 현실을 고려한 국제경제체제에서의 자유주의 이념이라고 표현될 수 있다.

이러한 부조화 정책은 현실세계에서 복지국가체제로 나타난다. 복지국가체제에서 정부는 시장에 상당한 영향력을 행사한다. 정부는 시민소득의 상당 부분을 세금으로 거둬들이고, 이를 근간으로 다양한 형태의 복지혜택을 시민들에게 제공한다. 특히 정부는 교육, 의료, 실업 등과 관련된 사안에서는 매우 중요한 공급자로서의 역할을 담당한다. 복지국가체제 내에서 정부는 시장이 원활하게 작동하게 하기 위해 소극적으로 감시하는 역할만을 하는 것이 아니라, 시장을 관리하고 주도하는 적극적 역할을 하는 것이다.

이러한 복지국가체제는 경제발전이 매우 빠르게 이루어지고, 실업이 낮았던 전후 대략 1960년대까지의 기간 동안 어느 정도 성공하는 모습을 보였다. 많은 국가들에서의 수요가 급속히 증가했고, 이는 국제경제체제에서 자유무역을 실현하는 데 상당히 공헌했다. 국가 간 무역은 빠르게 증가했고, 국제경제는 매우 빠른 속도로 발전했다. 국민 소득과 부는 증가했고, 시민들의 조세부담 능력도 제고되어, 국가는 시민들로부터 더 많은 세금을 거둬들일 수 있었고, 이를 통해 더 많은 복지혜택을 제공할 수 있었다.

하지만 이러한 상황이 지속되지는 않았다. 국제경제가 침체 현상을 보이고, 국가들의 경제발전 속도가 더뎌지면서, 문제가 발생하기 시작한 것이다. 국민 소득과 부가 침체되는 상황을 보이면서 국민들로부터 거둬들이는 세금은 증가하지 않는 반면에, 복지혜택을 위한 정부의 지출은 매우 빠른 속도로 증가했다. 복지혜택은 시민들에게 한번 제공되면 그 이후로는 축소되기 어려운 것이었다. 경제침체에도 불구하고 정부로부터의 복지혜택은 계속 증가하는 모습을 보였다. 이러한 현상은 선거에서 승리하고 정권을 유지하려는 정부의 정치적 목적과도 밀접한 연관이 있다. 정부는 재정 적자를 감수하더라도 복지혜택을 제공하여 정치적 지지를 확보하고 정권을 유지하려는 정책을 폈다. 정부 채무의 증가는 미래의 일이었고, 선거에서의 승리와 정권 유지는 당장 오늘의 일이었기 때문이다. 단기적 정치적 합리성이 중장기적 경제적 합리성을 압도한 것이다. 결과는 분명했다. 정부의 재정적자는 빠르게 누적되었고, 국가 채무 역시 큰 폭으로 늘어났다.

이러한 현상을 가속화시킨 다른 이유도 몇 가지 존재한다. 우선 노동자 부문을 지적할 수 있다. 노동자 부문에서 다시 두 가지를 지적할 수 있는데, 첫째는 노동자들의 도덕적 해이 문제이다. 정부의 실업수당 지급으로 인해 실업상태의 노동자들은 적극적으로 새로운 일을 찾으려는 노력을 보이지 않는 현상이 발생한 것이다. 이들에 대한 복지혜택의 증가와 이들로부터의 세금 감소는 정부의 재정적자를 증가시키는 요인이 되었다. 노동자 부문 관련 다른 하나는 이들의 정치력이다. 재정적자에 시달리는 정부가 할 수 있는 일은 세금을 더 거둬들이든지 아니면 복지혜택을 축소하든지의 두 가지 방안이다. 이 두 방안은 모두 시민들, 특히 노동자들이 반대하는 정책이다. 산업화와 도시화가 빠르게 진행되면서 노동자들의 집단행동 능력이 강화되었고, 이들의 정치력이 증대된 것이다. 또한 노동자들의 이익을 대변하는 강력한 정당도 여러 국가에서 존재했다. 이러한 상황 속에서 정부가 세금을 높이고 복지혜택을 줄이는 것은 매우 어려웠던 것이 사실이다.

재정적자를 겪으면서도 국가들이 복지혜택을 줄이기 어려웠던 다른 이유로는 인구 증가, 특히 노령인구의 증가를 들 수 있다. 인구가 증가하면서 교육과 의료 등에 대한 복지혜택 규모가 커질 수밖에 없었고, 특히 노령인구의 증가와 그들에 대한 정부 지원 역시 정부재정을 매우 압박하는 요인이 되었다. 국가 채무가 증가하면서 경제위기의 잠재 요인으로 등장한 것이다.

3. 신자유주의

1980년대 초반 미국 대통령은 공화당 출신 레이건(Ronald Reagan)이었다. 레이건 대통령은 취임 후 두 가지 큰 정책을 채택했다. 하나는 외교 정책으로서 그 내용은 대소련 강경정책이었다. 다른 하나는 소위 레이거노믹스(Reaganomics)라 부르는 경제정책으로서 그 내용은 연방정부의 경제권한 축소와 시장 중심적 경제체제로의 재편이었다. 이 두 가지 정책은 국제사회에 엄청난 결과를 초래했다. 대소련 강경정책은 궁극적으로 10여 년 후 구소련과 동구권 국가들의 몰락으로 귀착된다. 물론 구소련권의 붕괴가 전적으로 레이건 행정부의 정책 때문이라고 주장하기는 어렵지만, 레이건 행정부의 대소련 강경정책과 군비경쟁 정책이 하나의 요인으로 작동했음은 틀림없다. 레이건 행정부에 의한 경제정책의 변화 역시 국제사회에 엄청난 파장을 일으켰다. 신자유주의 이념 시대가 도래해 세계화(globalization)가 급속히 진행되는 토대를 형성한 것이다.

신자유주의는 국제경제에서뿐만 아니라 국내경제에서도 국가의 역할을 축소하는 것을 핵심 내용으로 한다. 즉, 과거에 유지되었던 복지국가체제를 변화시켜, 국가에 의한 복지혜택 제공을 줄이고 더 많은 경제동력을 시장기제에 맡기는 것을 주요 내용으로 하고 있다. 정부는 세금을 줄여, 각 기업과 가계가 그들의 경제활동에서 더 많은 자율과 권한을 갖게 했고, 복지혜택을 축소해 기존에 정부가 제공하던 서비스를 시장이 자율적으로 공급하도록 하는 조치들을 취했다. 시장자율성의 확대는 효율성 향상과 도덕적 해이의 방지 그리고 경쟁 강화를 통해 궁극적으로 경제를 발전시키는 효과를 가질 것으로 기대되었다. 또한 20세기 이후 연방정부의 권한이 주정부에 비해 급속히 증가했던 현상을 반전시키는 계기가 되었다. 양도 연방주의(devolving federalism)라고 명명된 형태의 새로운 연방주의가 강화되었다. 이는 연방정부의 역할을 축소하고 주정부와 지방정부의 권한을 증가시키는 것을 핵심 내용으로 하는 연방주의였다. 전반적으로 국가의 역할을 축소하려는 신자유주의와 맥락을 같이하는 정책이었다.

이 책의 뒤에서 언급할 세계화와 관련된 논의에서 다시 한 번 자세히 설명하겠지만, 신자유주의 이념의 형성과 발전에는 몇 가지 요인이 중요한 역할을 담당했다. 첫째, 앞에서 지적한 바대로 복지국가의 위기를 들 수 있다. 경제침체와 대량실업으로 인해 복지국가체제는 더 이상 유지하기 힘든 상황에 직면했다. 국가들의 재정적자와 국가채무가 빠른 속도로 증가하면서, 더 이상은 이러한 체제를 유지할 수 없는 상황에 이른 것이다.

둘째, 신자유주의 경제이념을 형성하고 발전시킨 학자군과 경제정책 결정자들의 역할이다. 인식론적 공동체(epistemic community)라고 부르는 정책이념집단이 형성되어 신자유주의 정책에 관한 이론적·사상적 논리와 정책을 제공한 것이다. 이들에 의한 학술적 논문과 저서의 발간, 정책 결정에서의 아이디어 제공 그리고 언론을 통한 대시민 홍보 등의 활동은 신자유주의 이념을 확산시키는 데 큰 기여를 했다.

셋째, 이와 연관해서 국제기구들의 역할을 지적할 수 있다. 흔히 냉소적으로 '워싱턴 합의(Washington Consensus)'라고 명명되는데, 이는 미국의 수도인 워싱턴(Washington D.C.)에 소재한 IMF, 세계은행과 미국 재무부가 세계경제운영 원칙과 이념에 대해 합의한 것을 표현하는 것이다. 강력한 힘을 가지고 있던 이 세 기관은 다양한 수단을 통해 신자유주의 정책을 다른 국가들에게 전파한다. IMF의 대출조건정책은 IMF로부터의 금융지원과 수혜국의 경제정책을 연계함으로써, 이 국가들의 경제를 자유화·구조조정화하는 데 큰 역할을 담당한다.

넷째는 냉전체제의 종식을 들 수 있다. 1945년 이후 국제체제는 자본주의체제와 공산주의체제로 양분되어 대립, 경쟁하는 양상을 보였다. 그러나 1980년대와 1990년대 초 공산주의체제가 대부분 붕괴하면서, 이는 자본주의체제의 승리라는 모습을 띠게 되었다. 후쿠야마(Francis Fukuyama)는 '역사의 종말(The end of history)'이라는 말로 이러한 사건을 표현하면서, 자본주의의 승리로 인해 자본주의와 공산주의체제가 이념적으로 대립하는 세상은 종식되었다고 주장하기도 했다. 어떻든 경쟁 경제이념의 몰락으로 인해 자본주의의 근간을 이루고 있는 자유주의가 한층 강화된 것은 사실이다.

다섯째로 기술적 발전을 들 수 있다. 1980대부터 시작해 1990년대에 이르러서는 컴퓨터, 정보, 통신, 운송과 관련된 기술들에서 획기적 발전이 이루어진다. 기술적 발전은 매우 빠르게 진행되었을 뿐만 아니라, 전 산업에 적용되어 막대한 영향을 끼치게 되고, 이로 인해 급속도로 산업 재편이 이루어진다. 예를 들면 소비자들은 국제시장에 대한 더 많은 정보를 얻게 되고, 손쉬운 결제수단을 이용해 다양한 해외상품을 더욱 신속하게 구매할 수 있게 되었다. 컴퓨터 기술을 이용해 국제금융거래는 대폭 증가하게 되고, 교통과 운송수단의 발전으로 인해 상품과 서비스를 위한 비용이 크게 축소되었다. 이러한 모든 현상은 국가 간 경제거래(economic interaction)의 비용을 크게 축소시켜 국제거래가 활성화되는 데 크게 기여했다. 제품수명이 단축되고, 첨단 제품들이 등장했으며, 세계 도처의 다양한 소비자들의 기호에 빠르게 대응하는 기업들이 급속히 늘어나게 되었다.

마지막으로, 비국가 행위자의 역할을 들 수 있다. 특히 다국적 기업의 역할의 중요성을 지적할 수 있다. 다국적 기업들에 의한 해외투자가 확대되면서 이들이 신기술을 적용하고, 새로운 시장을 개척하며, 새로운 경영기법을 전수하는 역할을 담당한다. 이로 인해 세계 각 국가가 신자유주의 이념과 정책을 학습하고 도입하는 현상이 발생한 것이다.

신자유주의 이념과 경제정책은 현재도 빠르게 확산되고 있다. 물론 이에 대한 저항도 많이 발생하는 것이 사실이지만, 현재는 신자유주의 세력이 반대세력보다 더 큰 것으로 보인다. 국제경제에서의 경쟁은 이전보다 더욱 치열하게 전개되고, 각 국가, 기업, 개인이 생존을 위한 투쟁을 하고 있다. 여러 가지 부작용도 초래하고 있지만, 신자유주의 이념과 정책은 효율성 증대, 시장확대, 규모의 경제 실현, 소비자 선택의 다양화, 기술적 발전 촉진 등의 긍정적 효과 등을 통해 경제발전에 공헌한다는 측면도 있다. 다만 최근 발생한 미국발 금융위기로 인해 국가역할에 관한 새로운 논의들이 등장하고 있다.

신자유주의 시대를 맞이해 유럽의 국가들은 소위 '제3의 길'이라는 정책을 채택했다. 과거 영미국가보다 더 높은 수준의 복지국가체제를 유지했던 유럽대륙의 국가들은 일종의 딜레마에 빠지는 현상을 보였다. 즉, 전통적으로 유지했던 복지국가체제를 더는 지탱할 수 없었다. 복지국가체제 자체를 완전히 포기할 수는 없었지만, 상당한 개혁과 수정이 필요한 상황이었다. 그렇다고 영미식 신자유주의 이념과 정책을 무비판적으로 수용할 수도 없었다. 이러한 딜레마에 봉착한 유럽대륙의 여러 국가들은 기든스(Anthony Giddens)가 주장하는 '제3의 길'을 선택하려고 노력했다. 즉, 복지국가체제보다는 신자유주의 이념과 정책을 더 받아들이고, 영미식 신자유주의보다는 신자유주의 이념과 정책을 덜 받아들이는 정책을 채택한 것이다. 시장경쟁과 효율이라는 장점과 복지혜택과 사회안정이라는 또 다른 장점을 결합한 형태의 독특한 자본주의체제를 형성시키려고 노력했다. 이를 통해 경제성장과 정치사회적 안정이라는 두 가지의 목적을 동시에 달성하려 한 것이다.

4. 자본주의 이념 내 논쟁

자본주의 경제체제를 운영하는 국가들이 자본주의라는 용어를 공통으로 사용하고 있지만, 자본주의 경제체제 내에서도 상당한 차이를 보이는 것이 사실이다. 특히 미국식, 유럽식, 아시아식 자본주의는 다른 모습을 보여왔다. 이러한 차이는 정치제도에서도 나타나고, 경제제도에서도 나타나며, 지배적 경제이념에서도 나타난다. 우선 미국식 자본주의는 시장 중심적 자본주의이다. 미국식 시장 중심적 자본주의는 자유민주주의에 기초하고 있다. 대부분의 경제활동은 시장에 의해, 시장 안에서 자동으로 이루어지는 체제이다. 중요한 경제행위자는 개인, 가계와 기업이고, 국가는 시장실패와 불공정 경제체제의 감시와 조절, 공공재 제공 그리고 낮은 수준의 복지혜택을 제공하는 소극적 역할을 담당한다. 시민들에 대한 세금 부담도 크게 높지 않고, 총국민생산 대비 정부예산 비율도 그리 높지 않다. 시장의 자율성과 창의성을 강조하고, 기술적 혁신과 경제행위 주체들의 합리성에 대한 신념을 가지고 있다.

이러한 미국식 시장 자본주의 신념은 미국 경제의 성공에 대한 확신에 기초한 것이었고, 또한 국가에 대한 불신에 기초한 것이었다. 19세기 이후 미국 경제는 급속도로 성장했고, 20세기 동안 패권의 위치를 차지했다. 시장 기제를 기초로 한 경제체제 내에서, 혁신과 창조가 이루어졌다. 정부로부터의 규제와 통제를 벗어나서 경제활동을 할 수 있었던 기업은 이윤확대를 위해 새로운 기술을 개발하고 새로운 제품과 서비스를 만들어냈다. 철강, 자동차, 전기전자, 비행기, 컴퓨터와 소프트웨어, 그리고 모바일 기기 등 미국이 주도했던 산업들의 기업 이윤은 막대한 것이었다. 막대한 자본이 시장에 재투자되면서 새로운 혁신이 이루어지고 기술발전이 증가했다. 시장 자율과 혁신에 대한 경제행위자들의 믿음이 굳건했던 것이다.

유럽식 자본주의의 특징은 이 국가들이 유지하고 있던 사회민주주의 정치제도의 특성을 반영한다. 유럽식 자본주의는 흔히 조합주의(corporatism)적 자본주의라고 표현된다. 조합주의적 자본주의의 핵심 내용은 국가경제의 운영에서 주요 행위자인 노동자, 기업 그리고 정부가 협의해 경제정책을 수립, 집행하고, 경제체제를 관리하는 것이다. 이 세 집단 간의 파트너십(partnership)을 통해 세 집단 모두를 만족시킬 수 있는 방향과 내용의 경제정책이 채택되고 집행되는 것이다. 이를 위해 강력한 권한을 위임받은 전국 단위의 노동자 조직과 기업가 조직이 형성되어야 한다. 노동과 자본의 다양한 이해관계를 집약하고 대표하는 제도가 필요했기 때문이다. 이러한 경제체제에서는 경제운영이 완전히 시장원리에 맡겨지는 것은 아니다. 노동자의 권익을 보호하고, 기업의 이윤을 보장하는 범위 내에서 시장원리가 작동하는 것이다. 정부는 노동자들에 대한 복지혜택 제공과 실업자 보호 역할을 해야 하고, 기업에 대해서는 적정 이윤을 확보할 수 있는 수단을 마련해주어야 한다.

아시아식 자본주의는 흔히 국가 중심적 자본주의(statist capitalism)로 표현되어왔다. 상대적으로 늦게 산업화 경쟁에 뛰어든 아시아 국가들은 선진국들을 따라잡기 위해 강력한 국가의 역할이 필요했다. 시장기제에 경제운영을 완전히 맡겨서는 다른 선진국들과 경쟁할 수 없다는 인식이 강했기 때문이다. 특히 경제정책의 수립과 집행에서 관료들의 역할은 매우 중요했다. 이들에 의해 경제가 계획되고, 특정 방향의 산업화

〈표 4-1〉 미국식 · 유럽식 · 아시아식 자본주의 비교

구분	미국	유럽	아시아
정치제도	자유민주주의/ 분리정부/ 조직화된 이익집단	사회민주주의/ 약한 관료/ 조합주의적 전통	발전민주주의/ 강한 관료/ 국가와 기업 간의 밀착관계
경제제도	분권화/ 시장경제/ 분산화된 유연한 자본시장/ 강한 반독과점 전통	조직화된 시장/ 은행 중심적 자본시장/ 독과점 시장의 용인	통제되고 폐쇄된 시장/ 은행 중심적 자본시장/ 긴밀한 기업네트워크/ 독과점 인정
지배 경제사상	자유기업 자유주의/ 자유자본주의	사회적 파트너십/ 조합주의적 자본주의	기술국가주의/ 국가 자본주의

가 이루어지고, 창출된 부가 분배되는 현상을 보였다. 아시아식 경제체제에서 국가들이 채택한 매우 중요한 정책은 산업정책(industrial policy)이다. 이는 특정 산업을 육성하기 위해 정부가 시장에 개입해 이들 산업을 해외경쟁으로부터 보호하고, 조세혜택을 주고, 특혜금융을 지원하고, 기술적 지원을 하며, 이러한 정책들을 통해 의도적으로 이들 산업을 육성하는 것이다. 이러한 체제 내에서 국가와 기업은 긴밀한 협력관계를 구축하게 되고, 종종 독과점 기업들이 탄생하기도 한다. 국제경제에서의 경쟁력 확보를 위해 기존 대기업 중심의 산업화가 이루어지고, 이는 재벌이 형성되는 결과를 초래하기도 했다.

아시아식 국가 자본주의는 기존의 선진 자본주의 국가들을 경제적으로 따라잡는 데 큰 기여를 한 것은 사실이지만, 여러 가지의 문제를 노출하기도 했다. 가장 큰 문제는 국가와 기업의 결탁과 이로 인한 부패의 문제였다. 산업정책은 특정 산업에 대한 국가의 보호와 혜택을 의미한다. 국가의 보호와 혜택을 얻기 위해 기업들은 다양한 형태의 반대급부를 정책결정자들에게 제공했다. 정치적 지지의 약속과 정치자금의 제공이 대표적인 것들이었다. 이들은 종종 불법적으로 이루어졌다. 정부와 기업 간 유착은 노동과 소비자 이익을 침해하는 것이었다. 경제성장과 기업이윤에 비해 노동

임금은 비교적 낮게 책정되었고, 소비자의 선택은 종종 무시되었다. 아시아 국가들이 민주화되면서 불법적 형태의 정부-기업 간 결탁은 많이 사라졌다. 하지만 경제운영에서의 국가의 역할이 여전히 큰 상태에서, 국가로부터의 혜택을 얻기 위한 지대추구(rent-seeking) 행태가 보편적인 것은 여전히 사실이다.

미국식 시장 자본주의와 비교하여 아시아식 국가 자본주의의 또 다른 한계는 혁신적 사고와 훈련의 부족이다. 아시아 국가들에서는 국가가 교육, 연구, 훈련을 주도한다. 개인의 이익과 기업의 이윤도 중요하지만 국가의 발전도 그만큼 중요하다. 개인과 기업에 의한 경제활동이 종종 관료의 규제와 지도에 영향을 받는다. 집단적 사고와 이념, 그리고 정책이 개인적 이해보다 종종 우선시된다. 그만큼 개인과 기업에 의한 혁신적 사고와 창조 활동이 제한받게 되는 것이다.

〈표 4-1〉은 미국식 자본주의, 유럽식 자본주의, 아시아식 자본주의를 비교 요약한 것이다. 이러한 다양한 자본주의체제 중 어떤 자본주의체제가 가장 바람직한 자본주의체제인가를 판단하기는 어렵다. 경제체제 운영을 통해 국가가 추구하는 목적이 매우 다양하기 때문에, 하나의 잣대를 가지고 어떤 체제가 바람직한 것인가를 판단하는 것은 옳지 않다. 또한 시대에 따라서 이러한 다양한 경제체제는 다른 성과를 나타내기도 했다. 예를 들면 1980년대 한국, 일본, 독일 등의 경제적 부상과 미국 경제의 쇠퇴 현상이 나타날 때, 미국식 자본주의에 대한 반성과 유럽식과 아시아식 자본주의의 장점에 대한 많은 논의가 진행되었다. 그러나 1990년대 유럽과 아시아 경제의 상대적 쇠퇴 그리고 신자유주의로 무장한 미국 경제의 부흥 현상에 직면해서는, 미국식 자본주의의 장점과 아시아, 유럽식 자본주의의 단점들이 많이 부각되었다. 그러나 2008년 이후 또다시 미국식 시장 자본주의에 대한 반성이 등장했다. 따라서 이들 체제의 장단점은 시대적 상황에 따라서 다르게 부각되는 측면이 강하다.

이 장에서 논의한 경제이념의 변화와 관련지어 보면, 여전히 남아 있는 논쟁 중 하나는 신자유주의 시대에 이들 국가들의 경제이념과 정책이 수렴화 현상을 보일 것인가의 문제이다. 이 문제는 뒤에서 언급할 세계화 논쟁에서도 다시 언급되겠지만, 두 가지 다른 주장이 있다. 하나는 현재 진행되는 신자유주의 이념의 강화와 세계화 현상으로 인해, 국가들의 경제이념과 정책에서의 차이가 축소하고, 이들이 수렴화 현상을 보일 것이라는 주장이다. 다른 하나는 이러한 강한 시장압력에도 굴하지 않고 각 국가 혹은 지역들이 가지고 있는 독특한 특성을 지닌 자본주의는 앞으로도 지속될 것이며, 그 자본주의 내에서의 차이는 계속될 것이라는 주장이다.

5. 자본주의체제의 변화

지난 250여 년간 자본주의체제는 많은 변화를 겪어왔다. 자본주의 내 과거의 많은 변화를 단순하게 서술하는 것은 사실 거의 불가능하지만, 자본주의체제의 변화를 네 가지 다른 시기로 구분하는 논의들이 최근 활발하게 전개되고 있다. 자본주의체제를 자본주의 1.0, 2.0, 3.0, 그리고 4.0으로 구분하는 것이다.

자본주의 1.0 시대는 애덤 스미스가 국부론을 집필한 시대부터 1930년대 경제위기의 시대까지로 구분된다. 상대적으로 매우 긴 기간이었기 때문에 이 당시에 벌어졌던 많은 사건과 현상들을 요약하는 것은 매우 어렵다. 다만 이 시기에 발생한 대표적 사건과 현상을 보면, 미국독립, 산업혁명, 영국패권, 금본위제도, 1차 세계대전과 대공황을 대표적으로 지적할 수 있다. 이 시기에 이루어진 가장 큰 기술적 발전은 증기기관의 개발, 철도 건설, 전기 개발, 석유 이용과 화학 산업의 발전, 자동차의 등장, 철강 산업의 발전 등을 들 수 있다.

이 시기 중 19세기 중후반부터 20세기 초까지 영국이 패권 국가의 위치를 차지했다. 산업혁명과 경제발전, 그리고 제국팽창을 통해 영국이 세상에서 군사·경제적으로 가장 강한 위치를 점한 것이다. 이 시기 영국 중심의 금본위제도가 구축되었다. 금을 기축통화로 국제경제거래가 이루어졌고, 상대적으로 빠르게 국제무역과 국제금융이 확대되었다.

이 시기에 팽배했던 경제정책과 이념은 고전적 자유주의(classical liberalism)와 자유방임(laissez faire)으로 표현된다. 애덤 스미스의 국부론과 보이지 않는 손(invisible hand) 개념에 기초해 국가의 역할을 축소하고 시장의 역할을 확대하려는 정책이 채택되었다. 야경국가(Nachtwachterstaat)론도 맥락을 같이하는 이념이었다. 즉, 국가는 국방과 외교, 국내 치안과 질서유지 등의 최소한의 역할만 담당하고, 모든 사회경제 활동은 개인과 기업에 맡겨야 한다는 이론이었다. 국가의 시장개입은 비효율을 창조하고 궁극적으로 경제침체와 위기를 초래하기 때문에, 효율성 증대와 부의 창조를 위해서는 시장이 주도적 역할을 해야 한다는 이념이 팽배했다. 17세기 민족국가체제의 등장 시기에 유행했던 중상주의 이념을 폐기하고, 개인과 기업의 이익을 우선시해야 한다는 주장이 힘을 얻으면서 자본주의 1.0체제가 자리 잡은 것이다.

이러한 정책은 경제의 발전에는 긍정적 영향을 끼쳤지만, 몇 가지 부정적 효과도 있었다. 우선 노동의 권리가 약화되었고 부의 불평등이 급격히 증가했다. 자본의 축적이 빠르게 이루어졌지만, 노동자들의 상황은 상대적으로 악화되었다. 자본과 노동 간 부의 불평등이 증가하면서, 정치적 사회적 갈등이 증폭되었다. 영국 내 경제사회적 문제가 악화되면서 기존 자본주의 이념과 정책에 대한 도전 세력이 등장했다. 대표적으로는 마르크스주의의 등장이었다. 또한 이전 장에서 설명했듯이, 19세기 중반 이후 몇몇 자본주의 국가들 주도의 제국주의가 팽창하면서, 이에 대한 비판과 자본주의의 궁극적 몰락을 예상하는 레닌식 경제이념이 등장한 것이다. 현실적으로는 많은 국가들에서 노동자의 권리와 이익을 증진시키기 위한 다양한 정치적 사회적 운동이 증가했고, 러시아에서는 공산주의 혁명이 성공했다. 자유방임식 시장 중심적 자본주의에 대한 공격과 반성이 등장한 것이다.

자본주의 2.0은 1930년대부터 1970년대까지 유지되었던 자본주의체제를 표현하는 것이다. 1920년대와 1930년대의 경제침체와 대공황은 여러 요인에 기인하는 것이었지만, 어떻든 자본주의 1.0체제의 변화에 대한 요구가 본격적으로 등장하는 계기를 만들었다. 이러한 경제위기는 새로운 정책과 이념을 등장시켰으며 자본주의 2.0 시대가 본격화되는 기회를 제공했다.

자본주의 2.0 시대에 발생한 대표적 사건과 현상들은 뉴딜정책, 브레턴우즈체제, 냉전(cold war), 복지혜택의 증가, 자유무역 확대와 신보호주의 등장 등이다. 1920년대와 1930년대의 경제위기를 극복하기 위해 여러 국가들은 국가가 적극적으로 시장에 개입하는 정책을 채택했다. 자국 시장을 보호하려는 정책이 채택되었고, 경기를 부양시키기 위한 대규모 사업들이 추진되었다. 뉴딜(New Deal) 정책은 '신정책'을 의미하는 것이었고, 이는 기존의 자유방임 정책을 폐기하고 정부가 적극적으로 경제운영의 주체로서 활동하는 것을 의미하는 것이었다. 이 당시 정부는 대공황으로 인해 막대한 피해를 본 금융 산업을 재건하려는 노력을 강구했다. 노동자와 농민의 이익을 보호하기 위한 다양한 경제사회정책이 채택되었다. 좀 더 적극적인 외환관리를 위해 기존의 금본위제도가 폐지되고 관리외환체제가 도입되었다. 대규모 인프라 구축을 통해 경제부흥을 도모했고, 본격적으로 경제사회적 약자들에 대한 사회안전망을 구축하려는 노력들이 강구되었다. 국가의 역할이 커진 것이다.

이 시대 가장 큰 기술적 발전은 자동화와 관련된 것이었다. 포디즘(Fordism)적 기술 발전과 대량생산체제가 더욱 발전되었다. 이 시대는 대규모 전쟁 이후 상대적으로 안정된 시대였다. 제3차 세계대전은 발발하지 않았고, 강대국들 간 전쟁은 제한적이었다. 실제 전쟁이 없는 경쟁체제인 냉전체제가 유지된 것이다. 빠른 경제성장과 더불어서 인구가 폭발적으로 증가했다. 수요가 빠르게 증가했고, 이를 위해 대량생산체제가 절대적으로 필요한 시대였다. 전기전자, 자동차, 섬유, 화학, 기계산업 등에서 대량생산체제가 구축된 것이다.

역사 부문에서 설명했듯이, 이 시대는 브레턴우즈 시대였다. 국가들이 자유무역 원칙에 합의하고 이를 위해 다양한 제도들을 도입한 시대였다. 자유무역, 고정환율, 그리고 국제금융 지원의 삼각체제가 형성된 시대이다. 이러한 일을 가능하게 한 것은 미국의 패권이다. 제2차 세계대전을 겪으면서 매우 강력한 패권국가로 등장한 미국이 적극적으로 국제사회의 리더로서 역할을 하면서 이러한 체제가 구축되었다. 물론 이는 공산주의와의 정치적·군사적·경제적 경쟁체제 속에서 등장했다. 자본주의체제의 보호와 발전이라는 궁극적 목적하에서, 미국 주도의 자본주의체제가 정착한 것이다.

위에서 설명했듯이, 이 시대 경제정책과 이념은 케인스주의와 복지자본주의로 표현된다. 국가가 적극적으로 시장에 개입해 수요창출을 도모하고, 복지혜택을 제공함으로 인해서 경제성장과 사회적 안정을 도모하려는 정책이었다. 이 시대 초기에는 수요의 증가가 공급의 증가를 초래하고, 이로 인해 기업의 투자가 늘고 정부의 세금이 증가해, 궁극적으로 경제발전이 빠른 시대가 지속되었다. 그러나 1960년대 이후 나타나기 시작한 경제침체는 이러한 선순환(virtuous cycle)의 작동을 어렵게 만들었다. 국가의 채무가 증가하면서 이 시대는 종말을 맞이하기 시작한다. 경제위기가 또 다른 변화를 요구하게 된 것이다.

자본주의 3.0 시대는 신자유주의 시대이다. 이 시대는 대략 1980년대부터 미국발 금융위기가 발생한 2008년까지 유지되었다. 위에서 자세히 설명했듯이, 이 시대는 또 다시 시장의 역할을 강조하는 시대이다. 1970년대의 경제위기를 극복하는 과정에서 국가의 역할을 축소하고 시장을 역할을 강조하는 정책과 이념이 힘을 얻기 시작했다. 과거의 고전적 자유주의 시대와의 구분을 위해 신자유주의(neoliberalism)이라는 용어가 채택되었고, 세계화라는 용어가 보편화되었다.

이 시대의 가장 큰 기술적 발전은 컴퓨터, 소프트웨어(software) 인터넷(internet), 모바일(mobile), 정보기술(information technology) 분야에서 발생했다. 개인 컴퓨터(personal computer)가 대량으로 보급되면서 시민들의 삶이 변화하기 시작했고, 인터넷과 모바일 기기들을 통해 시민들이 정보 학습을 시작했다. 이러한 IT 기술이 다양한 산업 분야에 적용되면서 혁신이 이루어졌다. 국제무역과 통화거래, 그리고 국제금융이 폭발적으로 증가했다. 국경과 영토의 개념이 약화되고, 세계 각국의 시민들은 이전보다 훨씬 빠르고 편하게 세계시장 활동에 참여할 수 있게 되었다. 소비자들은 전자상거래(e-commerce)를 통해 타국의 상품을 더 쉽게 구매할 수 있고, 해외 주식과 채권을 살 수 있게 되었다. 기업들 역시 막대한 자금을 이동시켜 타국에서 경제활동을 할 수 있었다. 시장이 확대되고, 경쟁이 치열하게 된 것이다. 국가에 비해 개인과 기업의 역할이 증가하면서, 자연스럽게 경제이념도 변화하게 되었다.

자본주의 3.0 시대의 변화는 개인들의 생활을 크게 변화시켰고, 선택을 확대했고, 경제성장의 동력을 만들었다는 긍정적 측면이 있다. 그러나 이 시대 역시 몇 가지의 큰 문제를 일으켰다. 하나는 부의 양극화가 악화된 것이다. 부자와 빈자 간의 간격, 잘사는 국가와 못사는 국가 간의 간격이 커진 것이다. 이러한 현상은 실업의 증가와도 밀접한 연관이 있다. 기술적 발전에 의한 실업, 공급과잉 현상으로 인한 실업, 치열해진 경쟁으로 인한 기업도산에 의한 실업 등 다양한 원인으로 인해 실업이 증가했고, 이는 정치적·경제적·사회적으로 심각한 문제를 발생시켰다. 기술격차(technological divide)와 정보격차(information divide), 그리고 교육격차(educational divide) 등으로 인해 개인 간, 국가 간 차이가 더 커졌다. 이는 다양한 압력으로 작동하게 되었다.

2008년 미국발 금융위기로 인해 대략 30년간 유지되었던 신자유주의에 대한 반성이 본격적으로 등장했다. 시장 중심적 자본주의체제에 대한 변화의 요구가 커진 것이다. 기업들에 의한 도덕적 해이, 정부 감독과 규제의 한계, 국가 능력의 전반적 하락, 부의 불균형적 축적, 그로 인한 빈번한 경제위기가 새로운 시대에 대한 요구를 증가시킨 것이다.

자본주의 4.0 시대는 현재 진행형이다. 2008년 미국발 금융위기 이후 등장한 다양한 논의들 역시 현재 진행형이다. 자본주의 3.0 시대의 신자유주의에 대한 반성으로 인해 다시 한 번 국가의 역할을 강조하는 다양한 목소리들이 등장했다. 국가에 의한 '보이는 손(visible hand)'을 강조하는 논의도 있고, 워싱턴 합의와 경쟁하는 중국식 베이징 합의(Beijing Consensus)의 장점에 대한 논의도 등장했다. 현재 나타나고 있는 다양한 경제사회적 문제들을 해결하기 위한 새로운 정책과 이념이 필요하다는 인식에 기초한 것이다.

현재 세계경제는 다양한 문제에 봉착해 있다. 공급과잉, 부와 권력의 불균형, 실업 증가, 경제침체, 다소 과도한 상호의존성, 규제하기 힘든 정도의 국제금융 거래, 노령화, 이민 수요의 증가 등 정말로 많은 문제들이 있다. 이러한 다양하고 심각한 문제들을 시장이 자율적 규제를 통해 해결할 수 있는 것인가에 관한 근본적 문제가 제기되고 있다. 시장의 역할과 능력이 제한적이라는 인식이 커지면서 국가의 역할 증대를 요구하는 이념이 재등장하고 있는 것이다. 1930년대 등장한 뉴딜 정책처럼, 새로운 뉴딜(New New Deal) 정책을 요구하고 있는 것이다.

국가 역할의 강화, 국제금융 규제, 합리적 사회보장 정책의 추구, 빈부격차의 축소, 실업 축소, 국가 간 협력체제의 강화, 다극체제(multipolar system)로의 전환 등을 요구하는 목소리가 높아지고 있다. 또한 세계경제의 지속적 발전과 성장을 위한 신성장동력의 발전과 구축이 시급한 과제로 등장하고 있다. 또 다른 산업혁명이 필요하다는 논의가 활발하게 진행되고 있다. 그 모습과 내용, 그리고 방향에 대한 합의는 아직 없지만, 새로운 시대에 맞는 경제정책과 이념을 요구하는 목소리는 커지고 있다.

이 장에서 살펴본 내재적 자유주의와 신자유주의 간의 차이 그리고 자본주의체제 내의 국가 간 차이, 그리고 시대적 변화에 따른 자본주의체제 변화의 핵심 내용은 경제운영에서의 국가와 시장의 상대 역할에 관한 것이다. 즉, 국가와 시장 중 어떤 행위자가 더 많은 권한과 역할을 담당할 것인가 그리고 그 행위자에 의한 경제운영의 방향과 내용이 어떻게 정해져야 하는가에 관한 논의인 것이다. 이러한 논쟁은 시대적 상황에 따라서 변화하며 앞으로도 지속될 것으로 판단된다. 국가의 역할 증대로 인한 문제가 발생하면, 그 문제의 해결방안을 시장에서 찾게 될 것이다. 반면에 시장 역할의 증대로 인한 다른 형태의 문제가 발생하면, 그 문제의 해결방안을 국가에서 찾게될 것이다. 예를 들어 국가역할 증대로 인해 국가 채무가 증가하면, 국가들은 시장기제에 맞춘 경제운영을 통해 효율성과 균형성을 찾는 노력을 강구할 것이다. 반면에 시장방임에 의해 빈익빈 현상이 악화되고 기업들에 의한 도덕적 해이 현상들이 발생하게 되면, 국가가 나서서 문제를 해결하고 시장을 규제하려는 노력들이 강구될 것이다. 따라서 국가와 시장 간의 역할과 권한의 분배 문제는 영원히 해결되지 않는 사안이다.

시대의 변화에 따른 경제이념의 변화는 또한 패권 국가의 등장과 쇠퇴, 그리고 패권 국가의 경제이념과 밀접한 연관이 있다. 새로운 패권국가의 등장과 이로 인한 기존 패권국가의 약화는 모두 국가 경제정책과 그 결과와 밀접한 관계가 있다. 한 국가의 경제 성공은 다른 국가들의 경제정책도 변화시킨다. 따라서 패권국가의 경제정책과 이념은 확산되고 수용된다. 하지만 패권이 약화되면 그 국가의 경제정책과 이념은 비판받고 폐기된다. 영국의 패권 시대, 미국의 패권 시대, 일본과 독일의 부상 시대, 그리고 중국의 부상 시대 등을 겪으면서 지배적 경제정책과 이념도 변화를 보였다. 따라서 미래에 어떤 국가가 패권을 차지하는가에 따라서 지배 경제정책과 이념도 변화할 것이다.

토론 주제

1. 복지국가체제가 붕괴된 요인은 무엇인가?
2. 신자유주의 이념과 제도가 형성된 요인은 무엇인가?
3. 세계 금융위기 이후 신자유주의에 대한 신념과 제도는 어떤 타격을 받았는가? 앞으로도 신자유주의 이념과 제도가 확산될 것으로 생각하는가?
4. 미국식 자본주의, 유럽식 자본주의 그리고 아시아식 자본주의 중 국가경쟁력을 높이는 데 가장 유리한 제도는 무엇이라고 생각하는가?
5. 아시아 국가들은 앞으로 어떤 이념을 채택해야 한다고 생각하는가?
6. 자본주의체제의 근본적 변화는 가능한 것인가? 미래에 자본주의체제를 대체할 수 있는체제는 무엇이라고 생각하는가?

| 제 3 부 |

이슈

⋮

제5장

국제통상의 정치경제

Understanding International Political Economy: History, Ideology and Issues

1. 국제통상에 관한 경제학 논의

국제통상 혹은 국제무역은 국가 간 상품과 서비스를 수출입해서 사고파는 행위를 가리키는 말이다. 국가들은 국제통상에 관해 두 가지의 극단적 선택을 할 수 있다. 하나는 수출입을 완전히 금지해 자급자족 경제(self-sufficient economy)를 운영하는 것이다. 반면에 다른 극단적인 선택은 완전 자유개방 경제를 운영하는 것이다. 이는 수출입과 관련된 행위에 어떤 제약도 가하지 않는 경우이다. 관세와 비관세 장벽(non tariff barriers) 등 어떤 형태의 무역장벽도 설치하지 않고 수출입과 관련된 세금도 전혀 부과하지 않아서, 국내 경제행위자들이 자유롭게 해외의 경제행위자들과 경제거래를 할 수 있는 것이다. 그러나 이 두 가지의 극단적 정책 선택은 비현실적인 대안이다. 완전한 폐쇄 혹은 완전한 개방을 하고 있는 국가는 실제 경제체제에서 찾아볼 수 없다. 모든 국가는 다른 국가들과 어느 정도 수준의 무역관계를 형성하고 있고, 또한 일부분 보호무역 정책을 채택하고 있는 것이 현실이다.

국가들의 통상정책이 자유무역 지향적인가 혹은 보호무역 지향적인가를 결정하는 요인이 세 가지 있다. 첫째는 현재의 무역장벽 수준이다. 다른 국가와의 무역을 제한하는 장벽이 현재 어떤 수준으로 책정되어 있는가를 기준으로 국가들의 통상정책 기조를 알 수 있는 것이다. 즉, 관세율이 얼마이고, 비관세 장벽의 규모와 범위는 어떤 수준인가를 기준으로 국가들의 통상정책 성향을 판단할 수 있다.

둘째는 통상정책과 관련된 협상 가능성이다. 어떤 국가는 시장 개방과 관련해 다른 국가들과 협상하고 협력하려는 모습을 보이는 반면에, 다른 국가는 자국의 시장을 보호하는 데 상당히 완고한 태도를 보이는 것이다. 양자 간 혹은 다자간 협상을 통해 자유무역을 실현하려는 국가들이 있다. 그러나 반면에 자유무역을 위한 국제 협상에 참여하기를 꺼려하는 국가들도 있다. 또한 특정한 무역 부분에 대해 보호무역 정책을 유지하려는 국가들도 있다.

셋째는 국가들이 다른 국가들과의 무역관계에서 얼마나 비차별적인 정책을 채택하는가의 문제이다. 뒤에서 다시 논의하겠지만, 무역관계에서의 비차별성(non-discrimination)은 다자간 국제통상 관계에서 국가 간의 갈등을 축소하고 자유무역을 실현하는 데 매우 중요한 요인이다. 비차별적인 무역정책을 채택할수록 국가들이 자유무역적 성향을 보이고 있다고 판단할 수 있다.

이러한 국가들의 통상정책의 방향과 관련해, 대부분의 경제학자들은 자유무역이 보호무역보다 좋다고 생각한다. 자유무역을 실현하는 국가들이 경제적 이익을 더 많이 얻는다고 생각하기 때문이다. 적어도 무역을 통한 세계경제의 부의 확대 관점에서 보면 자유무역이 더 유리하다는 것이다. 경제적 관점에서 보면, 무역이 없는 경우 혹은 무역을 제한하는 경우보다 무역을 실현하고 확대하는 경우에 경제적 이익이 더 많이 창출된다. 자유무역이 적어도 경제적 이익의 창출 측면에서는 보호무역보다 우월한 선택이다.

무역이 경제적 이익을 창출하는 이유는 몇 가지가 있는데, 이는 무역을 하는 근본적인 이유와 연결된다. 무역을 하는 가장 기본적인 이유는 국가들이 자신의 영토 내에서 자신이 필요로 하는 모든 상품과 서비스를 생산할 수 없다는 것이다. 따라서 국가들은 자신이 생산할 수 없는 상품과 서비스를 다른 국가들로부터 수입해야 하는 것이고, 이것이 무역을 하는 가장 근본적 이유이다. 예를 들면 석유를 생산할 수 없는 국가는 석유를 생산하는 다른 국가들로부터 석유를 수입할 수밖에 없고 자동차를 생산할 수 없는 국가는 자동차를 생산할 수 있는 국가들로부터 자동차를 수입할 수밖에 없다. 그렇지 않으면 석유가 없는 국가는 석유 없이 경제를 운영하든지 아니면 석유를 대체할 수 있는 제품을 찾아야 하며, 자동차를 생산하지도 수입하지도 않는 국가는 자동차 없이 경제를 운영하든지 아니면 자동차를 대체할 수 있는 제품을 찾아야 한다. 그러나 석유 없이 혹은 자동차 없이 경제를 운영하기는 거의 불가능하기 때문에 그리고 대체 상품을 찾는 것은 상당한 경제적 비용의 지불을 초래하기 때문에, 국가들은 다른 국가로부터 안정적으로 이 제품들을 수입하려고 노력할 것이다. 이렇게 수입된 제품을 이용해 더 효율적으로 경제를 운영함으로써 경제이익을 창출할 수 있는 것이다.

무역을 하는 두 번째 근본적인 이유는 무역이 무역당사국들에게 생산 특화를 통해 경제적 이익을 창출할 수 있다는 것이다. 3장에서 설명했듯이, 생산 특화와 자유무역을 통해 경제적 이익을 창출할 수 있다는 논의는 오래전 애덤 스미스에 의해서 제기되었다. 애덤 스미스는 국가들이 절대우위(absolute advantage)가 있는 상품과 서비스를 생산 특화해 상호 자유무역을 한다면, 무역이 발생하기 이전보다 경제적 이익을 얻을 수 있다는 것을 증명했다.

그러나 이러한 애덤 스미스의 논의는 절대 우위를 하나도 가지고 있지 못한 국가들의 무역행위는 설명할 수 없다는 약점을 노출했다. 따라서 이 논의는 데이비드 리카르도(David Ricardo)의 비교우위(relative advantage 혹은 comparative advantage) 논의로 보완된다. 리카르도는 국가들이 비교우위를 가지고 있는 상품과 서비스를 생산 특화해 상호 자유무역을 한다면, 그 이전보다 경제적 이익을 더 얻을 수 있다는 것을 증명했다. 리카르도의 논의 이후 대부분의 무역관계는 비교우위 논의를 근거로 이루어졌다. 국가들은 상대적으로 자국이 효율적인 생산이 가능한 제품에 특화하는 모습을 보였고, 세계시장에서 가격 경쟁력을 확보한 상품과 서비스를 판매함으로 인해서, 다른 국가들과 자유무역 관계에서 경제적 이익을 실현했다.

대부분의 경제학자들이 자유무역이 보호무역보다 경제적 이익을 창출하는 데 효과적인 정책수단이라고 간주하지만, 경제학적 논의에서 보호무역이 자유무역보다 경제적 이익을 창출하는 데 더 좋은 수단으로 간주되는 데는 세 가지 상황이 있다. 이에 관한 첫 번째 경제학적 이론은 유치산업보호론(theory of infant industry protectionism)으로 알려져 있다. 유치산업보호론의 핵심 주장은 다음과 같다. 국제시장에서 경쟁력을 확보하지 못한 산업을 육성하려는 국가는 이러한 유치산업을 외국의 경쟁으로부터 보호해 이 산업이 경쟁력을 가질 때까지 육성하고, 이 산업이 국제적 경쟁력을 갖는 시점에서 보호조치를 해제함으로써 경제적 이익을 얻을 수 있다는 것이다. 유치산업을 보호하는 기간 동안에는 보호무역으로 인한 비효율의 축적과 소비자 효용 감소로 인해 경제적 손해를 보지만, 이 산업이 국제적 경쟁력을 확보한 이후에는 자유무역을 바탕으로 이 산업 제품의 판매를 통해 경제적 이익을 창출할 것이기 때문에, 이러한 경제적 이익이 초기의 경제적 손실을 만회할 것이라는 주장이다.

이러한 이론과 주장에 근거해서, 많은 국가들이 자국의 유치산업을 보호하고 국제시장에서 경쟁력을 확보하기 위한 노력을 기울였으며, 이러한 정책을 통해 산업화에 성공한 국가가 있는 것도 사실이다. 하지만 현실적으로 적용가능성이 높은 이 이론도 여러 문제점을 가지고 있다. 우선 국제경쟁력을 확보하는 시점이 언제인가에 관한 문제를 제기할 수 있다. 보호된 산업은 비록 자신이 국제경쟁력을 확보했다고 하더라도 그렇지 않다는 주장을 할 수 있다. 이러한 주장을 근거로 자신들의 산업에 관한 보호 기간을 연장하려는 시도를 할 것이다. 만약 국제경쟁력을 갖춘 산업이 국가에 의해서 보호된다면, 이 산업은 큰 경제적 이익을 실현할 수 있다. 문제는 소비자들이 경제적 손실을 감수할 수밖에 없고, 비효율이 창출될 수밖에 없다는 것이다.

또 다른 문제는 보호를 통해 막대한 경제적 이익을 실현하는 산업이 국가 정책결정자들을 상대로 로비를 하고 보호 기간을 연장할 수 있다는 점이다. 정경유착의 고리가 발생하고, 부패구조가 만들어질 수 있다. 유치산업보호론의 또 다른 문제점은 국가의 보호하에서도 보호된 산업이 국제경쟁력을 확보하지 못하고, 보호행위만 지속될 수 있다는 것이다. 이런 경우라면, 국가는 애초부터 이러한 산업을 보호해 육성하는 정책을 채택하지 않고, 자유무역을 통해 이 산업과 관련된 필요한 상품과 서비스를 수입하는 것이 경제적으로 우월한 정책이 되는 것이다.

보호무역이 자유무역보다 경제적으로 우월한 정책이 될 수 있다는 두 번째의 경제학적 논의는 최적관세론(optimal tariff theory)으로 알려져 있다. 이 이론에 의하면, 자국의 시장 규모가 상당히 커서 보호무역을 통해 교역조건(terms of trade)을 자국에 유리한 방향으로 바꿀 수 있는 국가는 보호무역을 통해 더욱 큰 경제적 이익을 실현할 수 있다는 것이다. 상당한 규모의 국내시장을 확보하고 있는 국가는 보호무역 정책을 선택하는 것이 더 합리적인 선택이라는 주장이다.

예를 들면 전 세계 자동차 수출의 40%를 수입하는 미국이 자국의 자동차 시장을 보호하는 정책을 취하면, 미국으로의 수입차 규모는 줄어든다. 따라서 국제시장에서의 자동차 가격은 공급과잉으로 인해 가격이 하락할 것이고, 그 후에 미국으로 수입되는 자동차는 더 싼 값에 공급되는 것이다. 따라서 미국은 자동차 국내시장에 대한 보호무역 정책을 통해 수입가격을 낮출 수 있고, 이를 통해 자국의 교역조건을 개선해서 경제적 이익을 창출할 수 있다. 이러한 논의는 현실적으로, 그리고 이론적으로 상당한 설득력이 있지만, 문제는 다른 국가들이 이에 대해 보복조치를 취하는 경우에는 최적관세 정책이 자유무역 정책보다 경제적으로 열등하다는 것이다. 물론 국내시장 규모가 작은 국가들은 보복조치를 통해 더 큰 손실을 볼 수도 있지만, 이러한 "비합리적" 정책이 종종 채택될 수도 있고, 이러한 정책이 채택된다면 최적관세 정책을 채택한 국내시장 규모가 큰 국가도 경제적 손실을 볼 수밖에 없다.

보호무역이 자유무역보다 경제적으로 우월한 정책일 수 있다는 점을 보여주는 세 번째 경제학적 이론은 전략무역이론(strategic trade theory)으로 알려져 있다. 국가가 전략무역 정책을 채택하기 위해서는 몇 가지 조건이 있다. 즉, 전략무역적 사고를 근거로 보호되는 산업은 국제시장에서 과점형태를 가지고 있는 산업이어서 시장진입이 상당히 어려운 산업이어야 한다. 이러한 산업은 거의 첨단산업의 형태를 띠고 있고, 또한 초기 자본의 투자가 매우 커서 경제적 이익을 실현하기 위해서는 어느 정도의 경제규모를 달성해야 하는 산업이어야 한다.

이러한 산업이 다른 국가의 유사 산업과 국제시장에서 경쟁을 보이는 경우에 국가는 이 산업에 대한 보호정책을 통해 막대한 경제적 이익을 실현할 가능성이 있다는 것이 전략무역이론의 핵심 주장이다. 과점적 시장 상황에서 치열하게 경쟁하는 자국의 산업에 대한 경제적 지원으로 인해 다른 국가들의 산업이 시장에서 퇴출될 수 있고, 이로 인해 과점적 시장상황을 독점적 시장상황으로 전환할 수 있다는 것이다. 만약 국가의 보호로 인해 자국의 산업이 국제시장에서 독점산업이 된다면, 이 산업은 막대한 경제적 이익을 창출할 수 있는 것이다. 이러한 경제적 논의와 주장에 근거해 1980년대 이후 많은 국가들이 전략적 무역 정책을 채택하기도 했다.

그러나 이 이론은 많은 문제점을 노출했다. 우선 국제시장에서 과점적 형태를 보이는 산업은, 앞에서도 지적했듯이, 첨단산업이거나 막대한 자본을 확보하고 있는 산업이다. 이러한 산업에 대해 국민들이 낸 세금으로 경제적 지원을 한다는 것은 국민정서에도 맞지 않는 정책이고, 또한 소득불균형을 악화시킬 수 있는 정책이기 때문에, 국민들로부터 상당한 비판을 받을 수 있는 정책이다. 또한 국가로부터 전략무역적 보호를 받기 원하는 산업들이 다수 존재할 수 있는데, 이 중 어떤 산업을 선택해서 경제적 지원을 할 것인가의 문제가 남아 있다. 모든 첨단 사업에 대해 정부가 지원을 하는 것은 거의 불가능하기 때문이다. 그리고 마지막으로, 다른 국가들도 똑같이 자국의 산업을 지원할 수 있는 여지가 있다. 다른 국가들이 이러한 "보복적" 정책을 채택하게 되면, 전략무역 정책의 효과는 사라지고, 오히려 경제가 왜곡되고 국민의 세금이 낭비되는 결과를 초래할 수 있다.

이러한 이론과 주장 이외에는, 대부분의 경제학적 논의가 국가들이 자유무역을 실현하면 보호무역을 채택하는 것보다 더 많은 경제적 이익을 창출할 수 있다고 주장한다. 보호무역은 소비자 손실을 발생시키고, 국내외 시장을 왜곡해 경제적 비효율을 창출할 수 있으며, 보호무역으로 인한 경제잉여를 얻기 위해 경제적 행위자와 국가 정책결정자 간에 결탁이 생길 수 있기 때문이다.

이러한 사실에도 불구하고 국가들이 여러 가지 보호무역 조치를 취하는 것이 사실이다. 앞에서 설명했듯이, 그 이유는 경제적 논의와 주장에 근거한 것일 수도 있고, 이 장의 뒷부분에서 설명할 정치적 논의와 주장에 근거한 것일 수도 있다. 국가들은 다양한 형태의 경제적·사회적·정치적·군사적 목적을 달성하기 위해 자유무역을 채택하거나 반대로 보호무역을 채택하기도 한다. 어떻든 간에 경제학자들의 제안에도 각 국가가 여러 형태의 보호무역 정책을 채택하고 있는 것이 현실이다.

국가가 채택하는 보호무역 수단은 대체로 두 가지로 구분된다. 첫째는 관세(tariffs)이다. 관세는 수입되는 상품과 서비스의 가격에 일정 비율의 세금을 부과하는 것이다. 이렇게 부과된 세금만큼 수입되는 상품과 서비스의 가격은 국내시장에서 상승하고, 이들 상품과 서비스에 대한 수요가 줄어들게 되며, 궁극적으로 수입이 감소하는 것이다. 관세는 저발전 국가들에게는 매우 중요한 정부 소득원 중 하나이다. 비교적 쉽고 편리하게 관세 소득을 얻을 수 있기 때문에, 경제적으로 빈곤한 국가들은 관세 수입을 포기하기 힘들다. 수입상품들이 통관되는 몇몇 지역에 작은 사무소들을 설치하는 낮은 행정적 비용만으로도 상당한 관세수입을 얻을 수 있는 이점이 있다. 이 때문에 많은 저발전 국가들이 관세를 낮추기 어려운 것이다.

보호무역 조치의 두 번째 수단은 비관세장벽(non-tariff barriers)이다. 비관세장벽은 관세 이외의 모든 보호무역 조치들을 포괄적으로 지칭하는 용어이다. 수입되는 상품과 서비스의 가격을 높이는 것이 아닌 다른 형태의 보호무역 장벽인 것이다. 비관세장벽은 매우 다양한 형태를 가진다. 예를 들면 수입 수량을 제한하는 쿼터(quota), 농산품에 주로 부과되는 위생관련 조치들, 통관 지연 그리고 정부조달 품목에 대한 입찰 제한 등 많은 형태의 비관세장벽들이 있다. 미국과 일본 간 벌어졌던 1980년대의 자동차 수출입 관련 무역 분쟁에서는 자발적 수출규제(voluntary export restraints)라는 독특한 형태의 비관세장벽도 등장했다. 관세장벽이든 비관세장벽이든 국가들은 보호무역 수단들을 동원해 자국의 시장을 보호하고, 자국 산업의 경쟁력을 도모하며, 국제시장을 공략해서 경제적 이익을 얻음으로써 자국의 부를 축적하기 위해 노력하는 것이다.

2. 국제통상에 관한 정치학 논의

(1) 국제통상의 국내정치적 의미

국제통상은 정치적 의의를 내포하고 있어서, 경제행위자들에게뿐 아니라 정치행위자들에게도 상당한 관심의 대상이 되는 사안이다. 국제통상에 관한 정치학 논의는 국내정치적 논의와 국제정치적 논의로 구분될 수 있다. 국내정치적 논의는 국제무역이 국내 소득 재분배에 어떤 영향을 끼치고, 어떤 집단들이 국제무역의 방향과 내용에 관해 경쟁하며, 이러한 경쟁이 궁극적으로 국내정치 재편과 제도화에 어떤 영향을 끼칠 것인가의 문제와 연결되어 있다. 국제통상은 근본적으로 소득 재분배 정책이다. 즉, 특정 통상정책의 채택에 의해서 경제적 이익을 얻는 집단이 있는 반면에, 경제적 손실을 보는 집단도 있다. 따라서 경제적 이익을 얻는 집단은 이 정책의 지속과 확대를, 경제적 손실을 보는 집단은 무역정책의 변화를 원하게 된다. 이 집단들 간에 무역정책의 내용과 방향에 관해 경쟁과 대결이 발생하는 것이다.

국제통상에 관해 모든 시민들이 완전한 정보를 가지고 있고, 정보를 얻는 데 아무런 비용도 지불하지 않아도 되며, 국제통상에 관한 집단행동을 하는 데 어떤 비용도 지불할 필요가 없다고 가정한다면, 모든 민주주의 국가는 자유무역을 채택할 것이라는 주장이 있다. 시민 모두는 소비자로서의 정체성을 가지고 있고, 자유무역을 통해 경제적 이익을 얻을 수 있기 때문이다.

그러나 문제는 앞서 제시한 가정들이 비현실적이라는 것이다. 시민들이 국제통상에 관해 완전한 정보를 가지고 있지도 않고, 정보를 얻기 위해서는 비용을 지불해야 하며, 시민들 간에 집단행동을 조직하기 위해서도 상당한 비용을 지출할 수밖에 없는 것이 현실이다. 또한 소비자들은 소비자로서의 정체성만 가지고 있는 것이 아니라 특정 산업에 속해 있는 다른 정체성을 가지고 있기 때문에 소비자로서의 정체성에 근거한 경제적 이익만을 추구하는 것은 아니다. 따라서 소비자들의 자유무역에 관한 선호는 종종 정책에 반영되지 않고, 오히려 보호무역을 원하는 집단들의 선호가 국가정책에 반영되는 경우가 빈번하다.

이 문제는 비용과 이익의 분산과 집중의 문제와도 연결되어 있다. 즉, 자유무역으로부터의 경제적 이익은 소비자들에게 분산되어 나타나는 반면에, 보호무역으로부터의 경제적 이익은 특정 집단에 집중되어 나타나는 효과가 있다. 이러한 효과 때문에 소비자들은 자유무역 정책을 위한 집단행동을 하기 어렵고, 보호무역을 원하는 집단들은 집단행동을 통해 자신의 선호와 요구를 정책에 반영하도록 하기 쉬운 것이다.

그렇다면 소비자 외에 자유무역을 원하는 집단은 누구이고, 보호무역을 원하는 집단은 누구인가의 문제를 정리할 필요가 있다. 가장 간단한 정리는 수출산업과 수입경쟁산업으로 구분하는 것이다. 수출산업은 자신들이 생산한 재화와 서비스를 국제시장에 수출하는 산업들이다. 따라서 국제시장에서 자유무역 관행이 확대, 정착되는 것을 바란다. 한 국가에 의한 보호무역 정책의 채택이 다른 국가들의 보호무역 정책의 채택을 유도할 수 있다는 개연성 때문에, 수출산업은 자국의 시장을 개방하고 다른 국가들의 시장도 개방하는 자유무역 정책을 선호한다. 수출산업은 또한 자신들의 재화와 서비스를 생산하기 위해 소재와 부품 그리고 원료의 일부분을 다른 국가들로부터 수입해야 하기 때문에, 자유무역을 더욱 선호한다. 이들 소재, 부품 그리고 원료에 대한 자유무역의 실현은 이들 가격을 낮추고, 궁극적으로는 수출산업의 가격경쟁력을 높이는 결과를 나타내기 때문이다.

반면에 수입경쟁산업은 보호무역을 선호한다. 수입경쟁산업은 국내시장에서 다른 국가들로부터 수입된 상품과 서비스와 경쟁해야 하는 산업이다. 따라서 자신들이 생산한 상품과 서비스의 국내시장 가격경쟁력을 높이기 위해서는, 외국으로부터의 수입품에 대한 제한을 원하고, 이들 수입품의 가격이 높아지는 것을 원한다. 따라서 관세 혹은 비관세장벽을 통해 수입품들로부터 자신들의 상품과 서비스를 보호하는 것을 선호한다.

수출산업과 수입경쟁산업 간 통상정책의 내용과 방향에 관한 경쟁 속에서, 국가는 어떤 정책을 채택하게 되는 것인가의 문제가 남아 있다. 민주주의 국가의 정책결정자들은 자신들의 정치적 목적을 달성하기 위해 공공 정책을 채택하려는 경향을 보인다. 정책결정자들이 추구하는 국내정치적 목적은 시민들로부터의 정치적 지지의 확대를 통해 정권을 유지하고, 차기 선거에서 승리함으로써 정권을 지속하는 것이다. 따라서 국가에 의한 통상정책의 결정은 통상정책과 관련해 경쟁하는 집단들이 어떤 정치적 지지를 보이는가 그리고 그들이 동원할 수 있는 선거자금과 선거에서의 표는 얼마인가 그리고 이 집단들의 응집력은 어느 정도인가 등에 의해 영향을 받는 것이다.

자유무역과 보호무역 중 어떤 정책을 누가 선호할 것인가의 문제와 관련해 계급 간 투쟁을 주장하는 시각이 있다. 즉, 자본과 노동 그리고 토지가 무역정책의 방향과 내용을 두고 경쟁한다는 것이다. 헤크셰르-올린-스톨퍼-새뮤얼슨(Hecksher-Ohlin-Stolper-Samuelson) 정리(theorem)라고 알려져 있는 이 이론에 의하면, 자본과 노동은 무역정책에 관해 서로 경쟁하고 대립한다. 이 이론에 의하면 한 국가에서 상대적으로 풍부한 생산요소가 자유무역을 선호하고, 반대로 상대적으로 부족한 생산요소가 보호무역을 선호한다는 것이다. 예를 들면, 다른 국가들에 비해 상대적으로 자본이 많은 국가에서는 자본이 자유무역을 선호하고 노동이 보호무역을 선호한다. 반대로 노동이 풍부한 국가에서는 노동이 자유무역을 선호하고 반대로 자본이 보호무역을 선호한다. 특정 생산요소가 풍부한 국가에서는 그 생산요소를 사용한 상품과 서비스의 세계시장 가격경쟁력을 확보할 수 있고, 따라서 세계시장으로의 수출을 늘릴 수 있다. 이로 인해 많이 사용된 특정 생산요소가 경제적 이익을 창출할 수 있고, 그 생산요소가 자유무역을 선호하는 것이다. 반면에 다른 국가에 비해 부족한 생산요소는 세계시장에서의 가격경쟁력을 확보할 수 있는 상품과 서비스를 생산하기 어렵고, 국내 시장에서 타국의 제품과 서비스와 경쟁해야만 한다. 따라서 보호무역을 선호하는 것이다. 수출산업과 수입경쟁산업 간의 대립 관계에서와 마찬가지로, 자본과 노동의 집단행동 능력, 그리고 자본과 노동의 이동성(mobility)에 의해서 생산요소의 무역정책의 선호가 변할 수 있고, 그에 따라서 국가의 통상정책도 변화할 수 있다.

각 국가의 통상정책에 영향을 끼치는 다른 요인들로 정책결정자들의 아이디어와 이념을 지적하는 논의들도 있다. 즉, 통상정책의 내용과 방향을 결정하는 정치인과 관료들이 국제통상에 관해 가지고 있는 특정 아이디어와 이념이 중요하다는 것이다. 이러한 논의에 의하면 특정 정당에 의한 선거 승리, 혹은 최고결정자의 교체, 국내 정책결정과정에서의 특성 등이 모두 통상정책 결정에 영향을 끼치는 요인들이라고 할 수 있다.

(2) 국제통상의 국제정치적 의미

국제통상의 국제정치적 의미는 다양하게 나타난다. 첫째, 앞에서 지적했듯이 국제통상은 경제적 부를 창출한다. 문제는 이렇게 창출된 부가 국가 간 어떻게 배분되는가의 문제이다. 국가 부의 배분은 국가 권력의 배분에 영향을 끼친다. 국가 권력의 재분배는 국가의 생존과 직접적으로 연결되어 있는 문제이다. 따라서 국가들은 국제무역을 통해 얼마만큼의 경제적 이익이 창출될 것인가의 문제도 고려해야 하지만, 이러한 경제적 이익이 어떻게 배분되어 자신들의 권력 향상에 도움이 될 것인가의 문제도 고려해야 하는 것이다.

이 문제는 국가들이 절대적 이익(absolute gain)을 추구하는 것인가, 아니면 상대적 이익(relative gain)을 추구하는 것인가의 이론적 논의와도 연결되어 있다. 국가들이 절대적 이익을 추구한다고 가정하는 주장에 의하면, 국가들은 자신의 부 증진에만 관심을 갖는다. 국가들이 상대적 이익을 추구한다고 가정하는 주장에 따르면, 국가들은 국제통상에 의한 부와 권력의 국가 간 재분배 문제에 관심을 가진다. 어떤 주장이 더욱 설득력이 있는가의 문제는 해결하기 어렵다. 다만 국가들이 적어도 장기적으로는 절대적 이익과 상대적 이익 모두에 관심이 있다고 할 수 있다.

둘째, 국제통상은 국가들의 협력과 갈등 형태에 영향을 끼친다. 국가 간 자유무역의 실현은 국가들의 협력을 증진시키는 하나의 수단이라고 간주된다. 이 책 뒷부분에서 지역주의 문제를 논의할 때 더욱 자세히 논의가 되겠지만, 국가 간 자유무역협정(Free Trade Agreement)의 체결은 다양한 부분에서 국가 간 협력을 증대시키는 효과가 있다. 국가 간 국제통상의 확대는 상호 이익을 증진시키고, 타국 제품의 소비 확대를 통해 문화적 유대를 강화시키며, 무역관계의 단절에 따른 비용을 증가시킴으로써 자유무역을 제도화할 가능성이 있다. 또한 이러한 모든 것이 궁극적으로 국가 간 협력을 확대시키는 효과를 가져올 수 있다.

하지만 이에 대한 반박 논의도 존재한다. 자유무역의 확대는 국가 간 상호의존 관계를 확대시키는데, 이러한 상호의존 관계가 오히려 국가 간 권력 재편에 영향을 끼칠 수 있다는 것이다. 제3장에서도 설명했듯이, 국제통상의 확대는 국가들의 무역에 관한 민감성(sensitivity)과 취약성(vulnerability)을 증가시킨다. 민감성은 기존 국제무역의 축소와 단절이 경제적으로 어떤 영향을 끼칠 것인가에 관한 문제이고, 취약성은 국제무역의 축소와 단절 상황에서 국가들이 대체품 혹은 대체 공급자를 확보할 수 있는가의 문제이다. 국제통상에 관한 국가들의 민감성과 취약성은 서로 다르다. 따라서 국제통상을 하는 국가들이 서로 다른 민감성과 취약성을 이용해서 권력관계를 자신들에게 유리한 방향으로 전환하려는 시도를 할 가능성이 있다. 이러한 수단들이 적용되면, 국가 간 갈등이 확대될 수 있는 것이다.

셋째, 국제통상은 정치·군사 문제와도 밀접한 연관이 있다. 우선 경제제재(economic sanction)의 문제를 지적할 수 있다. 경제제재는 특정 국가에 대해 여러 형태의 경제관계를 축소, 단절하는 행위를 지칭하는 포괄적 개념이다. 예를 들면 국가들은 특정 국가에 대해서 수출입 금지, 금융관계의 단절 그리고 해외자산 동결 등의 조치들을 취할 수 있다. 이들 중 경제제재의 가장 흔한 형태가 국제통상의 단절이다.

경제제재가 채택되는 이유는 다양하다. 특정 국가의 정책을 전환하기 위한 것, 특정 국가의 정권을 교체하기 위한 것, 혹은 그 국가의 체제 자체를 바꾸기 위한 것 등을 주요 목적으로 지적할 수 있다. 혹은 국내외 정치적 지지를 확보하기 위해서도 종종 경제제재 정책이 채택되기도 한다. 경제제재의 채택은 경제제재를 하는 국가와 경제제재를 당하는 국가 간 정치적·군사적 대립을 초래한다. 따라서 경제제재를 채택하는 국가는 이러한 위험성을 고려해야 하고, 경제제재의 효과성도 고려해야만 하는 것이다. 그리고 경제제재의 목적성을 분명히 해야 할 필요도 있는 것이다. 극단적인 경우에 경제제재는 국가 간 전쟁을 초래할 수도 있다. 국제통상 문제가 국제 군사문제와 직접적으로 연결되는 가장 대표적 사례인 것이다.

두 번째로, 이 문제와 연관해 국제통상의 정치적·군사적 효과성을 고려하는 국가는 어떤 국가와 국제통상을 실현하는 것이 바람직한가의 문제에 관한 논의가 있다. 이 논의는 '동맹과의 무역(trading with an ally)' 혹은 '적과의 무역(trading with an enemy)' 논의로 알려져 있다. 이 논의에 의하면, 국제통상의 정치적·군사적 효과를 고려하는 국가는 동맹국과의 무역관계를 증대시키고, 적과의 무역관계는 축소 혹은 단절해야 한다고 주장한다. 국제통상은 경제적 이익을 창출하고, 이렇게 창출된 경제적 이익의 일부 혹은 전부는 군사적 목적을 위해서 사용될 수 있기 때문이다. 동맹국에 의한 경제적 이익의 군사적 사용은 자국의 안보에 긍정적 영향을 끼치는 외부경제(external economy) 효과를 가질 수 있지만, 적국에 의한 경제적 이익의 군사적 사용은 자국의 안보에 부정적 영향을 끼치는 외부비경제(external diseconomy) 효과를 가질 수 있기 때문이다. 제2차 세계대전 이후 동서 간 냉전 시기에, 자본주의 국가 간 자유무역의 확대, 공산주의 국가 간 무역의 확대, 그러나 동서 간 무역관계의 단절 현상은 이 논의로 설명될 수 있는 것이다.

국제통상의 국제정치적 의미에 관한 마지막 논의는 국제체제 문제와 국제통상 문제를 연결시키는 논의이다. 패권안정이론(hegemonic stability theory)이라고 알려져 있는 이 논의의 핵심 주장은 국제체제적 특성이 국가 간 통상관계의 내용과 방향을 결정한다는 것이다. 즉, 자유무역이라는 공공재(public goods)를 제공할 수 있는 능력과 의지를 가지고 있는 패권국가가 존재하는 상황에서는 국가 간 자유무역이 확대되지만, 패권국가가 쇠퇴하는 상황에서는 보호무역이 팽배할 것이라는 주장이다. 이 이론은 19세기와 20세기의 자유무역의 확대와 쇠퇴의 반복적 현상을 영국과 미국 패권의 성장과 쇠퇴라는 요인으로 설명하고 있다. 다만, 미국의 경제적 패권이 상당히 악화되는 1970년대와 1980년대의 상황을 다소 설명하고 있지 못하다는 비판을 받았다. 그 외에도 공공재 개념에 근거한 비판, 패권국가를 대체할 수 있는 소수 국가들 간의 협력 가능성을 근거로 한 비판, 그리고 패권국가의 합리성 문제를 근거로 한 비판 등 여러 가지 비판이 제기되었다.

지금까지 설명한 국제통상의 국내정치적 측면과 국제정치적 측면을 연결하려는 이론적 시도도 있다. 예를 들면, 양면게임(two-level game)은 통상정책의 채택과 관련된 국내 협상과 국제 협상을 하나의 틀 속에서 분석하려는 시도를 하고 있다. 통상정책이 소득 재분배적 성격을 가지고 있기 때문에, 특정 통상정책을 채택하려는 민주주의 정부는 국내의 다양한 경제행위자들과의 협상을 통해 통상정책의 내용과 방향을 결정하게 된다. 또한 통상정책의 채택은 다른 국가들과의 관계 속에서 이루어져야 한다. 자유무역적 정책을 채택하건 보호무역적 정책을 채택하건 간에, 특정 통상정책의 채택은 다른 국가들의 경제와 안보에 영향을 끼칠 수 있는 것이다. 따라서 통상정책의 방향과 내용을 두고 다른 국가들과 협상을 해야 하는 것이다. 양면게임의 이론적 틀은 이러한 두 가지의 협상을 어떻게 조화롭게 관리하고 통제할 수 있는가의 문제를 잘 설명해주고 있다. 다만 이 이론에 의하면, 국내정치적으로 합리적인 통상정책이 때때로 국제정치적으로는 비합리적 통상정책이 될 수 있고, 반대로 국제정치적으로 합리적인 통상정책이 때때로 국내정치적으로는 비합리적 통상정책이 될 수 있다는 것이다. 따라서 통상정책을 결정하는 정부는 국내외적 요인들을 동시에 고려해 국내외적 정치경제적 목적을 동시에 추구하는 정책을 채택해야만 한다는 것이다. 이를 위해 정부는 다양한 전략을 채택할 수 있고, 이러한 전략의 결과는 상이하게 나타날 수 있다.

3. 새로운 무역 개념/이론들

국제통상의 근간을 이루던 비교우위 개념이 국제통상에 관한 새로운 현상에 의해 수정될 필요성이 제기되어왔다. 비교우위는 국가들에게 주어진 생산요소 분포(factor endowment)에 의해 국가들의 특화 형태가 다르게 나타난다는 것을 기본 가정으로 하고 있다. 예를 들면 토지가 풍부한 국가는 농업 산업에 특화하고, 노동이 풍부한 국가는 노동집약적 산업에 특화하는 것이다. 이러한 비교우위 논의의 하나의 문제는 특화와 자유무역으로 인한 국가 간 소득분배가 불평등하게 나타날 수 있다는 점을 간과한 것이다. 예를 들면 대부분의 농축수산물과 노동집약적 산업 생산품은 완전경쟁시장에서 거래되는 반면에, 일부 자본집약적 생산품은 과점 혹은 독점시장에서 거래된다. 과점 혹은 독점시장에서 거래되는 상품과 서비스가 더 많은 경제적 이익을 창출하는 것이 당연하다. 따라서 농업 혹은 노동집약적 산업에 특화한 국가와 자본집약적 산업에 특화한 국가 간 경제이익의 배분이 불평등하게 나타날 수 있고, 따라서 국가들의 통상정책이 비교우위에 근거한 정책과는 다르게 나타날 수 있는 것이다.

또한 전 세계 거의 모든 주요 국가들은 산업화를 추구하는 정책을 채택해왔다. 산업화는 경제적 이익을 창출하는 것 이외에도, 군사적·정치적 이익을 창출할 수 있다. 군수물자의 생산과 조달, 그리고 발전된 기술의 군사적 적용 등을 통해 산업화는 군사적 능력을 향상시킨다. 또한 산업화는 국가의 위상과 자존심을 제고시키는 효과를 가질 수 있다. 그리고 산업화는 다른 국가들에 대한 경제의존도를 낮춰서 국가의 취약성을 낮추는 효과를 가질 수 있다. 따라서 농업에 특화하고 노동집약적 산업에 특화하는 대신 더 부가가치가 높은 산업과 첨단산업들을 육성하기 위해 산업적 도약을 추구하는 산업화 정책을 취하는 것이다.

특화와 자유무역에 의한 경제적 이익의 불평등한 분배 문제와 산업화 전략이라는 문제가 연관되어, 국가들은 자신들의 비교우위를 수동적으로 받아들이는 것이 아니라 적극적으로 새로운 비교우위를 창출하려는 노력을 보였다. 이러한 국가들의 전략이 경쟁우위(competitive advantage) 창출 전략이다. 국제시장에서 경쟁력을 갖춘 그리고 막대한 경제적 이익을 창출할 수 있는 산업들을 육성하기 위해 국가들이 상당한 노력을 기울이고 있는 것이다. 때로는 보호무역 정책을 통해, 또 때로는 자유무역 정책을 통해 자국의 산업을 육성하고, 경제적 부를 창출하려는 노력을 보인다. 이러한 전략과 정책 그리고 결과는 비교우위 개념으로 설명하기 어려운 것들이다.

이와 연관해, 국가들의 국제경쟁력에 큰 영향을 끼치는 요소로 인간 자본(human capital)이 지적된다. 이 개념은 애덤 스미스와 데이비드 리카르도가 주장한 이론의 기본이었던 기존 생산요소에는 포함되지 않는다. 그러나 상품과 서비스의 생산에 참여하는 인간들이 보유한 기술, 지식, 교육수준, 창조력 등이 산업 경쟁력을 높이는 데 매우 중요한 요소가 되는 것이 사실이다. 따라서 각 국가는 막대한 자원을 들여 자국 시민들의 기술 수준과 지적 수준을 높이려는 노력을 기울이는 것이다. 이를 통해 국제경쟁력을 갖춘 산업들을 육성해서 국제시장에서 새로운 경쟁우위를 확보하고자 한다.

또한, 최근 국제무역의 많은 부분들은 산업 간 무역(inter-industry trade)이 아니라 산업 내 무역(intra-industry trade) 혹은 기업 내 무역(inter-firm trade) 형태를 보인다. 즉, 국가들이 동일한 혹은 유사한 제품과 서비스를 수출하기도 하고 수입하기도 하는 것이다. 예를 들면 미국은 많은 자동차를 수입하는 국가이지만 또한 많은 자동차를 해외로 수출하는 국가이기도 하다. 마찬가지로 한국도 많은 반도체 제품을 수출하기도 하지만 또한 동일 혹은 유사 제품을 많이 수입하기도 한다. 이러한 현상은 기존의 비교우위 개념으로 설명하기 어려운 현상이다. 비교우위론에 의하면, 앞에서 언급한 한국과 미국이 각자가 비교우위를 가지고 있는 산업에 특화해야 하기 때문이다. 산업 내 무역이 증가하는 가장 큰 요인 중 하나는 동일 산업 내에서 소비자들의 기호가 매우 다양하게 나타나고, 따라서 다양한 제품이 생산되고 있기 때문이다.

산업 내 무역이 많이 증가하는 또 다른 요인은 상품과 서비스의 세계적 생산(global production) 문제와 연관되어 있다. 이 책의 뒷부분에서 자세히 설명하겠지만, 국가들은 다양한 이유와 목적으로 해외직접투자를 늘려왔다. 또한 소비자들에게 전달되는 완성된 제품을 생산하는 데 하나의 지역 혹은 장소를 이용하는 것이 아니라 세계의 많은 지역과 장소를 이용하는 세계적 생산 전략을 채택하고 있는 것이다. 예를 들면 자동차의 타이어는 A국가에서, 엔진은 B국가에서, 자동차 시트는 C국가에서 생산해, D국가에서 완성된 제품으로 조립되는 것이다. 이러한 경우에 A, B, C국가들과 D국가 간에는 자동차 부품과 관련된 무역이 발생하고, 이것이 산업 내 무역을 증가시키는 요인이 되는 것이다. 이러한 현상은 기업 내 무역의 확대와도 연결된다. 글로벌 아웃소싱(global outsourcing) 정책을 채택하는 기업들은 활발하게 자회사와 모회사 간에 무역 거래를 한다. 기업 내 무역이 증가하는 것이다.

비교우위론이 설명하지 못하는 또 하나의 현상은 산업생산에서 생산규모가 증가함에 따라서 경제적 이익이 빠르게 증가하는 수확체증(increasing returns) 현상이다. 비교우위론은 기본적으로 수확불변(constant returns)을 가정하고 있다. 즉, 생산량에 관계없이 경제적 잉여가 일정하다는 것이다. 그러나 몇몇 산업에서는 수확체증 현상이 있는 것이 사실이다. 이런 경우라면, 국가들은 수확체증 현상이 있는 산업들을 집중적으로 육성하려고 노력할 것이다. 생산량이 증가하고 국제시장에서 시장점유율이 높아질수록 경제적 이익을 더 많이 창출할 수 있기 때문이다. 따라서 국가들은 자신에게 주어진 생산요소에 근거한 비교우위에 따른 특화를 하기보다는, 더 많은 경제적 이익을 창출할 수 있는 산업을 "의도적으로" 육성하려는 정책을 채택하는 것이다.

4. 국제통상 레짐의 변화

(1) 국제통상의 기본 원칙

1930년대 대공황과 그에 따른 국가들의 보호무역 정책의 채택이 제2차 세계대전 발발의 원인 중 하나라는 인식과 1930년대의 보호무역 정책이 다른 국가들의 보복조치에 따라서 별 효과를 보이지 못했다는 인식에 기초해, 전쟁이 끝날 무렵 국가들은 전후 자유무역 질서를 구축하려고 했다. 주요 국가들이 고안해낸 제도는 국제무역기구(ITO)였다. 이 기구를 통해 국가들은 전후 자유무역체제를 형성하려고 노력한 것이다. 그러나 제3장에서도 설명했듯이, 자유무역 질서에 대한 국가들의 상이한 시각, 선진국들과 저발전 국가들 간의 갈등, 이전 식민지 국가들과의 특별한 무역관계를 인정받으려는 몇몇 제국주의 국가들의 요구, 패권적 위치를 차지하게 된 미국 의회의 반대 등의 요인에 의해 ITO는 실패로 귀착된다. 다만 ITO를 형성하려는 노력의 과정에서 한시적으로 채택된 관세와 무역에 관한 일반협정(GATT)이 전후 다자간 자유무역체제를 형성하는 제도로 발전했다.

ITO와 GATT는 상당히 다른 수준의 제도이다. ITO는 이 용어에서 드러나듯이 국제기구인 반면, GATT는 국가 간 협정일 뿐이다. 국제기구는 상임 사무국과 더 명확한 규칙·규범과 원칙을 가지고 있으며, 명확하고 신속한 분쟁해결 제도를 마련하고 있다. 또한 더 확실한 무역제재 수단을 갖추고 있기도 하다. 이러한 높은 수준의 제도가 국가들의 자율적이고 독자적인 국제무역 정책의 채택을 방해할 수 있다는 인식 때문에 당시에 ITO는 실패하지만, 국가들의 지속적인 노력에 의해 1990년대 중반에

GATT는 세계무역기구(WTO)로 발전했다. 국가 간 협정이 국제기구로 전환하게 된 것이다.

1940년대 후반부터 국가들의 다자간 무역관계를 형성하는 데 기여한 GATT는 몇 가지 원칙에 기초했다. 첫 번째는 자유무역 원칙(free trade principle)이다. 즉, 보호무역보다는 자유무역이 국가들의 경제적 이익을 증대시키고 국가 간의 협력을 강화시킨다는 인식을 기초로, 국가들이 시장을 개방하는 자유무역 정책을 채택할 것을 권고한 것이다. 자유무역을 통해 부의 창출과 국제적 평화의 달성이라는 두 가지 목적을 달성할 수 있다고 생각한 것이다.

두 번째 원칙은 비차별 원칙(non-discrimination principle)이다. 최혜국 대우 원칙(most favored nation principle)이라고도 하는 이 원칙은 무역관계에서 국가 간 차별을 금지하는 원칙이다. 국가들은 상품과 서비스의 가격과 질을 근거로 차별을 할 수는 있지만, 그 상품과 서비스가 생산된 국가를 근거로 차별할 수는 없다. 예를 들면 A국가로부터 수입하는 자동차와 B국가로부터 수입하는 자동차의 가격과 제품의 질에 따라서 소비자들이 자발적으로 "차별적" 소비행위를 하는 것은 당연한 일이다. 그러나 A국가로부터의 자동차와 B국가로부터의 자동차 수입에 대해 다른 형태의 보호무역 수단을 적용할 수는 없는 것이다.

이 원칙에 의하면, 한 국가가 다른 국가에게 국제무역과 관련된 특혜 조치를 취하면 그 국가는 다른 모든 회원 국가들에게 똑같은 특혜 조치를 취해야 한다. 예를 들어 A국가로부터 수입한 자동차에 대해 10% 관세를 낮추었다면, 다른 모든 회원국가로부터 수입하는 자동차에 대해서도 10% 관세를 낮추어야 하는 것이다. 즉, 모든 회원 국가가 다른 회원국가들로부터 최혜국 대우를 받을 권리가 있다는 것이다. 이 원칙은 차별적 조치로 인한 국가 간 분쟁을 막고 다자간 무역제도를 정착시키려는 목적을 가지고 있다. 따라서 이 원칙은 다자간 무역체제의 형성과 유지를 위해서 가장 중요한 원칙으로 간주되었다.

세 번째 원칙은 상호주의 원칙(reciprocity principle)이다. 상호주의 원칙은 자유무역 정책의 채택이 참여 국가 간 동시에 이루어져야 한다는 것이다. 즉, A국가의 자유무역 정책의 채택은 B국가의 자유무역 정책의 채택으로 이어져야 한다는 것이다. 그래야만 A국가와 B국가 간 공정한 자유무역 관행이 형성될 수 있는 것이다. 상호주의 원칙과 비차별 원칙의 결합으로 인해, 두 국가 간 형성된 자유무역 관계가 모든 회원 국가들에게로 확산되어, 진정한 다자간 자유무역체제가 형성될 수 있다.

GATT의 마지막 원칙은 투명성 원칙(transparency principle)이다. 이 원칙은 국가들의 무역 정책과 관행이 다른 회원국들에게 투명하게 전달되어야 한다는 원칙이다. 국가들이 GATT라는 협정에 서명을 했지만, 회원국가 모두가 동시에 그리고 한 번에 모두 무역장벽을 해체했던 것은 아니고, 그럴 수도 없었다. 따라서 국가들은 선별적으로 자국의 시장을 보호하기 위해 보호무역 조치들을 취해왔다. 투명성 원칙은 이러한 보호무역 조치들을 비관세 장벽에서 관세화하려는 노력과 관련된 원칙이다. 비관세 장벽은, 앞에서 설명했듯이, 다른 국가들이 잘 알 수 없는 수단들도 많이 포함되어 있다. 따라서 국가들에 의해서 교묘하게 이용될 수 있고, 이러한 정책이 다른 국가들의 오해를 불러일으킬 수 있으며, 무역 분쟁이 발생할 가능성이 커지는 것이다. 반면에 관세장벽은 매우 '투명한' 무역장벽이다. 수입품에 대해 관세가 부과되는 경우, 다른 모든 국가들은 쉽게 관세율을 알 수 있다. 그만큼 오해의 여지가 줄어들고, 국가 간 분쟁 여지도 줄어드는 것이다.

(2) 다자간 통상협상의 전개과정과 특징

GATT가 형성된 1947년부터 WTO 창설이 합의된 1994년까지 GATT체제 내에서는 라운드(Round)라는 다자간 통상협상이 8차례 이루어졌다. 이러한 다자간 협상을 통해 회원국들은 무역장벽의 감소를 통한 국제통상 관계의 확대를 위해 노력해왔다. 제1차~제4차 협상 때까지는 특별한 명칭이 없었지만, 제5차 협상부터는 딜런(Dillon) 라운드, 케네디(Kennedy) 라운드, 도쿄(Tokyo) 라운드, 우루과이(Uruguay) 라운드와 같은 명칭이 붙었다. 〈표 5-1〉은 GATT체제 내에서의 다자간 협상과정을 요약한 것이다.

제5차 협상인 딜런 라운드까지의 통상협상은 주로 무역상품의 품목별 관세율 인하 협상의 성격을 띠고 있었다. 이러한 관행이 케네디 라운드에 와서 바뀌게 되는데, 케네디 라운드에서는 많은 품목들에 관한 일괄적인 관세율 인하 협상이 전개되었고, 국가 간 합의 도출의 결과로 1967년에 이르러 타결이 된다.

〈표 5-1〉 GATT와 WTO체제 내에서의 다자간 협상의 전개

협상	협상 기간	평균 관세 인하율	비고
제1차 관세 협상	1947년	35.0%	GATT 조문 합의
제2차 관세 협상	1949년	35.1%	
제3차 관세 협상	1950~1951년	26.0%	
제4차 관세 협상	1955~1956년	15.6%	
딜런 라운드	1961~1962년	12.0%	
케네디 라운드	1964~1967년	45.5%	
도쿄 라운드	1974~1979년	50.0%	보조금, 상계관세, 반덤핑 협정 추가
우루과이 라운드	1986~1994년		농업, 섬유, 서비스, 지적재산권 추가
도하개발어젠다	2000년~		현재 진행 중

1962년에 미국 내에서 무역확대법안(Trade Expansion Bill)이 상정·통과됨으로 인해서 당시 미국 대통령이었던 케네디 대통령은 이 법안에 근거해서 무역 상대 국가들과의 다자간 통상협상을 전개시키기에 이른다. 케네디 대통령은 새로운 무역체제의 형성이 필요하게 된 동인으로 다섯 가지의 국제경제체제의 변화 요인을 지적하고 있다. 첫째, 유럽 경제공동체의 성장, 둘째, 미국 국제수지의 악화, 셋째, 미국 경제를 촉진시킬 필요성의 제고, 넷째, 국제원조와 국제통상에 대한 공산주의 위협, 다섯째, 일본과 저발전 국가들을 위한 새로운 시장의 창출 필요성의 제고가 그것이다.

관세율을 큰 폭으로 인하시켰다는 성과 속에도 케네디 라운드는 국가 간 관세율의 큰 차이와 여러 형태의 예외 조항들의 인정이라는 한계성을 노출했다. 특히, 케네디 라운드의 타결은 저발전 국가들에 의한 불만을 노출시키는 결과를 초래했는데, 저발전 국가들의 불만은 주로 그들이 비교우위를 확보하고 있는 노동집약적 상품인 섬유나 신발에 대한 쿼터를 통한 무역 제한정책의 용인 그리고 농산품에 대한 여전히 높은

무역장벽에 초점이 맞춰졌다.

1973년의 도쿄 선언(Tokyo Declaration)을 바탕으로 1974년부터 시작된 도쿄 라운드는 1979년에 이르러 타결이 되는데, 도쿄 라운드의 결과를 요약하면 다음과 같다. 첫째, 큰 폭의 관세율 인하에 관해 국가 간 합의가 도출되었다. 둘째, 국내산업에 대한 정부보조금 지급 시에 이에 상응하는 상계관세(countervailing duties)를 부과할 수 있는 권한에 관한 협정과, 외국 기업들에 의한 덤핑(dumping) 판매 시에 이에 상응하는 반덤핑 관세(anti-dumping duties)를 부과할 수 있는 권한에 관한 협정이 추가되었다. 셋째, 정부구매(government procurement)에 관한 협정이 추가되었는데, 이러한 조항의 목적은 정부와 공기업의 상품 구매에 대한 국제경쟁을 촉진시킴으로 인해서, 이전에 행해졌던 일종의 불공정 무역관행을 억제시키는 것이었다.

1980년대에 들어서 세계경제는 침체 국면을 맞이하게 되고, 이에 따라서 많은 국가들은 자국 산업의 보호와 국제수지 문제 해결을 위해 여러 가지 형태의 보호무역적인 장벽을 이용했다. 예를 들면 반덤핑제도의 남용 그리고 수출자율규제(voluntary export restraints)와 시장질서협정(orderly marketing agreements) 등의 수입제한 조치들을 빈번히 사용해 국제통상 질서가 혼란스러워지는 현상이 발생했다. 또한 농산물, 섬유 등은 국제통상에서 차지하는 비중이 높음에도 사실상 GATT의 규율을 받지 않거나, GATT 규정의 폭넓은 예외조치를 인정받아왔다. 그뿐 아니라 서비스, 해외투자, 지적재산권과 같은 분야는 국제통상에서 차지하는 비중이 증대하고 있었지만, 기존의 GATT체제는 이러한 새로운 분야들을 포괄할 수 있는 규정을 마련해 놓지 않았다. 이러한 배경하에 GATT체제의 보완과 유지를 위해 새로운 다자간 협상이 필요하다는 인식을 바탕으로 제8차 다자간 협상인 우루과이 라운드 협상이 시작되었다.

1994년에 끝난 우루과이 라운드 협상의 타결은 세 가지 큰 의미를 지닌다고 할 수 있다. 첫째로, 1950년의 ITO 창설 노력이 무산되고, 한시적인 역할만을 담당하려는 의도로 출범했던 GATT체제가 그 역할을 대신해왔었는데, 우루과이 라운드 협상에서 주요 국가들은 국제통상 관계를 더욱 효과적으로 담당할 수 있는 WTO 창설에 합의함으로써 더 많은 역할, 기능과 권한을 가진 국제무역에 관한 국제기구가 출범하는 계기를 마련했다. 앞서 살펴본 것처럼, 실제로 GATT는 엄밀한 의미에서의 국제기구에 해당되지 않는 단순한 국제협정에 지나지 않으며, 또한 회원국들이 GATT 협정에 위반하는 무역정책을 채택했을 경우에 이를 제재할 수 있는 조치가 결여되어 있었다는 점에서 한계성을 노출했다. 또한 국제협정으로 출범한 GATT는 사무국, 기구 운영방식 및 재원조달 방법 등에 관한 규정을 갖추지 못하고 있었기 때문에 국제기구로서의 역할을 수행하는 데도 많은 한계성이 있었다. 이러한 의미에서 WTO의 창설로 인해서 국제통상을 관리하고 촉진할 수 있는 새로운 국제기구가 출범했다는 것은 큰 의미가 있다고 할 수 있다.

둘째로, 자유롭고 공정한 무역관행을 정착시키기 위해, 큰 폭의 관세율 인하와 여러 가지 형태의 비관세 장벽의 감소 및 철폐에 국가들이 동의함으로 인해서 국제통상의 증대 효과를 가져다 줄 수 있는 계기를 마련한 것이다. 특히, 비관세 장벽들에 대한 구체적인 조항들을 포함시켰다는 것은 국가들에 의해서 종종 이용된 불공정 무역정책을 개선할 수 있다는 의미를 갖는 것이었다.

셋째로, 우루과이 라운드는 기존의 GATT체제에 포함되지 않았던 통상 문제들을 체제 내로 포함시켰다는 의미를 갖는다. 여러 차례에 걸친 협상에도 불구하고 예외조항으로 남아 있었던 섬유 제품과 농산물의 국제무역에 관한 구체적인 조항을 포함시키고 있고, 이전의 협상들에서 배제되었던 새로운 무역 사안들인 서비스 분야, 지적재산권 분야 및 무역투자 분야에 관한 통상규범을 새로이 제정했다.

2000년에 뉴라운드(New Round)로 시작된 다자간 무역협상은 라운드라는 용어에 대한 일부 국가들의 반발로 인해 현재는 도하개발어젠다(Doha Development Agenda)로 명칭이 변경되어 진행 중이다. 라운드는 다자간 무역협상을 일컫는 용어로 사용되었지만, 문제는 이 협상에 누가 실제로 참여하는가의 문제가 있었다. 라운드는 둥근 형태의 회의 탁자를 의미하는 것이었고, 이 회의에 참여하는 국가는 제한적이었던 것이다. 회원국들의 합의(consensus)를 원칙으로 하는 의사결정 과정과 절차를 가지고 있는 WTO 내에서 150여 개의 회원국들이 합의로 다자간 무역협상을 타결시키는 것은 거의 불가능한 일이다. 따라서 GATT체제 내에서의 라운드는 주요 국가들만이 참여해 합의하고 다른 저발전 회원국들에게는 협상 결과를 통보하는 형식으로 진행된 것이 사실이다. 저발전 약소국가들의 참여가 제한되었던 라운드 방식의 협상에 대해 이들 국가들이 큰 불만이 있었던 것은 당연한 일이다. 따라서 WTO 체재 내에서 새롭게 시작하는 다자간 무역 협상은 라운드라는 용어를 쓰지 않는 것으로 합의한 것이다.

많은 국가들이 협상에 본격적으로 참여한다는 것은 협상 타결이 어렵다는 것을 의미하기도 하는 것이다. 도하개발어젠다는 협상 개시 후 3년 이내에 종료되는 것을 목표로 시작했지만, 십수 년이 지난 현재까지도 최종적 타결에 이르지 못하고 있다.

도하개발어젠다 협상의 국가 간 논쟁은 여러 분야에서 다양한 형태로 나타나고 있다. 이러한 논쟁들이 DDA의 타결을 방해하는 주요 요인으로 작동하고 있는 것이다. 그 첫째는 저발전 국가들의 문제이다. 저발전 국가들은 자신들의 비교우위 상품인 농업과 섬유 제품들이 상대적으로 덜 개방되었다는 사실을 지적하면서 이 부분에 대한 선진국들의 더 많은 개방을 요구하고 있다. 또한 모든 국가에게 공통으로 일괄적으로 적용되는 자유무역이 아니라 발전 단계에 따른 특별 우대 조치의 채택을 주장한다. 이는 WTO가 지향하는 일반원칙과 충돌하는 것으로써 선진국들과 저발전 국가들 간에 분쟁을 일으키고 있다.

선진국에 의한 농산물 개방 문제도 큰 장애요인이다. 미국과 유럽 등을 포함한 많은 선진국들이 대규모 농업지원 제도를 유지해온 것이 사실이다. 이러한 농업지원 제도의 축소 혹은 철회는 이들 국가들에서 국내정치적으로 상당한 문제를 일으킬 수 있고, 또한 산업조정에 따른 경제적·사회적 비용을 많이 지불해야 할 가능성도 크다. 따라서 이 문제 역시 DDA 타결의 한 장애요인으로 남아 있다.

또 하나의 장애요인으로 등장한 것이 새로운 무역 사안들에 관한 WTO 관할권과 관련된 문제이다. WTO는 무역과 다른 사안들을 연계해서 더 높은 수준의 자유무역체제를 구축하려고 노력해왔다. 예를 들면 무역과 노동 기준을 연계시키는 문제, 무역과 환경 기준을 연계시키는 문제 그리고 무역과 부패 기준을 연계시키는 문제 등에 대해 많은 논의를 해왔고, 자유무역체제의 구축과 이러한 새로운 문제들을 연결시켜 더 높은 수준의 제도화를 이루려는 노력을 강구해왔다. 문제는 이러한 새로운 무역사안들에 대해 WTO가 채택하는 전략이 타당성과 정통성을 확보하고 있는가의 문제가 남아 있다는 것이다.

예를 들면 노동 기준의 경우 유엔 산하에 국제노동기구(International Labor Organization)가 있다. 이러한 기존 국제기구와 WTO 중 국제노동기준 문제를 관할하는 것이 어떤 제도가 더 적합한 것인가의 문제가 발생하는 것이다. 또한 노동, 환경, 부패 문제는 모두 국가의 발전 수준 그리고 국가의 문화적 특성과 밀접히 연결되어 있는 사안이다. 이러한 사안에 대해 일반적인 원칙을 적용할 수 있는가 그리고 이러한 사안을 무역과 연계해서 국가들의 자율성을 제한하는 정책이 과연 바람직한 것인가 등의 문제들도 남아 있다고 할 수 있다.

DDA의 최종 타결을 방해하는 또 다른 요인은 이미 많이 개방된 국제무역체제에서 새로운 개방 노력이 큰 효과를 가지지 못할 수도 있다는 인식이다. 관세로만 분석한다면, 선진국들의 평균관세율은 1940년대 50%를 넘었던 것이, 현재는 10% 미만으로 낮아졌고, 무관세 수입물품의 수가 점점 늘어나는 것이 현실이다. 이러한 상황에서 무역자유화 조치가 큰 의미를 가질 것인가에 대한 의문이 남는 것이다. 따라서 도하 개발어젠다가 아직도 무역장벽이 더 높은 저발전 국가들의 시장 개방을 주요 목적으로 하고 있다는 의구심을 가질 여지가 있다.

이 책의 뒷부분에서 다시 논의를 하겠지만, 다자간 무역협정을 방해하는 또 다른 요인은 지역주의(regionalism)의 부상이다. 1990년대 이후 국가들은 빠른 속도로 소수 국가들 간에 경제블럭을 형성하는 지역주의 노력을 강구했다. 예를 들면 북미자유무역협정(NAFTA), 유럽연합(EU) 그리고 많은 양자 간 자유무역협정 등이 새로이 형성되거나 확대되고 있다. 이러한 현상 속에서 국가들은 타결이 어려운 다자간 무역협정에 매달릴 필요를 덜 느끼게 되는 것이다. 따라서 지역주의와 다자간 자유무역체제를 어떻게 조화시킬 수 있는지가 국가들이 당면한 통상문제 중 하나의 중요한 문제라고 할 수 있다.

국제통상체제는 여러 가지의 해결해야 할 문제들에 봉착해 있다. WTO의 의사결정 절차와 과정을 현실적으로 개혁해야 한다는 의견이 제시되고 있다. 또한 선진국과 강대국 중심의 통상체제를 개편해야 한다는 목소리도 있다. 일관된 원칙과 규범을 적용해야 한다는 목소리와 국가 사정에 따라서 상이한 원칙과 규범을 적용해야 한다는 목소리가 대립하고 있다. 이런 모든 사안들은 WTO 개혁과 관련된 사안들이다. DDA가 최종적으로 타결되지 못하는 상황 속에서 WTO 역할과 권한에 대한 근본적 의구심을 제기하는 목소리들도 크게 증가하고 있다.

국제통상체제가 당면하고 있는 또 하나의 문제는 국가 간 권력 관계의 변화에 따른 경쟁과 대립의 문제이다. 미국 통상 권력의 상대적 약화와 다른 국가들, 특히 중국의 통상 권력의 상대적 강화에 따른 갈등이 존재한다. 제2차 세계대전 이후 통상체제는 미국 주도로 이루어졌다. 원칙, 규범, 규칙, 그리고 통상제도 내 의사결정 과정도 미국이 주도해 만든 것이다. 이러한 미국의 패권이 도전받으면서, 비미국식 원칙과 규범에 관한 요구가 증가하고 있는 것이다. 국제체제적 변동이 국제통상체제의 변동에 어떤 영향을 끼칠 것인가가 중요한 사안으로 등장하고 있다.

이러한 중요한 사안들 이외에도 전자상거래(e-commerce)와 관련된 문제, 경기 순환에 따른 국제통상 위기관리의 문제, 비무역 사안들과 무역 사안들의 연계 문제, 지역주의와 다자주의의 조합 문제, 금융안정화를 통한 무역 확대 전략의 문제, 해외투자와 관련된 무역 문제 등 많은 다양한 사안들이 미래에 해결해야 할 문제들로 등장하고 있다. 이러한 다양한 문제들을 어떻게 누가 관리하고 통제할 수 있는가에 따라서 국제통상체제의 성격이 규정될 것이다.

토론 주제

1. 정치학자들은 자유무역과 보호무역 중 어떤 정책을 선호한다고 생각하는가?
2. 보호무역을 주장하는 유치산업보호론, 최적관세론 그리고 전략무역이론이 가지고 있는 한계점은 무엇인가?
3. 무역 정책을 둘러싼 이익집단 간 갈등 형태에 대해서, 산업 간 갈등을 주장하는 이론과 계급 간 갈등을 주장하는 이론 중 어떤 것이 현실타당성이 높은가?
4. 자유무역체제를 유지하는 데, 패권국가의 존재를 대체할 수 있는 것은 무엇인가?
5. 도하개발어젠다가 성공적으로 타결된다고 가정할 때, 그 협상 결과에 어떤 내용이 포함되어야 한다고 생각하는가?
6. 환경과 무역, 부패와 무역, 노동과 무역, 인권과 무역 등 다양한 사안 간 연계의 핵심 논쟁은 무엇이라고 생각하는가?

제6장

국제통화의 정치경제

Understanding International Political Economy: History, Ideology and Issues

1. 국제통화체제의 주요 사안

국내경제에서 화폐가 거래의 수단, 가치저장의 수단 그리고 상품 가치의 판단 수단 등으로 쓰이는 것과 마찬가지로 국제경제에서도 이러한 역할을 담당할 화폐가 필요하다. 국제경제 거래는 서로 다른 화폐들로 가치가 책정되어 있는 상품과 서비스를 사고파는 것을 포함한다. 따라서 한 국가의 화폐를 다른 국가의 화폐로 전환할 수 있는 기제가 필요하다. 이러한 국제적 상품과 서비스 거래 외에도 국제통화가 필요한 경우가 있는데, 타국의 채권이나 금융자산을 획득하는 경우, 타국에 대한 채무와 그 이자를 상환하는 경우, 타국의 시민들에게 선물을 공여하는 경우, 외환 차익을 바라고 국제통화를 거래하는 경우 그리고 미래에 이러한 일들이 벌어질 것에 대비하기 위해 외환을 확보하려는 경우 등이 있다.

그러나 모든 국가의 화폐가 국제적으로 통용되는 것은 아니다. 국제거래에 참여하는 행위자들이 종종 특정 국가의 화폐를 보유하는 것을 꺼리기 때문이다. 한 국가의 화폐는 정부에 의해서 발행되는 것인데, 어떤 정부들은 종종 책임 의식 없이 화폐를 발행하기도 한다. 따라서 다른 국가들에게 신뢰를 얻지 못하는 국가의 화폐는 국제적으로 통용되지 못한다. 국제적으로 통용되는 화폐는 경성화폐(hard currency), 그리고 국제적으로 통용되지 못하는 화폐는 연성화폐(soft currency)라고 불려진다. 국제적으로 통용되는 화폐는 주로 무역, 해외원조, 국제금융거래 그리고 해외투자를 촉진시키는 역할을 담당한다. 이러한 역할을 담당하기 위해서 국제적으로 통용되는 화폐는 적절한 공급체계를 가지고 있어야 하고, 또한 국가들에 의해서 이 화폐에 대한 신뢰성을 확보해야 한다.

국제경제의 거래가 증가하고 국가들의 경제적 상호의존성이 커지면서, 국제통화에 관한 정치경제적 사안의 중요성이 크게 증가했다. 국제적으로 통용되는 가장 중요한 화폐인 기축통화의 성격을 둘러싼 논쟁이 지속되고 있다. 서로 다른 국가들의 화폐 상대가격을 결정하는 환율의 안정성과 적절한 변화 범위를 두고도 국가 간 논쟁이 끊이지 않고 있다. 환율의 변화는 국가들의 국제시장에서의 가격경쟁력, 국제수지, 그리고 상품, 서비스, 개인의 국경 간 이동에 큰 영향을 끼칠 수 있다. 국가들이 환율의 변화에 큰 관심을 가질 수밖에 없는 원인인 것이다.

국제수지 불균형이 초래하는 경제적·정치적·사회적 영향들을 고려할 때, 이 사안에 대한 국가들의 갈등이 큰 것도 당연하다. 국가들은 국제경제 거래를 통해 부의 축적을 도모하고, 궁극적으로 자국의 권력을 증진시키기 위해 노력한다. 국제수지 적자가 누적되면, 국가의 부가 외국으로 유출되고, 다른 국가들에 대한 의존성이 증가하며, 자국 경제운영의 독립성과 자율성이 저하되어, 궁극적으로 힘의 균형이 다른 국가들에게 유리한 방향으로 전환된다.

국제경제 거래의 증가와 국제수지 불균형의 누적 현상으로 인한 국제통화 사안에 대한 관심이 증가했고, 이는 이 사안을 더욱 정치적으로 만들었다. 국제통화 사안을 둘러싼 국가 간 협력과 갈등의 형태가 다양하게 나타나고, 또한 국내적으로도 국제통화 사안이 더욱 정치 쟁점화하는 것이다. 국내외적으로 다수의 정치경제행위자들이 국제통화 사안에 관심을 가지고 있고, 그보다 더 많은 행위자들이 국제통화체제 내 변화에 의한 영향을 받고 있다.

이러한 상황 속에서 국가들은 국제통화체제를 자국에 유리한 방향으로 전환시키려는 노력을 강구했다. 국제통화체제의 특성은 대략 세 가지 사안에 의해 결정된다. 첫째는 기축통화의 성격, 둘째는 환율 레짐의 특성, 셋째는 국제수지 불균형 조정 기제에 관한 것이다. 이 세 가지 사안이 국제통화체제의 성격을 결정하는 요소이고, 이에 대해 국가 간 협력-갈등 양상이 다양하게 전개된다.

2. 국제통화체제의 성격 결정 요인

(1) 기축통화

국제통화체제에서 첫 번째로 중요한 사안은 국가 간의 거래에서 유통되는 화폐가 무엇인가 하는 문제이다. 국가 간 유통되는 화폐는 안정적 공급과 신뢰성의 유지라는 속성을 가지고 있어야 한다. 금, 미국달러, 특별인출권(SDR: Special Drawing Rights), 일본 엔(yen)과 중국 위엔(yuan)과 같은 주요 선진국들의 화폐, 그리고 유로 등이 국가 간 유통화폐로 사용되었다. 이러한 화폐가 안정적 공급과 신뢰성 유지라는 측면에서 어떤 장점과 단점이 있을 수 있는가가 중요한 사안이다.

특히 국제통화체제에서 가장 중요한 역할을 담당하는 화폐인 기축통화에 관한 논의가 다양하게 이루어지고 있다. 금속화폐와 특정 국가의 화폐 중 어떤 화폐가 기축통화의 역할을 할 것인가? 특정 국가의 화폐가 사용된다면, 어떤 나라의 화폐가 기축통화 역할을 담당할 것인가? 기축통화를 보유한 국가들은 어떤 경제적·정치적 이익과 손해를 얻는 것인가? 하나의 기축통화로부터 다른 기축통화로의 전환은 언제 어떻게 발생하는가? 등이 그것이다.

기축통화는 국제거래에서 타 국가들에 의해서 수용되는 '대비(parallel)통화', 외환보유의 수단 그리고 국제무역, 서비스와 자본 거래에서의 결제수단 등의 역할을 담당한다. 한 국가의 화폐가 이러한 국제적 역할을 담당하기 위해서는 여러 가지 조건을 충족해야 하는데, 그 결정요인들은 국가의 경제규모와 국제무역의 크기, 외부적 제약으로부터의 경제적 독립성, 외환통제의 부재, 자본시장의 크기와 유동성 수준, 경제의 능력과 안정성 그리고 대외적 위치 등 이러한 조건을 충족시키는 국가의 화폐만이 국제통화체제에서 기축통화로 통용될 수 있다.

기축통화가 금과 같은 금속화폐로 이루어지는 경우 화폐 가치의 상대적 안정성이라는 장점을 가질 수 있다. 다만 이 화폐의 공급에 관한 예측성이 떨어진다는 점 그리고 세계경제의 빠른 성장을 뒷받침할 정도의 화폐 공급이 어렵다는 점, 실제로 국가 간 통화 정산이 이루어지는 경우 거래 비용이 크다는 점 등이 단점이라고 할 수 있다. 특정 국가의 화폐가 기축통화로 사용되는 경우에는 화폐의 원활한 공급이라는 장점이 있는 반면에, 이 통화의 안정적 가치 유지가 어렵다는 단점을 가지고 있다.

1960년대 초 로버트 트리핀(Robert Triffin)이라는 학자는 특정 국가의 화폐가 기축통화로 사용되는 경우 발생할 수 있는 안정적 공급(liquidity)과 신뢰성(confidence) 간의 상충관계에 관해서 설명했다. '트리핀 딜레마(Triffin's Dilemma)'라는 용어로 설명되듯이, 기축통화의 공급과 이에 대한 신뢰성 간에는 근본적 상충성이 존재한다는 것이다. 즉, 세계경제의 발전과 성장을 위해서는 기축통화의 지속적 공급이 이루어져야 하는데, 문제는 이러한 공급으로 인해 기축통화에 대한 신뢰성이 감소할 수 있다. 기축통화를 발행하는 국가로부터 더 많은 기축통화가 다른 국가들로 유출될수록 그 기축통화에 대한 신뢰가 감소하고, 따라서 국제통화체제에 문제가 발생할 수 있기 때문이다. 반면에 기축통화의 가치를 안정적으로 유지하기 위해 통화발행을 제한하는 경우, 이는 세계시장에서의 유동성 부족 문제를 발생시키고 따라서 세계경제가 침체될 가능성이 큰 것이다. 유동성과 신뢰성 간 근본적 딜레마가 있을 수 있다.

여러 문제들에도 불구하고 국가들은 자신들이 발행하는 화폐가 세계시장에서 주로 유통되는 기축통화가 되길 원한다. 왜냐하면 기축통화를 발행하는 국가는 몇 가지 정치경제적 이익을 기대할 수 있기 때문이다. 국가의 위상이 증진되고, 거시경제정책에서의 자율성을 확보할 수 있으며, 자국 은행들의 소득이 증가한다는 점 등이 그것이다. 특히 금융위기 속에서 기축통화를 발행할 수 있는 국가는 구조조정을 위한 막대한 경제적·정치적·사회적 비용을 덜 지불해도 된다. 왜냐하면 금융위기와 이로 인한 유동성 위기를 극복하기 위해 통화를 발행하면 되기 때문이다. 반면에 기축통화를 발행할 수 없는 국가들은 유동성 위기에 직면해 매우 고통스러운 구조조정과 경제개혁을 해야만 한다. 또한 기축통화를 발행하는 국가는 막대한 화폐주조이차(seigniorage)를 얻을 수 있다. 화폐주조이차는 화폐의 액면가와 화폐를 주조하고 유통하고 폐기하는 데 드는 비용과의 차이를 표현하는 말이다. 예를 들면, 미국 정부가 100달러의 화폐를 발행하는 비용은 크지 않다. 그리고 이 화폐를 유통하고 폐기하는 데 드는 비용도 크지 않다. 따라서 미국 정부는 100달러의 화폐를 발행하여 많은 경제적 이익을 얻을 수 있다. 다른 국가들이 미국달러를 받아들이고 사용하는 한 기축통화를 발행하는 국가는 큰 화폐주조이차를 얻을 수 있는 것이다.

그러나 기축통화를 발행하는 국가는 정치경제적 손해도 감수해야 한다. 자국이 발행한 통화에 이자를 지불해야 하고, 자국 화폐에 대한 신뢰를 유지하는 데 경제적 비용을 지불해야만 한다. 또한 자국 화폐에 대한 평가절하를 하기 힘든 상황에 처해서, 경제적 불균형으로 인한 비용 지불을 감수해야 한다. 그리고 자국이 발행한 화폐의 흐름과 거래 형태도 감시하고 관리해야만 한다.

기축통화의 변화는 급작스럽게도, 혹은 점진적으로도 발생할 수 있다. 제2차 세계대전 이후 기축통화로서의 미국달러 화폐의 등장은 전쟁이라는 사건을 통해 다소 급작스럽게 이루어진 것이다. 전후에 갑자기 형성된 국제체제에서의 국가 간 힘의 균형의 변화와 다소 '비정상적인' 미국패권 부상으로 인해, 미국달러가 단일한 기축통화로서 자리매김을 한 것이다. 반면에 현재 국제통화체제에서 나타나는 유로와 위안화 사용의 증가는 다소 점진적 현상이라고 할 수 있다. 미국달러 중심의 일극체제가 양극 혹은 다극체제로 점진적으로 변화하고 있는 것이다.

(2) 환율 레짐

국제통화체제에서 두 번째 중요한 사안은 각 국가들의 화폐가 교환되는 제도의 문제이다. 즉, 국제환율체제가 어떤 성격을 띠고 있느냐 하는 것이 중요한 문제이다. 환율체제는 국가 간 합의에 의해서 고정환율체제가 될 수도 있고, 시장기제에 의해서 국가들의 화폐의 가치가 정해지는 변동환율체제가 될 수도 있다. 고정환율체제하에서는 국가들의 화폐가 일정 기간 동안 정해진 가격으로 교환된다. 반면에 변동환율체제에서는 국가들의 화폐가치가 화폐의 공급과 수요에 따라서 수시로 자유롭게 변화한다. 이러한 두 가지의 극단적인 체제 사이에는 많은 변형된 환율체제가 있을 수 있는데, 예를 들면 관리변동환율체제(managed floating)와 목표지대체제(target zones), 외환통제체제 그리고 화폐통합체제를 들 수 있다. 이러한 각기 다른 환율체제는 그 나름대로 장점과 단점을 가지고 있다.

변동환율체제는 개인들에 의한 국제통화 거래가 자유롭게 이루어지는 개방시장에서 국가들의 화폐가치가 결정되고, 다른 모든 상품과 서비스의 가격들처럼 매일매일 이 가치가 변화하는 체제이다. 변동환율체제에 대한 논의는 다음과 같이 전개된다. 환율은 기본적으로 매우 민감한 가격이다. 즉, 완전한 변동환율체제하에서의 환율의 변동은 매우 빠르게 이루어지고, 또한 자동적으로 그리고 지속적으로 이루어진다. 따라서 변동환율체제는 환율시장에서의 불균형이 축적되고 그에 따른 금융위기가 발생하기 전에 스스로의 교정 작용을 통해 불균형을 해소하는 경향이 있다. 만약 국가들의 시장 개입으로 인해 환율의 변화가 억제되고, 단지 근본적인 불균형을 시정하기 위해 환율이 간헐적으로 재조정된다면, 이러한 환율의 재조정은 이미 불균형이 매우 심각한 상태에 이르러서야 이루어지며, 또한 국가 간 합의의 어려움으로 인해서 대부분의 경우에는 지연되는 경향을 보일 것이다. 이러한 일이 발생한다면, 시장 왜곡은 매우 심각한 문제를 일으킬 수 있고 금융위기의 결과를 초래할 것이다.

국제수지의 불균형 해소를 위해 환율의 변화에 의존하지 않는다면, 정부는 국내가격의 변동, 이자율 변동, 혹은 외환통제를 통해 이 불균형을 해소해야 할 것이다. 그러나 이러한 조정 기제들은 모두 경제적 비효율을 창출하거나 아니면 아예 정치경제적으로 불가능한 방식일 수도 있다. 따라서 경제적 효율성의 제고와 국가 간 갈등완화를 위해서는 변동환율체제의 채택이 바람직하다는 주장을 전개할 수 있다.

그러나 변동환율체제에 대해 비판과 반박 의견들도 있다. 그 첫째는 변동환율체제가 근본적으로 불안정을 의미한다는 것이다. 가격이 매일 변동할 수 있다는 사실 자체가 불안정을 의미한다는 주장이다. 그러나 변동환율체제를 옹호하는 학자들은 환율이 수시로 변화한다는 사실만으로 이 체제가 불안정하다고는 할 수 없다며 반박한다.

둘째로 변동환율체제하에서는 상품이나 서비스를 수출입하는 사람들이 이를 통해 어느 만큼의 경제적 이익을 실현할 수 있는가에 관해 확신할 수 없기 때문에 국제교역이 감소한다는 비판이 있다. 이 비판에 대한 반박으로, 이 체제를 옹호하는 학자들은 변동환율체제하에서 교역하는 사람들은 미래시장에의 투자(hedge)로 인해 환율변동의 위험으로부터 자신을 보호할 수 있는 수단이 있다는 것을 지적한다.

셋째로 변동환율체제에서 행해지는 환투기(speculation) 행위가 불안정을 초래하기 마련이라는 비판이 있다. 그러나 투기 그 자체가 불안정을 초래한다고 할 수 없다는 반박이 있다. 변동환율체제를 옹호하는 학자들에 의하면, 환투기를 하는 사람들이 합리적이라면 그들은 환율의 변동에 대해 매우 정확한 판단을 할 것이라고 지적하고 있다. 따라서 합리적 투기꾼들이 환율의 변동방향과 그 폭을 제시함으로 인해서 그들에 의한 투기행위는 오히려 안정적 효과를 나타낼 수 있다고 반박하고 있다.

변동환율체제에 반대하는 사람들은 이 체제가 불안정하다고 믿고 있다. 1970년대 초에 브레턴우즈체제가 붕괴된 이후 국가 간 환율변동은 다른 경제지표들에 비해 그 변동 폭이 매우 컸다는 관찰도 그들이 가진 믿음의 한 근간이 된다. 환율의 변동 폭이 국내조정에 의해 상쇄되지 않을 만큼 커서 급작스러운 국제경쟁력의 변화를 초래했다고 그들은 믿고 있다. 따라서 불안정을 야기하는 변동환율체제에 대한 불만이 보호무역주의 재등장의 중요 원인 중 하나가 될 수 있다고 주장하는 것이다.

이러한 주장을 뒷받침하기 위해 1980년대 초에 미국의 재정 금융정책의 결과로 미국달러가치가 고평가되면서 미국의 무역수지 적자는 급속도로 증가했고, 이에 따라 미국의회에서 보호무역 정책의 채택 압력이 증가했다는 사실을 지적할 수 있다. 또한 1985년에 이루어졌던 플라자 협정(Plaza Agreement) 이후에 몇 년간 일본 엔화의 가치가 급속도로 상승함에 따라 일본의 산업생산이 감소하고 실업자가 증가하자 일본에서도 보호무역의 압력이 거세졌다는 사실도 예로 들 수 있다.

그렇다면 개방된 자본시장하에서 왜 환율이 큰 폭으로 변동하는가에 관한 의문이 제기된다. 이 문제에 대한 하나의 답변은 다음과 같다. 변동환율체제하에서는 투자자들이 주요 화폐 중에서 미래에 평가절상될 것으로 판단되는 화폐를 선택해 투자를 지속적으로 변화시키기 때문이라는 것이다. 따라서 국가들의 화폐공급량, 이자율, 무역수지 등에 관한 정보만으로는 환율의 변동을 예측할 수 없고, 따라서 변동환율체제는 근본적으로 불안정을 초래한다는 주장이다.

변동환율체제에 반대하는 학자들은 몇 가지 대안을 제시한다. 금본위제도(the Gold Standard)와 같은 고정환율체제를 지지하는 학자도 있고, 관리변동체제를 주장하는 학자도 있다. 또 다른 학자들은 장기적 환율변동은 포기하지 않는 대신에 단기적인 환율안정을 달성하기 위해 단기성 자본이동을 통제해야 한다는 주장을 펼치기도 한다.

요약하면, 변동환율체제는 각 국가들이 금융정책에서의 자율성과 독립성을 유지할 수 있고, 시장기제에 의한 화폐가치 책정을 통해 효율성을 제고시킬 수 있는 장점이 있다. 반면에, 큰 폭의 환율변동은 국제통화체제의 불안정을 제고시키고, 국가들이 경쟁적으로 환율인상 정책을 채택할 수 있는 여지를 주며, 따라서 보호무역 정책의 채택 가능성을 높여준다는 약점이 있다. 그리고 고정환율체제는 안정성과 예측성을 제공함으로 인해서 국가 간 교역을 원활하게 하는 장점이 있다. 반면에 국가들의 독립적이고 자율적인 금융정책의 채택을 제한하고, 불균형의 축적에 의해 금융위기가 발발할 가능성이 높다는 단점도 있다.

변동환율제도와 고정환율제도의 장단점을 비교해, 두 제도의 중간 어디쯤에 있는 제도를 채택할 수도 있다. 예를 들면, 조정 가능한 고정환율 혹은 관리변동제도 등을 들 수 있다. 이러한 제도들은 한편으로 보면 변동환율제도와 고정환율제도의 장점을 합친 제도라고 볼 수 있지만, 다른 한편으로 보면 두 제도의 단점만을 합친 제도라고도 볼 수 있다. 따라서 다양한 환율제도의 장단점에 대한 논란은 지속되고 있는 것이다.

(3) 국제수지 불균형 조정과정

국가들이 국제수지 적자를 해소하기 위해 어떤 수단을 강구하느냐에 관한 문제가 국제통화체제에 대한 세 번째 주요한 사안이다. 국가들이 국제수지 적자를 안고 있을 때, 일반적으로 정부는 이것을 해결할 수 있는 세 가지 서로 다른 정책대안을 가지고 있다. 첫째는, 정부지출과 개인소비의 감소, 그리고 세금 인상에 의해서 주로 이루어지는 '내부적(internal)' 조정정책이다. 이는 "자신의 허리띠를 졸라매는(tighten your belt)" 정책으로서 조정의 고통이 자국의 시민들에게 지워지는 경우이다. 둘째는 무역장벽이나 환율인상과 같은 '외부적(external)' 조정정책이다. 이는 "타국에게 부담을 떠넘기는(stick to other guys)" 정책으로서 조정에 따르는 고통을 타국에 전가하는 정책이다. 정책대안의 세 번째 유형은 외국은행, 국제통화기금이나 세계은행 같은 국제금융기구, 혹은 외국정부로부터의 대출에 의존하는 것이다. 이러한 각기 다른 대안들이 어떤 국내적·국제적·경제적 정치적 효과를 가질 것인가가 중요한 사안인 것이다.

첫째로, 정부지출과 개인소비의 감소와 같은 '내부적' 조정정책은 가장 실행하기 힘든 정책수단이다. 정부는 더 많은 세금을 거두어들이고, 정부지출과 사회집단으로의 소득전환을 줄이며, 소비를 줄이기 위해 이자율을 높인다. 이런 모든 긴축정책들은 경제침체를 유발시키고, 사회 전체적으로 경제적 어려움을 초래한다. 이러한 정부정책을 지지하는 집단은 아마도 거의 없을 것이다. 이러한 정책의 채택은 정치적으로 매우 위험한 것이다. 왜냐하면 이러한 정책을 채택하는 정부에 대한 지지는 크게 하락할 것이고, 차기 선거에서 패배해 정권을 놓칠 가능성이 크기 때문이다. 따라서 정부가 이러한 '내부적' 조정정책을 실행하는 것은 다른 대안이 없는 경우, 혹은 외부적 압력에 의한 경우 등의 상황에 직면한 경우라고 할 수 있다.

둘째로, 정부가 보호무역 정책에 의존하면 정부는 이 정책을 지지하는 몇몇 사회경제이익집단의 지지를 확보할 수 있을 것이다. 물론 이러한 정책에 반대하는 자유무역주의자들도 있을 것이다. 따라서 이 정책의 채택은 자유무역주의자들의 정치적·경제적 힘이 약할 때 더 가능할 것이다. 또 다른 '외부적' 정책수단인 환율의 평가절하는 수입을 억제하고, 수출을 촉진시킨다. 따라서 이 정책의 가장 큰 수혜자는 수출산업과 수입대체산업에 속하는 자본가들이다. 그러나 이 정책수단은 소비자의 이익을 해친다. 수입 감소와 수출 증가는 국내시장에서 상품가격을 상승시키는 효과를 갖기 때문이다. 국제통상의 문제를 설명할 때 언급했듯이, 집단행동의 측면에서 산업이 소비자보다 유리하기 때문에 이러한 정책이 채택될 가능성이 크다.

그러나 정부가 이러한 '외부적' 정책수단을 통해 국제수지 문제를 해결하려고 시도할 때 가장 문제가 되는 것 중 하나는 다른 국가들에 의한 반발일 것이다. 다른 국가들은 이러한 정책에 대해 무역보복조치를 취할 가능성도 있고, 또 어떤 경우에는 환율 평가절하 효과를 상쇄시키기 위해 자국들의 화폐가치를 절하시킬 가능성도 있다. 만약 이러한 일이 발생한다면, 시초에 '외부적' 정책수단을 사용한 국가는 국제수지 문제를 해결하지 못한 채 오히려 외국국가들과의 관계만 악화시킨 결과를 초래할 것이다. 국가가 '외부적' 조정정책에 의존하는 경우에, 국가들의 관계는 종종 죄수들의 딜레마(prisoners' dilemma)와 같은 상황에 처한다. 국가들이 현재의 무역정책과 환율을 유지한다면 국가 간 관계에는 큰 변화가 없을 것이다. 반면에 한 국가가 자국의 경제적 이익을 위해 보호무역 정책을 채택하든지 혹은 자국 화폐의 평가절하를 시도한다면, 이는 외국국가들의 보복을 초래하므로 오히려 상황만 나빠지는 결과를 얻게 될 것이다.

국제수지 적자를 해결하기 위한 세 번째 정책수단으로서의 해외채무는 이 정책의 채택에 의해서 명확히 손해를 보는 집단이 당장은 없다는 측면에서 정부에게는 가장 인기 있는 정책수단일 것이다. 가장 손해를 보는 집단은 이 채무를 갚아야 할 차세대 사람들이다. 정부는 현재의 해외채무의 규모가 작을 때 더 쉽게 외국 대출자들로부터 돈을 빌릴 수 있을 것이다. 해외채무의 규모가 증가함에 따라서 채무국의 지불능력에 대한 신뢰는 떨어지고, 따라서 외국대출자들은 그런 국가들에 대한 대출을 꺼려할 것이다. 대출이 이루어지더라도 더 많은 이자를 지불해야만 하고, 이는 국제수지를 더욱 악화시키는 요인으로 작동할 수 있다. 국제대출이 가능한 정책수단이 아닐 때, 정부는 더 많은 국내외적 갈등을 유발시킬 '외부적' 혹은 '내부적' 정책수단들에 의존해야만 한다.

국제수지 문제에 대처하는 세 가지 정책수단을 고려한 요점은 국제대출이 외부적 정책수단들보다 더 인기 있는 수단이고, 내부적 정책수단들보다는 훨씬 더 인기 있는 수단이라는 것이다. 따라서 정부는 외부적 정책수단들과 내부적 정책수단들보다 국제대출에 더 의존하려는 경향이 있다는 것이다. 또한 국가 간 갈등 유발이라는 측면에서 고려한다면, 외부적 정책수단이 가장 큰 문제를 야기할 것이고, 내부적 정책수단은 국가 간 갈등을 거의 유발하지 않을 것이다.

3. 국제통화체제의 변화과정

국제통화체제는 앞에서 설명한 세 가지 주요 사안에 따라서 구별될 수 있다. 대략 1880년부터 1913년까지는 금본위제도가 시행되었고, 양차대전 사이의 기간 동안에는 변동환율제도, 새로운 금본위제도 그리고 관리변동환율제도가 혼재되어 나타났다. 제2차 세계대전의 종식 후부터 1973년까지는 미국달러의 금태환을 근본으로 하는 브레턴우즈체제가 유지되었고, 그 후부터 현재까지는 각 국가들이 서로 다른 통화금융체제를 사용하는 혼합된 체제를 유지하고 있다.

(1) 금본위제도

1880년부터 1914년까지 유지되었던 금본위제도는 국제통화금융체제의 안정성과 유연성을 모두 제공해주었던 체제였다. 따라서 뒤에 언급하겠지만, 1970년대 초에 브레턴우즈체제가 붕괴된 이후 불안정하던 국제통화금융체제를 19세기의 금본위제도로 환원시켜야 한다는 주장이 등장하기도 했다. 금본위제도는 첫째, 국제통화로서 금을 사용하고, 둘째, 국가들의 화폐가치를 금 가치에 고정시켜 환율을 고정시키며, 셋째, 국제수지 불균형을 해소하기 위해서는 주로 '내부적' 조정정책에 의존하는 것을 원칙으로 하는 체제이다. 금본위제도는 가격과 소득 안정성을 유지하고, 국제수지 불균형 압력을 해소하며, 각 국가의 금융정책을 조율하는 데 매우 견고하고 효율적으로 기능했다. 금본위제도가 이러한 역할을 효율적으로 담당할 수 있었던 가장 큰 이유는 그것이 국가들에 의한 자의적인 정책결정의 영역을 제한하면서 매우 자동적으로 작동했다는 사실 때문이다. 각 국가의 통화공급은 국내 금 보유에 직접적으로 연계가 되었고, 국제수지 조정은 주로 금의 국제거래를 통해 이루어졌다. 금본위제도가 제공했던 환율의 안정은 국가 간 무역거래를 촉진하는 데 기여했고, 또한 가격수준의 안정은 국가들의 산업특화와 장기계획의 수립을 가능하게 했다.

금본위제도가 시행되었던 1880~1914년 사이에 국제금융위기가 거의 없었다는 사실과 국제수지 불균형 조정과정이 잘 이루어졌다는 사실을 어떻게 설명할 수 있을 것인가? 금본위제도에서 국제수지 불균형이 상대적으로 잘 이루어졌던 것은 흄(Hume)이 제시했던 가격-정화 유통과정(price-specie-flow mechanism)에 의한 것이다. 즉, 한 국가의 국제수지가 악화되면, 그 국가가 보유하던 금이 해외로 유출되고, 따라서 그 국가 시민들의 소득은 낮게 책정된다. 소득이 낮아지면 소비가 줄어들어 수출이 증가하고 수입이 감소한다. 이러한 과정을 걸쳐서 결국은 다시 금이 국내로 유입된다. 반면에 한 국가가 대외경제거래를 통해 흑자를 보는 상황이 되면, 그 국가로 금이 유입된다. 금이 유입되면 그 국가 시민들의 소득은 상승한다. 소득이 상승하면 소비가 많아지고, 따라서 수입은 증가하고 수출은 줄어든다. 수입 증가와 수출 감소는 금이 해외로 유출되는 결과를 초래한다. 국제수지 불균형은 이러한 자동 조정 과정을 통해 해소된다.

이러한 자동적인 과정이 가능했던 것은 금본위제도가 유지되었던 시기에 국가들 간의 자유무역 관행이 정착되어 있었다는 사실에 기인했다. 각 국가들의 중앙은행이 국제수지 불균형 해소과정에서 일련의 '게임의 법칙(rules of the game)'을 준수했다는 사실도 조정과정의 유연성에 공헌했다. 중앙은행들은 그들이 국제수지 흑자를 경험할 때는 주로 할인율(discount rate) 조정과 이자율 조정을 통해 통화 공급을 확대하고, 국제수지 적자를 안고 있을 때는 통화 공급을 축소해서 환율의 재조정 없이도 국제수지의 불균형이 잘 해소되도록 했다.

금본위제도가 효과적으로 운영될 수 있었던 또 하나의 요인은 그것이 관리된 체제(managed system)라는 사실이다. 금이 국제화폐로 유통되고 국가 간 합의에 의해 고정환율체제를 유지하며 자동적으로 국제수지 조정이 되는 체제라 할지라도, 이를 형성·유지·관리하기 위한 영국의 능력과 의지 없이는 거의 불가능했을 것이다. 영국중앙은행(the Bank of England)은 자본과 금의 국제거래에 막대한 영향력을 행사할 수 있었고, 따라서 국제통화금융체제의 관리에서 주도적인 역할을 담당했다.

요약하면, 금본위제도가 잘 운영될 수 있었던 몇 가지 특징을 발견할 수 있다. 즉, 금 생산의 증가로 인해서 국제통화로서의 유동성 문제를 해결했다. 또한 금은 정화이기 때문에 이에 대한 신뢰성의 문제는 발생하지 않았다. 국제수지 불균형의 문제는 대부분 자동적으로 해소되는 현상을 보였고, 각국의 중앙은행들이 '게임의 법칙'을 준수했다. 마지막으로 영국의 지도력이 행사되었기에, 금본위제도는 효과적으로 운영될 수 있었던 것이다.

(2) 혼란의 시대

금본위제도는 제1차 세계대전의 발발과 함께 붕괴되었다. 그 후의 국제통화체제는 혼란의 시대로 접어들었다. 고정환율체제는 중단되었고, 국제통화로서는 여전히 금과 영국의 파운드화가 주로 사용되었지만 다른 국가들의 화폐도 국제적으로 유통되기 시작했다. 국가들은 국제수지 불균형을 해소하기 위한 노력으로 주로 외부적 정책수단에 더욱 의존하는 경향을 보였다. 즉, 무역장벽의 설치와 자국 화폐의 평가절하를 통해 조정의 고통을 타국에 이전시키려는 노력을 강구했고, 이에 따라서 국가 간 갈등은 깊어졌다.

1920년대의 국제통화체제의 역사는 금본위제도를 부활시키려는 국가들의 끈질기지만 결국은 별 효용성이 없었던 노력의 과정이라고 할 수 있을 것이다. 국제통화체제의 혼란으로부터 벗어나기 위해 영국의 주도로 몇몇 국가가 금본위제도로 회귀하려 했다. 이러한 노력의 결과로 1925년에 약 50개의 국가가 금본위제도의 부활에 동참했다. 그러나 이러한 시도는 결국 1931년에 영국정부가 파운드화의 가치를 절하하면서 수포로 돌아갔다. 국가들의 국수적 경제정책의 채택과 계속되는 금융위기에 직면하면서 영국은 결국 금본위제도를 포기할 수밖에 없었다. 또한 1920년대 말부터 시작된 대공황은 가격과 소득의 안정성을 크게 침해했고, 이에 따라서 환율의 안정성은 유지될 수 없었던 것이다.

주요 국가들의 노력에도 금본위제도로의 회귀 노력이 실패로 끝났던 이유를 몇 가지 들 수 있다. 첫째, 각국의 중앙정부가 외부 영향으로부터 국내경제를 보호하기 위해 적극적으로 시장에 개입해서 조정과정을 지연시켰다. 둘째, 이 체제의 원활한 운영을 위해 필요한 금이 충분히 공급되지 못했다. 금은 만들어질 수 없는 자원이다. 따라서 금을 적절히 더 많이 공급하기 위해서는 금을 새롭게 찾고 캐는 작업이 필요한데, 이러한 작업은 뜻대로 될 수 있는 것이 아니었다. 셋째, 시민들을 전쟁에 동원하기 위한 과정 속에서 복지국가가 탄생했고, 또한 자본가와 노동자들의 정치적 힘이 증대되었다. 따라서 불균형 해소과정 중에 필요한 상품가격과 임금의 하향조정이 매우 힘들어졌고, 이에 따라서 불균형 조정과정이 왜곡되는 현상이 발생했다. 넷째, 중앙은행들이 금과 더불어서 타국의 화폐를 보유외환으로 사용하는 경우가 증가했고, 이에 따라서 금본위제도의 근본적 성격이 희석되기 시작했다. 다섯째, 가용한 금이 국제적으로 불균형하게 분배되어 있었다. 여섯째로, 전쟁 이전의 체제와는 다르게, 양차대전 사이의 금본위제도는 런던과 뉴욕이라는 경쟁적인 두 금융센터를 중심으로 조직화되었다. 마지막으로, 1920년대 말부터 급속도로 진행된 국가들에 의한 무역장벽의 확대는 원활한 조정과정을 방해하는 요인으로 작용했다.

이러한 요인들에 기인해 양차대전 사이에 존재했던 금본위제도는 실패로 귀착되었다. 그러나 무엇보다도 중요한 요인은 영국이 패권력을 상실하면서 국제통화체제의 안정적 유지를 위한 지도력을 발휘하지 못했다는 것이다. 지도력의 부재 속에서 국제통화체제에 참여하는 행위자들의 태도와 기대는 그 이전과는 매우 달랐고, 국제통화체제의 질서보다는 국내경제의 독립성과 국가 이익이 훨씬 더 강조되었다.

1931년 새로운 형태의 금본위제도가 붕괴된 이후에 다시 변동환율체제가 도입되었다. 1920년대 대공황이 초래한 국가들의 경쟁적 무역장벽의 설치와 더불어 각국의 정부들은 실업과 물가상승을 타국에 이전시키고, 국제시장에서의 경쟁력을 제고시키려는 방안의 일환으로 경쟁적으로 자국화폐의 평가절하를 시도했다. 혼란의 시대가 계속되었고 국가 간의 갈등은 깊어졌다. 결국 그 해결방안은 또 다른 전쟁의 발발이었다.

(3) 브레턴우즈체제

두 차례의 세계대전 사이의 혼돈된 시대를 경험한 주요 국가의 정책결정자들과 학자들은 전후의 국제통화금융체제를 안정화시키기 위한 방안을 모색하기 위해 1944년 미국의 브레턴우즈(Bretton Woods)에서 회의를 개최했다. 경제성장과 완전고용의 달성 그리고 안정적 국제경제 질서의 창설이라는 목표를 달성하기 위한 체제를 형성하기 위한 회의였다. 러기(Ruggie)는 이러한 목표들의 동시추구적 성격을 지닌 브레턴우즈체제를 '내재적 자유주의의 합의(compromise of embedded liberalism)'라는 말로 표현하고 있다. 이는 케인스주의적인 경기부양을 통한 완전고용의 달성이라는 국내적 목표와 국제경제의 자유화라는 목표가 큰 갈등 없이 동시에 추구된다는 것을 의미하는 표현이다.

이 회의를 바탕으로 형성된 브레턴우즈체제의 기본적인 성격은 다음과 같다. 첫째로, 궁극적인 국제 기축통화로는 금이 사용된다. 그러나 국제통화의 유동성을 확보하기 위해 국제결제에서는 주로 미국달러화가 사용된다. 미국 이외의 국가들이 보유하는 미국달러는 미국 정부가 보유하고 있는 금과 교환된다는 신뢰를 바탕으로 하고 있는 금태환제도(Gold-Exchange Standard)의 성격을 지닌 것이다. 둘째로 미국달러 가치가 금의 가치에 일정비율로 고정되는 고정환율제도를 형성했다. 국가들은 그들 경제의 근본적인 불균형이 발생하지 않는 한 국가 간 합의된 환율을 유지하기 위해 내부적 조정을 행해야 하는 체제였다. 셋째로 국제수지 불균형을 해소하기 위해서는 주로 내부적 조정정책과 국제대출이 사용된다는 원칙이 있었다. 이는 양차대전 기간 중에 국가들의 경쟁적인 보호무역 장벽의 채택과 환율인상이 경제적 이익을 제공하지는 않고 다만 국가 간 갈등만을 초래했다는 경험을 바탕으로, 국가 간 갈등을 야기하는 외부적 조정정책의 채택은 될수록 피해야 한다는 인식을 전제로 한 것이었다. 단기적 국제수지 불균형을 해소하기 위해 국제통화기금(IMF: International Monetary Fund)이 창설되었고, 전후 외환부족으로 인한 경제부진의 고통을 겪고 있었던 국가들에게 중장기 성격을 띤 자금을 지원하기 위해 세계은행이 창설되었다. 또한 일시적인 국제수지 불균형 해소를 위해서 국가들이 재정금융정책을 통해 국내시장에서의 수요·공급·소비를 조절하는 내부적 조정정책의 채택이 권고되었다. GATT체제를 중심으로 자유무역을 실현하기 위한 제도가 설립되었고, 고정환율제도가 정착되었다. 국가들의 외부적 조정 과정을 방지하기 위한 조치들이었다.

이러한 성격을 지니고 있었던 브레턴우즈체제는 국제통화체제가 지녀야 할 다양한 필수조건인 화폐 유동성, 안정성 그리고 국제수지 불균형 조정과정이라는 모든 측면에서 효과적인 것처럼 보였다. 실제로 이 체제는 1960년까지는 잘 운영되었다. 국제시장에서의 화폐공급은 미국달러의 해외유출에 의해서 이루어졌다. 화폐의 유동성이라는 측면에서 살펴보면, 전후에 미국은 지속적인 무역수지 흑자를 향유했지만, 해외원조, 해외투자, 미군의 해외주둔비용 지불 그리고 한국전쟁 등을 통해 막대한 양의 달러를 해외로 유출시켰다. 국제시장에서의 기축통화 공급이 원활히 이루어진 것이다. 안정성의 측면에서 본다면, 고정환율체제의 유지가 국제통화체제의 안정성에 큰 도움을 주었고, 또한 1960년까지는 타 국가의 미국달러 보유량이 미국의 금보유량을 밑돌았기 때문에 미국달러-금 교환에 대한 타 국가들의 신뢰성이 유지되었다. 단기간에 걸친 국제수지 조정은 국제통화기금을 통해 원활히 이루어졌고, 장기 외환수요 역시 세계은행으로부터의 지원과 미국의 해외원조를 통해 조달되었다. 또한 국제무역기구인 GATT를 통한 다자간 무역협상을 통해 국가들의 무역장벽이 낮아짐으로서 자유무역을 통한 조정과정 역시 원활히 작동했다.

브레턴우즈체제는 1960년대에 들어서면서 몇 가지 문제를 드러내기 시작했다. 이는 국제경제구조의 변화, 미국 경상수지 적자의 확대 그리고 이에 따른 정책결정자들의 인식의 변화 등에 기인하는 것이었다. 첫째, 국제경제구조에서 근본적인 변화가 발생하기 시작했다. 전후 복구를 완성시키면서 유럽의 몇몇 국가들과 일본의 경제력은 크게 향상되었고, 이에 따라서 미국의 패권력은 상대적으로 쇠퇴하게 되었다. 경제력에서의 균형회복은 국가 간 경쟁과 갈등을 심화시키는 현상을 초래했다. 미국의 지도력에 의해 이끌렸던 국가들이 이제는 독립적인 목소리를 내기 시작하면서 국제통화금융체제의 성격과 개혁방안에 관한 이견들이 도출되기 시작했다.

둘째, 1960년 초를 기점으로 미국의 경상수지는 흑자에서 적자로 전환하게 되고, 그 이후 적자폭은 크게 확대되는 현상이 나타났다. 1960년대 초에 취임한 존슨(Johnson) 대통령은 '위대한 사회(Great Society)'의 건설을 주창하면서 막대한 양의 재정지출을 실시했다. 또한 베트남 전쟁에 참여하면서 미국은 막대한 달러를 전쟁수행을 위해 지불할 수밖에 없었다. 또한 타 국가들의 경제회복으로 인해 미국 상품의 국제경쟁력이 전반적으로 악화되어 수출이 감소하고 수입이 확대되었다. 이 모든 요인에 따라 막대한 양의 미국달러가 해외로 유출되었고, 이에 따라서 국제통화체제의 안정성과 미국달러에 대한 신뢰성이 흔들리는 모습을 보였다.

셋째, 미국과 타 주요 국가들의 정책결정자들 간에 문제의 근원에 대한 큰 시각차이가 있었다. 미국의 입장에서는 미국달러의 해외유출이 확대되고 있는 것은 베트남 전쟁의 수행과 다른 국가들의 보호무역에 의한 미국수출의 감소에 기인한다고 생각했다. 또한 미국의 달러가치가 고평가되어 있었기 때문에 국가 간 합의를 통해 달러의 평가절하를 이루어야 한다고 주장했다. 다른 국가들의 입장에서 볼 때 문제의 근원은 미국달러의 특권과 이에 기인한 미국의 경제정책에 있었다. 미국달러가 기축통화로 이용되었기 때문에 미국은 국제수지 불균형에 대한 심각한 고려 없이 경제정책을 수행할 수 있었다. 국제수지 적자 속에서도 미국은 고통스러운 내부조정과정 없이 달러의 신규발행을 통해 이 적자를 보상할 수 있었기 때문에 경상수지 적자와는 상관없는 경제정책을 수행했다는 것이다. 경상수지 적자가 증가되는 때에도 재정지출을 늘렸고, 이로 인해 미국의 물가상승이 타 국가로 이전되는 현상을 초래했다는 것이다. 또한 정권을 유지하고 싶은 정책결정자들이 고통스러운 조정과정을 타 국가 혹은 미래세대에 전가함으로 인해서 인기를 유지할 수 있는 경우에 대개는 방만한 경제운영을 하게 마련이라는 논리도 포함되어 있다. 따라서 타 국가들은 그들의 국제경쟁력을 약화시킬 미국달러의 특권 위치를 없애기 위해 노력했고, 프랑스의 드골(de Gaulle)

대통령은 금본위제도로의 복귀를 주장했고 다른 국가들이 보유하고 있는 미국달러를 금으로 교환해줄 것을 요구했다.

앞에서 설명했듯이, 1960년대에 국제통화체제가 불안정하게 될 수밖에 없었다는 주장이 있었다. 미국의 경상수지 적자가 시작될 무렵에 경제학자인 트리핀(Triffin)은 브레턴우즈체제는 국제통화 창출기제와 체제에 대한 신뢰성 간에 근본적인 모순이 있다고 지적하면서 체제의 붕괴 가능성을 예측했다. 즉, 경제성장을 촉진하기 위해서는 기축통화인 미국달러의 공급이 확대되어야 하지만, 이는 미국의 국제수지 적자를 통해서만 가능한 것이기 때문에 미국달러의 가치와 미국달러의 태환에 대한 신뢰성을 상실한다는 것이다. 그렇다고 해서 신뢰성을 회복하기 위해 미국달러의 해외유출이 제한되면 국제통화의 부족으로 인해 국제경제가 침체될 것이라는 주장이다. 국제통화 공급의 문제를 해결하기 위해 주요 국가 간의 5년 동안의 협상을 통해 1968년에 국제통화기금에 의해서 특별인출권이 창출되었는데, 이는 중앙은행들 간의 결제를 용이하게 하기 위한 통화였다. 하지만 이것도 국제통화의 안정적 공급과 신뢰성 확보라는 두 가지 목적성 간의 상충적 관계를 해소하는 데 큰 도움을 주지는 못했다.

브레턴우즈체제의 또 하나의 취약성은 국가들의 도덕적 해이(moral hazard) 문제였다. 브레턴우즈체제는 국가들이 "근본적인 불균형(fundamental equilibrium)"에 봉착했을 때는 그들의 환율을 재조정할 수 있다는 구제조항(escape clause)을 포함하고 있다. 물론 이러한 조항은 고정환율체제가 갖는 경직성의 약점을 보완하기 위해 합의된 것이지만, 국가들은 이 조항을 자의적으로 해석해 국제시장에서 자국의 경쟁력을 높이고 자신의 문제를 타국에 이전시키기 위해 종종 평가절하의 유혹에 빠져들게 되는 것이다. 객관적으로 "근본적 불균형"이 어떤 상태인지 증명할 수 없고, 이것이 정부의 의도적인 정책에 의한 것이 아니라는 것을 증명할 수도 없기 때문에 도덕적 해이의 문제는 더욱 심각했던 것이다.

브레턴우즈체제는 1971년 8월 15일에 닉슨 선언에 의해 실질적으로 붕괴된다. 닉슨 대통령은 미국이 그때까지 견지했던 '호혜적 무시(benign neglect)' 정책을 포기하고, 적극적으로 미국의 문제를 해결하려는 정책을 수립했다. 그 주요 내용은 세 가지로, 첫째는 달러의 금태환을 금지하는 것이고, 둘째는 유럽과 일본이 환율재조정을 하도록 유도하기 위해 수입품에 10%의 추가관세를 부과하는 것이며, 셋째는 미국 내의 물가상승을 억제하기 위해 임금과 가격 통제정책을 도입하는 것이다. 이러한 조치의 결과로 미국달러의 상당한 평가절하가 이루어졌다. 그해 12월에 국가 간 갈등을 완화시키기 위해 스미스소니언 회의(Smithsonian Conference)가 개최되었다. 이 회의에서 미국이 설치한 추가관세의 철폐, 미국달러 가치의 10% 평가절하 그리고 환율변동 폭의 확대 등이 합의되었다. 그러나 이러한 국가 간 합의가 이미 축적되었던 불균형을 해소하는 데는 역부족이었고, 1973년 3월에 이르러서 환율변동이 결정되면서 브레턴우즈체제는 완전히 와해되었다.

(4) 브레턴우즈 이후의 체제

브레턴우즈체제는 1973년에 사실상 붕괴되었지만, 법적으로는 1976년 자메이카의 킹스턴(Kingston)에서 개최된 국제통화기금 회원국들의 회의에서 인준되었다. 이 회의에서 국가들이 합의한 내용은 변동환율체제 도입, 외환보유로서 금의 역할 축소, 국제통화기금 할당금(quota)의 확대, 저발전국가들에 대한 대출 확대 그리고 환율결정의 책임은 각 국가에 있다는 것을 명시한 것이었다.

국가들이 변동환율체제를 도입한 것은 시장기제에 의한 자동적인 화폐가치 변화를 통해 국제수지 조정이 원활히 될 수 있다는 믿음에 기초한 것이었다. 또한 이러한 국제통화체제는 외부의 영향과 제약으로부터 국내경제 관리를 독립시킬 수 있을 것으로 생각했다. 그리고 한 국가의 경제정책이 다른 국가의 경제에 큰 영향을 끼치지 않음으로 인해서 국가들이 자신의 문제를 해결하기 위해 독립으로 거시경제정책을 수행할 수 있을 것으로 판단했다.

그러나 기대와는 다르게 국가들은 자국화폐의 가치를 시장에 맡겨두는 것이 아니라, 자국의 국제경쟁력을 향상시키기 위해 자국화폐의 평가절하를 시도하고 때로는 물가상승을 억제하기 위해 종종 화폐의 평가절상을 시도하는 등 적극적 시장개입 정책을 시도했다. 그 결과 새로이 도입된 변동환율체제 역시 국제통화의 안정이라는 목적을 달성하는 데 실패했다. 환율은 이 체제의 도입 초기부터 매우 큰 폭으로 변동했고, 이것은 국제무역과 국제금융거래에 악영향을 끼쳤다. 이러한 체제 불안정을 가속화시키는 몇몇 요인이 있었는데, 미국 무역수지 적자폭의 확대에 기인한 국제유동통화의 막대한 증가, 석유수출국들의 엄청난 무역수지 흑자 그리고 국제금융시장 통합의 가속화 등이 그것이다. 이러한 불안정한 국제통화체제하에서 몇몇의 중요한 사건들과 현상들이 등장하고, 이러한 사안들을 관리하는 데 국가 간 협력·갈등의 모습이 혼재되어 나타났다.

브레턴우즈 이후의 국제통화체제에서 나타난 특이한 현상 중 하나는 유로화폐시장의 발달이었다. 유로달러(eurodollar)라는 용어는 유럽은행들에 예탁된 미국달러로부터 그 어원을 찾을 수 있는데, 이렇게 예탁된 달러는 미국통화금융정책에 의해 큰 영향을 받지 않고 미국 금융당국의 관리도 받지 않는다. 이 용어가 확대되어서 유로화폐라는 용어가 생겨났는데, 이는 어떤 화폐든지 간에 이 화폐를 발행한 국가 이외의 지역에 예탁된 화폐라고 할 수 있다. '유로'라는 말이 접두사처럼 붙어 있는 이유는 이 시장이 유럽에서 먼저 발생했기 때문인데, 현재에 와서는 세계 도처에서 이러한 형태의 시장이 발달하고 있기 때문에 '유로'라는 말은 유명무실해졌다고 할 것이다.

유로화폐시장이 발달된 몇 가지 원인을 찾을 수 있다. 가장 근본적인 원인은 미국의 과도한 팽창적 재정금융정책으로 인해 막대한 양의 미국달러가 해외로 유출되었다는 사실이다. 둘째로는 정치적인 이유를 들 수 있다. 미국의 금융통제를 받기 꺼려하지만 국제거래를 위해 미국달러를 보유하려 하는 국가가 있다. 특히 미국과 적대적 관계에 있었던 구소련권 국가들이나 아랍 국가들이 시장발달을 요구해오면서 이 시장이 크게 발전된 것이다. 셋째로 이와 관련해 유로시장은 화폐발행 당국의 통제를 회피할 수 있다는 장점이 있다. 마지막으로, 유로시장에 예탁되는 돈은 지급준비율 제도의 부재로 인해 대개는 더 높은 이자율을 책정하고 있기 때문에 더 많은 자본이 이 시장으로 유입되는 동인을 제공했다.

유로화폐시장은 이 같은 속성으로 인해 자금의 통제가 심하지 않은 곳에서 주로 발달되었다. 예를 들면 런던, 파리, 홍콩, 취리히, 파나마 등을 들 수 있다. 유로화폐시장은 대규모의 거래 그리고 단기성을 지닌 예탁과 대출의 성격을 지닌다. 유로시장은 1970년대에 소위 석유달러(oil dollar)라고 부르는 석유수출 국가들의 막대한 국제수지 흑자를 재유통(recycling)시키는 데 큰 역할을 담당했다.

이러한 성격을 띤 유로화폐시장은 문제점도 야기했다. 첫째, 거대한 국제자본이 관리되지 않는 형태로 유통된다는 문제가 있다. 둘째, 유로화폐시장은 각 국가의 통화

공급 조절능력을 무력화했다. 셋째, 유로화폐시장의 발달로 인해 국제수지 적자인 국가들이 국제대출을 쉽게 받을 수 있는 수단이 생기면서 이 국가들에 대한 구조조정 압력을 약화시켜 금융불안이 발생했다. 넷째, 거대한 국제자본이 투기목적으로 유통되는 현상도 나타났다. 마지막으로, 이 시장에서는 '최후의 대출자'가 없기 때문에 이 시장에서의 금융거래는 집단적으로 위험한 일이라는 비판을 받아왔다. 이러한 문제를 해소하기 위해 유로화폐시장을 규제하려는 시도들이 있었다.

1980년대의 채무위기, 그 후 여러 차례에 걸친 금융위기, 환율변동의 확대 등이 국제통화체제의 혼란을 가중시켰고, 이로 인한 국가들의 갈등도 증폭되었다. 현재의 국제통화금융체제는 매우 복잡하고 불안정하다. 첫째, 기축통화로서 여전히 미국달러가 중요한 역할을 하고 있지만 다른 화폐들의 역할도 확대되고 있다. 특히 유로(euro)의 등장과 중국 위엔화의 거래 확대는 국제통화체제를 일극체제(unipolar system)에서 다극체제(multipolar system)로 전환시킴으로써 국제통화 사안에 관한 미국-유럽 간, 그리고 미국-중국 간 갈등·협력관계를 새로운 국면으로 이끌고 있다. 여러 종류의 화폐가 동시에 유통된다는 것은 상당한 위험을 수반한다. 변동환율체제하에서 평가절상이 될 것으로 예측되는 통화에 막대한 돈이 몰리면서 환율 변동폭이 크게 증가할 수 있고, 이에 따른 미래에 대한 불안으로 국제거래가 제한받을 수 있다.

둘째, 현재의 환율체제는 매우 복잡한 양상을 보인다. 먼저 국가들이 서로 다른 형태의 환율체제를 사용하고, 이중외환시장(dual exchange market)처럼 여러 형태의 환율체제를 동시에 이용하는 국가들도 있다. 또한 국가들이 같은 체제를 매우 다른 방식으로 사용하는 경우도 있고(예를 들면 관리변동환율체제의 이용에서의 상이성), 국가들이 환율체제를 변경시키는 경우도 허다하다. 이러한 요인으로 인해 국제환율체제는 큰 혼란을 보이고 있다.

셋째, 국제금융시장에서의 거래규모가 기하급수적으로 증가하고, 이에 따라 안정화를 위한 정부개입의 효과를 기대하기 어려운 상태에 이르렀다. 뒷장에서 다시 설명하겠지만, 정부의 탈규제화 정책과 기술적 발전 등을 배경으로 막대한 돈이 국경을 넘어 거래되고 있다. 투자와 투기의 경계가 모호해지고 단기적 투자 규모가 확대되었다. 이러한 현상은 환율의 변동 폭을 증가시키고, 국가들의 통화관리 능력은 약화시키고 있다.

마지막으로, 국제통화체제의 지역화 현상이 나타나고 있다. 1978년에 유럽금융체제(European Monetary System)가 성립되면서 본격적으로 시작된 지역화 현상이 나타났다. 1990년대에 들어서면서 유럽연합 국가들이 마스트리흐트 조약(Maastricht Treaty)을 통해 화폐통합을 합의했고, 1999년 유럽단일화폐인 유로(euro)가 탄생했다. 이에 따라서 미국달러를 중심으로 유지되어왔던 일극(unipolar) 형태의 국제통화체제는 유로와 달러 중심의 양극(bipolar)체제로 전환된 것이다. 또한 최근 중국 경제가 부상하면서 위안화의 사용이 급증해, 국제통화체제 내에서 다극체제로의 구조변동이 예상되고 있다. 국제통화의 지역화 현상은 지역 내 국가들 간 갈등뿐 아니라 지역 간 국가들 간 갈등을 초래해 체제적 불안정을 제고시킬 가능성도 있다. 따라서 지역 간 협력체제를 유지 발전시키려는 다자적 협력이 더욱 필요한 상황이다.

4. 미래의 국제통화체제

국제통화체제의 안정성을 도모하고 국가 간 협력을 증진시키며, 궁극적으로 국경 간 경제거래 행위의 증대를 위한 다자간 협력이 많이 진행되고 있다. 앞에서 언급했듯이 단기자본 통제에 관한 논의, 고정환율체제로의 복귀 논의, 국제수지 조정과정에 관한 논의, 지역 통화체제의 구축 논의 등이 다양하게 전개되는 것이다. 국가들은 유동성과 신뢰성 간의 상충성 문제, 통화체제의 안정성과 효율성 간의 상충성 문제, 지역적 협력과 다자간 협력 간의 갈등과 조화 문제, 기축통화의 성격과 관련된 문제 등을 해결하기 위해 노력하고 있다.

문제는 국가들이 자신이 추구하는 모든 가치를 동시에 달성할 수 없다는 점이다. 먼델(Mundell)과 플레밍(Flemming)이 '삼위불일체(unholy trinity)'라고 했듯이, 국가들은 자국들이 국제통화체제에서 추구하는 거시경제 자율성, 안정된 환율체제, 자본유동성 확보라는 세 가지 목적성을 동시에 달성할 수는 없다. 이 중 적어도 한 가지 가치는 다른 가치들의 달성을 위해 희생되어야 하는 것이다. 예를 들면 브레턴우즈체제하에서 국가들은 거시경제 자율성과 안정된 환율체제를 유지하기 위해 국가 간 자본유동성을 제한하는 정책을 취했다. 일종의 자본통제가 이루어진 것이다. 브레턴우즈 이후의 체제에서는 거시경제 자율성과 자본유동성을 확보하기 위해 안정된 환율이라는 가치가 희생되었다. 국가들이 변동환율체제를 채택한 것이다. 반면 유럽의 경험에서 보듯이, 유럽연합 국가들은 유로(euro)체제의 탄생과 더불어서 안정된 환율체제와 자본유동성 확보라는 목적을 달성했지만, 거시경제 자율성의 상당 부분은 유럽중앙은행에 위임하는 '희생'을 감수해야 했다.

그렇다면 앞으로 국가들은 어떤 가치를 희생하는 정책을 채택할 것인가의 문제가 남는다. 국제통화체제의 혼란과 불안정을 축소시키기 위해 적어도 투기적 단기자본에 대해 어느 정도 통제가 필요하다는 주장이 제기될 수 있다. 반면에 자본통제는 현실적으로 불가능하고 자본통제로 인한 경제적 비효율의 창출을 막기 위해서, 현재의 다소 혼란스러운 변동환율체제를 유지할 수밖에 없다는 주장도 제기될 수 있다. 또한 지역 내 통화협력의 발전과 공동화폐의 사용으로 인해 환율의 안정과 자본유동성의 확대를 도모하는 대신, 국가들의 경제 자율성을 제한해야 한다는 논의도 제기될 수 있다. 국가들이 어떤 정책을 채택할 것인가는 두고 볼 일이다. 다만 적어도 당분간은 현재의 체제가 유지될 것으로 보인다. 즉, 각 국가들이 거시경제의 자율성을 확보하고 국가 간 자본이동도 용인하면서, 환율의 불안정성을 감수하는 것이다. 사실 유럽의 경험에서 본 국가들의 경제 자율성의 침해는 국가들이 채택하기 매우 어려운 정책이다. 경제주권을 이양하는 것이기 때문이다. 또한 현재 진행되는 국제통화금융체제에서의 자본거래의 속도와 양의 증가 현상을 고려할 때, 이에 대한 통제는 사실상 거의 불가능하고, 아니면 통제가 가능하더라도 막대한 경제적 혼란을 초래할 가능성이 크다. 따라서 국가들이 당분간 안정된 환율체제라는 가치를 희생할 가능성이 크다고 할 수 있다.

국제통화체제를 더욱 혼란스럽게 만들 다른 한 요인은 국가 간 힘의 균형의 변동이다. 국제통화체제 내에서 미국의 패권력이 감소하면서, 국제통화체제가 변화하고 있다. 유럽 국가들과 중국의 영향력이 커지고 있다. 관리 주체의 다양화는 국제통화체제의 '민주화'에는 도움이 될 수 있을지 모르지만, 국제통화체제의 관리 측면에서는 불안정성을 제고시키는 것이다. 국제정치에서도 그랬듯이, 강대국 간 힘의 균형에서의 변화는 혼란과 불안정을 초래하는 것이다. 이러한 논란에 대해 국제정치학에서 오래된 논쟁인 체제적 특성과 안정성 간의 논의가 적용될 수 있다. 국제체제는 단극체제(unipolar system), 양극체제(bipolar system), 다극체제(multipolar system) 등으로 구별될 수 있다. 어떤 국제체제가 국가 간 안정과 평화에 도움이 될 것인가에 관한 오래된 논쟁이 있다. 마찬가지로 패권안정이론에 관한 설명에서 논의했듯이, 하나의 패권 존재가 국제경제체제의 안정과 개방에 도움을 줄 수도 있다. 따라서 미국 패권의 상대적 약화와 다른 국가들의 경제권력의 증대는 체제적 변화를 일으키는 것이고, 이러한 체제적 변화가 향후 국제통화체제에 어떤 영향을 끼칠 것인가는 지켜볼 일이다.

따라서 앞으로 국제통화체제에서는 국가 간 협력이 더 많이 필요하다. 국가 간 협력기제가 소수주의의 형태를 보일지 다자주의의 형태를 보일지는 명확하지 않다. 민주성, 대표성, 효과성, 효율성이라는 측면에서 다른 형태의 관리기제가 서로 장단점이 다르기 때문이다. 다만 과거에 국가들이 본 정상회의(Bonn Summit), 플라자 합의(Plaza Agreement), 루브르 합의(Louvre Agreement) 등을 통해 국제통화체제를 공동으로 관리한 것처럼, 앞으로도 지속적으로 이러한 관리 노력이 필요한 것이다. 국제경제의 성장, 안정적 국제통화체제의 유지 그리고 국가 간 평화의 달성이라는 공동의 목적은 여전히 유효하다.

하지만 국제통화체제의 관리와 협력을 어렵게 만드는 몇 가지의 요인들도 있다. 우선 시장의 경직성을 들 수 있다. 위에서 설명했듯이, 자동 조정 과정의 원활한 작동은 시장 기제를 통한 불균형의 해소라는 긍정적 측면이 있다. 그러나 시장이 경직되어 이러한 자동 조정 과정이 잘 작동되지 않으면 불균형의 해소는 용이하지 않다. 예를 들어, 노동시장의 경직성이 상승되어 국제수지 적자가 누적되는 상황에서도 임금을 줄이기 어렵거나 복지혜택을 축소하는 것이 어려워지면, 불균형 해소는 기대만큼 쉽게 이루어질 수 없다. 이런 경우 정부에 의한 시장 개입이 본격적으로 이루어져야 하고, 정치적 사회적 갈등이 증폭될 수 있는 것이다. 국제통화 이슈가 정치화되면 될수록 경제행위자들 간의 협력은 어려워지고, 국내외적 갈등이 많이 발생하는 것이다.

이와 마찬가지로 자본 시장의 탈규제화로 인한 시장 확대와 그로 인한 불안정성이 국가 간 협력을 방해하는 요인으로 작동하고 있다. 제한적 자원만을 보유한 국가의 능력이 시장을 통제하고 관리할 수 있는 능력에서 한계를 보이면서, 국가의 통화정책의 효과성이 의심받게 된다. 오히려 대규모 외환을 동원할 수 있는 비국가 행위자들의 선호와 요구에 국가가 굴복하는 현상도 발생할 수 있는 것이다. 국가의 이러한 제한된 능력 때문에, 국가 간 협력은 더욱 어렵게 되고, 협력이 이루어지더라도 그 효과성이 저하될 수 있는 것이다.

미래의 국제통화체제에서 국가들이 협력해야 할 사안은 많다. 어떤 환율체제를 유지할 것인가, 기축통화는 어떻게 구성되는가, 국제통화 이슈에서의 협력을 도모하기 위한 국제제도는 무엇인가, 불균형을 해소하기 위해 국가들이 공동으로 할 수 있는 일은 무엇인가, IMF의 적절한 역할은 어떻게 규정되어야 하는가 등의 많은 논란거리들에서 국가들은 협력을 통해 이러한 문제들을 해결해야만 하는 것이다. 결국 다른 사안에서와 마찬가지로, 국제통화 이슈에서의 국가 협력 필요성과 각 국가의 이기적 목적 사이에서, 국가들의 협력과 갈등의 유형이 반복적으로 나타날 것이다.

토론 주제

1. 금본위제도가 잘 작동되도록 한 요인은 무엇인가?
2. 고정환율제도와 변동환율제도의 장단점은 무엇인가?
3. 기축통화를 발행하는 국가들이 가질 수 있는 기대이익과 기대손실은 무엇인가?
4. 브레턴우즈체제를 붕괴시킨 요인은 무엇인가?
5. 환율체제와 관련된 다양한 대안 중, 미래의 통화체제는 어떤 환율체제를 유지할 것으로 판단하는가? 그리고 그 판단의 기준은 무엇인가?
6. 안정적 국제통화체제를 유지하기 위해 패권국가는 필요한 것인가?

제7장

국제금융의 정치경제

1. 서론

경제의 국제거래 행위는 국가 부를 증진시키기 위해 반드시 필요한 것 중 하나이지만, 이를 위한 국제금융거래의 증가와 상호 간 경제의존도의 증가는 종종 국가경제의 안정성을 위협하기도 한다. 국제무역이 증가하고 해외주식과 채권에 대한 투자행위가 증가하며 해외직접투자행위도 증가하면서 국제금융 시장이 빠르게 성장하고 있다. 국제금융에 대한 국가들의 경제의존도가 증가하게 되고, 이로 인해 외부로부터의 충격에 더욱 민감하고 취약해지는 현상이 발생하는 것이다.

국제경제행위에서 국가들은 경제성장과 더불어서 국제수지의 안정화를 도모한다. 국제경제행위를 통해 국가 부를 증대하려는 노력 과정에서 국가들은 외환을 필요로 한다. 이전 장에서 설명했듯이, 외환(foreign currency)은 상품과 서비스의 거래와 경제부의 저장을 위해 반드시 필요하다. 문제는 이러한 외환이 너무 많이 공급되거나 너무 적게 공급되는 상황 속에서 발생한다.

자동조정장치(automatic adjustment mechanism)에 의하면, 국가가 국제수지 적자를 겪으면 자국 화폐의 가치가 떨어지고 이에 따라 수출은 증가하고 수입은 감소한다.

이를 통해 더 많은 외환을 얻고, 국제수지 적자가 흑자로 전환하는 등의 과정을 겪는다. 또한 한 국가의 경제가 어려운 상황에서는 이 국가의 주식과 채권에 대한 투자 그리고 해외직접투자행위도 감소하고 이로 인해 외환이 유출되는 현상이 나타난다. 하지만 경제가 다시 성장하게 되면 이 국가에 대한 해외직간접 투자가 증가하고 외환이 유입되는 것이다. 이러한 현상이 주기적으로 큰 충격 없이 발생하면 심각한 국제금융위기는 발생하지 않는다. 이러한 자동조정장치가 제대로 작동하면 국제수지라는 측면에서 국가들은 중장기적으로 균형을 맞출 수 있고, 이로 인한 급격한 경제위기 상황을 맞지 않을 수도 있기 때문이다. 그러나 이러한 자동조정장치의 작동은 하나의 이상일 뿐일 수도 있다. 여러 형태의 시장왜곡과 경제 경직성으로 인해 자동조정장치가 작동하지 않을 수 있기 때문이다. 또한 경제행위자들의 '비이성적' 투기행위로 인해 정상적 경제활동이 이루어지지 않을 수도 있다. 그렇게 되면 국제수지의 불균형이 축적되고 이로 인해 금융위기와 경제위기가 발생할 수 있다. 국제금융위기가 빈번해지면서 이에 대한 관심도 학문적·정책적으로 크게 증가하고 있다.

지난 수십 년간 국제금융 사안과 관련한 여러 가지 형태의 환경적 변화가 발생했다. 우선 국제금융체제의 불안정성이 확대되었다. 1970년대 브레턴우즈(Bretton Woods) 체제 붕괴 이후에 국가들은 국제금융거래의 탈규제 정책을 채택하기 시작했다. 이러한 정책 전환은 1980년대 신자유주의 사상의 대두와 그와 동반된 세계화 현상을 통해 더욱 빠르게 진행되었다. 국가들의 국제금융 탈규제로 인해 국제금융거래 규모가 기하급수적으로 증가했고, 거래 속도 역시 매우 빠르게 증가했다. 이러한 현상을 가속화한 다른 한 요인은 금융거래에서의 기술적 발전이다. 인터넷을 통한 금융거래, 금융공학을 통한 기술적 발전 등의 영향으로 인해 국제금융거래의 규모와 속도가 증가한 것이다. 또한 새로운 금융상품의 개발도 국제금융 거래를 확대시키는 한 요인으로 작동했다. 예를 들면, 다양한 형태의 파생금융상품들은 세상에 존재하는 것의 모든 상품과 서비스를 이용해 새로운 금융상품을 만들어낼 수 있다. 감시되고 관리되지 않는 막대한 자금이 시장에서 거래될 수 있게 만든 것이다.

국제금융거래의 양적 증가와 질적 변화는 두 가지 부작용을 초래했다. 하나는 안정성이 훼손되었다는 것이고, 또 하나는 투기자본이 득세하기 시작했다는 것이다. 예측 가능한 범위를 초과한 국제금융거래가 발생하고 그 속도가 매우 빨라지면서 국제금융 시장의 불안정성이 높아지기 시작했다. 또한 중장기적 투자를 위한 국제금융거래보다는 단기적 투기 목적을 가진 국제금융거래가 많아지기도 했다. 고위험 단기투자 행위가 많아지면서 각 국가의 금융시장이 흔들리고, 이러한 현상이 모여 국제금융체제 전반을 불안정하게 하는 요인으로 작동한 것이다. 하루에 몇 조 달러씩 거래되는 국제금융시장에서 안정성을 찾는 것이 오히려 비상식이 된 것이 현실이다.

국제금융체제에서의 두 번째 환경적 변화는 국제금융 사안의 정치화(politicization)이다. 국제금융 변동에 의해서 영향을 받는 행위자의 수가 많아지고 그 영향력이 확대되면서, 국제금융 사안에 대한 다양한 행위자의 관심과 요구, 선호 표출 행위가 증가한 것이다. 이러한 현상은 국제금융체제가 '정상적으로' 작동하는 시기에도 나타나긴 하지만, 특히 국제금융체제의 위기 시에는 매우 강하게 나타난다. 그만큼 국제금융위기로 인한 영향을 크게 받는 행위자의 수가 많아졌고, 그 영향력 역시 증가했기 때문이다. 국제금융시장의 자율을 주장하는 사람과 규제를 원하는 사람들이 대립하고 있다. 자국의 금융시장을 개방해야 한다고 주장하는 사람들과 보호해야 한다는 사람들도 대립하고 있다. 통화팽창을 주장하는 사람들과 통화축소를 주장하는 사람들도 대립하고 있다. 국가채무가 증가하더라도 우선 경제성장을 이루어야 한다는 사람들과 장기적 안정을 위해 국가채무의 증가를 억제해야 한다는 사람들도 대립하고 있다. 국제금융 사안과 관련하여 매우 다양하고 서로 반대되는 의견들이 존재하고 있고, 금융 사안과 관련된 불확실과 복잡성으로 인해, 국가가 하나의 정책을 일관되게 채택하기 어려운 상황이 된 것이다. 국제금융 사안의 정치화가 정책결정을 어렵게 만들고 있다.

국제금융위기는 사실 '민주화(democratization)'되었다. 국제금융에 참여하는 행위자의 수가 적고 국제금융이 국내경제에 끼치는 영향이 제한적이며 국제금융위기가 간헐적으로 나타났던 시기에는 국제금융에 의해서 영향을 받는 국내 정치경제행위자의 수는 제한적이었다. 그러나 국제금융 규모가 커지고 이에 영향을 받는 행위자의 수가 증가하며 국제금융위기가 더 빈번하게 발생하면서, 국제금융위기가 끼치는 영향력이 더욱 포괄적이 된 현 상황에서 국제금융위기는 모든 시민에게 영향을 끼치게 되었다. 이와 같이, 모든 시민들이, 모든 분야에서 국제금융위기에 의해 영향을 받는다는 의미에서 '민주화'라는 용어를 붙일 수 있게 된 것이다.

이러한 환경적 변화의 결과 중 하나로, 국제금융체제의 작동과 관련한 국가 간 대립이 더욱 첨예해졌다. 국가들의 국제수지에 끼치는 무역, 투자, 환율, 해외채무 등에 관한 국가 간 갈등이 더욱 증폭된 것이다. 국제금융위기의 원인, 그리고 위기의 해결 방안의 내용과 방향을 두고도 국가들이 첨예하게 대립하게 되었다. 이러한 어려움 속에서도, 역설적으로 국가들의 정책 조정과 협력의 필요성이 더욱 부각되기도 했다. 국제금융위기가 한 국가 혹은 소수 국가의 노력과 전략만으로 해결될 수 없는 문제이기 때문에, 국제금융체제의 안정과 국제경제 발전을 위한 공동의 노력이 더욱 필요하게 된 것이다. 이러한 국제금융체제 내 공조와 협력은 주로 선진국 위주로 이루어지는 것이 사실이지만, 공조와 협력의 범위가 다른 국가들로 확대되는 현상이 발생하고 있다.

2. 금융위기의 과정

금융위기의 원인은 매우 다양하다. 한 국가의 경제 내부에서 금융위기의 원인을 찾을 수도 있고, 반면에 국제경제체제로부터의 부정적 영향을 금융위기의 원인으로 지적할 수도 있다. 또한 국제금융체제 자체의 문제를 국제금융위기의 원인으로 볼 수 있고, 국제경제체제에 큰 영향을 끼칠 수 있는 어떤 특정 국가로부터의 위기가 국제금융위기로 확대되는 경우도 있다. 위에서 설명했듯이, 국제금융 사안의 환경적 변화로 인해 국제금융 위기가 더욱 자주 더 큰 규모로 발생할 수도 있다. 이렇게 많은 금융위기 원인은 상호 유기적으로 연관된 경우가 많다. 즉, 국내외적 요인의 동시발생 그리고 국가 요인과 체제 요인과의 우연한 결합 등으로 인해 국제금융위기가 초래되는 경우가 많은 것이다.

국제금융위기에는 여러 원인이 있지만 그중에서도 국제금융위기가 발생하는 '공통의' 과정을 지적할 수 있다. 물론 이러한 금융위기 과정이 모든 금융위기에서 획일적으로 나타나는 것은 아니지만, 그래도 많은 금융위기에서 비슷한 과정이 발생한다. 금융위기 과정은 몇 단계로 구분될 수 있다.

금융위기의 첫 번째 과정은 예측하기 힘든 다양한 요인에 의해 시장에 충격(shocks)

이 발생하고 그로 인해 새로운 기회가 발생하는 단계이다. 시장에 충격을 주는 사건들에는 국가 간 분쟁으로 인한 경제 급변, 자연재해로 인한 특정 상품의 공급부족 그리고 빠른 기술적 변화로 인한 수요-공급체계에서의 변화, 소비자 선호의 급격한 변화 등 다양한 것이 포함될 수 있다. 예를 들면 수급조절이 잘되던 부동산 시장에 인구변동에 따른 수요증가 현상이 발생하면 수요가 증가하면서 가격이 상승한다. 이로 인해 경제행위자들에게 새로운 기회가 발생하는 것이다.

두 번째 단계는 이러한 외부충격에 의한 경제기회 변화로 인해 몇몇 산업들에 대한 투자증가 현상이 발생하는 것이다. 이러한 두 번째 단계에서는 소수 산업들에 대한 투자증가 현상이 당분간 지속되어 새로운 신규 투자를 유발한다는 것이다. 이러한 투자행위를 하는 경제행위자들은 그들이 예측할 수 있는 시계의 범위 내에서는 투자가 이익을 창출할 것이라고 믿게 되고, 새로운 투자가 지속적으로 유입된다.

세 번째 단계는 투자의 축적으로 인해 가격이 상승하고 소위 말하는 '거품(bubble)'이 발생하는 것이다. 거품은 실물경제가 활발하게 움직이지 않은 상황 속에서도 특정 산업분야에 투자가 집중되어 경기과열 현상이 발생하고, 가격이 빠르게 증가하는 현상을 말한다. 이러한 경제상황에서 투자행위자들은 시장에서 얻을 수 있는 것보다 높은 수준의 경제이익을 기대하고 투자행위를 하는 경향을 보인다. 합리적 투자보다는 미래에 대한 장밋빛 기대를 바탕으로 한 투기에 가까운 행위들이 행해지는 것이다. 고위험 투자들이 행해지고, 금융시장에서 많은 채무가 발생한다.

그다음 단계는 투자행위자들의 예측과 신뢰에 변화가 생기는 단계이다. 투자 대상이 되었던 재화의 가격 상승에 대한 기대가 무너지면서 투자자들이 서로 경쟁적으로 자신이 보유한 재화와 자산을 매각하려는 현상을 보인다. 그 결과 가격은 폭락하고, 채무를 통해 투자행위를 했던 투자자들이 자신의 채무를 제때에 상환하지 못하는 것이다. 투자행위를 했던 기업은 도산하고 투자자들에게 돈을 빌려주었던 은행들도 도산한다.

마지막 단계로, 그동안 축적되었던 거품이 붕괴되고 금융위기가 발생한다. 투자자들의 손실이 막대해지면서 그들에 의한 소비가 줄어든다. 또한 기업들이 도산하면서 정상적인 생산과 투자행위가 축소되며, 이에 따라 노동자들이 해고되고 임금수준이 낮아진다. 금융위기를 겪는 국가들로부터 해외자본이 이탈하면서 금융위기의 속도가

〈그림 7-1〉 금융위기의 '공통' 과정

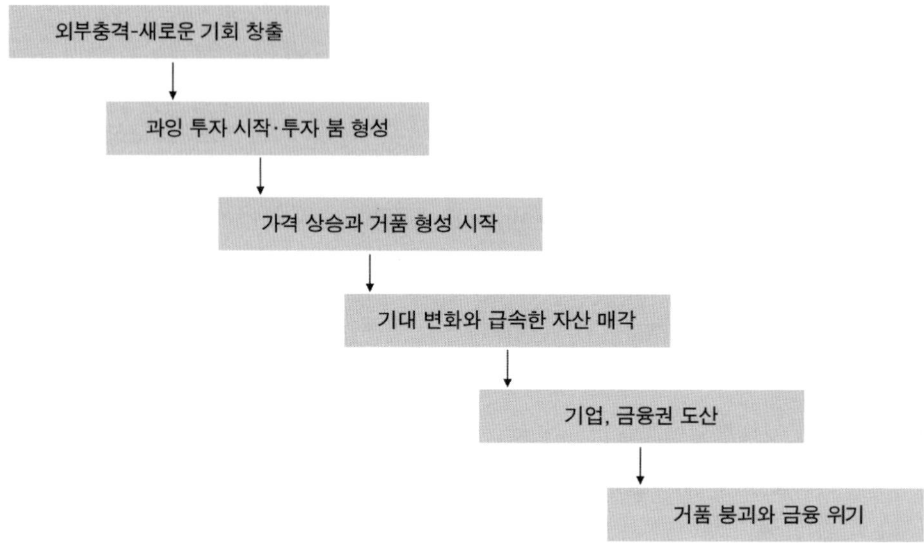

가속화되기도 한다. 한 국가 혹은 소수 국가들로부터 시작된 이러한 금융위기가 다른 국가들에 '수출'되면서 더 많은 국가들이 금융위기와 경제위기에 직면하고, 전 세계적 경제위기를 초래할 수도 있다.

이러한 '공통된' 금융위기의 과정은 〈그림 7-1〉로 표현할 수 있다. 이러한 금융위기 단계들을 볼 때, 금융위기 과정의 특성에 대한 일반화가 가능하다. 첫째로는 시장의 사소한 불균형이 큰 부정적 영향을 끼치는 사건으로 발생할 수 있다는 것이다. 둘째, 시장수익률 이상의 기대이익을 추구하는 투기적 성향의 투자행위가 거품을 축적하는 현상을 초래하고, 거품붕괴가 막대한 손실을 끼칠 수 있다. 셋째, 국제금융의 탈규제화와 자유화로 인해 발생한 해외자본의 유동성 증가 현상이 금융위기를 불러올 수도, 악화시킬 수도 있다는 것이다. 이와 관련해서 해외자본의 급격한 이탈 현상은 금융위기를 매우 빠르게 악화시킬 수 있다. 넷째, 금융위기는 한 국가 전체, 혹은 국제금융체제 전체를 흔들 수 있을 정도로 그 영향력이 강해졌다는 것이다.

금융위기의 국내외적 영향이 막대해지면서 이를 방지하려는 국가 간 공동의 노력이 강구되고 있다. 또한 금융위기가 발생하는 경우에는 그 영향력을 축소시키고, 적절한 출구전략을 통해 경제체제를 정상화시키는 데 국가 간 공조가 발생하며, 공조에 대한 요구도 더욱 커지고 있다. 여기서 흥미로운 사실은 국제금융위기가 빈번해지면서 국가들의 역할이 더욱 증대되는 것이다. 탈규제화와 자유화로 인해 국가의 역할을 축소시켰던 정책이 오히려 국제금융위기를 통해 다시 한 번 국가의 역할을 강화시키고 있다.

3. 국제금융위기 사례의 분석

지난 수백 년간 세계경제에는 수없이 많은 국제금융위기가 발생했다. 20세기에는 1930년대에 대공황이라는 전대미문의 국제금융위기가 있었고, 전후체제에서도 많은 국제금융위기가 일어났다. 한국 역시 지난 40여 년간 대략 세 번의 큰 국제금융위기를 경험했다. 이 과정에서 한국은 외환 부족, 실업률 상승, 수출입 불안 그리고 전반적 경제 침체라는 경제적 위기를 경험했다. 이 세 번의 국제금융위기는 모두 원인은 달랐지만, 그 결과와 영향은 거의 비슷했다고 할 수 있다.

(1) 1980년대 저발전국 채무위기의 원인 분석

전후 국제정치경제체제의 발전 과정을 설명할 때 논의했듯이, 1970년대는 세계경제가 상당히 혼란스러운 모습을 보였다. 1971년 브레턴우즈체제의 붕괴로 인한 국제통화금융체제의 혼란, 1973년과 1978년에 발생한 두 번의 석유파동 그리고 그로 인한 경제침체와 인플레이션의 증가 등의 현상이 발생한 것이다. 이러한 상황에 직면한 선진국들은 두 가지 정책을 채택했다. 첫째, 석유파동에서 기인한 인플레이션을 축소시키기 위해 이자율 상승 정책을 사용하고, 둘째, 세계적 경제침체에 직면한 국가들이 자국의 산업을 보호하고 해외시장을 공략하기 위한 국수적 무역정책을 경쟁적으로 채택한 것이다. 다만 과거 1930년대와는 달리 국가들이 관세와 자국화폐 평가절하를 통해 보호무역 정책을 채택하기보다는 새로운 형태의 덜 투명한 보호장벽을 채택해서 자국의 시장을 보호하려는 노력을 강구했다. 이러한 정책은 저발전 국가, 특히 석유를 수입하는 저발전 채무국가들에게 큰 타격을 주었다.

1970대 초반부터 시작된 국제경제체제의 불안 증폭은 석유를 수입하는 저발전 국가들에게 결정적 타격을 끼치기 시작한다. 우선 지출 면에서 타격이 시작되었다. 석유가의 폭등으로 인해 석유를 수입하는 국가들은 석유수입을 위해 더 많은 외환을 지불할 수밖에 없었다. 그리고 국제석유가의 상승은 다른 자원과 제품의 가격 동반 상승을 초래했고, 이러한 자원과 제품을 수입하는 국가들 역시 더 많은 외환을 지불할 수밖에 없었다. 또한 인플레이션 상승과 그로 인한 이자율 상승 정책으로 인해 해외채무가 있는 국가들은 이자를 더 많이 부담했다. 지출이 빠르게 증가한 것이다.

이 당시 많은 국가들, 특히 저발전 국가들은 수입 감소라는 다른 측면의 위기에도 직면한다. 앞에서 설명했듯이 경제침체에 봉착한 국가들이 경쟁적으로 자국의 시장과 산업을 보호하는 신보호주의(new protectionism) 정책을 채택하면서 국가들의 수출소득이 감소하는 현상을 보인 것이다. 특히 선진국들로의 수출을 통해 외환을 확보했던 저발전 국가들은 선진국들의 신호보주의 정책으로 인해 수출소득이 크게 감소하게 되었다. 이처럼 지출의 확대와 수입의 감소는 저발전 채무국가들의 국제수지를 급속히 악화시켰다.

외환이 부족한 국가들의 입장에서 가장 손쉬운 방법은 외환을 빌려오는 것이었다. 국제 상업은행, 국제기구 그리고 외국 정부들로부터 외환을 빌리는 방법을 동원했다. 특히 국제 상업은행들로부터의 대규모 외환 대출이 이루어졌다. 국제 상업은행들은 석유를 수출해서 막대한 자금을 확보하고 있는 국가들로부터 외환을 받아서 이를 석유를 수입하는 국가들에게 대출하는 형식으로 막대한 규모의 국제금융거래를 주도했다. 오일달러 순환(oil dollar recycling)이 이루어진 것이다.

그러나 이 방법은 당연히 한계가 있었다. 몇몇 저발전 국가의 해외채무 규모가 급속도로 증가하고 자국의 경제규모에 비한 채무 비율이 크게 증가하면서 상환 능력의 한계가 드러나기 시작한 것이다. 결국 1980년대 초반 여러 국가가 지불유예 상황이 되면서 채무위기(debt crisis)가 촉발되었다. 국제통화금융시장은 크게 흔들렸고, 경제금융위기가 도래했다.

이러한 위기에 직면해 채무위기로 인한 국제금융체제 자체의 붕괴를 막아야 한다는 인식이 팽배하면서, 선진국들은 위기를 해소하기 위해 다양한 일을 시도했다. 우선 1979년 도쿄 라운드(Tokyo Round)의 타결 이후 저발전 국가들에 대한 무역지원을 확대하고, 이들 국가로부터 수입을 완화하기 시작했다. 저발전 국가들의 수출 소득을 증대시키려는 목적이었던 것이다. 또한 해외채무의 비율이 상당히 높았던 국가들에 대해 부채탕감 조치가 시행되어 부채의 일정량 혹은 일정 비율을 탕감해주게 되었다.

1980년대의 채무위기와 관련해 하나의 흥미로운 현상은 국제통화기금(IMF)의 역할 강화에 관한 것으로, 채무위기 이전에 단기적 국제금융 지원과 통화체제 관리의 소극적 역할만 담당했던 IMF의 권한과 역할이 크게 강화된 것이었다. 이전에 국제금융체제에서 주도적 역할을 담당했던 국제 상업은행들이 저발전 국가들에 의한 지불유예 사태에 직면하면서 그 역할과 권한이 상당히 제약받았기 때문이다. 국제 상업은행들은 문제 해결을 위해 결국 IMF라는 국제기구와 몇몇 선진국 정부들에 의존할 수밖에 없게 된 것이다. 1980년대 채무위기 이후 IMF는 국제금융체제에서 막강한 권한과 역할을 가진 기구로 재탄생했다.

1980년대의 채무위기는 시간이 경과함에 따라 차츰 완화되었다. 경제순환 주기의 변화에 따라 국제경제가 더욱 빠르게 성장하고, 이에 따라 수출입이 증가하여 인플레이션이 하락하며 이자율도 낮아지고, 또한 국제유가가 안정화되면서 위기 상황을 벗어날 수 있었던 것이다. 그러나 많은 국가들은 여전히 해외채무 부담이 막대했고, 이는 미래 국제금융위기를 낳을 수 있는 불씨로 남았다.

1980년대에 발생한 채무위기는 적어도 두 가지의 사안에 대한 논의를 확대시켰다. 하나는 어떻게 하면 저발전 국가들의 국제수지 적자와 채무를 줄일 수 있는가에 관한 논의였다. 물론 저발전 국가들의 도덕적 해이를 방지하면서 적절한 방안을 찾아야 하는 과제를 안게 된 것이다. 수출입, 해외투자, 기술 이전, 국제경쟁력, 정부 거버넌스(governance), 부패 방지 등 다양한 사안들에서 저발전 국가들의 문제를 해결해보려는 논의들이 활성화되었다. 두 번째 사안은 국제금융시장의 안정을 위해 규제조치가 바람직한 것인가와 그러한 조치가 가능한 것인가에 관한 논의가 활발하게 등장하기 시작했다. 이러한 조치들이 가능한 것이라면, 각 국가의 독립적 행동에 의해서 이러한 조치가 행해져야 하는가, 아니면 국제금융제도의 개혁을 통해 이루어져야 하는가 등에 관한 논의가 활발해진 것이다.

(2) 1997년 아시아 금융위기의 원인

1980년대부터 본격적으로 시작된 국제금융위기는 1990년대를 거치면서 여러 전환경제 동유럽 국가, 영국, 멕시코 등 여러 대륙의 국가에서 지속적으로 발생했다. 그리고 1997년 전 세계적으로 영향을 끼친 아시아 금융위기가 발생했다. 1997년 태국부터 시작된 아시아 금융위기는 필리핀, 인도네시아 그리고 한국 등 아시아 여러 국가를 금융경제위기로 내몰았고, 그 영향은 전 세계 시장에 확산되었다. 1997년 금융위기는 당시 금융위기를 직접적으로 겪지 않았던 많은 아시아 국가들에게도 막대한 경제적 피해를 입혔다.

1997년 아시아 금융위기의 원인에 관해서는 대략 두 가지 논의가 존재한다. 첫째는 내인론으로서 아시아 국가들의 내부적 요인과 특성에서 그 원인을 찾으려는 것이다. 이러한 논의의 핵심 주장은 아시아 국가들의 국내적 정치경제 관행과 특성이 금융위기를 초래했다는 것이다. 거기에는 특정 산업에 대한 과잉투자와 금융 기관의 도덕적 해이(moral hazard)가 위기의 원인으로 지적되었으며, 또한 정부와 금융산업 그리고 정부와 기업 간 정경유착 관계로 인한 부적절한 대출관행, 정부에 의한 감독 부재 그리고 투기 행태 등이 원인으로 지적되기도 했다.

정부와 기업-산업 간의 정경유착 관계가 경제운영의 큰 특성이 되는 국가들의 경제체제를 일컬어서 정실 자본주의(crony capitalism)라는 용어를 사용하기도 했다. 아시아 국가, 특히 동아시아 국가들이 채택했던 산업전략의 특성을 의미하는 발전국가(developmental state)의 실패라는 주장도 제기되었다. 즉, 산업화의 초기 단계에서는 국가의 역할이 매우 중요하지만, 경제가 성숙되면서 지속적인 국가의 시장개입은 비효율과 부패 고리를 축적하는 악영향을 끼치게 되고, 이러한 현상이 결국 경제위기를 초래했다는 것이다. 이 외에도 아시아 국가들이 단기 해외자본에 상당히 의존하고 있었다는 점, 고평가된 환율체제를 유지했다는 점, 노동시장이 상당히 경직되어 있었다는 점 등을 금융위기의 한 원인으로 지적하는 논의도 등장했다.

아시아 금융위기의 원인에 관한 두 번째 논의는 외인론으로서, 위기의 원인이 아시아 국가들이 통제할 수 없었던 외부적 요인에 있었다는 주장이다. 예를 들면 1990년대 이후 급속도로 확대·심화된 세계화의 영향으로 국제시장이 통제할 수 없는 상황으로 전개되었다는 점을 들 수 있다. 특히 막대한 규모의 투기자본이 국제금융 시장에서 초단기적으로 거래되면서 국제금융위기를 만들었다는 것이다. 이와 연관해 금융위기 초기에 막대한 해외자금이 아시아 국가들로부터 빠르게 이탈하는 현상을 보였고, 이러한 현상이 금융위기의 폭과 강도를 증대시켰다는 것이다. 또한 1990년대 중후반부터 시작된 국제경제 침체 현상과 몇몇 산업에서의 과잉투자 현상으로 인해 아시아 국가들의 주요 수출산업이 국제시장에서 타격을 받으면서 수출 소득이 급격히 축소되는 현상을 보였다는 것이다. 이러한 요인 이외에도 금융위기가 도미노(domino) 현상을 보이면서 몇몇 국가들은 어쩔 수 없이 금융위기를 맞게 되었다는 전염효과(contagion effect)에 관한 논의도 있었다. 심지어는 미국을 중심으로 한 서방 선진국들이 아시아 경제 부상을 저해하기 위해 의도적으로 금융위기를 촉발시켰다는 음모론도 등장했다.

아시아 금융위기로 인해 이들 국가들은 IMF의 조건대출정책(conditionality policy)을 수용하게 되었다. 구조조정(structural adjustment)과 자유화(liberalization), 그리고 사유화(privatization)로 대표되는 IMF 조건대출정책의 핵심 내용은 시장을 개방하고, 정부 개입을 축소시키며, 고용시장의 유연성을 증가시키고, 국가채무 축소를 위해 긴축정책을 실시하는 등 국내 정치경제적으로 상당히 고통스러운 정책들이었다.

1997년에 촉발된 아시아 금융위기는 긴급 구제금융의 제공, 국제금융 시장의 안정화 그리고 이 국가들의 경제회복 단계를 거치면서 점차 해소되었다. 아시아 국가들의 화폐가 크게 평가절하되면서 수출이 증가하고 수입이 감소했고, 따라서 국제수지가 개선되는 현상을 보였다. 또한 단기채무들에 대한 채무연장과 중장기 해외채무 확보 등을 통해 외환시장이 안정화 되면서 금융위기가 해소되기 시작했다. 이러한 빠른 경제회복에도 불구하고 아시아 금융위기가 이들 국가들에 끼친 정치적·경제적·사회적 영향은 막대한 것이었다. 대량 해고를 통해 실업이 크게 증가했고, 많은 노동자들이 비정규직화 되었고, 국내 여러 산업과 금융기관들이 해외로 매각되었으며, 시장 개방으로 인해 다양한 형태의 산업 재편이 이루어졌다. 국내 정치사회적 갈등은 증폭되었고, 향후 경제운영의 방향과 내용을 두고 국내 정치경제 행위자들 간의 대립과 경쟁이 첨예화되었다.

(3) 2008년 서브프라임 모기지 금융위기의 원인

2008년 미국 금융기관들의 연쇄부도로 촉발된 금융위기 역시 세계경제에 큰 타격을 입혔다. 미국으로부터 시작된 금융위기는 다른 국가들에게 급속히 확산되었고, 국가부도 사태를 겪는 국가도 발생했다. 세계의 많은 국가들이 국제통화금융체제의 혼란과 경제침체로 인해 고통을 받았고, 경제불안정성의 증폭으로 인해 세계경제는 위축되었다. 패권적 위치를 차지하고 있는 국가 내에서의 금융위기가 전 세계 국제금융위기로 확산된 사례인 것이다.

2008년 서브프라임 모기지 금융위기는 앞에서 설명한 금융위기의 일반적 과정을 잘 보여준다. 2008년 이전 수년간 미국의 부동산 시장에서 부동산 가격은 꾸준히 빠르게 상승했다. 미국정부에 의한 통화팽창 정책, 자본수지 흑자에 따른 유가증원에 대한 수요증가와 파생금융상품의 증가 등 시장에서의 자본거래의 증가가 부동산 시장의 가격 상승을 이끈 또 다른 주요한 한 원인이었다. 주택 상승이 기대되는 상황 속에서 일반 주택수요자와 기업을 포함한 경제행위자들은 대출을 통한 주택과 기타 부동산 구입 행위를 한다. 문제는 신용이 좋지 않은 사람들에게 높은 이자를 적용하면서 대출 행위를 하는 서브프라임 모기지 대출 현상이 빠르게 증가한 점이다. 정상적 상황이라면 금융권으로부터 대출을 받을 수 없는 많은 저신용 개인들에게 높은 이자로 많은 자금이 대출된 것이다. 높은 이자에 돈을 대출받고 주택에 투자하는 경우라도 주택 가격이 상승하면 큰 문제가 되지 않는데, 이는 주택상승분을 통해 대출원금과 이자를 지불할 능력을 갖기 때문이다. 하지만 주택 가격이 하락하면 문제가 심각해진다.

부동산 시장의 활황과 그로 인한 투자행위 증가 현상은 주택 가격의 지속적 상승과 고위험 대출의 증가라는 결과를 낳았다. 점점 거품이 쌓이는 과정이었다. 그러나 주택 가격이 끝없이 상승할 수만은 없다. 일순간 투자자들의 기대가 변하고 주택 가격이 하락할 것이라는 인식이 발생하면서, 투자자들은 경쟁적으로 자신이 보유한 부동산을 처분하려고 한다. 똑같은 상황이 미국에서 발생한 것이다. 더 이상 부동산 가격이 상승할 수 없다고 판단한 투자자들이 경쟁적으로 먼저 자신들의 자산을 매각하려고 했던 것이다. 공급이 폭증하고 수요가 중단되면서 주택 가격이 폭락했다. 대출을 통해 부동산을 구입한 투자자들의 지불능력이 없어지고 거품이 꺼진 것이다. 지불유예가 급증하고 막대한 대출을 해주었던 금융기관들이 도산하기 시작했다. 부동산 거품이 꺼지면서 미국의 주택시장은 급속히 축소되는 현상을 보였다. 이러한 여파가 다른 실물경제에도 확산되기 시작하면서 기업 도산이 줄을 이었고, 미국 경제 전체가 위태로운 상태를 맞게 된 것이다. 미국의 금융위기가 시작된 것이다. 소비가 하락하고, 일자리가 감소하고, 투자가 축소되는 현상이 발생했다. 정부의 대책이 시급한 상황이 전개된 것이다.

미국발 금융위기는 다른 국가들에게도 막대한 영향을 끼쳤다. 국제금융 시장이 출렁이면서 국제금융 시장의 경제행위자들이 자본을 회수하기 시작한 것이다. 자신들의 채무를 상환해야 했던 많은 해외투자자들이 빠르게 막대한 자금을 회수한 것이다. 많은 국가들에서 경성화폐, 특히 달러의 부족현상이 발생하고 자국의 화폐가 크게 평가절하되면서 경제위기 상황이 촉발되고 급기야 국가부도 사태가 일어났다. 국제시장이 침체되면서 국가 간 무역도 축소되고 해외투자 규모도 축소되는 현상이 발생했다.

이러한 미국발 금융위기를 더욱 악화시킨 요인으로 금융기관들의 도덕적 해이와 금융공학이라는 기술적 발전을 지적할 수 있다. 미국의 금융기관들은 상당한 위험에도 고이자 대출을 급속히 늘려왔고, 자신 역시 부동산 시장에 막대한 투기를 했다. 또한 파생금융상품처럼 금융감독기관들에 의해 감시·제재되지 않는 막대한 자본이 금융시장에서 거래되면서 금융시장의 불안이 증폭되었다. 자유화로 인한 국제금융거래의 확대, 탈규제화와 사유화로 인한 국내금융거래의 확대 그리고 기술적 발전으로 인한 금융공학의 발전 등이 복합되면서 부동산 시장의 거품 붕괴와 함께 금융위기가 발생한 것이다.

2008년 금융위기를 극복하는 과정에서 몇 가지의 흥미로운 현상들이 발생한다. 우선 위기의 근원지였던 미국에서 정부는 막대한 자금을 시장에 투입한다. 대규모로 화폐를 발행하고, 재정적자를 늘리고, 금리를 지속적으로 인하시켰다. 양적 완화(quantitative easing) 정책이 본격적으로 채택된 것이다. 9%에 이르렀던 실업률은 미국정부가 경제적으로나 정치적으로나 견디기 힘든 높은 수치였다. 금융위기 직후 새롭게 등장한 오바마(Obama) 정부는 위기 극복을 위해 몇몇 주요 기업들과 기관들을 국유화하는 조치를 취하기도 했다. 위기 과정 속에서 미국의 정책이 변화한 것이다. 다른 주요 국가들도 미국의 정책을 따라 하기 시작한다. 막대한 재정 투입, 금리 인하는 보편적 경제정책으로 받아들여졌다.

역설적으로 이러한 금융위기를 통해 다시 한 번 국가의 역할이 증대되는 모습을 보인 것이다. 각 국가는 경기부양을 위해 막대한 규모의 자금을 시장에 공급했다. 금융기관들에 대한 감시·감독 기능의 강화를 위한 조치가 마련되기도 했다. 또한 국제금융 시장의 안정화와 미래에 발생할지도 모를 또 다른 국제금융위기를 방지하기 위해 정부 간 공조체제도 강화되었다. 국제금융체제와 시장에 대한 국가의 간섭이 강화된 것이다. 새로운 시대에 어울리는 새로운 자본주의체제에 대한 논의가 등장한 것이다. 시장 자본주의 체제의 리더였던 미국에서의 위기 발생으로 인해, 자본주의체제 변화에 대한 요구가 등장했다.

이와 함께 국가 간 협력체제도 강화되었다. 2008년 금융위기를 계기로 G20이 정상급 경제회의체로 격상한 것이다. 주요 국가들의 정상들이 정기적으로 모여서 금융시장의 안정화, 자유무역체제의 유지, 환율전쟁의 방지 등을 합의하는 모습을 보였다. 국제금융시장에서의 미국의 패권이 약화되면서 국제협력체제의 필요성이 증가한 것이다.

2008년 금융위기는 중국의 위상을 제고시키는 결과를 초래했다. 막대한 달러를 보유하고 있었고, 여러 산업들에서 국제경쟁력을 확보하고 있던 중국이 금융위기로부터 상대적으로 자유로웠던 것이다. 또한 중국이 자신이 보유하고 있던 많은 자본을 시장에 투입하면서, 세계경제의 몰락을 막는 역할을 담당했다. 중국의 경제적·정치적 위상이 제고된 것이다.

2008년 시작된 서브프라임 모기지 금융위기는 아직 완전히 해소되지 않았다. 위기의 근원지였던 미국은 다년간의 막대한 자금투입 덕분에 위기에서 차츰 벗어나는 모습을 보이고 있다. 실업률이 감소하고 경제성장률이 높아지는 현상이 발생한 것이다. 그러나 다른 국가들의 사정은 다르다. 아베노믹스를 통한 막대한 자금투입에도 불구하고 일본 경제는 매우 낮은 성장률만을 보이고 있다. 유럽에서의 재정위기는 아직도 해결되지 않고 있고, 지역 내 갈등이 증폭되고 있다. 중국의 경제성장률이 낮아지면서 중국발 위기에 대한 논의가 증가하고 있다. 세계경제의 침체 속에 에너지 가격의 하락으로 러시아, 중동 국가들의 경제위기가 진행되고 있다. 2008년 금융위기의 그늘이 아직도 깊게 드리워지고 있다.

몇 년째 계속되고 있는 금융위기 해소 과정에서 앞으로도 해결해야 할 과제가 여러 가지 남아 있다. 국제금융체제의 안정화를 위해 어떤 조치가 강구되어야 하는가에 관한 논의, 막대하게 지출된 자금을 어떻게 언제 회수해서 시장을 안정화할 것인가 하는 논의도 진행 중이다. 출구전략의 형태, 시기와 방법 그리고 국제공조에 관한 문제들이 해결되지 않고 있는 상황이다. 국가별 경제상황이 모두 다르게 나타나면서 국제협력의 가능성이 낮아지고 갈등의 가능성이 높아지고 있는 것이다.

4. IMF의 역할과 비판

앞에서 언급했듯이 1980년대 초 채무위기 상황이 발생하면서 IMF의 역할과 위상은 크게 증가한다. 이전 국제 상업은행이 주도했던 국제대출 행위가 IMF와의 긴밀한 협의를 통해서 행해지기 시작한 것이다. 채무위기 당시에 대출금 회수가 어렵게 되어 도산위기에 처한 국제 상업은행들이 기댈 수 있었던 곳이 IMF였다. IMF로부터의 신규지원을 통해 채무위기를 겪고 있던 국가들의 금융위기가 해소되고, 중장기적으로 자신들의 대출금을 회수할 수 있다고 판단한 국제 상업은행들이 IMF의 도움을 요청했다.

IMF의 역할과 위상을 증가시킨 가장 큰 요인 중 하나는 IMF가 금융위기를 겪고 있는 국가들과의 정책협의를 통해 해당 국가의 경제운영의 방향과 내용에 대해 큰 영향을 끼칠 수 있었기 때문이다. IMF는 금융위기가 더 빈번하게 그리고 더 큰 규모로 발생함에 따라서 대출조건정책(conditionality policy)을 더욱 강력하게 추진하게 되었다. 채무국가들의 경제정책의 변화를 통해 이들 국가가 미래에 또 다른 경제위기를 겪지 않게 만들려는 전략의 하나였다. 또한 IMF의 역할이 크게 증가되기 시작했던 1980년대는 미국 주도의 신자유주의 세계화가 시작된 시기였다. 따라서 미국의 이해 제고와 IMF의 역할 증대라는 두 가지의 다른 현상이 "우연히" 결합되어 대출조건정책을 더 광범위하고 엄밀하게 적용할 수 있었다.

IMF의 대출조건정책의 내용은 구조조정(structural adjustment)과 자유화, 그리고 사유화로 특징지어진다. 구조조정은 금융위기를 겪고 있는 국가들의 경제를 '정상화'시키기 위해 경제를 '합리적인' 방향으로 전환시키는 것이다. 국가채무를 축소하기 위해 재정지출을 줄이고 세금을 더 많이 징수하는 정책이 채택된다. 노동시장의 유연성 증가 정책의 일환으로 고용이 축소되기도 하고 임금이 삭감되기도 한다. 산업 합리화를 위해 기업이 매각되고 통합되기도 한다. 이러한 과정은 정부와 기업 그리고 일반 시민에게 상당히 고통스러운 것이다.

자유화는 탈규제화, 사유화, 시장 개방화를 포함하는 것이다. 정부규제를 축소해 시장 기제를 강화시키는 정책을 채택한다. 정부가 가지고 있었던 공기업들과 공공부문들을 사기업에 매각해서 시장의 기능을 증가시키는 정책을 채택하기도 한다. 또한 수출입 규제에 대한 철폐 혹은 축소를 통해 시장을 개방하고, 이로 인해 경쟁을 유도하고 효율성을 증가시키는 정책이 채택되기도 한다.

창설 이후 IMF는 지속적으로 이러한 정책 내용들을 채무국가들이 채택하도록 유도해왔다. 특히 1980년대 채무위기 이후 그리고 동시대에 세계화의 득세와 더불어서 IMF의 대출조건정책은 더욱 강력하게 적용되었다. IMF는 세계은행, 주요 선진국 정부들 그리고 국제 상업은행들과의 공조를 통해 채무국가들의 경제정책을 전환하기 위해 노력해온 것이다.

그러나 이러한 IMF의 정책은 다양한 비판을 받아왔다. 우선 IMF의 대출조건정책이 채무국가의 정치적·사회적 상황을 고려하지 않고 강압적으로 적용된다는 비판이 제기되었다. IMF 대출조건정책의 핵심 내용인 구조조정과 자유화는 국내정치적·사회적으로 상당한 비용과 혼란을 초래한다. 금융위기와 이로 인한 전반적 경제위기를 겪고 있는 국가들에서 재정지출을 축소하고 고용을 줄이는 정책은 시민들이 받아들이기 매우 힘들고, 정치적 저항과 사회적 혼란이 발생할 수 있다. 또한 경제적 위기 상황에서 자유화를 통해 국내시장에서 외국상품 및 기업들과 더 많은 경쟁을 해야 하는 상황은 국내기업과 노동자들이 받아들이기 힘든 정책이기도 하다. 국가가 소유하고 있던 기업과 산업들을 사유화하는 조치는 고용을 불안정하게 만들고, 이들 기업과 산업들의 경쟁력을 떨어뜨리는 결과를 초래하기도 한다. 따라서 IMF의 조건대출정책이 경제적 영향뿐만 아니라 정치적·사회적 영향도 고려해서 채택되고 적용되어야 한다는 주장이 강력히 제기되었다.

두 번째 비판은 이 정책이 채무국가 간의 경제적 차별성에 대한 고려 없이 획일적으로 이루어지고 있다는 것이다. 채무국가들은 경제적 발전 수준, 경제규모, 실업과 인플레이션 수준, 국가채무, 노동경직성, 시장 경쟁 형태, 수출입 형태, 개방화 수준 등 여러 경제 특성들에서 많은 차이가 있다. 이렇게 서로 상이한 경제적 특성에 대한 고려 없이 IMF의 대출조건정책은 똑같은 혹은 비슷한 정책 내용이 적용되는 것이다. 따라서 어떤 경우에는 IMF 대출조건정책에 따른 정책제안들이 경제안정과 발전에 오히려 방해요인으로 작동하는 사례가 발생한다. 채무국가의 경제상황을 고려한 맞춤식 정책대안의 권고와 적용이 필요하다는 비판이 제기되는 이유이다.

IMF 대출조건정책과 연관된 또 다른 사안은 이러한 정책이 선진 국가들의 이해를 반영한다는 것이다. 위에서 설명했듯이 자본주의체제 내에서도 국가들은 서로 다른 형태의 자본주의 제도를 가지고 있다. 특히 선진 국가들의 자본주의 제도와 저발전 국가들의 자본주의 제도는 많이 다를 수 있다. 이러한 상황에서 IMF에 의한 대출조건정책의 엄격한 적용과 집행은 저발전 국가들로 하여금 선진 국가들의 의도를 의심하게 하는 요인으로 작동할 수 있다. 즉, 선진 국가들이 저발전 국가들의 시장을 개방시키고, 저발전 국가들의 산업을 매입하기 위해 IMF 대출조건정책을 이용할 수 있다는 비판이 제기되는 것이다.

IMF 대출조건정책과 관련된 이와 같은 비판들 이외에도 IMF 역할 자체에 관한 다양한 비판이 제기되어온 것이 사실이다. 우선 IMF의 거버넌스체제와 관련된 비판을 생각해볼 수 있다. IMF의 의사결정체계는 비민주적 체계로 되어 있다. IMF에 쿼터(quota)를 많이 낸 국가들이 투표권한을 더 크게 갖는 것이다. 가장 큰 쿼터를 가지고 있는 미국은 매우 중요한 사안들에 관해서는 거부권을 행사할 수도 있다. 따라서 IMF의 중요 정책은 미국 주도로 결정되거나 몇몇 발전 국가에 의해서 결정된다. 주로 저발전 국가인 채무국가들의 경제정책이 발전 국가들의 선호와 이익에 의해서 결정될 수 있는 것이다. 이것이 IMF 거버넌스체제의 민주화 논의가 강력하게 제기되는 이유이다. 또한 이와 관련해, IMF의 쿼터가 국가들 간 경제능력 배분을 현실적으로 반영하고 있는가의 문제를 제기할 수 있다. 예를 들면, 급속도로 성장한 중국의 경제 능력이 IMF 의사결정체계에 반영되지 않고 있다는 비판이 있다.

IMF의 역할과 관련된 또 다른 비판은 IMF의 구제금융 역할과 정책으로 인해 채무국가들과 국제 시중은행들의 도덕적 해이(moral hazard) 현상이 발생할 수 있다는 점이다. 사실 어떻게 보면 기업은 도산할 수 있어도 국가는 도산할 수 없다. 한 국가가 지불유예를 선언하는 도산상태에 이르는 경우 채권자들이 할 수 있는 대책이 별로 없다. 해외자산을 동결하거나 미래의 경제거래를 제한하는 정도의 조치만이 가능한 것이다. 따라서 채무국가와 IMF를 비롯한 채권자들 간에는 상호의존적 관계가 형성된다. 채무국가가 지불유예를 하는 경우 이는 그 국가에게 막대한 경제적 피해를 끼칠 수 있다. 그러나 이는 또한 채무국가에게 돈을 빌려준 국제 시중은행들과 IMF와 같은 국제금융 기구들에도 막대한 타격을 입힐 수 있고, 심지어는 국제금융체제 자체가 붕괴될 수도 있다. 이러한 의존적 관계에서 IMF는 최악의 상황을 피하기 위해 금융위기에 처한 채무국가에게 자금을 지원할 수밖에 없다. 따라서 이러한 사실을 알고 있는 채무국가들이 정치적으로 혹은 경제적으로 더 고통스러운 정책을 채택하기보다는 국제채무에 의존해 경제를 방만하게 운영하는 도덕적 해이에 빠질 수 있는 것이다.

도덕적 해이 현상은 국제 상업은행에게서도 발생한다. 사실 국제 상업은행들이 채무국가에 돈을 빌려주는 경우 그 위험성과 수익성을 모두 고려해야 한다. 그러나 채무국가가 지불유예 상황이 되더라도 IMF와 다른 국제금융기구들이 긴급 구제금융을 통해 채무국가를 지원할 것이고, 따라서 자신들의 대출금을 회수할 수 있을 것이라고 판단하는 국제 상업은행들은 위험성에 대한 고려 없이 채무국가에게 돈을 빌려주는 경우가 발생한다. 따라서 채무국가들과 국제 상업은행들의 도덕적 해이 현상을 어떻게 축소하거나 방지할 수 있는가에 관한 논의가 제기되는 것이다.

IMF가 최후의 대출자(last resort) 역할을 담당해온 것이 사실이다. IMF 대출조건정책으로 인해 채무국가들은 되도록 IMF로부터 구제금융 지원을 받기를 꺼려하고, 가능하다면 다른 재원을 통해 경제금융위기를 극복하려고 노력한다. 그러나 금융위기를 벗어날 수 없는 최악의 상태가 되면, 채무국가들은 IMF에 지원을 요청하는 수밖에 없다. 대출조건정책을 따른다는 약속을 하는 수밖에 없는 것이다. 대개 최악의 상황에서 IMF의 지원을 요청하는 사례가 많기 때문에 구조조정 정책과 자유화 정책이 매우 고통스럽고 혼란스러운 경우가 대부분이다. 따라서 채무국가들의 경제를 위기상황이 도래하기 전에 관리 감독하고 지원을 하는 제도적 장치의 마련이 필요하다는 논의가 제기되어왔다.

5. 국제금융체제의 미래

국제금융체제의 효율적 운영과 안정적 관리를 위해 많은 논의가 제기되고, IMF의 역할 변화나 또 다른 국제공조의 모습과 가능성에 관한 논의도 제기되고 있다. 이는 모두 자유무역체제의 확립, 금융경제위기 재발의 방지 혹은 재발 시 그 영향력 축소 그리고 이를 위한 국제금융체제의 안정성 확보 등을 위한 논의이다.

우선 IMF의 개혁과 대안에 관한 논의가 진행 중이고, 또한 몇몇 노력이 강구되고 있는 현실이다. 쿼터의 재분배, 의사결정과정의 변화, 조건대출정책 적용과정의 변화 등에 관한 논의가 주를 이루고 있다. 또한 IMF의 대안으로 여러 지역에서 지역금융체제의 구축을 위해 노력을 해왔다. 예를 들면 1990년대 말 아시아 금융위기 이후 아시아통화기금(AMF: Asian Monetary Fund)을 설립하는 논의가 제기되었다. 미국의 반대 등 몇몇 장애요인 때문에 현실화되지는 못했지만, 최근 치앙마이 이니셔티브(Chiang-mai Initiative Multilateral)에 대한 한·중·일+아세안(ASEAN) 국가들의 합의를 통해 지역금융협력체제가 구축되고 있다. 또한 최근 중국은 세계은행(World Bank)에 대한 대응 제도로서 아시아인프라투자은행(AIIB: Asian Infrastructure Investment Bank)를 발족시켰다. 중국이 추진하고 있는 일대일로 정책을 뒷받침하기 위해 만든 제도이다. 이러한 지역적 노력이 다른 지역에서도 강구될 것으로 기대된다.

1980년대 이후 시작된 세계화의 영향으로 인한 국제금융거래의 폭발적 증가 현상, 특히 단기적 투기자본 거래의 폭발적 현상을 완화하기 위한 논의도 많이 제기되었다. 국제금융거래에 세금을 부과하는 방식 그리고 각 국가들이 규제강화를 통해 국제금융거래를 축소하는 방식 등 여러 가지 아이디어가 제기되었다. 그러나 세금을 누가 관리하고 어떻게 사용할 것인가, 또한 국가들의 시장개입이 오히려 비효율과 그로 인한 경제위기를 조장하지 않을 것인가 등의 반론도 제기되었다. 국제금융 시장에 대한 관리, 감독, 규제 등에 대한 논의가 계속되고 있는 것이다.

국가들의 협력 기제에 관한 논의들도 지속되고 있다. G8와 G20를 통해 국제금융

시장을 관리하고, 위기를 관리하며, 세계경제의 성장을 도모하려는 노력의 일환이다. 그러나 이러한 국제제도들에 참여하는 국가들의 정책 선호와 이익은 모두 다르므로, 이들 국가 간의 합의 도출이 매우 어려운 것이 현실이다. 그리고 제기할 수 있는 또 다른 하나의 문제는 이들이 합의해 결정한 정책을 왜 비참여 국가들이 따라야 하는가 하는 것이다. 국제체제와 국제기구에서 지속적으로 민주성과 효율성 간의 갈등 문제가 지속적으로 제기되는 것이다.

이러한 논의는 미래에 누가 국제금융 시장을 지배할 것인가의 문제와도 연결되어 있다. 패권적 국제금융체제, G8과 같은 엘리트 집단적 국제금융체제, 평등적 국제금융체제 중 어떤 체제가 국제금융체제의 안정성을 증가시키고 효율성을 담보하며 자유무역과 경제발전에 공헌할 수 있는가의 문제에 관한 논의이다.

국제금융체제의 변동이 가지는 또 하나의 큰 의미는 이로 인해 국가 간 권력관계가 변화할 수 있다는 점이다. 즉, 국제금융위기의 발생과 그로 인한 경제침체는 국제체제 자체의 변동에도 상당한 영향을 끼친다. 금융위기로 인해 국력이 빠르게 쇠퇴하는 국가가 발생할 수 있고, 이로 인해 그 국가의 안보가 흔들리기도 한다. 또한 금융위기로 인해 패권국가의 위상이 변할 수 있고, 이를 계기로 새로운 패권국가가 탄생할 수도 있다. 금융위기를 겪는 국가들에 대한 다른 국가들의 정책으로 인해 국가 간 관계가 긴밀해질 수도 있고 반대로 소원해질 수도 있다. 동맹체제가 변할 수도 있다. 제도가 창설될 수도 있고, 어떤 제도들은 해체될 수도 있다. 이런 모든 요인이 국제체제의 변화를 발생시킬 수 있고, 그로 인해 국가들의 대전략 역시 변화할 수 있는 것이다. 따라서 미래의 국제금융체제에서도 국가 간 혹은 지역 간 협력과 갈등의 양상이 복잡하게 전개될 것이다.

국제금융체제에서의 변화와 일반 국제체제에서의 변화 간의 연관성에 관해서 또 하나 고려해야 할 사안이 국제금융체제에서의 부의 축적 차이에 관한 것이다. 국제금융체제에서의 외환거래 행위로 인해 부를 지속적으로 축적하는 국가가 발생하고, 반면에 부의 유출이 지속되는 국가도 발생한다. 현재는 기축통화로 사용되는 미국달러가 미국으로부터 지속적으로 유출되고, 다른 몇몇 국가에 의해서 외환보유의 형태로 축적되고 있다. 막대한 미국달러를 보유한 국가들이 이를 수단으로 사용해서 미국 경제에 영향을 끼치고, 심지어는 국제금융체제 전체를 흔들 수 있는 권력을 보유할 수 있다. 국제통화금융체제에서의 변동이 국가 간 권력관계를 변화시킬 수 있고, 이로 인해 국제체제에서의 변동이 발생할 수 있는 것이다.

국제금융위기를 바라는 국가는 없다. 그렇다고 해서 국제금융위기를 사전에 완벽히 방지할 수도 없다. 국제경제체제에서의 불균형은 항상 발생하며, 이러한 불균형의 축적으로 인해 위기가 발생한다. 행위자들의 투기적 행동을 완전히 방지할 수도 없다. 투기로 인해 거품이 발생하고, 거품이 붕괴되면서 위기가 발생하는 것이다. 국제금융위기를 완벽히 방지할 수는 없어도 국제협력체제를 통해 그 빈도와 부정적 영향을 축소시킬 수는 있다. 또한 국제금융위기 시에 빠른 정상화와 경제성장을 위한 국가 간 공동의 노력도 필요하다. 따라서 국제금융 시장과 체제의 불안정성이 높아지는 시대에 더 많은 국제협력이 필요한 것이다. 하지만 서로 다른 상황에 직면한 각 국가들이 자국의 이익을 확대하려는 정책을 채택하고 또 한편으로는 공동의 노력으로 국제금융위기를 극복하려는 복합적 상황 속에서, 진정한 의미의 국제금융에 관한 국제협력은 달성하기 매우 힘든 것도 사실이다. 이러한 현상은 앞으로도 지속될 것이다.

토론 주제

1. 중장기적으로 국제수지 균형을 맞추는 자동 조정장치가 작동하지 않는 요인은 무엇인가?
2. 금융위기 발발의 공통된 과정은 무엇인가? 이 공통의 과정이 설명하지 못하는 금융위기는 어떤 것이 있는가?
3. 아시아 외환금융위기의 발발 원인은 무엇인가? 아시아 국가들의 내적 요인의 주된 원인인가, 아니면 외적 요인이 주된 원인인가?
4. 2008년 미국발 금융위기로 인해 자본주의체제의 변화 논의가 활발하게 전개되고 있는데, 새로운 체제의 핵심 속성은 무엇이 되어야 한다고 생각하는가?
5. IMF의 개혁의 주된 내용은 무엇인가? 어떤 조치들이 취해져야 하는가?
6. 미래에 발생할 금융위기를 사전에 방지하고, 그 영향을 축소하기 위해 국가들과 국제기구들이 취해야 할 조치는 무엇인가?

제8장

해외투자와 다국적 기업의 정치경제

Understanding International Political Economy: History, Ideology and Issues

1. 해외투자의 추세, 유형 그리고 증가원인

부를 추구하는 국가들은 지난 수십 년간 자신의 다국적 기업(multinational corporations)들을 통해 해외투자를 해왔고, 다른 국가의 다국적 기업으로부터 자국시장에 해외투자를 유치하기 위해 노력해왔다. 타국으로의 해외투자와 자국으로의 해외투자 유치가 국가 부를 증가시키는 데 긍정적 역할을 한다고 간주해온 것이다. 이러한 현상은 저발전 국가에서도 나타난다. 대략 1980년대까지 많은 저발전 국가들 중 많은 국가는 자국 산업을 보호하고, 선진국들로부터의 '제국주의적' 해외투자를 방지하기 위해 자국시장으로의 해외투자를 오히려 제약하는 정책을 채택했다. 심지어는 자국시장에서 경제행위를 하는 선진국의 다국적 기업을 국유화해 선진국들과 정치적·군사적 대립을 초래한 극단적 사례도 있었다. 그러나 1980년대 이후 거의 모든 국가는 자국시장으로 해외투자를 유치하기 위해 서로 경쟁하고 있다. 해외투자로 인해 발생하는 경제적 이익이 경제적 손실보다 크다고 판단하고, 해외투자와 관련된 사회적·정치적 이익도 발생할 것이라고 기대한 것이다. 한마디로 해외투자에 관한 패러다임이 변화한 것이다. 이러한 변화에 근거해, 지난 30여 년간 해외투자 규모는 급속도로 증가했다.

해외투자는 포트폴리오 투자(portfolio investment, 혹은 간접투자)와 해외직접투자(foreign direct investment)로 구분된다. 포트폴리오 투자는 다른 국가의 주식시장에 투자하거나 혹은 다른 국가의 기업 채권을 구입하는 것처럼, 생산과정에 직접적으로 참여하지 않고 금전적 투자만 하는 것을 지칭한다. 포트폴리오 투자는 이렇듯 금전적 거래에 주로 한정하기 때문에, 해외투자 유치국의 노동, 환경, 경쟁, 부패, 조세 등의 사안에 큰 영향을 끼치지는 않는다. 다만 포트폴리오 투자의 증감이 투자유치국 경제 전체에 끼치는 영향으로 인해, 앞에서 언급한 사안들에 간접적 영향을 끼치게 되는 것이다.

반면 해외직접투자는 해외시장에서 상품과 서비스를 생산해서 판매하기 위해 직접 생산과정에 참여하는 해외투자를 지칭한다. 투자유치국 노동을 직접 고용하고, 투자유치국 정부에 세금을 지불하고, 투자유치국 시장의 경쟁에 직접적 영향을 끼치고, 또한 생산과정에서 환경 문제를 발생시키는 등, 해외직접투자는 투자유치국 경제, 사회, 정치 사안들에 직접적 영향을 끼친다. 해외직접투자는 인수합병(M&A: merges and acquisitions) 방식의 투자와 새로운 생산 라인을 구축하는 방식(greenfield foreign direct investment)의 해외투자로 구분된다. 즉, 인수합병 방식의 투자는 해외시장에서 기존에 존재하는 회사를 인수합병해 직접 상품과 서비스를 생산하는 것이다. 반면에 새로운 해외투자는 기존에 존재하지 않은 회사와 생산시설을 새롭게 설립해서 상품과 서비스를 직접 생산하는 것이다.

해외투자는 투자로 인해서 생산되는 재화의 특성에 따라서 구분될 수도 있다. 우선 자원을 개발하기 위한 해외투자를 생각할 수 있다. 원유, 금, 석탄, 다이아몬드, 우라늄 등의 천연자원을 생산하기 위해 해외투자가 이루어진다. 이러한 형태의 해외투자는 자본과 기술, 그리고 시장을 가지고 있는 선진국 기업들과 천연자원과 노동, 그리고 정부 정책에 관한 독점권을 가지고 있는 저발전 국가들 간의 협력을 통한 이익창출 행위로 간주될 수 있다. 과거 식민지 시대에는 이러한 형태의 해외투자가 강압적 형태로 이루어졌지만, 현재는 저발전 국가들의 정치적 위상의 강화에 따라서 대부분 협력적 형태로 행해지고 있다.

두 번째 해외투자 형태는 2차 산업에 투자하는 것이다. 자동차, 섬유제품, 반도체,

가전제품 등을 생산하기 위해 해외투자를 하는 것이다. 이러한 해외투자는 주로 해외투자 대상 지역의 노동력을 활용하거나, 혹은 투자유치국 시장을 공략하기 위해 행해진다. 혹은 해외투자로 인해 생산된 상품과 서비스를 제3국들에 판매하기 위한 생산기지로 투자유치국을 이용하는 사례도 많다.

세 번째 형태는 서비스 산업에의 해외투자이다. 금융, 보험, 방송통신, 의료, 교육 등의 서비스 산업에 관련된 해외투자행위들이 빠르게 증가하고 있다. 이는 서비스 시장 개방을 위한 다자간 무역협정이 타결되었기 때문이기도 하고, 또한 이러한 시장에 대한 국가의 수요가 빠르게 증가하고 있기 때문이기도 하다. 또한 투자를 하는 국가와 투자를 유치하는 국가 간 서비스 산업 발전 수준에서의 큰 차이 때문에 발생하기도 한다. 다만 몇몇 서비스 산업에 대한 해외투자는 투자유치국의 경제와 정치뿐만 아니라 문화와 정체성에 큰 영향을 끼칠 수 있기 때문에 각 국가는 이들에 대한 다양한 제한 조치를 취하고 있다. 예를 들면 교육 서비스에 투자하는 경우, 공공교육 혹은 초중등 교육에는 직접투자를 할 수 없게 하는 등의 조치를 취하는 것이다.

해외투자는 또한 수평적(horizontal) 해외투자와 수직적(vertical) 해외투자로 구분될 수 있다. 수평적 해외투자란 자국시장에서 생산했던 상품과 서비스를 같은 방식으로 해외시장에서 생산하기 위해 해외시장에 투자하는 것이다. 예를 들면 A국가에서 반도체를 생산하던 기업이 B국가에서 같은 혹은 유사한 반도체 제품을 생산하기 위해 B국가에 투자하는 행위이다. 반면에 수직적 해외투자는 하나의 완성된 제품을 만들고 필요한 부품들을 생산하기 위해 해외시장에 투자하는 행위이다. 이러한 투자행위는 세계적 '아웃소싱(outsourcing)'이라는 행위이다. 하나의 특정 장소에서 모든 상품과 서비스를 생산하는 것이 아니라 세계 도처에서 지역 특성에 맞는 부품들을 생산해 조달함으로써, 최종적으로 만들어진 상품과 서비스의 가격 경쟁력과 제품 경쟁력을 높이는 전략인 것이다. 이와 관련해 논의되고 있는 개념이 세계가치사슬(global value chain)이다. 가장 효율적 생산체제를 만들기 위해 다양한 국가들에서 다양한 부품들이 생산되는데, 이러한 세계가치사슬을 잘 활용하는 다국적기업들이 생존할 가능성이 큰 것이다.

해외직접투자는 다국적 기업에 의해서 이루어진다. 다국적 기업은 정의상 두 개 이상의 국가에서 생산 활동을 하는 기업을 총체적으로 이르는 용어이다. 전 세계적으로 다국적 기업의 수는 빠르게 증가하고 있고, 또한 저발전 국가들 혹은 신흥시장 국가들에 속한 다국적 기업의 수도 빠르게 증가하고 있다. 이러한 다국적 기업들의 경제행위가 세계경제에 큰 영향을 끼치면서 이들의 정치적·사회적 중요성도 증가하고 있다.

해외투자가 빠르게 증가하게 된 여러 요인이 있다. 첫째, 앞에서 말했듯이, 해외투자와 관련된 패러다임이 변화한 것이다. 과거 사회주의 혹은 종속이론에 영향을 받았던 많은 국가들이 다른 국가들로부터의 해외투자행위를 제한하고, 자국의 시장과 산업을 보호하는 정책을 채택해왔던 것이 사실이다. 그들은 해외자본을 유치하는 대신, 자국의 기업들을 육성해서 기존의 해외의존성을 축소하려는 수입대체 산업화(import-substitution industrialization) 정책을 채택했던 것이다. 그러나 1980년대 이후 사회주의와 종속이론의 이론적·정책적 영향이 매우 약화되면서 이들 국가들에서도 적극적으로 해외투자를 유치하려는 노력을 보이고 있고, 이러한 정책적 변화가 해외투자의 증가에 영향을 끼친 것이다. 선진국 역시 다른 국가들로부터 해외자본을 유치하기 위해 노력하고 있다. 1980년대 이후 본격적으로 등장한 신자유주의 사상에 근거한 자유화 전략의 채택이 해외자본 유치에도 적용되었던 것이다. 해외자본의 유치를 통해 고용을 확대하고, 정부세입을 확대하고, 경쟁을 강화함으로써 효율성을 제고시킬 수 있다고 믿기 때문이다. 현재 많은 국가들은 경쟁적으로 친자본 혹은 친해외자본 정책을 채택해 더 많은 해외자본을 자국시장에 유치하려고 노력하고 있다. 또한 국가들은 양자 간 혹은 다자간 투자협정의 체결을 통해 해외투자행위를 증가시키려는 노력도 보이고 있다.

해외투자를 크게 증가시킨 두 번째 요인으로는 기술적 발전을 들 수 있다. 특히 통신과 운송 수단에서의 기술적 발전은 1980년대 이후 매우 빠르게 진행되고 있고, 이러한 기술적 발전이 해외투자를 증가시키는 중요한 요인으로 작동한 것이다. 인터넷, 무선전화, 화상전화, 항공 운송기술, 항공 운송망의 증가 그리고 선박 운송기술 등의 발전은 해외투자와 관련된 비용을 절감시키는 효과를 나타냈고, 해외투자와 관련된 경제행위를 더욱 효율적·효과적으로 전환시켰다. 다국적 기업들이 기술적 발전을 통해 더 효율적으로, 더 유연하게 자신들의 해외경제행위를 관리할 수 있게 된 것이다.

해외투자 증가의 세 번째 요인으로 기업 간 연합(intercorporate alliances)의 증가를 지적할 수 있다. 점점 경쟁이 치열해지는 세계시장에서 기업들은 생존전략의 일환으로 다른 국가에 속한 기업들과의 연합과 협력을 통해 부를 증진하고, 자신들의 경쟁력을 강화시키는 노력을 보였다. 이러한 노력들과 전략들을 통해 기업 간 상호투자와 기업 간 무역이 빠르게 증가한 것이다.

2. 해외직접투자의 정치경제이론

기업들의 입장에서 볼 때, 자신들이 생산한 상품과 서비스를 해외시장에서 판매할 때 가장 쉬운 방법은 그 상품과 서비스를 해외로 수출하는 것이다. 자신들이 속한 국가에서 생산된 상품과 서비스를 수출하는 행위는 큰 위험을 동반하지 않기 때문이다. 그러나 해외직접투자라는 경제행위는 상대적으로 큰 경제적·사회적 위험을 동반한다. 우선 기업들은 자신들의 자산을 다른 국가에 이전해야 하고, 기업에 속한 직원들과 그 가족들 또한 해외로 이전시켜야 한다. 기업들은 해외직접투자를 하고자 하는 국가의 정부가 어떤 정책을 채택할지에 관해 확신을 가질 수 없다. 해외직접투자가 이루어지는 지역의 문화를 이해하는 데서도 경제적·사회적 비용을 지출해야 한다. 그리고 자신들이 얻은 부를 본국으로 송환하는 데도 불확실성이 존재한다. 이러한 높은 위험성에도 불구하고 왜 기업들은 해외직접투자를 하는 것인가 하는 문제가 제기될 수 있다. 기술 발달과 국가 간 투자협정 제도 등으로 인해 해외직접투자와 관련된 위험성이 과거보다 줄어든 것은 사실이지만, 그래도 수출보다는 비합리적인 경제행위가 아닌가 등에 관한 논의가 필요한 것이다.

해외직접투자 현상을 설명하는 오래된 경제학 논의 중 하나는 버넌(Vernon)에 의해서 제기된 상품주기론(product cycle theory)이다. 상품주기론은 한 특정 상품이 최초로 개발되어, 소비가 지역적으로 확산되고, 해외소비의 수요가 발생하고, 이에 따라서 해외투자가 발생하고, 마지막으로 그 상품을 생산했던 국가의 산업경쟁력이 없어지는 과정을 설명하고 있다. 예를 들면 미국에서 처음으로 냉장고가 생산되었다고 가정하자. 냉장고에 대한 일부 부유층의 수요와 기술적 발전의 결합으로 냉장고가 생산되면 가격이 매우 높게 책정되었을 것이고, 따라서 극소수 부유층에서만 소비가 이루어졌을 것이다. 냉장고가 개발된 후 시간이 지남에 따라, 냉장고의 전시 효과(demonstration effect)와 규모의 경제(economy of scale)에 의한 가격 하락 요인으로 인해 미국의 다른 소비자층에게로 소비가 확대되었을 것이다. 또한 더 많은 시간이 지남에 따라 해외시장에서 냉장고에 대한 수요가 발생한다. 냉장고를 생산했던 미국 기업은 해외 수요가 적은 시점에서는 수출을 통해 냉장고를 판매했겠지만, 해외수요가 커지면서 해외직접투자를 통해 증가하는 냉장고 수요를 충족시키려 노력했을 것이다. 더 많은 시간이 지나면 냉장고는 일반화·규격화(standardization)되고 기술이 보편화되면서, 다른 많은 국가에 속한 기업들이 냉장고를 생산할 수 있다. 이 시점이 되면 냉장고를 생산하는 데서의 경쟁력은 기술과 자본에 있는 것이 아니라 노동임금과 같은 생산 비용에 근거하게 된다. 노동임금이 높은 냉장고 개발 국가는 냉장고 생산에서 가격경쟁력을 확보하지 못하고 생산을 포기하게 되는 것이다. 처음으로 냉장고를 생산한 미국은 더 이상 냉장고를 생산하지 않고 오히려 수입을 통해서 국내 수요를 충족하게 된다. 미국은 더 큰 이익을 얻을 수 있는 새로운 상품을 개발하게 되고, 이러한 과정은 되풀이 된다. 상품주기론에 의한 해외투자 행위에 대한 설명은, 이러한 상품주기 과정에서 해외투자행위가 발생한다는 것이다.

이 논의 이외에, 해외직접투자의 원인에 관한 일반적 설명으로 대략 세 가지 정도의 논의가 있다. 첫 번째 논의는 지역적 접근(locational approach)이다. 이 논의의 핵심 주장은 해외직접투자의 대상이 되는 특정 지역이 가진 특정한 요인이 해외투자행위를 유인한다는 것이다. 이러한 특정 요인은 몇 가지로 분류될 수 있다. 우선 상품과 서비스의 생산 비용을 낮출 수 있는 요인을 들 수 있다. 예를 들면 저렴한 임금, 행정적 저비용, 특정 자원의 보유 그리고 생산에 유리한 인프라 구축 현황 등이다. 그리고 정부의 정책을 다른 한 요인으로 지적할 수 있다. 다국적 기업들에 유리한 조세제도, 다국적 기업들에 대한 정부 지원, 노동시장에 대한 규제 그리고 해외송금과 관련된 법적·제도적 장치의 마련 등이 그것이다. 마지막으로 해외직접투자의 대상이 되는 국가의 시장 상황을 들 수 있다. 해외직접투자의 대상이 되는 국가의 경제발전 수준, 일반적 국내시장의 크기, 소비자들의 소비성향 그리고 특정 상품과 서비스에 관한 수요와 탄력성 등이 그것이다.

해외직접투자와 관련된 두 번째 논의는 시장 불완전성(market imperfection)에 초점을 맞추는 논의이다. 앞에서 지적했듯이, 경제행위에 수반되는 위험성이라는 측면에서 보면 해외직접투자는 수출보다 훨씬 더 많은 위험성을 동반하는 경제행위이다. 이 두 번째 논의에 의하면 기업이 수출을 하지 않고 해외직접투자를 하는 이유는 수출을 방해하는 요인을 극복하려는 전략이라는 것이다. 즉, 다른 국가들이 수출을 방해하는 높은 무역장벽을 설치하는 경우 기업은 이러한 무역장벽을 우회해서 해외시장에 침투하기 위해 해외직접투자라는 전략을 채택한다는 것이다. 1980년대 초반 미국 정부가 일본자동차 수입에 대해 무역장벽을 설치했을 때, 일본 자동차 기업들이 막대한 규모로 미국시장에 자동차 공장을 설립해 직접생산을 했던 사례가 있다. 이 논의는 수출과 해외직접투자를 기업들이 택할 수 있는 대안적 전략으로 간주하는 것이다.

해외직접투자와 관련된 세 번째 논의는 다국적 기업들의 내부화(internalization) 전략에 초점을 맞추어 해외직접투자 경제행위를 설명하는 것이다. 다국적 기업은 자신들이 보유한 기술, 경영기법, 노하우(know-how), 국내외 시장 등을 보호하기 위해, 혹은 수평적-수직적 분화를 통한 생산성과 이윤의 극대화를 위해 해외직접투자를 선택한다는 것이다. 기업들이 추구하는 수평적-수직적 분화의 형태는 다양하게 나타나고, 해외직접투자의 규모와 방식도 다르게 나타난다. 다만 이 논의에 의하면 해외직접투자라는 경제행위는 근본적으로 기업이윤을 극대화하기 위한 기업 내부의 합리적 전략의 산물이 된다. 예를 들면, 다국적 기업들은 자회사와 모회사 간의 기업 내 무역행위에서 이전 가격(transfer pricing)을 자의적으로 결정하는 방식으로 이윤을 극대화시킬 수 있는 것이다.

앞의 세 가지 설명을 절충하는 시각도 많이 있다. 하나의 설명만으로는 불충분한 경우에 이들 세 가지 유형의 설명을 혼합해서 특정 지역에 대한 특정 다국적 기업의 해외직접투자 원인을 설명하기도 한다. 무역장벽이 설치되어 있고 저렴하면서도 질이 높은 인적 자원이 존재하며 기업의 수직적 분화라는 기업 내부 전략이 존재하는 경우, 이러한 복합적 요인에 근거해서 특정 국가에 대해 해외직접투자가 이루어지는 것이다.

이러한 경제학적 논의 이외에도 해외투자에 관한 정치경제적 논의가 존재한다. 세계시장에서 국가의 역할을 강조하는 논의에 따르면, 국가는 자국에 속한 다국적 기업들을 이용해 해외시장을 개척함으로써 국가의 부를 증진시키려고 노력한다. 또한 이러한 과정에서 다른 국가와의 협력과 외교관계를 증진시킬 수도 있다. 때로는 군 산업 관련 기술을 보유한 해외기업을 인수합병해서 군사적 목적을 추구할 수도 있다. 궁극적으로는 자국의 부를 증진시킴으로써 국제체제의 구조를 자국에 유리한 방향으로 전환하려는 목적을 가지고 해외투자행위를 하는 것이다.

3. 해외직접투자의 이익과 비용 그리고 행위자 간 협상

해외직접투자가 투자유치국의 경제적·정치적·사회적 발전에 어떤 공헌을 하고 어떤 해를 끼치는가에 관한 논의는 매우 오래된 것이다. 특히 선진국들에 속한 다국적 기업들에 의한 저발전 국가들로의 해외직접투자와 관련된 발전이론과 종속이론 간의 논쟁은 이러한 논의를 대표하는 것이었다. 발전이론적 입장에서 보면, 해외자본은 신규자본을 유입하고 고용을 창출하며 해외시장을 개척하고 선진 경영기법을 도입하여 기술을 이전하는 등의 과정을 통해 저발전 투자유치국의 경제에 공헌한다고 주장한다. 특히 저발전국에 대한 해외직접투자의 경우에서는, 이중경제(dual economy)의 낙후된 부분을 발전시킴으로써 산업화의 과정을 통해 경제구조를 선진화된 형태로 전환하는 데 공헌한다는 주장을 펼치고 있다.

종속이론적 시각에서 보면, 해외자본은 종속적 관계를 심화시키는 역할만을 한다고 주장한다. 이에 따르면, 해외자본은 자본유출을 가속화시키고 낙후된 기술만을 전수하며 소득불균형을 심화시키고 매판자본을 형성시키는 등의 악영향을 끼치므로 결국은 투자유치국의 경제를 악화시키는 결과를 초래한다. 이러한 과정은 결국 '저발전의 발전(development of underdevelopment)' 과정을 통해 투자유치국의 경제를 추락시킨다는 것이다.

이러한 상반된 주장에서 드러나듯이, 해외투자는 여러 가지 기대이익과 기대비용을 창출한다. 기대이익으로는 자본이 유입되어 더 많은 투자가 이루어질 수 있고 새로운 투자로 인한 고용이 창출되며 경쟁이 강화됨에 따라서 효율성이 증대될 수 있다는 점을 지적할 수 있다. 또한 새로운 경영 기법을 배울 수 있고 국내 노동의 생산성이 강화되며 기술 이전의 효과를 얻을 수도 있다. 정부는 다국적 기업들의 영업활동으로 인한 조세수입을 얻을 수 있고 다국적 기업과 유기적으로 관련된 국내산업이 발전될 수 있는 가능성도 있다.

해외투자와 관련된 여러 가지 기대비용도 고려할 수 있다. 우선 해외자본의 확대에 따라서 국내자본 투자가 약화될 가능성이 제기된다. 또한 시장집중화와 독과점 현상화로 인해 시장이 왜곡되고 국내산업이 오히려 위축될 가능성이 있다. 다국적 기업들로부터의 기술 이전도 첨단기술의 이전이 아닌 표준화된 기술 이전에 한정되어 국내산업의 발전을 제한하고 '재래식' 산업에 집중시키는 부정적 효과가 나타나기도 한다. 다국적 기업들이 투자를 철회하는 경우 상당한 경제적 타격이 있고, 경제 이윤의 본국송환으로 인해 자본유출이 가속화될 수도 있다. 그리고 다국적 기업들이 종종 사용하는 이전가격책정(transfer pricing, 다국적 기업들이 기업 내 무역 행위를 할 때 가격을 자의적으로 책정해서 세금을 회피 혹은 축소하려는 행위)으로 인해 세금원이 상실될 수 있는 가능성 역시 배제할 수 없다. 마지막으로, 다국적 기업들에 속한 노동과 국내기업에 속한 노동 간의 임금 차이로 인해 소득불균형이 악화되어, 사회적 위화감이 조장될 수 있는 가능성도 있다.

이와 같은 상반된 주장에 근거한 해외직접투자의 기대이익과 기대비용은 〈표 8-1〉로 정리한다.

해외직접투자로 인한 이익과 비용의 문제에 관해서는 다국적 기업이 속한 투자국(home countries of MNCs)들에서의 이익과 비용의 문제도 제기될 수 있다. 투자국들은 자신들에 속한 다국적 기업의 해외 경제행위를 통해 부를 축적할 수 있다. 해외시장에서 활동하고 있는 다국적 기업의 경제적 이익의 본국송환을 통해 국내 부를 축적할 수 있기 때문이다. 또한 다국적 기업의 경제규모 증가와 기술적 발전을 통한 직·간접적 경제이익도 기대할 수 있다.

정치적인 이익도 기대할 수 있다. 특히 친자본적 자유화 정책을 확산하는 시기에는, 다국적 기업의 해외직접투자행위를 통해 국가 간 전반적 협력 행위를 강화할 수 있다. 또한 자국의 다국적 기업을 동원해 다른 국가들의 정치·경제·군사 정책에 간접적 영향을 미칠 수도 있다. 다국적 기업들이 생산·판매하는 제품과 서비스의 수요 확대를 통해 문화적 동질화(cultural homogenization)를 도모하거나 국가의 이념과 제도를 확산시킬 수도 있는 것이다.

그러나 자국에 속한 다국적 기업들의 해외직접투자행위는 여러 가지의 손실을 가

〈표 8-1〉 해외직접투자의 기대이익과 기대비용

해외직접투자의 기대이익	해외직접투자의 기대비용
새로운 해외자본의 유입	국내 자본 투자의 약화 가능성
고용 증대	더 많은 노동경쟁에 따른 국내산업의 손실
경쟁 강화로 효율성 증대	시장 집중화의 가속화
국내산업과의 전후 연계 효과	이중경제구조를 가속화하는 방식으로의 투자
수출전략, 기술선택, 경영기법 등에 관한 국내 산업에 대한 예시효과(demonstration effects)	주요 전략산업에 대한 국내통제의 상실
국내 노동의 훈련	내국인들의 하위직으로의 고용
기술 이전과 확산효과	국내 R&D를 위한 유인 감소
값싸고 질 좋은 수입대체 효과	투자 철회의 위험성
조세수입(기업세, 소득세 포함)	이윤 본국송환에 따른 자본유출과 경상수지 악화 가능성
지역 상품 사용 규정(local content rules)에 의한 국내산업 발전	이전가격책정(transfer pricing)의 남용으로 인한 세금원의 상실
—	소득불균형의 심화

져올 수도 있다. 우선 경제적 측면에서 볼 때, 자국 기업의 해외이전은 산업공동화(deindustrialization) 현상을 초래하거나 노동 시장의 축소로 인한 실업률 상승이라는 손실을 가져올 수 있다. 또한 다국적 기업들에 의해서 해외시장에서 생산된 제품과 서비스가 본국에 역수출되어 수입이 늘고 무역수지가 악화될 수 있고, 또한 제3의 해외시장에서 경쟁이 치열해져 오히려 본국에서 수출되는 상품들의 경쟁력을 약화시킬 수도 있는 것이다.

정치적 측면에서 보면, 다국적 기업과 투자유치국 간의 갈등으로 인해 국가 간의 전반적 외교 관계가 악화될 가능성도 있다. 또한 군사적으로 다국적 기업에 의한 군사기술 유출의 가능성 역시 제기된다. 전체적인 국가의 부와 권력을 고려하지 않고 단기적으로 기업의 이익만을 추구하는 다국적 기업에 의한 반국가 이익 행위가 발생할 수 있고, 이는 장기적으로 국가의 부와 권력에 오히려 손실을 초래할 수 있다.

해외투자로 발생하는 이러한 기대이익과 기대손실 때문에 국가들은 자국의 이익을 증대시키고 손실을 감소하려는 노력을 강구한다. 저발전 국가들에 해외투자를 많이 하는 선진국은 투자 유치국들로부터 더 많은 혜택을 얻고, 군사기술 유출 방지, 산업 공동화로 인한 부정적 효과의 축소, 자국 문화의 수출과 정치적 영향의 증대 등을 위해 노력한다. 반면 해외투자를 유치하는 저발전 국가는 고급 기술 이전, 자본 재투자, 조세 수입 증대, 고용 창출 등에 힘을 쏟는다.

기대이익을 극대화하고 기대손실을 최소화하는 과정에서 해외투자와 관련된 경제 행위자 사이에서는 다양한 형태의 협상이 진행된다. 우선 해외투자와 관련된 국가 간 협상을 고려할 수 있다. 국가들은 양자 간 혹은 다자간 투자협정을 체결하기 위해 협상한다. 국가 간 협상은 주로 해외투자와 관련된 법적·제도적 장치의 구축과 관련된 것이다. 해외투자와 관련된 조세 문제, 내국민 대우 문제, 자금의 본국 송환 문제, 투자 유치국 부품 사용(local contents) 문제, 노동자 고용 조건 및 대우 문제 등이 주요 의제가 된다.

다국적 기업과 해외투자 유치국가 간의 협상도 진행된다. 해외투자를 유치하려는 저발전 국가와 다국적 기업 간의 협상에 관한 흥미로운 논의가 있다. 해외투자 유치국가와 다국적 기업 간의 관계는 양자 간 독점(bilateral monopoly)이라는 말로 표현된다는 것이다. 즉, 다국적 기업은 자본, 기술, 경영기법, 세계시장접근과 같은 요소를 독점적으로 보유하고 있고, 투자유치국은 국내시장, 노동, 투자기회, 자원과 같은 요소를 독점적으로 보유하고 있다는 것이다. 이런 상황에서 누가 더 유리한 협상지위를 점하게 될 것인가가 흥미로운 질문이 될 수 있다.

이러한 상황에 관한 첫 번째 논의는 퇴화하는 협상(obsolescing bargaining)에 관한 논의이다. 이 논의는 주로 초기 자본투자 규모가 크고 자본의 이동성(mobility)이 적은 1차 산업 해외투자에 관한 것으로, 이 논의에 따르면 해외투자 유치국가와 다국적 기업 간의 권력관계는 해외자본이 투자되기 전까지는 다국적 기업이 유리하지만, 일단 해외자본이 투자된 후에는 권력관계가 투자유치국에 유리한 방향으로 급격히 변화한다. 해외자본이 투자되기 전까지 투자유치국은 자본, 기술, 경영을 도입하기 위해 각종 혜택을 제공함으로써 투자를 유치하려고 노력하기 때문에 권력관계는 해외자본에 유리한 쪽으로 작용한다.

그러나 일단 투자가 유치되면 그에 따른 고정비용이 발생하고, 이에 해외자본은 당분간 투자유치국에서 경제활동을 해야 한다. 이러한 상황에서 투자유치국은 해외자본이 단기적으로 빠져나가지 못할 것이라고 판단하고 해외자본에 대해 자국에 유리한 방향으로 여러 가지 제재를 가할 수 있다는 것이다. 따라서 권력관계는 투자유치국에 유리한 방향으로 급격히 이동한다. 이러한 상황은 고정자본의 비율이 높은 산업에 대한 해외투자의 경우에 더욱 타당성이 있다고 할 수 있다. 또한 이러한 상황이 몇 번이나 반복되는가의 여부도 권력관계의 변화에 영향을 끼친다. 권력관계의 이동에 따라서 다국적 기업과 투자유치국의 경제적 이익과 손실이 변화되는 것이다.

두 번째로 투자유치국의 권력이 상대적으로 많이 향상되었다는 논의가 활발하게 전개되기도 했다. 투자유치국의 전문성이 향상되고, 다국적 기업 간의 경쟁이 강화되며, 대규모 투자를 필요로 하는 사업이 많아짐으로써 고정자본 비율이 증가하고, 투자유치국들이 더 많은 정보를 가지게 되는 등의 요인들로 투자유치국의 능력이 향상되면서 다국적 기업과의 권력관계에서 유리한 위치를 점하게 되었다는 주장이다. 이에 따라 종종 해외투자가 이루어진 산업들이 국유화되고, 경영권이 국내기업이나 투자유치국의 손으로 넘어가며, 각종 제재들이 등장하는 등의 현상이 나타나기도 했다.

그러나 1980년대 중후반부터 본격적으로 등장하기 시작한 세계경제의 세계화 현상은 이러한 권력관계를 해외자본 쪽으로 돌려놓는 결정적인 역할을 했다. 국가들은 경쟁적으로 해외자본을 유치하기 위해 각종 혜택을 제공하고, 제도적 개선을 하며, 투자레짐의 변화를 채택하고 있다. 권력관계가 해외자본에 유리한 방향으로 급격히 옮겨가는 것이다. 최근에는 국가들이 자유무역협정(Free Trade Agreement)를 체결하는 경우, 투자자들이 투자유치국의 정책 변화에 의한 경제적 손실을 보상받기 위해 투자유치국을 제소할 수 있는 해외투자자 국가소송제도의 인정 여부를 두고 협상이 이루어지곤 한다. 해외투자 유치국과 다국적 기업 간의 권력관계의 변동에 따라서 국가와 기업들의 기대이익과 기대손실이 달라진다. 따라서 이러한 권력관계 변동의 방향과 내용을 면밀히 분석하는 작업이 필요한 것이다.

4. 다국적 기업의 사회적 책임성과 국제 레짐, 그리고 미래

해외투자행위를 하는 다국적 기업의 수와 해외투자 규모가 증가하고 이들의 영향력이 증대되면서 더 많은 국가가 해외투자 유치를 위해 노력한다. 반면 다국적 기업에 의한 경제적·사회적·정치적 폐해가 늘어나는 현상도 동시에 발생하고 있다. 다국적 기업과 해외투자 유치국가 간, 다국적 기업과 다른 경제행위자들 간의 분쟁도 잦아지고 이에 따라 다국적 기업의 사회적 책임성(corporate social responsibility)을 강조하는 시각이 많이 등장했다.

1980년대 이후부터 다국적 기업의 사회적 책임성에 관한 정부, 기업, 노동, 비정부기구(NGO: non-government organization) 그리고 국제기구 등에 의한 요구가 상당히 강해졌다. 특히 앞에서 언급했듯이, 세계화와 더불어서 다국적 기업들의 권력이 크게 향상되었고 이에 의해서 투자유치국의 정책 수단이 제한을 많이 받는 상황에서 다국적 기업의 사회적 책임성에 관한 관심이 제고되었다. 국가들이 경쟁적으로 해외자본을 유치하려는 와중에 해외자본에 의한 폐해를 줄이고 이익을 최대화하려는 노력을 보이는 것은 자연스러운 현상이라고 할 수 있다. 다만 이러한 노력이 한 국가나 소수 국가에 의해 주도되면 성공하기 어렵다. 해외자본은 시장탈퇴(exit)라는 수단과 이동성(mobility)이라는 장점을 보유하고 있기 때문이다. 즉, 소수 국가에 의해서 해외자본 혹은 다국적 기업에 대한 제재가 이루어지면 해외자본과 다국적 기업은 그러한 시장을 탈퇴하고 제재가 없거나 약한 시장으로 옮겨간다. 그것도 쉽게 옮길 수 있는 경우들이 많다. 따라서 다국적 기업의 사회적 책임성을 제고하기 위한 노력은 다자간으로 행해져야 그 효과를 기대할 수 있다.

해외투자행위에서 다국적 기업의 책임성을 증진시키려는 다자적 노력은 대략 1970년대부터 시작되었다. 1977년 다국적 기업에 대한 UN센터(UNCTC: United Nations Center for Transnational Corporation)는 자발적인 '다국적 기업의 행동강령'을 설립하기 위한 협상을 시작했다. 이 행동강령의 목적은 다국적 기업들의 권한과 책임을 명문화하려는 것이었다. 또한 국제노동기구 회원국들은 1977년 11월에 다국적 기업의 행동강령인 '3자 선언(Tripartite Declaration)'을 채택했는데, 이 선언은 기본적으로 노동자 권리에 초점을 맞추고 있다.

이러한 노력의 연장선상에서 1990년대에 이르면 다국적 기업들의 사회적 책임성을 제고시키기 위한 다자간 노력이 활발하게 전개되기 시작했다. 대표적으로, 다양한 분야에서의 다국적 기업의 책임성을 규정하고 있는 유엔 국제협약(United Nations Global Compact)과 경제협력개발기구의 가이드라인(OECD Guidelines for Multinational Enterprises)을 들 수 있다. 이러한 다자간 협약들은 다국적 기업이 환경, 노동, 기술 이전 등 다양한 분야에서 책임성을 제고해볼 것을 권고하고 있다.

이러한 노력이 가지고 있는 문제는 다국적 기업에게 강압적 조치를 취할 수 있는 수단을 확보하고 있지 못하다는 것이다. 권고된 사안을 준수하지 않는 다국적 기업에 대해 직접적으로 제재조치를 취할 수 있는 방법이 미미하다. 그러나 비록 강압적인 수단을 동원하지 못한다고 하더라도, 다국적 기업에게 행할 수 있는 다양한 압력이 존재하는 것은 사실이다. 다국적 기업의 행동에 대한 감시, 언론 보도, 불매 운동, 국제적 여론 환기, 다국적 기업들의 모국을 통한 압력행사 등이 그것이다. 다국적 기업들도 사회적 책임성에 관한 인식이 높아진 것이 사실이고, 여러 형태로 다자간 협약에 동참하려고 노력하고 있다. 다국적 기업의 사회적 책임성에 관한 내용들을 대략 요약해보면 〈표 8-2〉와 같다.

해외투자와 관련된 다국적 기업의 사회적 책임성을 제고시키기 위한 다양한 노력이 어떤 성과를 거둘 것인가에 관해서는 아직 명확하게 드러나지 않았다. 사회적 관심이 높아졌다는 사실이 반드시 좋은 결과를 도출하는 것은 아니기 때문이다. 이 문제에 관한 국가와 다국적 기업 간의 다른 시각, 선진국과 저발전 국가 간의 다른 시각, 기업과 다른 경제행위자들 간의 다른 시각 등으로 인해, 일률적으로 적용될 수 있는 강압적 조치의 채택은 매우 어려워 보인다. 앞에서 설명했듯이 시장탈퇴라는 수단을 보유하고 있는 다국적 기업들의 책임성을 제고시키기 위해서는 다자간 협력이 반드시 필요한데, 이에 대한 국가 간의 이견 차이로 다자간 협정의 체결이 어려운 것이다.

또한 경제 운용에서의 자율성과 독립성을 원하는 국가들이 다국적 기업에 관한 일반적 국제협정을 수용할 것인가의 문제도 남아 있다. 앞에서 정리했듯이 다국적 기업

〈표 8-2〉 다국적 기업의 사회적 책임성의 주요 내용	
항목	핵심 내용
정보공개	기업은 기업의 활동, 구조, 재무상태 및 실적에 관한 신뢰할 만한 적절한 정보를 적절한 시기에 정기적으로 공개해야 함. 기업은 정보공개, 회계와 감사에 대해 매우 높은 수준의 기준을 적용해야 함.
고용 및 노사관계	기업은 노동조합 또는 다른 신의 있는 노동자 대표들에 의해서 대변되는 노동자의 권리를 존중해야 하고, 건설적인 협상에 임해야 함. 또한 아동노동의 효과적 폐지와 모든 형태의 강제노동의 폐지에 공헌해야 함.
환경	기업은 환경, 공공보건과 안전의 보호에 필요한 적절한 조치를 취해야 하고, 일반적으로 지속가능한 발전(sustainable development)이라는 포괄적 목적을 달성하는 데 공헌하는 방식으로 경제행위를 해야 함.
뇌물방지	기업은 영업이익 또는 기타 부당한 이익을 취득 또는 유지하기 위해 직접 또는 간접으로 뇌물이나 다른 부당한 이득을 제의, 약속하거나, 공여 또는 요구해서는 안 됨.
소비자 이익	소비자를 대할 때 기업은 공정한 영업, 마케팅 및 광고관행에 따라 적절한 행동을 해야 하고, 그들이 제공하는 제품과 서비스의 안전성과 질을 보장하기 위한 적절한 절차를 취해야 함.
과학 및 기술	기업은 그들의 활동이 해당국가의 과학기술 정책과 계획에 부합하는 방향으로 가도록 노력해야 하고, 지역적 혹은 국가적인 혁신 능력 발전에 공헌해야 함. 또한 실행가능한 경우에 지적재산권 보호에 노력하면서 기술과 노하우의 이전과 빠른 확산을 허용하는 관행을 채택해야 함.
경쟁	기업은 경쟁적 방식하에서 그들의 활동을 실행해야 함. 특히, 경쟁자들 간에 반경쟁적 협정을 체결해서는 안 됨.
조세	기업은 조세 부담액을 적절한 시기에 납부함으로써 투자유치국의 공공재정에 공헌하는 것이 중요함. 특히, 그들이 활동하고 있는 모든 국가의 조세법과 규정을 준수해야 하고, 그러한 법규와 규칙의 규정 및 정신에 따라 행동하는 데 모든 노력을 기울여야 함.

의 사회적 책임성에 관한 많은 사안이 존재한다. 이 사안들은 노동기준, 환경기준, 조세제도, 독과점과 관련된 경쟁제도, 부패방지제도 등을 포함한다. 이러한 많은 사안에 대해 일반적 협정을 체결해서 수용하는 것은 국가들의 경제운영에서의 자율성과 독립성을 크게 훼손할 가능성이 크다. 이는 국가들이 이러한 형태의 협정을 꺼리는 이유이며, 현실적으로 다자간 투자협정(Multilateral Agreements on Investments)이 잘 진행되지 못하는 이유이기도 하다.

이러한 점을 고려할 때, 해외투자와 다국적 기업에 관한 국제 레짐의 형성은 어려워 보인다. 국제 레짐이 형성된다면 이것은 해외투자와 관련된 내국민 대우, 비차별, 조세문제, 기업내부화 전략에 대한 규제 여부, 다국적 기업의 사회적 책임성 등을 포함하는 포괄적 협정의 성격을 가져야 한다. 그러나 이러한 내용을 모두 포함하는 방식의 국제 레짐을 국가들이 수용할지 여부는 불분명하다. 또한 만약 국가들의 동의를 용이하게 하기 위해 이러한 많은 사안들의 일부분만을 포함하는 제한된 형태의 다자간 협정은 그 효과성이 의문시된다. 해외투자와 관련된 국제 레짐의 포괄성이라는 측면과 국가들의 수용 여부라는 다른 한 측면을 모두 고려해야 하는 현재 상황에서, 국가들이 적절한 타협안을 찾을 수 있는가 하는 문제는 불투명하다고 할 수 있다.

다국적 기업의 사회적 책임성 논의와 더불어서 기업의 공유가치창조(creating shared values) 사안도 활발히 논의되고 있다. 공유가치창조는 기업이 투자대상 지역의 사회적·경제적 이익을 도모하여, 기업은 이윤을 창출하고 지역 사회 역시 경제적 사회적 이익을 향유하는 방식의 협력 기제를 일컫는 것이다. 예를 들면, 다른 국가에 취항하고 있는 항공회사가 그 지역 사회의 인력에 대해 항공운항과 항공서비스에 대한 교육을 시키고 고용하는 일을 들 수 있다. 항공회사는 항공회사 모국가의 문화를 이해하는 질 높은 노동을 고용해 더 많은 이윤을 창출할 수 있고, 지역사회는 교육의 혜택도 받고 고용의 기회도 확대할 수 있는 것이다.

막대한 자본을 축적하고 있는 다국적 기업들의 해외활동은 앞으로도 증가할 것으로 예상된다. 더 많은 해외투자 행위는 이익을 창출하고 분배하는 과정에서 더 많은 논란을 일으킬 수 있다. 해외직접투자 사안에서 몇 가지의 이슈가 남아 있다. 첫째는 해외투자행위와 관련된 다양한 행위자들이 모두 만족할 수 있는 방법이 있을 것인가에 관한 문제이다. 즉, 다국적기업, 투자국, 그리고 투자 유치국 모두가 만족할 수 있는 방향의 해외투자 행위는 무엇인가에 관한 문제이다. 다국적기업은 이윤의 극대화를 원하고, 투자국은 경제발전과 권력증대를 원하고, 투자 유치국은 고용의 확대와 기술이전, 그로 인한 경제성장을 원한다. 모두 만족할 수 있는 정책을 찾기 어렵지만, 반대로 세 행위자 모두 원하는 것이 다를 수 있기 때문에 최적의 방향을 찾을 가능성도 있다고 할 수 있다.

두 번째 사안은 국제정치경제의 근본적 사안과 관련이 있다. 부와 권력을 동시에 추구하는 국가들이 해외투자를 통한 경제적 이익과 국가 권력 혹은 안보 이익을 어떻게 조화롭게 할 수 있는가의 문제이다. 예를 들면, 많은 국가들이 위험 국가들에게로의 이중용도물품의 이전과 수출을 금지하는 데 동의하고 있다. 다국적기업들에 의한 생산과 수출 행위가 종종 안보 이익을 침해하고 있기 때문이다. 그러나 이중용도라는 용어가 의미하듯이 이는 매우 모호한 개념이다. 전 세계에서 생산되는 거의 모든 상품이 민간 목적으로 혹은 군사 목적으로 동시에 사용될 수 있기 때문이다. 따라서 부와 권력의 동시 추구 문제는 항상 존재하는 것이다.

마지막으로 다국적기업의 행위를 어떤 방식으로 통제하고 관리할 수 있는가의 사안이 있다. 위에서 설명했듯이, 막대한 자본과 기술, 그리고 시장을 지배하고 있는 다국적 기업들의 경제 권력은 점차 막강해지고 있다. 따라서 이들의 권력을 제한하고, 이들의 행동을 감시하고 제재하는 제도를 만들 필요성이 제기되고 있는 것이다. 다만 이러한 행동이 다자적으로 이루어져야 하는 한계가 있다. 따라서 이 사안에 대한 논란은 지속될 것으로 예상할 수 있다.

토론 주제

1. 다국적 기업에 의한 해외투자행위는 어떤 것이 있는가?
2. 다국적 기업과 해외투자 유치국 간 협상에서, 어떤 행위자가 우위를 점할 수 있는가? 두 행위자 사이의 상대적 협상 능력은 시기에 따라서 어떻게 변하는가?
3. 다국적 기업의 해외투자행위로부터 유치국이 기대할 수 있는 이익과 비용은 무엇이며, 이 책에서 제시한 이익과 비용 이외에 어떤 다른 것을 기대할 수 있는가?
4. 다국적 기업의 사회적 책임성에 관한 국제 레짐을 준수하지 않는 기업에 대해 어떤 제재를 취할 수 있는가?
5. 해외투자와 관련된 다자간 투자 레짐이 잘 형성되지 못하는 이유는 무엇이라고 생각하는가?

제9장

발전(development)의 정치경제

Understanding International Political Economy: History, Ideology and Issues

1. 서론

이 책에서 지속적으로 설명하고 있는 것 중 하나는, 국가가 권력과 부를 동시에 추구하는 대전략을 채택한다는 것이다. 국가가 추구하는 궁극적 목적 중 하나인 부는 국가발전과 밀접한 연관이 있다. 각 국가는 발전을 도모한다. 발전이라는 용어는 다양한 의미를 내포하기 때문에 간단히 정의하기는 어려우며, 국가의 발전 수준에 따라 발전이 가진 의미는 다르게 나타난다. 최빈국 입장에서는 의식주 해결과 사망률 저하가 발전 과제 중 가장 중요할 것이다. 저발전 국가 입장에서는 산업화를 통한 경제발전이, 선진국 입장에서는 환경보호, 삶의 질 향상, 노동조건의 개선 등이 중요한 과제이다. 이렇듯 의미가 다양한 발전에 관한 정치경제적 논의 역시 다양하게 전개된다. 발전과 저발전의 과정과 단계, 발전과 저발전의 원인에 관한 분석, 발전과 저발전의 형태에 관한 논의, 발전과 관련된 국가와 국제사회의 역할, 발전을 위한 처방에 관한 논의 등이 있다.

국가발전을 저해하는 요인은 매우 다양하다. 국내적 요인과 국제적 요인이 복합적으로 작동해서 발전을 저해하는 것이다. 비민주주의체제, 낮은 교육수준과 이로 인한 노동생산성 저하, 부패, 독점, 자원의 부족, 과잉 인구 등은 저발전의 국내적 요인이다. 과도한 국가개입 혹은 국가 역할의 미비 등도 저발전의 원인이 될 수 있다. 그 외에도 리더십의 부재, 잘못된 방향과 내용의 발전 정책의 채택, 보호무역 정책의 채택과 고립주의 등이 있다. 내전과 무정부 상태, 인종 혹은 종교적 갈등, 민족분쟁으로 인한 국가실패 역시 저발전을 만드는 요인이라고 할 수 있다.

저발전과 연관된 국제적 요인도 많다. 불평등 거래와 교환을 통한 선진국의 착취행위와 선진국의 보호무역 정책 등이 저발전 국가의 발전을 저해하는 원인으로 지적될 수 있다. 특히 저발전 국가들이 비교우위를 확보하고 있는 노동, 섬유, 농업 시장 등에서의 선진국 보호정책 행위는 많은 비판의 대상이 된다. 선진 국가들은 자신들의 경제적 이익을 보호하고 정치적 지지를 얻기 위해, 저발전 국가들로부터의 노동, 노동집약적 상품, 그리고 농수산물의 수입을 제한하는 조치를 취해왔다. 또한 선진국 해외투자행위에서의 차별적 행위, 국제 금융시장에의 낮은 접근성, 투기자본에 의한 경제불안정 등의 요인 역시 저발전을 발생시키는 요인이다. 이 외에도 타국과의 전쟁 상태, 의도하지 않는 국제금융 불안과 위기, 그리고 석유를 포함한 자원 가격의 폭등 혹은 폭락 현상 등도 국가들의 경제발전을 저해하는 요인으로 지적할 수 있다.

저발전의 원인을 문화적, 지리적, 전통적 요인들에서 찾는 논의들도 있다. 인류 문명이 왜 특정 지역에서 먼저 발전되었는가, 왜 어떤 국가의 시민들은 상대적으로 빠르게 새로운 지식과 기술을 받아들이는가, 특정 종교와 문화가 발전 혹은 저발전과 관계가 있는가, 국가의 지리적 위치가 발전 능력과 관련이 있는 것인가 등에 관한 많은 논의들이 있다. 예를 들어, 아시아 가치(Asian Value)의 긍정적 측면을 주장하는 사람들은 아시아 국가들이 공유하고 있는 근면, 교육, 규율(discipline) 등이 아시아 국가들의 경제발전에 큰 영향을 끼쳤다고 주장한다. 또한 어렸을 때부터 젓가락을 사용하는 아시아 시민들이 기계를 더 잘 다룰 수 있는 능력이 있고, 따라서 정교한 기술적 발전을 습득하고 적용하는 데 더 유리하다는 주장도 있다. 아시아인들의 평균 IQ가 다른 인종들의 평균 IQ보다 높다는 주장과 경험적 분석도 존재한다.

독립 후 상대적으로 빠른 미국 경제의 발전을 청교도 정신에서 찾으려는 주장도 있다. 미국 사람들의 청교도적인 투철한 직업의식이 경제발전에 기여했다는 것이다. 중국 사람들의 전통적 상업 마인드를 경제발전의 한 원인으로 지적하는 주장도 있다.

일본 사람들의 끈기와 무사 정신이 경제발전에 기여했다는 주장도 있다.

발전 국가들과 저발전 국가들을 분리하는 북(North)와 남(South)이라는 용어는 지리학적 개념이다. 지구를 적도 기준으로 분리했을 때, 대부분의 발전 국가들이 북반부에 위치하고 있고, 대부분의 저발전 국가들이 남반부에 위치하고 있기 때문에 이러한 용어들이 등장한 것이다. 그러면, 남과 북의 차이는 무엇인가를 분석해야만 한다. 문화, 종교, 인종, 기후 등 다양한 요인들을 지적할 수 있다. 그러나 이러한 분석들은 한계가 있다. 우선 예외들이 많다. 북에 존재하는 저발전 국가도 있고, 남에 존재하는 발전 국가도 있다. 또한 같은 문화와 전통, 그리고 종교를 가지고 있는 국가들 사이에서도 발전 수준에 큰 차이를 보이는 경우가 많다. 그리고 이러한 설명들은 왜 어떤 국가가 어떤 시기에는 빠른 경제성장을 하고 다른 시기에는 그렇지 못한가에 대한 적절한 설명을 하고 있지 못하다는 한계를 보이고 있다.

이 장에서는 논의를 간단하게 하기 위해 발전을 발전과 저발전이라는 양분법적 시각으로 취급한다. 국가들을 발전 국가 혹은 선진 국가와 저발전 국가로 구분하는 것이다. 이를 근거로 저발전 국가들이 왜 저발전 상태에 놓여 있는가, 그리고 저발전을 극복하기 위해 어떤 정책과 전략을 채택해야 하는가 등에 관한 논의를 할 것이다.

2. 발전에 관한 이론

발전과 저발전에 관한 기존 이론은 발전과 저발전의 원인, 발전을 위한 처방 및 전략 등에 초점을 맞추어서 각자의 주장을 전개하고 있다. 이 이론들은 각기 다른 입장과 시각에서 발전과 저발전을 설명한다. 또한 이 이론들을 옹호하는 집단과 국가 역시 상이하다. 발전과 저발전에 관한 이론은 근대화론(modernization theory), 후발산업화이론(late industrialization theory), 발전국가이론(developmental state theory), 마르크스주의(Marxism), 신자유주의(neoliberalism) 등으로 구분할 수 있다.

(1) 근대화론

국가들의 발전과 저발전 형태 그리고 발전을 위한 처방 등에 관해 현대적·과학적 이론으로 처음 등장한 이론은 근대화론으로서, 주로 1940년대부터 1960년대까지 유행했다. 또한 민주주의 발전과 경제발전에 관한 다양한 양태를 비교 설명하고, 이들 간의 인과관계를 설명하는 데 가장 유용했던 이론이기도 하다.

근대화론의 핵심 주장은 경제발전과 민주주의 발전을 모두 달성했던 국가들이 존재하고, 이들의 경험을 답습하는 형태의 정치경제정책과 전략을 채택하게 되면, 저발전 비민주 국가들도 발전과 민주주의를 달성할 수 있다는 것이다. 이 이론을 주장하는 학자들은 한 국가의 정치경제를 전통과 근대로 구분할 수 있고, 전통 부분을 줄이면서 근대 부분을 확대하면 근대화를 이룰 수 있다고 설명한다. 이 이론에 의하면 국가의 경제발전 단계는 정형화된 선형 모델이 있다. 로스토(Rostow)는 국가의 경제발전 단계를 전통사회 단계, 도약준비 단계, 도약 단계, 성숙 단계, 고도 대중소비 단계 등으로 구분할 수 있고, 국가의 발전은 이 단계를 한 단계씩 상승하는 것으로 나타난다고 주장했다.

근대화론에서 국제경제체제는 자유무역을 바탕으로 하며, 국가는 발전을 도모하기 위해 민주주의와 자본주의 경제체제를 채택해야 한다. 이를 통해 정치적 발전과 경제적 발전을 동시에 달성할 수 있고, 이 두 가치는 항상 보완적 관계에 있다. 즉, 경제발전을 통해 민주주의를 달성할 수 있고, 민주주의를 통해 경제발전을 도모할 수 있는 정치적 기반을 조성할 수 있다. 또한 자유무역을 통해 경제효율성을 제고시켜 경제발전을 이룰 수 있다는 것이다.

근대화론에 의하면 저발전의 원인은 민주주의, 자본주의, 자유무역 정책을 채택하지 않는 국가정책과 정치경제적 환경의 문제이다. 근대화를 이룬 선진국들이 민주체제와 자본주의체제의 채택과 공고화로 인해 근대화를 달성할 수 있었던 반면, 저발전 국가들은 이러한 제도들을 효율적이고 효과적으로 채택하지 못했다는 것이다. 따라서 선진국의 경험을 따라 저발전 국가가 학습을 통해 근대화 모델을 적용한다면 후일 정치경제적 발전을 이룩할 수 있을 것이라고 주장한다. 근대화론을 검증하기 위한 다양한 경험적 분석 시도가 있었다. 경제발전과 정치발전 간의 관계가 긍정적 선형 관계인지 아니면 비선형 관계인지에 대한 분석들이 여럿 존재한다. 즉, 경제발전과 정치발전이 동시에 비슷한 속도로 이루어질 수 있는 것인지, 아니면 두 가치 중 하나가 우선 이루어지고 다른 하나가 따라가는 형식을 취할건지에 대한 논란이 있다. 이 두 가치 간의 관계에 대한 최종 결론은 없다. 국가들이 모두 다른 현상을 보여주기 때문이다. 다만 일정 시점에서 많은 국가들을 대상으로 수행된 횡국가(cross-national) 비교연구에서, 대부분의 경험적 분석은 경제발전과 민주주의 발전 간에 통계적으로 유의미한 긍정적 상관관계가 있음을 밝혀냈다. 그러나 소수 국가를 대상으로 한 시계열 분석의 결과는 경제발전과 민주주의 간의 관계에 관한 명확한 결과를 도출하지 못한 것도 사실이다. 경제발전이 빠른 국가에서 비민주주의체제가 유지된 국가도 존재하고, 반대로 경제발전이 더딘 국가에서 상대적으로 빠른 민주화가 진행된 국가들도 있다. 또한 근대화 이론에서 주장하는 획일적 유형을 보이지 않는 다른 많은 국가도 많이 있기 때문에, 근대화론의 적실성과 타당성에 관한 더 많은 연구와 이론 수정이 필요하다고 할 수 있다.

(2) 후발산업화이론

발전에 관한 두 번째 이론은 후발산업화이론이다. 이 이론은 산업화를 통해 처음으로 경제발전을 이룬 소수의 국가군에 비해 산업화가 더디게 진행된 국가들의 경제발전 전략에 관한 것이다. 산업화가 더딘 국가들은 국제시장에서 산업화가 빠르게 진행된 국가들과 효과적으로 경쟁할 수 없기 때문에, 이들 국가를 따라잡기 위한 독특한 산업화 전략을 채택해야 한다. 따라서 후발 산업화 국가들은 자국 산업이 국제시장에서 경쟁력을 확보하기까지는 수입대체화 산업 정책을 통해 자국 산업을 보호해야 한다고 주장한다. 유치산업 보호를 통한 산업화를 통해 경제발전을 할 수 있고, 유치산업이 성숙산업으로 전환된 이후 자유무역 정책을 통해 국제시장을 공략할 수 있다는 것이다.

후발산업화이론에 의하면, 경제발전과 민주주의 발전 간에는 적어도 일정 기간 동안 부정적 관계가 존재한다. 즉, 경제발전과 권위주의 정치체제가 공존하는 양상을 보인다는 것이다. 초기 산업화를 이룬 국가(예를 들면 영국 같은 국가)는 다른 국가와의 경쟁이 치열하지 않았고, 기술적 우위를 점하고 있었으며, 자본도 상대적으로 충분히 보유하고 있었던 상태였기 때문에 노동 집단을 대규모로 동원하거나 억압하지 않아도 산업화를 이룰 수 있는 환경을 갖추고 있었다. 그러나 그러한 국가들과 국제시장에서 경쟁해야 하는 후발산업화 국가들은 기술과 자본의 열위로 인해 대규모 노동을 강압적으로 동원하는 권위체제를 채택할 수밖에 없었다. 임금을 억제하고 노동시간을 연장하고 복지혜택의 제공을 제한하는 등의 반민주적 정책을 채택해 국가경쟁력을 강화시킬 수밖에 없다는 것이다.

따라서 후발산업화이론의 핵심 내용은 자본주의와 권위적 정치체제이다. 시민들의 정치적 권리와 시민적 자유를 제한하면서 후발산업화 국가들은 산업화를 통한 경제발전을 이루기 위해 노력해야 한다는 것이다. 산업화와 경제발전을 이루고, 국제시장에서의 충분한 경쟁력을 확보한 후에는 대규모 강압적 노동 동원의 필요성이 약화되면서 궁극적으로 민주주의 정치체제가 발전할 수 있다는 것이다. 국제시장에서의 경쟁력 확보와 이에 따른 외환 수입의 증가를 바탕으로 임금을 높이고 복지혜택을 확대하는 등의 정책을 채택할 수 있다. 중산층이 증가하고 이들의 정치적 목소리가 커지면서 민주화도 함께 진행될 수 있다는 것이다.

(3) 발전국가론

발전에 관한 세 번째 이론은 발전국가론(developmental state theory)이다. 이 이론은 동아시아 국가, 특히 일본, 한국, 대만 등의 경제발전을 설명하기 위해 등장했다. 일본은 1950년대 이후부터, 한국과 대만은 1960년대 이후부터 매우 빠르게 산업화를 달성했고, 이를 통해 매우 빠른 경제발전을 이루었다. 발전국가론은 동아시아 국가들의 빠른 경제성장의 원인을 국가의 역할에서 찾고 있다.

동아시아 국가들은 경제체제에서 매우 큰 역할을 담당해왔다. 국가들은 산업정책을 통해 특정 산업을 육성해서 경쟁우위를 확z보하려는 노력을 강구했다. 정부가 통제하고 있는 금융기관들을 통해 막대한 자금을 특정 산업에 제공하고, 다양한 형태의 정부지원과 세금지원을 했다. 특정 산업과 관련된 기술발전을 위해 막대한 자금을 R&D(research and development)에 투입했다. 대학에 관련 학과를 만들고 육성해

우수한 인력을 산업에 공급할 수 있는 기반을 마련했다. 특정 산업에 대한 보호무역 조치도 취해졌다. 소비자 후생의 희생을 감수하면서도 정부가 이들 산업을 보호한 것이다. 이를 통해 보호된 산업은 빠르게 성장할 수 있었고, 장기적 투자가 가능했으며, 궁극적으로 국제시장에서의 제품과 가격 경쟁력을 확보할 수 있었다. 또한 이들 국가는 주요 식량에 대한 가격 통제와 임금 통제를 통해 자국 산업의 경쟁력을 증대시키는 정책을 채택했다. 이렇듯 국가 경제의 운영에서 정부가 큰 역할을 담당했고, 이를 '발전국가'라는 용어로 표현한 것이다.

동아시아 발전국가들은 또한 타국의 시장을 공략하는 수출주도형 경제발전 정책과 자신들의 시장은 보호하려는 수입대체형 경제발전 정책을 효과적으로 혼용하며 경제발전을 이루었다. 이러한 독특한 형태의 통상정책을 통해 자국 상품과 서비스의 경쟁력을 제고시키고, 일정한 외환을 확보하고, 타국에서의 시장 점유를 확대하는 정책을 취한 것이다.

동아시아 국가들의 빠른 경제성장과 발전을 기반으로, 이들 국가들의 경제정책을 학습하고 채택하려는 노력이 여러 저발전 국가에 의해 강구되었다. 많은 동남아시아 국가가 이들 국가의 경제발전 모델을 채택했고, 아시아와 아프리카의 여러 국가들 역시 국가주도형 산업정책을 채택하려는 움직임을 보였다. 이를 통해 빠른 경제발전을 달성한 국가들도 있었다.

국가주도형 자본주의를 내용으로 하는 발전국가론은 1980년대와 1990년대 초반에 큰 관심을 불러일으켰다. 이론적 검토와 논쟁이 이루어졌고 이 이론의 적실성과 타당성을 논하는 연구도 많이 이루어졌다. 미국의 시장 자본주의와 동아시아의 국가 자본주의의 장단점을 비교하는 연구도 등장했다. 또한 한국, 일본, 대만 경제에서의 국가역할의 유사점과 차이점을 분석하거나 한국과 대만의 경제발전에서의 국가역할과 민주주의에의 영향을 분석하는 연구도 다양했다.

발전국가론은 1990년대 후반 아시아 금융외환위기로 인해 그 관심과 매력이 저하되었다. 1997년 아시아 외환위기가 발생했을 때, 그 하나의 원인으로 동아시아 국가 정부들의 과도한 경제개입이 지적되었던 것이다. 경제발전에서의 과도한 국가역할로 인해 금융기관의 도덕적 해이 현상이 발생했고, 국가-산업-금융 간 부패 고리가 고착화되었으며, 국가개입으로 발생한 비효율성의 누적으로 인해 이들 국가의 성장 동력이 약화되었다는 주장이 등장했다. 동아시아 경제발전에서의 국가역할과 개입에 대한 많은 비판으로 인해 발전국가론의 주장과 제안은 예전과는 다르게 약화되었다.

그러나 1990년대 후반 동아시아 국가들의 외환위기 극복과정에서 발전국가론은 또다시 관심을 끌기 시작한다. 외환위기를 겪었던 동아시아 국가들, 특히 한국이 예상보다 훨씬 빠른 속도로 외환위기를 극복하면서 외환위기 극복 과정에서의 국가역할에 관심이 쏠린 것이다. 외환위기의 원인과 상관없이 이들 국가들의 신속한 대응과 다양한 역할 수행이 외환위기를 극복하는 데 매우 유용했다는 인식이 퍼지면서 국가의 역할에 대한 또 다른 관심이 제기된 것이다. 국가의 시장 개입을 줄이라는 다양한 형태의 서방국가들의 압력과 요구에도 불구하고 동아시아 국가들의 시장 개입과 국가주도적 경제정책은 지속되고 있다.

(4) 마르크스주의

마르크스주의는 저발전의 원인으로 국제경제체제의 지배-종속 관계에서 발생하는 착취 행위를 지적한다. 국제정치경제에 관한 다양한 시각에 관한 논의에서 설명했듯이 마르크스주의는 국제경제체제에서도 양분된 계급이 존재한다고 주장한다. 즉, 국제경제체제에서의 지배계급인 선진 자본주의 국가가 피지배계급인 저발전 국가를 지배한다는 것이다. 이러한 지배-피지배 관계로 인해 종속과 착취 현상이 발생한다. 국제사회의 구조적 특성으로 인해 발전-저발전의 양분화된 현상이 나타난다는 것이다.

종속과 착취 관계에서 선진국은 경제이익을 더 많이 얻을 수 있는 반면 저발전 국가는 저발전의 상태가 발전하는 경제악화 현상을 경험한다는 것이다. 이러한 현상은 지배 국가와 피지배 국가 간 불평등한 교환관계와 교역조건의 변화 등으로 인해 발생한다. 지배 국가들은 자신들에 유리한 교역조건을 조성해서 피지배 국가들과 교역을 함으로써 경제적 이익을 창출한다. 불공정한 거래와 경쟁이 고착화되고 확대되면서 지배 국가들과 피지배 국가들 간의 간격은 더 커진다.

마르크스주의에 의하면, 저발전 국가들이 이러한 지배-피지배 관계를 끊고, 진정한 의미의 경제발전을 이루기 위해서 채택할 수 있는 전략은 두 가지이다. 하나는 지배 국가와의 경제관계의 단절 혹은 축소를 도모하는 것이다. 특히 보호무역 정책의 채택과 수입대체화 산업화 전략을 통해 저발전 국가들이 경제발전을 도모할 수 있다고 주장한다. 또한 극단적 전략을 주장하는 마르크스주의자들은 저발전 국가들의 연합을 바탕으로 한 혁명을 통해 자본주의체제 자체의 붕괴와 공산주의체제의 완성을 통해 평등한 경제발전을 이룩할 수 있다는 것이다.

중남미 국가들은 1950년대부터 경제발전에 관한 이러한 마르크스주의의 주장과 제언을 받아들였다. 종속이론과 세계체제론이 큰 이론적·실천적 관심을 끌었으나 이러한 이론을 바탕으로 경제정책을 채택한 많은 중남미 국가들의 경제상황은 오히려 악화되었다. 비효율의 축적, 부패, 저성장, 고 인플레이션, 높은 실업 등으로 인해 중남미 국가들의 경제는 쇠락했다. 반면 국가주도형 수출진흥 정책을 채택한 동아시아 국가들이 빠르게 경제성장과 발전을 이루면서, 마르크스주의에 근거한 주장과 제언은 힘을 잃기 시작했다. 특히 1980년대 말과 1990년대 초에 진행된 구 공산권체제의 몰락과 더불어서 마르크스주의에 대한 관심은 많이 약화되었다. 그러나 세계경제 침체가 지속되고 부의 불평등 현상이 심화되면서 마르크스주의에 대한 관심은 다시 커지고 있다.

(5) 신자유주의

1980년대 이후 빠르게 등장한 신자유주의 이론은 경제발전을 위한 국가 역할의 축소와 시장 역할의 확대를 제안한다. 이 이론에 의하면 국가의 시장개입은 비효율, 부패, 도덕적 해이, 재정적자의 증대, 경제운영에서의 정치논리의 확대 등의 부작용을 낳고 경제발전을 저해하는 요인으로 작동한다. 따라서 신자유주의는 국내경제와 국제경제 모두에서 국가의 역할 축소를 주장한다.

신자유주의 이론의 핵심 정책 내용은 사유화, 탈규제화, 자유화이다. 국가가 소유·통제하던 공기업 부분을 사유화하고, 국가가 규제했던 제도와 정책을 탈규제화하며, 국제시장에서의 행위를 자유화하는 것이다. 이를 통해 효율과 자유 그리고 발전을 이룩할 수 있다는 주장이다.

신자유주의 이론은 선진국들에서의 복지국가체제의 실패 그리고 저발전 국가에서의 수입대체화 산업정책의 실패에 기인하는 것이다. 국내외 경제체제에서의 국가역할의 증대로 인한 피해와 저발전의 경험을 교훈으로, 정책 제안이 이루어진 것이다. 또한 신자유주의 이론은 1990년대에 빠른 경제성장을 이룬 미국의 사례를 근거로 다른 국가들에게 급속히 전파되기도 했다.

3. 저발전 현상

저발전의 현상은 매우 다양하게 나타난다. 사회경제 인프라의 미비, 인구 폭발과 기아, 환경 파괴, 빈곤, 여러 사회계층 간의 불평등, 정치적 저발전, 국가 채무의 증가, 법과 질서의 부재, 내전 등 매우 다양한 현상이 나타나고 있다. 이러한 저발전 현상들은 전 세계 많은 사람들의 안전과 생명을 위협하고 있다. 2달러 미만으로 하루를 생활하는 사람이 전 세계적으로 수십억 명에 달하고 하루에도 수만 명의 사람들이 굶주림에 시달리다가 죽어가고 있다. 선진국의 인구 성장률은 매우 낮게 유지되고 있는 반면 많은 저발전 국가의 인구는 여전히 폭발적으로 증가하고 있다. 많은 국가에서 성별 간 그리고 연령 간 불평등도 증가하고 있다.

저발전, 기아, 빈곤, 불평등 등의 원인을 분석하는 데는 다양한 견해가 있다. 앞에서 지적했듯이 매우 복잡하고 다양한 국내외적 원인이 있기 때문이다. 또한 저발전의 현상을 단순한 물질적 시각에서 보는 시각과 문화-사회-경제-정치의 복합적 시각에서 보는 시각 간의 견해 차이가 존재한다. 물질적 시각에서의 저발전은 단순히 기아, 빈곤, 저발전을 해결할 수 있는 물질적 기반을 확보하지 않은 상태라고 간주한다. 좀 더 복합적인 시각은 저발전을 물질적-비물질적 욕구를 충족하지 못하는 상황으로 본다. 이처럼 다양한 견해들은 저발전의 원인, 과정 그리고 해결 방안들에 대해 서로 다른 주장을 펼치고 있다. 이 장에서는 저발전의 주 현상들인 인구 증가, 기아와 빈곤에 대해 간략하게 논의해본다.

저발전 국가에서의 인구폭발 현상으로 인해 기아, 빈곤 그리고 전체적인 저발전의 상황이 악화되고 있다. 인구 증가는 한 국가에게 자산이 될 수도 있지만 부담이 될 수도 있다. 국가가 인구 증가에 대처할 수 있는 능력을 보유하고 있는 경우에는 적당한 수준의 인구 증가가 자산이 된다. 인구 증가로 인해 더 많은 노동력을 확보할 수 있고 소비지출이 증가하면서 국내시장의 규모를 확대시킬 수 있기 때문이다. 그러나 제한된 국가 능력으로 인해 국가가 늘어나는 인구에게 필요한 의식주를 제공하지 못하고, 적절한 복지혜택을 제공하지 못하면 인구의 빠른 증가는 재앙이 될 수 있다.

국가의 능력이 한계에 다다른 상황에서의 인구 증가는 빈곤과 기아를 악화시킬 뿐이다. 국가가 인구 증가로 인한 복지 문제, 실업 문제, 교육 문제, 식량공급 문제, 사회기반시설 제공 문제 등을 해결할 수 없기 때문이다. 국가 능력의 향상 속도와 인구 증가 속도 간의 불균형으로 인한 부담의 증가는 저발전을 가져올 수밖에 없다. 따라서 저발전의 고통을 안고 있는 국가는 국가 능력을 향상시키는 동시에 인구 증가를 억제하는 정책을 채택해야 한다.

식량부족과 기아의 원인에 관한 두 가지의 상반된 주장이 있다. 첫 번째 주장은 인구 증가와 식량 증가 간의 불균형으로 인해 식량부족 현상과 기아가 발생한다는 것이다. 즉, 식량 증가 속도가 인구 증가 속도를 따라가지 못함으로써 기아 문제가 생긴다. 이러한 주장에 의하면, 기아 문제의 해결 방안으로 인구 억제와 농업생산 증가를 들 수 있다.

식량부족과 기아의 원인을 식량 수급 불균형에서 찾는 주장도 있다. 이 주장에 의하면 한 국가 혹은 전 세계적으로 기아가 발생하는 원인이 식량의 절대적 부족이 아니라 식량의 분배 문제라는 것이다. 농업기술의 발전과 효율적 생산을 통해 식량 공급은 충분하지만 식량의 분배가 불균등하게 이루어지고 있기 때문에 기아가 발생한다는 것이다. 이 주장에 의하면 식량 수급 불균형이 발생하는 원인도 다양하다. 우선 정부 정책의 실패를 지적할 수 있다. 부패, 사회집단 간 갈등, 시장 감독의 실패 등으로 인해 국가가 효과적인 식량 수급을 하고 있지 못하다는 것이다. 소득 불균형 역시 기아의 한 원인으로 지적되고 있다. 계층 간, 성별 간, 지역 간, 인종 간, 혹은 연령 간 소득 불균형으로 인해 사회의 특정 집단이 기아로 인해 고통을 받게 된다는 것이다.

저발전 국가의 기아의 원인을 선진국의 정책에서 찾기도 한다. 자급자족 경제 형태를 보였던 저발전 국가들의 많은 농업 공동체가 선진국 자본의 투자로 인해 농업노동자로 전락하면서 기아 문제가 대량으로 발생했다는 주장도 있다. 또한 미국과 유럽의 많은 국가들에서 자국 농민들에게 막대한 농업 보조금을 지급하면서 이들 국가들에서의 농산품 생산이 크게 증가했고, 국제시장에서의 과잉공급으로 인해 국제시장에서의 농업 생산품 가격이 하락하고 이로 인해 저발전 국가들의 농업이 붕괴되었다는 주장도 있다. 또한 미국과 유럽 국가들은 농업보조금으로 인한 과잉 농업 생산품을 저발전 국가에 지원하지 않고 폐기함으로써 저발전국 기아 현상을 방조하고 있다는 주장도 있다. 이 주장에 따르면 미국과 유럽 국가들은 국제시장에서의 농업 생산품의 가격이 추가적으로 하락하는 것을 방지하기 위해 농업 원조를 하지 않는다. 저발전 국가가 비교우위를 가지고 있는 몇몇 농업 생산품에 대한 선진국의 보호무역 채택으로 저발전 국가의 수출증대와 경제발전이 저지당하면서 저발전 국가들의 기아 현상이 더욱 악화된다는 주장도 있다. 즉, 선진국들에 의한 자국 농민 보호 조치가 저발전 국가들의 농민과 시민들을 기아로 몰고 있다는 것이다.

저발전 국가의 빈곤의 원인에 관해서도 다양한 주장이 있는데 빈곤을 겪고 있는 국가들에서 원인을 찾는 주장과 그 원인을 외부 세계에서 찾는 주장이 공존한다. 내부적 요인으로는 정치 불안, 국가 실패, 부패, 교육 미비, 내전 등이 있고, 외부적 요인으로는 세계은행과 같은 국제개발원조 기구들의 한계, 선진국의 편중된 해외지원과 해외투자 형태, 선진국에 의한 경제적 착취 현상의 지속 등을 들 수 있다. 특히 선진국들은 자국 경제안보를 위한 자원 확보 노력, 신흥 시장에 대한 집중적 투자, 자국으로의 부의 이전 등과 같은 정책을 통해 저발전 국가의 빈곤 해결에 도움이 되지 않는 행위를 하고 있다는 비판을 받는다.

4. 저발전 극복 전략

이론적 제안과 정책적 현실성 간에는 어느 정도의 괴리가 존재할 수 있지만, 저발전 국가들의 저발전을 극복하기 위한 전략들을 논의하고 제안하는 것은 매우 중요한 일이다. 저발전의 원인을 국내적 요인과 국제적 요인으로 구분했듯이, 저발전의 극복 방안 역시 국내적 방안과 국제적 방안으로 구분할 수 있다.

국내적 방안은 정치체제적 방안과 사회경제적 방안으로 분류할 수 있다. 국내 정치체제적 방안으로는 정치적 안정과 민주주의의 달성 그리고 다양한 형태의 국내 집단 간 갈등 해소, 국가 실패의 방지 등의 노력이 있어야 한다. 또한 발전을 이루기 위한 국가 정책의 내용과 방향이 매우 중요하다. 국가의 강력한 리더십 역시 필요하다. 저발전 국가들이 저발전을 극복한 사례를 보면 국가의 역할이 매우 중요했음을 알 수 있다. 이미 발전된 선진국들과 국제시장에서 경쟁하기 위해서, 국내의 다양한 이해와 갈등을 조정하기 위해서, 그리고 발전에 필요한 다양한 국내제도를 형성하기 위해서도 국가의 역할은 매우 중요하다. 다만 국가 역할의 증대는 종종 저발전 국가들에서 권위주의체제의 형성과 밀접한 관련이 있다. 따라서 민주주의를 달성하는 동시에 국가의 역할을 증대시키는 '이상적인' 정책과 전략의 채택이 중요하다고 할 수 있다.

저발전을 극복하기 위한 국내 사회경제적 방안도 다양하다. 우선 시장과 정치를 왜곡할 수 있는 부패를 축소시키고, 사회갈등을 완화시킬 수 있는 소득불균형의 축소가 매우 중요한 과제 중 하나이다. 그리고 교육제도를 확립해서 인재를 육성하고, 더 많은 교육을 통해 고출산을 억제할 수 있도록 노력해야 한다. 독과점 형태를 띤 많은 시장을 경쟁체제로 전환해서 경제효율성을 향상시키고 독과점에 의한 폐해를 막아야 하며, 자본주의 이데올로기를 확산시키고 합리적 경제운영체제를 확립하는 것도 중요하다. 국가가 소유하고 있는 기업들을 사유화하여 경쟁을 유발하고 효율성을 증대시키는 작업도 필요하다. 계급 간, 연령 간, 인종 간, 종교 간, 성별 간, 지역 간 불균등을 축소해서 더 평등한 형태의 배분과 권리부여(empowerment)를 해야 한다.

저발전 국가들이 당면한 또 다른 하나의 문제는 두뇌 유출(brain drain)의 문제이다. 지적 능력이 뛰어나고 국제적 감각을 갖추고 있고 다양한 경험을 가지고 있고 기술적 능력도 뛰어난 많은 인재들이 해외로 진출하는 문제이다. 특히 외국 대학에서 수학한 인재들이 고국에 귀향하지 않고 외국에서 일자리를 찾는 현상이 자주 발생한다. 이들의 개인적 입장에서 보면 자국의 열악한 환경에서 일하기 보다는 선진 국가들의 더 좋은 환경에서 일하기를 원하는 것은 어떻게 보면 당연한 일이다. 다만 국가적 차원에서 보면 유능한 인재들의 해외 유출은 저발전 국가들이 저발전을 극복하는 과정을 지연시키는 효과를 갖는다는 것이다. 따라서 대규모의 두뇌 유출을 막는 방향의 적절한 정책이 필요하다고 할 수 있다.

저발전을 극복하기 위해서는 국제경제적 문제들을 해결해야 한다. 먼저 국제기구로부터의 장기 금융을 확보하는 것이 시급하다. 이와 동시에 기술적 지원을 확보하고, 공식-비공식 개발원조와 해외원조를 확보하는 것도 하나의 극복 방안이다. 자국이 국제시장에서의 가격경쟁력을 가지고 있는 노동집약적 산업 생산품, 농업 제품, 섬유 제품 등의 무역진흥을 통해 외환을 확보하고 이를 재투자하는 형태의 전략 채택이 유용할 것이다. 또한 자국시장에 대한 해외투자를 유치하고, 이를 통해 고용창출, 기술이전, 해외시장 확대 등을 도모하는 전략도 필요하다.

국제정치적 정책을 채택해서 저발전을 극복하는 방안도 있다. 우선 전쟁을 방지하고, 테러행위에 가담하지 않는 것이 근본적인 정책이다. 해외투자와 대외원조를 실행할 수 있는 선진국과의 외교관계 개선과 증진을 통해 그러한 행위를 유도하는 전략도 채택할 수 있다. 그리고 국제기구 의사결정 과정에 단독이나 집합적으로 참여해서 목소리를 확대하고 자신들의 요구를 더 개진하는 것도 중요한 전략 중 하나이다. 그리고 국제경제체제에서 유행하는 이데올로기를 적극 수용해서 시대의 흐름에 부응하려고 노력해야 한다.

저발전을 극복하기 위한 이러한 전략과 정책은 다소 이상적이다. 이러한 전략과 정책의 채택이 수월했다면 저발전 상태로 남아 있는 국가는 하나도 없을 것이다. 그리고 저발전 상태에 있는 국가들의 저발전 원인은 매우 다양하다. 따라서 저발전을 극복하기 위한 처방 역시 다양할 수밖에 없다. 이것이 저발전의 원인을 국내적 원인과 국제적 원인으로 분류하고, 다시 정치적 원인과 사회경제적 원인으로 분류하는 작업이 필요한 이유이다. 하지만 모든 국가에 획일적으로 적용할 수 있는 저발전 극복 방안은 없다. 사례에 따라서 각각 다른 형태의 처방을 내려야 하고, 정책의 내용과 방향이 달라야 한다. 또한 원인들 간의 복합성에 대한 고려도 반드시 필요하다. 그리고 정책 목적의 우선순위를 정하는 작업도 필요하다.

저발전 국가가 저발전을 극복하는 데는 선진국의 역할 또한 매우 중요하다. 저발전의 지속 혹은 악화 현상은 반서양, 반선진의 정서를 만들었다. 세계화에 반대하는 목소리도 커졌고 저항도 강해졌다. 저발전의 극복은 저발전 국가만의 문제가 아니라 모든 인류와 세계의 문제이기도 하다. 국제테러, 불법이민과 난민, 그리고 국제기구 내에서의 반서양 정서와 태도 등을 방지하고 약화시키기 위해서라도, 선진국들은 저발전 극복을 위한 노력을 강구해야 한다. 저발전과 관련된 이러한 행위로 인해 선진국들도 상당한 비용을 지불해야 하기 때문이다. 저발전 국가의 문제가 선진국의 경제·안보 문제가 된 것이다. 국가 간 상호의존의 확대와 심화로 인해, 저발전의 문제는 이제 저발전국가뿐만 아니라 발전국가에도 매우 중요한 경제적·정치적 사안이 된 것이다.

저발전은 신자유주의 사상과 세계화가 확대되는 과정에서 더 심화되었다는 주장이 팽배하다. 국내외적 소득불균형 상황이 악화되면서 상대적 박탈감을 느끼는 집단들이 증가했고, 소득불균형을 해소하고 발전을 이루기 위해 일반적 경제행위에 의존하는 방식보다는 정치적 전략을 채택하는 현상이 나타났다. 항의와 시위, 테러와 전쟁 등이 증가하는 것이다.

이러한 상황이 지속되어서는 안 된다. 소득불균형의 심화, 빈곤과 기아의 증가, 저발전의 발전이라는 상황이 지속·악화되는 상황 속에서 세계경제가 평화적이고 효율적으로 운영될 수는 없다. 선진국들이 더욱 발전하고, 전쟁과 테러를 방지하며 국제정치경제체제의 안정적 운영과 국가 간 협력을 위해서는 저발전 국가들의 경제정치적 발전이 반드시 필요하다. 선진국과 저발전 국가는 협력을 통해 저발전을 극복하고 평화적으로 공생할 수 있는 방법을 찾아야 한다. 그렇지 않으면 자본주의체제 자체가 흔들리고 붕괴할 수 있다. 발전은 지구적으로 이루어져야 하는 것이다.

5. 공적개발원조, 새천년개발계획, 그리고 지속가능개발계획

이 책의 시기적 대상인 1940년대 이후, 발전 국가들은 다양한 이유로 저발전 국가들에게 다양한 형태의 원조를 제공했다. 1940년대 이후 냉전이 본격화 되면서 미국과 소련은 제3세계 국가들을 자신들의 영향권(sphere of influence)에 포함시키기 위해 경쟁적으로 원조를 제공했다. 선진국가들의 저발전국에 대한 원조는 공적개발원조(Official Development Assistance)와 기타 원조로 구분될 수 있다. 그러나 규모, 중요성, 효과 등 많은 측면에서 볼 때, 공적개발원조가 선진국가들의 원조의 핵심을 차지했다. 냉전 시대에, 미국과 소련 등의 국가들은 군사적 대립에서의 우위를 차지하기 위해, UN과 같은 국제기구에서의 정치적 이익을 얻기 위해, 자신들과의 거래를 확대하여 경제적 이익을 얻기 위해, 저발전 국가들이 보유하고 있는 광물자원들과 에너지를 확보하기 위해, 자신들의 문화와 제도를 전파하기 위해 등 다양한 이유들로 원조를 확대한 것이다.

1960년대부터 경제침체 현상이 발생하고, 저발전 국가들의 경제적 상황이 더욱 악화되면서, 선진 국가들에 의한 원조는 더욱 증가하게 된다. 위에서 설명했듯이, 제3세계가 제3세계와 제4세계로 분리되는 현상이 본격적으로 발생하면서, 저발전 국가들의 기아, 빈곤, 대량학살 행위 등은 국제사회의 큰 이슈로 등장하기 시작했다. 1980년대의 채무위기로 인한 세계경제의 위기는 저발전 이슈를 더욱 부각시키는 계기가 되었다. 채무를 변제할 수 있는 능력을 상실한 저발전 국가들에 대한 채무탕감 혹은 축소, 장기적으로 채무를 변제할 수 있는 능력의 배양 등이 중요한 사안으로 등장한 것이다.

1980년대 말과 1990년대 초에 구소련권 공산주의의 국가들의 몰락은 역설적으로 저발전 국가들에게는 재앙이었다. 더 이상 공산주의 국가들과 경쟁하지 않아도 되는 발전 국가들이 저발전 국가들에 대한 원조를 대폭 줄이기 시작한 것이다. 몰락하는 구 공산권 국가들로부터의 원조는 물론 대폭 감소되었다.

발전 국가들이 저발전 국가들에 대한 원조를 대폭 줄인 또 다른 이유는 원조 피로감이었다. 제2차 세계대전 이후 수십 년간 지속되어온 원조가 큰 효과를 거두지 못했다고 판단한 것이다. 대규모 원조에도 불구하고 저발전 국가들의 정치적·경제적·사회적 상황은 크게 개선되지 않았다. 오히려 정치·경제적으로 퇴보하는 국가들이 많이 있었다. 기아와 빈곤의 상황이 악화되고, 민주 정부가 전복되어 독재 정권이 들어서고, 인종과 지역 그리고 종교 분쟁으로 인해 내전이 발생하고, 대량 학살 행위가 빈번히 일어나고, 수출입이 감소하고, 다국적 기업들에 의한 투자가 감소하고, 국가의 채무가 증가하고, 여성과 아동의 인권이 유린되는 등 저발전의 상황이 점점 악화되는 모습을 보인 것이다. 원조가 효과적이지 않다는 인식이 커진 것이다.

그러나 저발전 국가들에게는 저발전을 극복할 수 있는 마땅한 대안이 없었다. 독립·자발적으로 저발전을 극복할 수 있는 능력과 의지가 없었다. 저발전 국가들이 처한 상황이 매우 심각한 상황이었기 때문에 외부로부터의 도움없이 자체적으로 저발전을 극복할 수 없는 상황이었다. 선진 국가들로부터의 원조를 확대해야 한다는 목소리가 커지기 시작했다. 글로벌 시민사회(global civil society)와 언론, 그리고 학자들이 이러한 흐름에 기여를 했다. 1990년대 이후 정보화를 기반으로 크게 성장하기 시작한

글로벌 시민사회가 저발전의 문제를 집중적으로 제기하면서 세계 시민들의 관심을 끌기 시작했다. 또한 매일 매일 아프리카의 기아와 빈곤의 모습을 실시간으로 방송하는 언론도 세계 시민들의 저발전에 대한 관심을 이끄는 데 공헌했다. 학자들은 과거 원조를 받아 경제발전에 성공한 사례들에 대한 연구와 원조에 관한 일반적 이론의 개발을 통해 저발전과 원조의 문제를 제기하기 시작했다. 이러한 목소리는 선진 국가들의 정책에 반영되기 시작했고, 그 결과는 2000년 새천년개발계획(MDGs: Millennium Development Goals)의 결과로 나타났다.

새천년개발계획은 2001년부터 2015년까지 시행되었다. 저발전국가들의 사회·인간개발을 목적으로 8개의 목표를 설정했고, 이를 달성하기 위해 공적개발원조 중심의 지원이 이루어졌다. 새천년개발계획의 8개 목표는 극심한 빈곤과 기아의 근절, 초등교육 의무화 달성, 성평등 촉진과 여성권한 증진, 아동사망률 감소, 모자보건 향상, 환경의 지속가능성 보장, 개발을 위한 글로벌파트너십 조성 등을 포함한다. OECD 개발원조위원회(Development Assistance Committee) 회원 국가들은 이러한 목표들을 달성하기 위해 국민소득의 0.7%를 공적개발원조로 공여하는 목표를 설정하기도 했다. 그러나 2000년 이후 지속된 경제침체 현상과 2008년의 금융위기 등으로 인해 이러한 약속은 이루어지지 않았다. 새천년개발계획의 성과에 대한 다양한 논의가 있지만, 원래의 목표를 만족스럽게 달성하지는 못한 것이 사실이다.

2010년대에 들어서서, 국제경체체제의 불안정과 어려움은 지속되어 왔다. 금융위기의 여파로 인해 많은 국가들이 저성장과 고실업, 그리고 신성장동력의 부재를 경험하고 있다. 또한 자원과 석유 수출에 크게 의존하는 국가들은 가격하락으로 인해 고통받고 있다. 러시아의 반서방 전략, 중국 성장의 약화, 국수주의 국제경제 정책의 채택 등 국제경제정치적 요인들도 세계경제를 어렵게 만들고 있다. 이런 악화된 상황 속에서 저발전국가들에 대한 원조의 새로운 동력을 확보하고 좀 더 포괄적인 개발정책을 통해 저발전의 근본적 문제를 해결하려는 노력의 일환으로 국가들은 2015년에 지속가능개발계획(SDGs: Sustainable Development Goals)을 채택하게 된다.

지속가능개발계획은 경제개발, 사회개발, 평화와 안보의 확보, 환경지속성 추구 등의 포괄적 목적을 가지고 2030년까지 시행될 것이다. 지난 15년간 시행된 MDGs를 확대하여 SDGs에서는 17개의 목표를 설정했다. MDGs의 8개 목표에 더해 에너지,

기술, 불평등 해소, 도시와 공동체, 소비, 기후변화, 지구 보존, 평화 등의 다양한 주제와 목표들이 추가되었다. 경제적, 사회적 개발에 더해 이를 환경 보호와 함께 어떻게 지속시킬 수 있는가에 초점이 맞추어진 것이다. 개발재원도 선진 공여국들의 공적개발원조에 더해 민간재원의 확대와 투자 확대 등의 재원들도 포함시켰다. 이러한 광범위하고 포괄적이고 다양한 목표들이 얼마나 달성될 것인가는 지켜볼 일이다.

원조에 관한 논의는 크게 두 가지의 사안으로 구별할 수 있다. 첫째는 "누가 왜 어떻게 누구에게 원조를 제공하는가"의 문제이고, 두 번째 사안은 "원조가 어떤 조건하에서 원조 수원국의 저개발 상태를 극복하는 데 효과적인가"의 문제이다. 어떤 국가가 원조를 제공하는가의 문제는 비교적 이해하기 쉬운 사안이다. 원조를 제공하는 국가는 원조를 제공할 능력이 있는 국가들이기 때문이다. 물론 원조와 관련된 국가 능력은 얼마만큼의 원조를 제공하는가에 따라서 다르게 평가될 수 있다. 하지만 어떻든 간에 원조를 제공할 수 있는 능력을 가지고 있는 국가는 자본과 기술, 그리고 지식을 가지고 있어야 하고, 이들 국가는 대부분의 경우 선진 국가들이다. 특히 발전 국가들만의 국제기구인 경제협력개발기구(Organization for Economic Cooperation and Development) 회원국들 중심으로 원조가 이루어지고 있다.

그렇다면 국가들은 왜 원조를 제공하는가의 문제가 있다. 원조 공여국들은 원조 제공을 통해 크게 두 가지의 목적을 추구한다고 가정된다. 첫 번째 목적은 국가이익(national interest)추구이다. 국가이익은 다양한 가치들을 포함한다. 이 책에서 지속적으로 언급하고 있는 권력과 부가 국가들이 추구하는 근본적 가치들이다. 원조 공여국들은 원조 제공을 통해 국가 권력을 추구한다. 위에서 설명했듯이, 국가들은 종종 원조를 제공해 동맹국을 확보하고, 외교 관계를 증진하면서, 국제기구에서 지지를 얻기 위해 노력한다. 원조 공여국들은 또한 자신들이 제공하는 원조를 통해 수원국과의 경제적 관계를 확대하려고 노력한다. 특히 무역과 투자, 그리고 자원개발 등과 같은 경제적 목적을 위해 원조를 제공한다. 이러한 국가이익 이외에도 국제사회에서의 위상 제고, 자국의 문화와 제도의 전파 등 다양한 형태의 국가이익을 추구한다.

국가들이 추구하는 다른 하나의 목적은 해외원조의 근본적 목적인 인도주의적 목적이다. 원조는 저개발 상태를 극복하는 데 도움을 주기 위해 제공된다. 기아와 빈곤을 줄이고, 저발전된 정치·경제·사회를 발전된 상태로 전환시키기 위해 제공된다. 전통 부문(traditional sector)을 근대 부문(modern sector)으로 바꾸기 위해 제공된다. 영아사망률을 낮추고, 질병을 퇴치하고, 기본적 교육과 의료서비스를 제공하고, 여성의 권한을 증진시키고, 기본 인프라를 구축하고, 위생과 환경 서비스를 구축하는 등 전반적인 사회경제체제의 전환을 위해 원조가 제공된다. 모두 저발전의 상태를 극복하기 위한 기초 시스템을 구축하기 위한 것이다.

해외 원조가 제공되는 형태는 다양하다. 원조 공여국들은 무상으로 원조를 제공하기도 하고 유상으로 원조를 제공하기도 한다. 무상 원조(grant)는 원조 수원국이 상환의 책임 없이 원조를 제공받을 수 있다. 원금도 없고 이자도 없다. 반면에 유상 원조(loan)는 원조 수원국이 미래에 원조액을 상환해야만 하는 책임이 있다. 대부분의 경우 원조 수원국의 입장에서 보면 무상 원조를 선호할 것이다. 배상 책임이 없으면, 그만큼의 자본을 경제사회 발전에 재투입할 수 있기 때문이다. 원조는 양자 간 형태로 제공되기도 하고 다자간 형태로 제공되기도 한다. 양자 간 원조는 특정 공여국이 특정 수원국에게 직접 원조를 제공하는 형태이다. 반면에 다자간 원조는 다수의 공여국들이 UN, OECD 혹은 세계은행과 같은 국제기구들을 통해 공동으로 원조를 제공하는 형태이다.

어떤 국가가 원조를 제공받는가에 관한 다양한 논의가 있다. 우선 원조를 받는 국가들은 저발전 국가들이다. 그러나 저발전은 다양한 수준에서 나타나기 때문에 저발전의 상태를 일률적으로 규정할 수 있는 잣대는 없다. 저발전 국가들은 빈곤 국가들과 최빈곤 국가들을 모두 포함하고 있다. 원조 수원국의 특성에 따라서 국가들을 구분할 수도 있다. 우선 특정 원조 공여국의 과거 식민지 국가들을 고려할 수 있다. 이런 경우 원조 공여국들은 자신들의 과거 식민지 국가들과의 정치적·경제적·사회적 유대를 유지하기 위해 원조를 제공한다. 또한 원조 수원국의 경제사회적 상황, 정치체제와 제도, 이념과 경제운영 형태 등이 원조 수원 여부를 결정하는 요인이 되기도 한다.

해외 원조는 과연 효과가 있는가가 가장 큰 논란이 있는 사안이다. 원조를 제공하는 국가들과 국제사회의 입장, 그리고 원조를 공여받는 국가들의 입장 모두에서 원조의 효과성이 매우 중요한 사안이다. 왜냐하면 지속적으로 원조가 이루어지기 위해서는 원조가 효과가 있다는 점을 증명해야 하기 때문이다. 해외 원조가 공여국의 시민

세금으로 충당된다는 점을 고려할 때, 원조에 대한 지속적인 지원을 확보하기 위해서 원조 효과성은 매우 중요한 사안이다. 마찬가지로 회원 국가들로부터 재정적 지원을 얻기 위해, 국제기구들도 원조효과성을 증명해야만 한다. 원조 수원국은 지속적으로 원조를 지원받기 위해서 원조 효과성을 증명해야만 한다. 물론 원조 효과성은 공여국과 수원국 간에 공통점이 있을 수도 있고 차이점이 있을 수도 있다. 위에서 설명했듯이, 공여국들이 원조를 통해 국가이익과 인도주의적 이익을 모두 추구하기 때문에, 이러한 공통점과 차이점이 나타날 수 있다.

원조 효과성을 결정하는 많은 요인들이 있다. 원조 수원국의 경제사회 상태, 거버넌스체제, 부패 수준, 국가의 능력, 인종적 종교적 갈등 상황, 원조 규모와 원조 대상, 원조 형태, 원조 프로그램 등 다양한 요인들이 있다. 원조 효과성에 대한 많은 논쟁과 연구가 진행되어 왔지만, 원조 효과성을 결정짓는 합의된 요인은 발견하기 어렵다. 원조를 제공받는 국가들의 정치적·경제적·사회적 상황이 모두 다르기 때문이다. 다만 상대적으로 좋은 경제사회적 상태, 좋은 거버넌스, 국내 갈등 상황의 통제 능력 등이 중요한 요인으로 지적되고 있다.

원조 효과성을 높이기 위해 공여국들은 어떤 조치들을 채택해야 할 것인가에 관한 논의들도 활발하게 이루어지고 있다. MDGs와 SDGs를 통해서도 여러 가지 대안들이 제시되어 왔고 제시되고 있다. 예를 들면, 수원국의 정책 소유의식(ownership)을 높이는 것, 공여국과 수원국 그리고 다른 원조관련 행위자들 간의 파트너십(partnership)을 강화하는 것, 선택적이고 집중적인 원조를 제공하는 것 등이 제시되었고 추진되고 있다.

한국을 포함해 원조를 제공받았던 국가들이 정치경제사회적으로 성공한 사례들이 있다. 따라서 원조가 효과가 없다고 주장하는 것은 옳지 않다. 그럼에도 불구하고 과거에 행해졌던 막대한 해외 원조가 대다수의 아프리카, 아시아, 중남미 국가들의 저발전 상태를 극복하게 하는 데는 한계가 있었다. 원조액이 상대적으로 적었을 수도 있고, 프로그램에 문제가 있었을 수도 있고, 수원국들의 상태가 매우 나빴었을 수도 있고, 수원국들이 원조를 효과적이고 효율적으로 사용하지 못했을 수도 있고, 공여국들이 너무 과도하게 국가이익을 추구했을 수도 있다. 이유가 어떻든 간에 원조 효과성을 높이는 조치들이 강구되어야 할 이유들은 많다. 원조에 대한 지속적 지지를 얻기 위해서도 원조 효과성은 제고되어야만 하는 것이다.

저발전의 문제는 앞으로도 국제사회의 큰 관심을 끌 것이다. 현재 상태로의 국가 간 소득불균형과 경제사회 불균형은 국제사회의 발전, 안정, 평화를 위해서 결코 바람직하지 못하다. 위에서 설명했듯이, 저발전은 인간 생명과 존엄의 훼손뿐만 아니라, 폭력과 전쟁과도 밀접한 관련이 있다. 저발전으로 인해 갈등이 증폭하고, 내전이 발생하고, 대량 학살 행위가 행해지고, 전쟁이 발발할 수 있다. 난민이 증가하고 불법이민이 증가하고, 마약과 매춘의 문제가 발생하고, 지구적 환경파괴 문제가 발생한다. 따라서 저발전의 문제는 저발전 국가들만의 문제가 아니라 지구사회 모두의 문제이다. 따라서 구성주의의 핵심 개념인 정체성(identity) 개념이 저발전 문제에서 매우 중요하다. 발전 국가에 있는 시민들이 국민의 개념을 벗어나서 세계시민으로서의 정체성을 갖는 것이 중요한 사안이다. 이를 통해 해외 원조에 대한 지지가 유지될 것이기 때문이다. 이분법적 세계관과 협소한 정체성으로는 세계의 저발전 문제를 극복할 수 없다.

토론 주제

1. 저발전의 주된 원인이 내부적 요인이라고 생각하는가, 아니면 외부적 요인이라고 생각하는가?
2. 몇몇 동아시아 국가의 경제적 성공을 설명하는 발전국가론이 다른 국가와 지역에도 적용될 수 있는 이론이라고 생각하는가?
3. 기아의 주된 원인이 인구-식량 불균형이라고 생각하는가, 아니면 식량 분배의 문제라고 생각하는가?
4. 빈곤 국가들의 저발전을 극복하기 위해 선진국이 취해야 할 전략과 정책은 무엇이라고 생각하는가?
5. MDGs와 SDGs의 차이는 무엇이라고 생각하는가?
6. 원조 효과성을 높이기 위해 어떤 방안들이 적절하다고 생각하는가?
7. 저발전이 국제정치경제체제에 끼치는 영향은 무엇이라고 생각하는가?

제10장

지역주의의 정치경제

Understanding International Political Economy: History, Ideology and Issues

1. 지역주의의 개념, 현상, 발전

국제정치경제체제에서 최근 두드러진 특징 중 하나는 지역주의의 확산이다. 소수 특정 국가들이 자신들만의 경제정치 협력을 통해 부와 권력을 추구하고 있다. 국가들이 부와 권력을 추구하는 데 지역주의 강화가 긍정적 효과를 갖는다는 합리적 판단에 근거한 행동을 하고 있는 것이다. 이러한 지역주의 확산 현상은 현재 많은 국가에게 선택의 문제가 아니라 필연의 문제가 되었다.

제2차 세계대전 이후 국제경제체제는 다자주의(multilateralism)를 기초로 발전해왔다. 1930년대의 보호주의와 차별정책이 국가 간 갈등을 야기하고 경제적 몰락을 초래한 경험을 바탕으로, 국가들은 전후 비차별적 다자간 경제협력과 공조를 통해 몰락한 세계경제를 되살리고, 국가의 부를 증진시키고, 국가 간 갈등도 완화시키려는 노력을 강구한 것이다. 다자주의의 핵심은 참여국가에 대한 비차별적 대우 그리고 참여 국가들의 이념과 제도적 동의라고 할 수 있다. 따라서 전후 국제경제체제에서 핵심을 이루었던 것은 비차별 원칙과 자유시장 이념이라 할 수 있다.

지역주의는 근본적으로 차별적 조치에 대한 소수 국가 간 합의이다. 지역주의는 이에 참여하는 국가에게만 상호 특별한 혜택을 제공하는 대신, 비참여 국가에게는 부정적 의미의 차별적 대우를 하며, 전후 국제경제체제의 근간을 이루었던 다자주의에 반하는 제도이다. 국제통상 문제를 논의할 때 설명했듯이, 전후 국제통상 레짐에서 가장 중요시했던 원칙이 비차별 원칙이다. 비차별 원칙으로 인해 다자간 자유무역이 가능했고 국가 간 통상 마찰도 줄일 수 있었던 것이다. 이렇게 중요한 원칙에 반하는 지역주의가 최근 크게 확산, 발전되고 있다. 따라서 지역주의가 무엇이고 지역주의가 왜 국가들에 의해서 추진되었으며 그 발전 단계는 무엇이고 지역주의와 다자주의 간의 관계는 무엇인가 하는 등의 문제들에 대한 논의가 필요하다.

과거의 GATT체제 그리고 현재의 WTO체제 내에서 소수 국가 간 체결되는 지역주의 협정이 허용되는 이유는 이를 통해 자유무역이 확대될 것이라는 신념 때문이다. 비록 지역주의가 자유무역 레짐의 가장 중요한 비차별 원칙에 반하는 제도지만, 자유무역 레짐을 추구했던 국가들은 지역주의 협정을 통해 국가 간 무역을 확대할 수 있다고 생각했고, 실제로 그러한 효과가 있었기 때문에 차별적 지역주의를 허용한 것이다. 다만 현재 WTO는 지역주의 협정을 체결하는 국가들이 비회원 국가들에 대해 더 높은 무역장벽을 새롭게 설치할 수 없다는 규정을 두어 차별적 요소의 증대를 막으려는 노력을 보이고 있다. 이러한 조치를 바탕으로 차별적 요소로 인한 국가 간 갈등보다는 자유무역의 확대를 통한 경제적 부의 증대가 더 크다고 판단하는 것이다.

지역주의에서의 '지역'은 반드시 지리적 의미의 지역은 아니다. 물론 지리적으로 근접한 지역에 속한 국가들 간의 지역주의가 더 많기는 하지만, 지리적으로 멀리 떨어져 있는 국가들 간에도 지역주의가 추진되는 것 또한 사실이다. 예를 들면 유럽연합, 아세안(South East Asian Economic Cooperation), 북미자유무역협정, 메르코수르(Mercosur) 등은 같은 지역에 속해 있는 국가 간에 추진되어온 지역주의 사례이고, 한-칠레 자유무역협정(Free Trade Agreement)과 미국-이스라엘 자유무역협정 같은 많은 양자 간 지역주의 협력은 타 지역에 속한 국가들에 의해서 추진되었다. 따라서 지역주의에서의 '지역'은 공동의 정치경제 목적을 실현하기 위해 협력을 도모하는 국가군으로 정의해야 한다.

국가들은 지역주의를 통해 다양한 목적을 추구하고, 지역주의의 단계에 따라서 사안별 협력의 모습과 제도화 수준도 다르게 나타난다. 지역주의는 대략 다섯 단계로 구분된다. 첫 번째 단계는 자유무역협정 체결이다. 자유무역협정을 체결하는 국가들은 자국의 시장을 상대방 국가에게 개방한다. 자유무역협정에 참여하는 국가들 사이에서는 자유무역이 더 많이 실현되지만 이에 참여하지 않는 국가들에게는 차별적 조치가 될 수 있다. 최근 자유무역협정을 체결하는 국가들은 과거보다 더 많은 사안에 대해 협력하고 있다. 상품시장 개방뿐만 아니라 많은 분야의 서비스 시장 개방, 투자협정과 정부조달에서의 합의 등 다양한 분야로 시장개방이 확대되어 포괄적 경제협력을 추진하는 것이다.

지역주의의 두 번째 단계는 관세동맹(customs union)이다. 관세동맹은 동맹을 맺는 회원 국가들이 비회원 국가들에 대해 공동의 관세를 부과하는 것이다. 이러한 경제협력의 근본적 목적은 비회원 국가들의 자유무역지대로의 우회 침투를 방지하는 것에 있다. 즉, 자유무역협정을 맺은 국가들이 비회원 국가에 대해 서로 다른 관세를 부과하는 경우, 비회원 국가들은 관세를 낮게 책정하는 국가들의 시장에 침투해서 관세가 높은 국가들의 시장을 간접적으로 공략할 수 있는 가능성이 있으므로, 이러한 행위를 방지하기 위해 공동의 관세를 부과하는 것이다. 현재까지 추진되어온 대부분의 지역주의 사례는 자유무역협정 혹은 관세동맹의 형태이다.

지역주의 협력의 세 번째 단계는 단일시장(single market) 형성이다. 자유무역협정과 관세동맹이 기본적으로 상품과 서비스 시장개방에 국한되는 반면에, 단일시장은 회원국들의 노동시장과 자본시장을 서로 개방하는 것이다. 회원국가에 속한 노동과 자본은 모두 단일시장 내에서 내국민 대우라는 비차별적 대우를 받을 수 있다. 예를 들면 A국가와 B국가가 단일시장을 형성하는 경우, A국가의 시민은 B국가에서도 아무런 차별 없이 고용될 수 있는 것이다. 노동의 자유로운 이동은 국가들의 실업률, 근로조건에 관한 제도, 최저 임금, 연금제도 등에 영향을 끼친다. 따라서 단일시장의 형성은 회원국가들 간의 경제적 협력을 심화·확대시키지만, 반면에 국가의 자율성과 독립성을 훼손할 수 있는 것이다.

지역주의의 네 번째 단계는 화폐동맹(currency union) 형성이다. 회원국들이 기존에 각자 사용한 자국의 화폐 사용을 중지하고, 화폐동맹 내에서 공동으로 사용하는 화폐를 만드는 것이다. 유럽연합의 많은 회원국가들이 유로(euro) 화폐를 공동으로 사용하는 것이 한 예이다. 화폐동맹이 실현되면 회원국들은 자국이 보유했던 금융정책에서의 자율성과 독립성을 많이 상실한다. 다른 회원국들의 동의 없이는 경기부양을 위해 화폐발행을 늘릴 수 없고, 물가상승을 억제하기 위해 통화량을 줄일 수도 없다. 이자율 조정을 통한 화폐공급의 조절도 불가능하다. 그러나 단일화폐의 사용으로 회원국가 간 경제 거래비용(transaction costs)을 크게 줄일 수 있고, 자신들이 사용하는 화폐의 위상을 제고시킬 수도 있다. 회원국들 간 환율 변화에 대한 걱정이 사라지고, 이를 통해 국제무역이 크게 증가할 수 있는 것이다.

지역주의의 마지막 단계는 정치적 통합(political integration)이다. 정치적 통합이 완성되면 국가들은 하나의 국가로 행동한다. 우선 외교정책과 국방정책이 통합되어, 비회원 국가들과의 협상에서 단일한 목소리를 내게 된다. 정치적 통합이 심화·확대되면 국내정치 통합이 가속화된다. 공동의 선거를 통해 단일한 의회를 구성하고 공동의 법원을 가지며 국내정치를 총괄하는 대표자를 선출하는 등 단일한 헌법에 기초한 단일국가 내 정치체제를 갖는 것이다. 이러한 사례를 찾는 것은 어렵지만, 유사한 경우로는 1789년 13개 주(state)가 합의한 미국연방국(United States of America)의 탄생이 있다. 현재 유럽연합 국가들이 지역주의를 통해 추구하는 마지막 단계 역시 유럽연방국(United States of Europe)이라고 할 수 있다.

1957년 로마 협정(Roma Treaty)을 통해 유럽의 6개 국가가 유럽경제공동체(European Economic Community)를 형성한 후 지역주의는 그 후 수십 년간 상대적으로 더디게 발전했다. 전후 국제경제체제의 근간을 이루었던 원칙이 다자주의였기 때문에, 국가들은 GATT, IMF, 세계은행, 유엔 등의 국제기구의 틀 내에서 다자주의를 통해 자국의 경제적 부를 증진시키려는 노력들을 강구한 것이다. 이러한 현상은 1990년대를 기점으로 빠르게 변화했다. 1990년대 중반 이후 지역주의 협력이 가속화되었고, 많은 국가가 경쟁적으로 지역주의를 추진하려는 모습을 보였다. 이를 바탕으로 양자 간 혹은 다자간 자유무역협정과 관세동맹의 수가 크게 증가하기도 했다. 지역주의가 국가들에게 선택의 문제가 아니라 필수 문제로 자리 잡기 시작한 것이다.

2. 지역주의 발전의 원인

현재의 국제정치경제체제는 다자주의와 지역주의가 혼재된 특징을 보인다. WTO, IMF, 세계은행, 유엔 등 다자주의 제도들이 국가 간 경제거래의 많은 부분을 규제하기도 하고 활성화시키기도 한다. 반면 유럽연합, 북미자유무역지대, 아세안, 여러 지역의 개발은행(Development Banks) 등 지역주의 제도들 역시 회원국가 간의 경제거래에서 많은 부분에 영향을 끼친다. 앞에서 지적했듯이, 1940년대 이후 수십 년간 유지되었던 다자주의 시대가 다자주의+지역주의 시대로 변화한 것이다.

1990년대 이후 지역주의를 빠르게 발전시킨 몇 가지 이유가 있다. 첫 번째로 다자주의의 침체를 들 수 있다. 국제통상에 관한 논의에서 설명했듯이, 1990년대 중반 이후 WTO 내 다자간 무역협상은 여러 가지 이유로 답보상태에 머물러 있다. 저발전국 문제, 농업 문제, 서비스 산업 개방 문제, WTO 거버넌스 문제 등 많은 사안이 새로운 다자간 무역협정의 타결을 방해하는 것이다. 이러한 상황 속에서 국가들은 상대적으로 국가 간 합의가 용이한 지역주의 협정을 추진하게 되었다. 국제협상에 참여하는 국가의 수가 적으면 적을수록 국가 간 합의가 쉬워진다는 점과 더 높은 수준의 경제협력을 달성할 수 있다는 점을 고려할 때, 국가들에 의한 지역주의 협정의 추진은 국가들의 '합리적' 사고에 근거한 것이라고 할 수 있다. 또한 지지부진한 다자간 협상 과정에서, 몇몇 국가들이 자신의 협상 위치와 능력을 제고시키기 위한 방안의 하나로 지역주의를 추진한 것도 사실이다. 즉, 지역주의 협정을 바탕으로 회원국 간 한 목소리를 내고 이러한 행동으로 다자주의 협상에서 좋은 위치를 차지하려 한 것이다.

다자주의의 또 다른 문제는 다자주의 협정을 통한 국가들 간의 경제적 통합은 낮은 수준의 경제적 통합에 국한될 가능성이 크다는 것이다. 매우 상이한 경제적 특수성을 가진 많은 국가들 간의 경제적 통합은 최소한의 합의에 머무를 가능성이 크다. 따라서 국가가 진정으로 필요로 하는 경제 사안은 배제될 가능성이 큰 것이다. 반면에 소수 국가들에 의해서 추진되는 지역주의 협정은 더 심도 있고 높은 수준의 경제적 통합과 다양한 정치경제 분야에서 더 많은 협력이 가능하다.

지역주의가 빠르게 발전하는 두 번째 이유는 지역주의 발전의 사례가 다양하게 존재하고, 이러한 사례에서 지역주의의 성공 경험이 나타나고 있기 때문이다. 1957년

로마 협정 이후 유럽 국가들은 지역주의를 확대·심화시켜왔다. 유럽 국가들은 회원국 수를 증가시켰고 지역협력 사안들도 확대시켜왔다. 협력의 강도도 심화되었다. 현재 유럽연합의 회원국들은 대부분 유로라는 단일화폐를 사용하는 화폐동맹을 형성했고 정치적 통합을 위한 노력을 강구하고 있다. 유럽연합을 통해 회원 국가들 간 경제거래는 빠르게 성장했고, 유럽 시민들은 더 많은 소비 선택과 고용 선택의 긍정적 혜택을 누릴 수 있었다.

반면에 이러한 사례에서 볼 수 있듯이, 한 지역에서의 지역주의 확대·심화는 비회원국들에 대한 차별적 조치의 부정적 영향을 확대시킬 수 있다. 유럽연합 회원국들 간의 경제정치 협력의 강화는 이들 국가 간 경제거래의 확대를 초래하고, 회원국들의 국제적 위상과 권력을 강화한다. 반면에 비회원국은 유럽연합 회원국과의 경제거래의 상대적 축소라는 경제적 손실을 감수해야 하고, 국제정치에서 상대적 권력의 약화를 맛보게 되는 것이다.

이러한 현실 속에서 다른 국가들의 합리적 정책 선택은 두 가지로 나타날 수 있다. 하나는 유럽연합과 같은 기존의 지역주의 제도들과 지역주의를 추구하는 것이고, 다른 하나는 그들만의 지역주의를 추구하는 것이다. 예를 들면 유럽연합 회원국들과 자유무역협정을 체결하는 방식을 고려할 수 있고, 반면에 북미자유무역협정과 같이 자신들의 지역주의 제도를 만드는 것이다. 이러한 대응 정책을 통해 국가들은 국제체제 속에서 자신들의 부와 권력의 상대적 증가를 도모하게 된다.

다른 지역에 속한 국가들 간의 지역주의 경쟁은 경제적 안보딜레마(economic security dilemma)라는 용어로 표현된다. 안보딜레마는 무정부 상태(anarchy)라는 특성을 보이는 국제체제 속에서, 각 국가의 '합리적' 선택이 집단적 '비합리적' 결과를 낳을 수 있다는 것을 보여주는 개념이다. 즉, 무정부 상태에 있는 국가들이 생존이라는 방어적 목적을 위해 군사력을 증가시키는 전략을 채택하게 되는데, 이러한 전략이 다른 국가들의 대응 전략을 불러일으키고, 결과적으로 모두 안보 상태가 불안전해진다는 것이다. 이러한 개념이 지역주의 경쟁에도 적용될 수 있다. 하나의 지역주의가 발전하면, 이 지역주의에 속하지 않은 국가들은 대응전략으로 자신들만의 지역주의를 형성하고 이러한 과정이 지속되어 국가들이 여러 지역주의로 분리된다. 이러한 지역주의 경쟁의 결과는 지역주의가 하나도 존재하지 않는, 그래서 다자주의에 근거해서 국가 간 경제거래가 이루어지는 비차별 상황보다 경제적으로 열등한 제도로 나타난다. 국가들이 딜레마 상황에 놓이게 되는 것이다.

다른 국가들의 지역주의에 대응해서 국가들이 자신들만의 지역주의를 추구하는 또 다른 이유는, 기존의 지역주의 제도가 경제적으로 긍정적 결과를 초래했다는 경험적 사실에 근거한다. 예를 들면 유럽연합 회원국들 간의 국제통상 규모가 증가했고, 지역 내 해외투자가 증가했으며, 각 회원국가의 경제 변동이 완화되는 등의 긍정적 효과가 발생했다. 마찬가지로 양자 간 자유무역협정을 체결한 국가들 간의 경제거래가 크게 증가하고, 이들 국가 간의 전반적 외교관계가 증진되는 등 긍정적 사례가 많다. 지역주의를 통해 국가들은 자국 경제의 효율성을 제고시키고, 해외시장을 개척하고, 규모의 경제를 활용해 경제적 부를 증가시킬 수 있는 것이다. 따라서 부와 권력을 추구하는 국가들이 자신만의 지역주의를 추구하는 것은 당연하다고도 할 수 있다.

1990년대 이후 지역주의를 빠르게 촉진시킨 또 하나의 이유로 패권적 위치를 차지하고 있던 미국의 정책 전환을 지적할 수 있다. 제2차 세계대전 이후 패권적 위치를 확보하게 된 미국의 대외경제정책의 핵심은 다자간 자유무역을 실현시키는 것이었다. 미국 상품의 국제경쟁력이 높다고 판단해 차별적 조치 없는 자유무역 시장을 구축하려고 했던 것이다. 그러나 1970년대 이후 미국 상품의 국제경쟁력이 저하되면서, 미국은 다른 국가들의 불공정 무역행위를 시정하고 시장개방을 확대하기 위해 다양한 노력을 강구했다. 이러한 노력의 일환으로 미국은 1980년대 중후반부터 시작된 우루과이 라운드의 핵심 의제로 농업 문제와 서비스 시장 개방 문제를 포함시킨다. 그러나 GATT체제에서 진행되었던 우루과이 라운드가 1990년대 초반 답보상태에 있을 때, 미국은 다른 국가들에 대한 압력수단으로 북미자유무역협정(North American Free Trade Agreement)을 추진했다. 즉, 다자간 무역협정의 체결이 어려울 경우에는 미국이 소수 국가들과의 지역주의 협정 체결을 통해 독자적 경제정책을 추진할 수 있다는 위협을 한 것이다.

이러한 미국 정책의 전환은 미국이 속한 거대한 지역주의 제도의 탄생이라는 결과를 초래했다. 미국이 캐나다와 멕시코와 자유무역협정을 체결한 것이다. 북미자유무역협정 이후에도 미국은 10여 개의 국가와 양자 간 자유무역협정을 체결했다. 최대 시장을 보유하고 있던 미국의 이러한 정책 전환은 다른 국가들의 정책에도 큰 영향을 끼쳤다. 우선 다자주의 무역협정을 타결해서 WTO를 탄생시켰고, 다른 한편으로는 자신들의 지역주의를 추진한 것이다. 북미자유무역협정이 체결된 1990년대 중반 이후, 지역주의 협정의 수는 매우 빠르게 증가한다.

지역주의의 확대를 촉진시킨 또 다른 이유는 국가 간 시장통합 동인이 자연스럽게 증가한 점이다. 1940년대 이후 국제경제체제에서 자유시장체제가 확산되면서 국가들의 무역자유화가 빠르게 진행된 것이 사실이다. 그리고 브레턴우즈체제가 끝난 1970년대 이후부터는 국가들이 빠르게 금융자유화 정책을 취했고, 1990년대 이후 금융거래는 폭발적으로 증가한다. 또한 우루과이 라운드가 체결된 이후 서비스 시장에 대한 개방도 빠르게 진행되어왔다. 이렇듯 여러 부문에서의 시장개방과 자유화 조치로 인해 국가들의 경제거래는 큰 폭으로 증가했고, 국가들의 경제에서 대외부문이 차지하는 비율도 빠르게 증가했다. 국가 간 자연스러운 경제 통합 동인이 작동하고 있는 것이다. 국제경제 거래에 관한 장벽이 높게 설치된 경우 국가 간 지역주의 협정의 체결은 상당히 어렵다. 그러나 국제경제 거래에 관한 장벽이 거의 사라진 현실에서 국가들은 훨씬 쉽게 지역주의 제도를 형성할 수 있다.

3. 지역주의의 목적

지역주의는 소수 국가 간 정치경제 협력에 관한 제도이다. 따라서 국가들은 어떤 국가와 지역주의를 추구할 것인가에 관한 합리적 선택을 해야 한다. 국가들은 지리적으로 같은 지역에 속한 국가들과 지역주의를 추진할 수도 있고, 멀리 떨어진 지역에 속한 국가들과도 지역주의를 추진할 수 있다. 또한 발전된 국가와 지역주의를 추진할 수 있는 반면 저개발 국가와 지역주의를 추진할 수도 있다. 매우 드문 일이기는 하지만 외교관계가 나쁜 국가들과도 지역주의 경제협력을 도모할 수 있다. 어떤 국가들을 지역주의의 상대국으로 선택할 것인가의 문제는 국가들이 지역주의를 통해 어떤 목적을 추구하는가의 문제에 달려 있다.

지역주의의 목적을 국가의 대전략(grand strategy)의 일환으로 생각하면, 국가들이 지역주의를 통해 추구하는 두 가지 큰 목적을 경제적 이익과 정치적 이익으로 구분할 수 있다. 또한 경제적 이익과 정치적 이익 모두 국제적 분석 수준에서의 이익과 국내적 분석 수준에서의 이익으로 구분할 수 있다.

대부분의 지역주의 사례는 지역주의를 바탕으로 한 경제통합을 통해 국가의 부를 증진시키는 것을 주요 목적으로 한다. 정치적 통합을 완전히 이룬 최근의 지역주의 사례가 없기 때문에, 현재 나타나는 지역주의 사례는 대부분 경제적 이익의 증대를 목적으로 하고 있다. 경제적 이익은 국제경제적 이익과 국내경제적 이익으로 구분될 수 있다.

지역주의를 통해 국가들이 추구하는 국제경제적 이익은 수출증대와 해외시장 확대, 해외투자의 증가 그리고 규모의 경제를 활용한 효율성 제고와 국제경쟁력 증진 등을 포함한다. 이러한 효과를 극대화시키는 방안에 대해 두 가지 다른 논의가 존재한다. 하나는 무역창출(trade creation)과 무역전환(trade diversion)에 관한 논의이다. 이 논의에 의하면, 소수 국가들 간에 지역주의를 바탕으로 한 경제통합이 실현되는 경우, 특히 초기 단계인 자유무역협정과 관세동맹이 형성되는 경우, 이러한 경제통합은 국가들 간 무역창출과 무역전환이라는 효과가 있다. 무역창출 효과는 경제통합을 이루는 국가 간 무역장벽의 축소 혹은 철폐로 인해 새로운 무역이 발생하는 것을 말한다. 반면 무역전환 효과는 소수 국가 간 경제통합으로 인해 기존에 유지되었던 무역관계가 변화해서, 더 많은 무역관계가 경제통합을 이룬 국가들 간에는 이루어지지만 특정 지역주의 통합에 속한 회원 국가들과 비회원 국가들 간의 무역관계는 축소되는 현상을 말한다.

이 두 효과 중 어떤 효과가 더 큰 것인가에 관해서는 많은 논의와 경험적 분석이 이루어졌지만, 일반적으로 합의할 수 있는 결론을 얻지는 못했다. 지역주의의 각 사례에 따라서 무역창출 효과와 무역전환 효과가 다르게 나타났기 때문이다. 상품과 서비스의 가격 차이, 지역주의 협정 전후의 무역장벽, 가격탄력성, 시장 구조, 소비자 선호의 변화 등 많은 요인들이 무역창출과 무역전환에 영향을 끼친다. 다만 일반적으로 지역주의 통합을 이루는 국가 간 산업구조가 보완성(complementarity)이 크면 클수록 무역창출 효과가 크다고 알려져 있다. 반면 지역주의 통합을 이루는 국가 간 산업구조가 상호경쟁적 모습을 가지면 무역창출의 효과가 덜 나타날 수 있다는 것이다. 따라서 지역주의 통합을 통해 해외시장을 확대하고 규모의 경제를 실현하려는 국가들은 산업구조가 다른 국가들과의 경제통합을 통해 지역주의를 실현하는 것이 더 바람직할 것이다. 예를 들면, A국가는 주로 공산품을 수출하고 B국가는 주로 농산품을 수출하는 산업 구조를 가지고 있는 경우에, 이 두 국가 간의 지역주의 협정은 특화와 자유무역을 통해 두 국가 간 무역을 새롭게 많이 창출할 수 있는 것이다.

국제경제적 이익과 관련된 두 번째 논의는 중력모델(gravity model)로 알려져 있다. 물리학에서 두 물체 간 중력은 두 물체의 크기, 밀도, 거리에 따라 결정된다. 마찬가지로 경제통합에 관한 중력모델은 국가들의 경제 규모, 국민들의 수요/소비 성향 그리고 국가들의 지리적 위치에 따라서 경제통합을 통한 기대이익이 변할 수 있다고 주장한다. 즉, 국가들이 지리적으로 인접한 지역에 위치하고 통합 상대국가의 경제규모가 크며 상대국가 시민들의 수요가 큰 경우에, 이러한 국가와의 경제통합이 더 큰 경제적 이익을 가져다 줄 수 있다. 지리적 인접성은 국제경제 거래비용을 축소시키고, 큰 경제규모와 높은 수요는 시장 확대와 규모의 경제 실현을 더 용이하게 할 수 있기 때문이다.

지역주의 통합을 통해 국가들은 국내경제적 이익도 추구한다. 타 국가와의 경제통합을 통해 국가 산업의 적어도 일부분은 특화하는 모습을 보이고, 따라서 경제가 재구조화(restructuring), 전문화(specialization)된다. 이런 과정 속에서 국가들은 자국 산업을 선진화하기 위해 해외투자의 유치를 통해 국내시장에서의 경쟁을 유발하고, 해외투자와 관련된 다양한 기대이익을 실현하려고 노력한다. 또한 소수 국가 간 형성되는 지역주의 통합은 다자간 경제통합보다 다양한 분야에서의 통합이 가능하고, 또한 더 심도 깊은 통합이 가능하다. 이를 통해 국가들은 더 효율적 산업구조를 형성하고, 더 경쟁적인 산업화를 이루려는 노력을 강구하게 되는 것이다. 이에 더해 일반적 소비자 이익도 기대할 수 있다. 시장개방을 통해 일반 소비자들이 경제적 이익을 얻을 수 있고, 더 많은 분야의 개방이 이루어지면, 소비자 이익도 따라서 증가하게 되는 것이다. 소비자 이익이 증가하고 소득이 증가하면, 궁극적으로 국가의 성장과 발전에 기여하게 된다.

지역주의를 통해 국가들이 추구하는 국제정치적 목적도 다양하다. 국제체제에서 자국의 권력을 증대시키려는 노력을 보이는 국가들은 지역주의가 직간접적으로 권력 증진에 도움을 줄 수 있다고 믿기 때문에 지역주의를 추구하는 것이라고 가정할 수 있다. "무역은 국기를 따른다(Trade follows the flag)"는 말이 있다. 이 말은 무역을 하는 국가들이 부의 증대뿐만 아니라 권력의 증진 효과도 고려해서 무역행위를 한다는 것으로서, 외교관계가 좋은 국가들 간에 무역관계가 더 많이 이루어질 가능성이 크다는 것이다. 이러한 논의는 언뜻 보기에 상식적이라고 생각할 수도 있다. 무역의 가장 근본적 이유 중 하나가 경제적 이익을 창출하는 것이라는 점을 고려하면, 또한 국제통상에 참여하는 경제행위자들의 대부분이 무역의 국가권력에 대한 영향을 고려하지 않는 근시안적 기업들이라고 한다면, 이러한 말은 다소 타당성이 결여된 것으로 간주할 수 있다. 그러나 궁극적으로 국가 간 경제행위를 제한할 수 있는 권한과 능력을 가진 국가들은 경제통합의 경제적 효과뿐 아니라 정치적 효과도 고려하는 것이다.

이러한 논의를 더욱 발전시켜 구체화한 논의가 '적과의 무역(trading with an enemy)' 논의와 국제무역의 안보에 관한 외부경제(external economy) 효과에 관한 논의이다. 이러한 논의들에 의하면 국가 간 발생하는 국제통상 혹은 더욱 일반적으로는 국제경제교류 혹은 경제통합은 국가안보에 영향을 끼친다. 경제통합을 통해 발생한 경제적 이익의 적어도 일부분은 국가들에 의해 안보증진 목적을 위해 사용되는데, 이러한 사용이 국가들의 안보에 긍정적 영향을 끼칠 수도 있고 부정적 영향을 끼칠 수도 있다는 것이다. 예를 들면 군사적으로 동맹관계에 있는 두 국가 간에 경제통합이 이루어졌다고 가정을 할 수 있다. 이들 국가 간 경제통합으로 인해 무역이 증대하고 해외투자가 증가하면서 두 국가 모두 경제적 이익을 얻을 수 있다고 가정할 수 있다. 이 두 국가 모두 경제적 이익의 일부분을 군사적 목적으로 사용해서 군사력이 증대되었다고 가정한다면, 이 두 국가는 경제통합을 통해 경제적 이익도 얻고 또한 국가권력도 향상되는 효과를 가질 것이다. 경제통합을 형성한 상대국이 군사적 동맹 국가이고, 동맹 국가의 권력 증진은 자국의 권력 증진에도 도움이 되기 때문이다. 이러한 경우가 경제통합이 안보에 관한 외부경제 효과가 있는 사례이다.

반면에 군사적으로 대치하고 있는 경우에는 상대국가의 경제적 이익의 실현과 군사적 이용이 자국의 안보에 부정적 영향을 끼친다. 경제통합이 자국의 안보에 관해 외부비경제(external diseconomy) 효과가 있는 사례이다. 물론 군사적으로 대치하고 있는 국가들이 지역주의 통합을 이루는 사례는 현실적으로 거의 불가능하다. 다만 이러한 논의는 국가들이 외교관계가 좋은 국가, 혹은 동맹 국가와의 경제통합을 통해 국

〈표 10-1〉 지역주의의 목적		
구분	국제적 목적	국내적 목적
정치적 목적	안보, 권력, 위상의 확보, 외교관계 강화, 민주주의 증진, 인권 보호 등	국내정치적 지지, 사회적 안정
경제적 목적	해외시장의 개척과 수출 증대, 해외직접투자 유치	경제의 선진화, 효율성 증대

제정치적 이익을 더 많이 얻을 수 있다는 점을 시사하는 논의라고 할 수 있다.

경제통합을 통한 안보이익의 증대 이외에도 몇 가지 다른 국제정치적 이익을 고려할 수 있다. 지역주의 통합을 통해 국가의 위상이 증진될 수 있고, 또한 국제사회에서의 협상 위치도 제고될 수 있다. 또한 국제협력에 관해 신뢰할 수 있는 상대국이라는 이미지를 국제사회에 표출함으로 인해 더 많은 국제협력을 도출할 가능성도 있다. 많은 지역주의 경제통합이 이루어지는 경우, 몇몇 국가는 지역주의 핵심 국가(hub country)로서의 위치를 공고히 할 수도 있다.

지역주의 통합을 통해 국가들이 추구하는 국내정치적 목적은 주로 정권 차원의 이익이다. 즉, 지역주의 통합을 지지하는 국내집단들로부터의 정치적 지지를 획득하고, 이를 통해 정권을 지속하려는 것이다. 반면에 지역주의 통합에 반대하거나 혹은 지역주의를 통해 경제적 손실을 입은 집단들에 대한 여러 형태의 사회안전망 형성을 통해 국내 정치사회적 안정성을 확보하는 것도 국가들이 추구하는 이익이면서 또한 과제이기도 하다. 국가는 지역주의 통합을 통해 손실을 입은 집단들에 대한 경제적 보상, 재교육의 실시와 노동 재배치, 일반적 사회보장제도의 개선 등의 정책을 통해 정치적 지지를 더 높이려는 노력을 하는 것이다.

지역주의 통합을 통해 국가들이 추구하는 다양한 경제적·정치적 이익들은 〈표 10-1〉과 같이 정리할 수 있다.

지역주의 목적에 관한 이러한 논의는 모두 지역주의의 기대효과 혹은 바람직성(desirability)과 정치적 가능성(political feasibility)에 관한 논의이다. 지역주의에 관한 여러 기대효과가 있지만, 과연 어떤 특정 국가 혹은 국가군과 지역주의 통합을 실현하는 것이 정치적으로 가능성이 있는가에 관한 정책적 판단도 이루어져야 한다. 지역주의를 통한 경제적 이익도 중요하지만, 이러한 경제적 이익과 동반된 정치적 이익-손실도 고려해야 하는 것이다.

또 하나 고려해야 할 점은, 국가들이 지역주의 통합을 통해 다양한 목적을 추구하지만 이러한 목적이 달성될 것인가의 문제는 여전히 남아 있다는 것이다. 기존의 지역주의 통합 사례들이 대부분 긍정적 효과를 나타내고 있지만, 지역주의로 인한 부정적 영향이 크게 나타난 사례들도 있다. 경제침체, 탈산업화, 소득 양극화의 악화, 실업률의 증가, 국가 경제 자율성과 독립성의 상실 등의 부정적 효과가 나타나는 사례가 존재하는 것이다. 따라서 국가들은 지역주의 통합을 통한 이익을 극대화하고, 손실을 극소화하기 위한 방안을 모색한다.

이러한 방안에는 다양한 부분이 포함될 수 있다. 우선 어떤 국가와 지역주의를 추구할 것인가의 문제가 있다. 이와 연관해 양자 간 지역주의 통합을 추진할 것인가 아니면 다자간 지역주의 통합을 추진할 것인가의 문제가 있다. 그리고 어떤 수준의 통합을 실현하기 위해 지역주의를 추구하는가의 문제도 있다. 국제통상에 관한 무역장벽의 축소같이 상대적으로 쉬운 사안들에 국한된 협력을 도모할 것인지, 아니면 경제사회적으로 광범위한 영향을 끼칠 수 있는 많은 사안들에서 협력을 도모할 것인지의 문제가 있는 것이다. 마지막으로 지역주의와 다자주의를 어떻게 효과적으로 병행할 것인가의 문제도 남아 있다. 소수의 국가들 간의 협력체제에 초점을 맞출 것인지, 아니면 되도록 많은 국가들과의 협력체제에 초점을 맞출 것인지에 관한 문제인 것이다. 이러한 모든 문제에 대한 국가들의 판단은 국가가 처한 환경에 의해서 결정될 뿐만 아니라, 국가들이 추구하는 부와 권력의 실현가능성에 따라서 결정되는 것이다.

4. 지역주의의 한계와 가능성: 유럽과 동아시아

(1) 유럽의 지역주의

1950년대부터 시작된 유럽의 지역주의 통합 노력은 경제적 목적 이외에 정치군사적 목적을 달성하는 것이 가장 큰 이유로 작동했다. 제2차 세계대전 이후 황폐화된 유럽을 재건하기 위한 노력의 일환으로 유럽통합이 시작되었다. 그러나 더 큰 목적은 지역 내 그리고 지역 외부로부터의 군사적 위협에 대처하기 위한 것이었다. 지역 내에서는 미래의 전쟁을 방지하기 위해 석탄과 철강의 공동관리 및 투명한 사용이 필요한데, 이를 위해 지역 내 공동 관리를 위한 통합 노력이 시작되었다. 오랫동안 경쟁과 대립 관계에 있었던 독일과 프랑스 간의 협력을 통해 지역 내 안정과 평화를 이루려는 목적이었다. 지역 외의 군사적 위협은 당시 소련으로부터의 잠재 공격이었다. 냉전체제 이후 소련과 그 위성 국가들에 의한 군사적 도발과 공격에 공동으로 대응하기 위한 조치였던 것이다. 독자적이고 효과적으로 대처할 수 없었던 유럽의 국가들이 소련의 위협에 대한 공동의 노력을 위한 기반으로 유럽통합이 시작된 것이다. 또한 유럽 중심적 시대의 재건이 다른 하나의 거대 목적이었다. 적어도 2000년 넘게 유지되었던 유럽 중심적 세계가 제2차 세계대전 이후 미소 중심적 세계로 변화하면서, 유럽 국가들은 과거의 명예와 영광을 회복하려는 노력의 일환으로 유럽통합을 추진한 것이었다.

앞에서 설명했듯이, 유럽통합은 자유무역지대의 형성, 관세동맹의 구축, 단일시장 형성 그리고 공동화폐의 사용이라는 지역주의 통합 단계를 거치면서 통합이 심화되었다. 또한 유럽통합은 지역적으로도 확대되는 모습을 보였다. 6개 국가(독일, 프랑스, 이탈리아, 벨기에, 네덜란드, 룩셈부르크)로 시작된 유럽통합은 현재 28개 국가가 회원국 자격을 가지고 있고, 회원국 자격 협상을 벌이고 있는 국가들도 여럿이다. 유럽통합은 현재 정치적 통합을 위한 노력을 강구하고 있다. 유럽 대통령을 선출하고, 상당한 권한을 유럽연합 지도부에 위임하며, 공동의 외교-군사 정책을 채택하려는 노력을 기울이고 있다.

이러한 유럽통합은 지역주의의 모델이 되었다. 다른 지역에서 유럽통합만큼 통합이 심화, 확대된 사례는 찾아볼 수 없다. 대부분의 지역주의 통합은 자유무역지대의 형성 혹은 관세동맹의 구축 등에 머물러 있다. 따라서 앞으로 유럽통합이 정치적 통합을 이루어서 17세기부터 유지되어왔던 민족국가체제(nation-state system)에 큰 변화를 가져올 것인가의 문제는 국제정치에서 큰 관심을 불러일으키고 있다.

지난 50여 년간 심화·확대되어온 유럽통합은 회원국 간 긴밀한 협력의 결과이다.

유럽연합에 속한 국가들은 지난 50여 년간 자신들 주권의 일부분을 이양하는 희생을 감수하면서도 유럽통합을 가속화시켰다. 경제운영에서의 독립성과 자율성이 침해당하지만, 그 대가로 유럽통합을 통한 경제적 이익 증진과 공동 안보의 실현 그리고 지역 위상의 제고라는 목적을 추진한 것이다. 물론 유럽통합이 아무런 문제 없이 순조롭게 일률적으로 진행된 것은 아니다. 1950년대와 1960년대에는 유럽통합이 자연스럽게 확대 심화될 것이라는 기대가 컸다. 유럽통합의 이론적 근거가 되었던 통합이론(integration theory)과 기능주의(functiionalism)를 바탕으로 이러한 기대가 형성되었다. 한 사안에서의 통합과 협력이 다른 사안들에서의 통합과 협력으로 확산될 것이라고 기대한 것이다. 그러나 유럽통합은 1960년대와 1970년대 경제침체 국면에서 지지부진한 모습을 보였다. 통합이론과 기능이론에 대한 수정이 이루어졌고, 국가 간 통합의 확대와 심화를 위해서는 강력한 이익집단이 존재해야 한다는 이론으로 발전하게 되었다. 즉, 신기능주의(neo-functiionalism) 이론에 의하면 경제통합 과정은 시장 논리에 의해서 자동으로 이루어지는 것이 아니라, 정치적 동력에 의해서 의도적으로 이루어져야 한다. 어떻든 간에 여러 차례의 위기가 있었지만 유럽연합 회원국들은 많은 난관을 극복하고 유럽통합을 진행시켰다.

유럽통합의 심화와 확대는 다양한 긍정적 효과를 만들었다. 거래비용이 감소하면서 경제 거래가 크게 증가했다. 무역, 투자, 금융거래, 인적 이동 등 경제의 모든 분야에서의 성장과 협력 확대가 이루어졌다. 경제거래의 확대는 효율성 증가로 나타났고, 더 질 좋은 상품과 서비스들이 더 낮은 가격으로 공급되었다. 국가 간 경제운영의 투명성이 증가된 것도 큰 이익이 되었다. 국가 간 소모적 분쟁이 적어졌기 때문이다. 또한 유럽통합을 통해 지역 규범과 원칙, 그리고 표준이 수립되고 확산되는 기회를 맞았다. 비회원 국가들과의 다양한 경제 협상에서 유리한 위치를 차지하게 되는 긍정적 효과도 있었다. 자본이동 제한의 철폐와 재정적자 감소 같은 EU 가입조건을 바탕으로 회원국들의 경제를 구조조정하고 개혁하는 일도 긍정적 영향으로 작동했다. 마지막으로 정치적 통합 논의와 공동 외교 정책 수립 등을 통해 유럽연합 국가들의 국제적 위상도 크게 제고되었다.

이렇듯 유럽통합이 국가 간 협력의 극치를 보여주는 사례이긴 하지만, 유럽통합의 가속화로 인한 국제적 갈등도 상당히 존재하는 것이 사실이다. 이러한 갈등은 지역 내 갈등과 지역 외 갈등으로 구분할 수 있다. 지역 내 갈등의 첫 번째로 경제운영 이념을 둘러싼 갈등을 들 수 있다. 유럽연합에 속한 회원국 중 일부 국가는 물가상승을 억제하는 것을 가장 큰 경제정책의 목적으로 삼은 반면, 또 다른 국가들은 경제성장을 가장 큰 목적으로 간주했다. 유럽통합으로 인해 금융정책 독립성의 상당부분을 상실한 회원국들은 다른 국가들의 동의 없이 물가상승을 억제하기 위해 혹은 경제성장을 위한 통화량 확대를 위해 독단적 정책을 채택할 수 없다. 또한 재정정책의 운영에서도 단일화폐 사용국이 되기 위한 선제조건으로 재정균형의 유지가 부과됨에 따라서 회원국들이 재정정책을 통해 물가인상 억제 혹은 경기부양 등의 정책을 사용하는 데 한계를 보이게 되었다. 따라서 경제운영에 관한 갈등이 항상 존재하는 것이다.

이와 연관해 상대적으로 부유한 회원국과 그렇지 못한 회원국 간의 갈등도 존재한다. 이 두 부류 국가들의 경제 목적이 다를 수밖에 없기 때문이다. 부유한 회원국의 입장에서는 자국 노동시장의 보호와 안정된 경제운영 그리고 자국 다국적 기업의 경쟁력 확보 등이 큰 관심사이다. 반면에 상대적으로 저발전된 회원국은 자국 노동력의 수출, 빠른 경제성장을 위한 금융정책 채택, 산업화 촉진 등이 주요 경제 목적이다. 따라서 이러한 상이한 목적을 달성하기 위한 회원국 간 갈등, 특히 공동 금융정책의 방향과 내용에 관한 갈등이 빈번하게 발생하게 되는 것이다.

예를 들면, 2008년 미국발 금융위기 이후, 막대한 재정적자와 경제침체를 겪었던 국가들은 EU 국가들이 확장적 금융정책을 채택하기를 원했고 요구했다. 반면에 상대적으로 안정적인 경제를 운영할 수 있었던 국가들은 빠른 유동성 확대에 의한 물가상승과 금융불안정을 우려하면서 다소 긴축적 금융정책을 채택하기를 원했던 것이다. 경제 위기를 겪었던 그리스 같은 국가들은 EU에서의 탈퇴를 위협하면서 확장적 금융정책을 요구했고, 이러한 태도는 독일 등 주요 국가들과의 갈등을 증폭시키기도 했다.

이와 연관된 지역 내 또 다른 갈등은 유럽연합 내 거버넌스 문제와 관련된 갈등이다. 유럽연합의 핵심 의사결정 기구들인 유럽의회, 각료회의, 유럽중앙은행, 유럽사법재판소 등에서의 의사결정 권한과 제도에 관한 갈등이 존재한다. 국가들의 위상과 권력에 따라서 의사결정권한을 분배하는 방식을 채택할 것인가 아니면 모든 회원국가에게 동등한 권한을 배분할 것인가의 문제가 있다. 또한 특정 기구의 수장을 선출하는 방식 그리고 어떤 국가 출신의 인사가 특정 기구의 수장이 될 수 있는 것인가의 문제 등에서도 역시 갈등이 존재하고 있다. 왜냐하면 어떤 의사결정구조를 채택하고 어떤 인물이 수장이 되는가에 따라서 유럽연합의 경제정책의 내용과 방향이 달라질 수 있기 때문이다. 현재는 EU 의회 내에서의 의사결정 구조에서 회원국 간 큰 차이가 있다. 가장 많은 의석을 확보하고 있는 독일과 가장 적은 의석을 가지고 있는 룩셈부르크 간에는 15배가 넘는 의석 수 차이가 있다. 민주결핍(democratic deficit) 문제가 제기될 수 있는 상황인 것이다. 따라서 어떻게 하면 국가의 동등성과 인구와 경제규모에 따른 민주성을 동시에 확보할 수 있는가의 거버넌스 문제가 여전히 남아 있다고 할 수 있다.

유럽연합 내에서 발생하는 또 하나의 갈등으로 공동화폐인 유로를 사용하는 국가들과 여전히 자국의 화폐를 사용하는 국가들 간의 갈등을 지적할 수 있다. 공동화폐를 사용하는 회원국가들은 자신들의 금융정책 독립성과 자율성의 상당 부분을 위임한 것이다. 반면에 자국의 화폐를 사용하는 국가들은 여전히 금융정책에서의 독립성과 자율성을 많이 확보하고 있다. 통화 확대 혹은 축소, 이자율 결정, 유로와 타 회원국 화폐 간의 환율결정 등에서 서로 다른 입장을 보일 수 있다. 따라서 유럽연합 전체에 영향을 끼치는 공동의 경제정책 채택에서의 위치와 이해가 다르게 나타날 수 있고, 이로 인해 회원국 간 갈등이 발생한다.

지역 내 갈등은 잠재 회원국의 가입 문제를 두고도 발생하고 있다. 새로운 회원국을 가입시킴으로 인해서 발생할 수 있는 다양한 정치적·경제적·안보적 영향에 대해 기존 회원국들이 모두 다른 계산을 하고 있기 때문이다. 예를 들면, 터키, 우크라이나, 조지아 등의 국가들을 회원국으로 받아들이는 문제는 정치적으로 경제적으로 매우 복잡한 문제이다. 이를 두고 회원국 간 갈등이 존재하는 것이다. 또한 최근에는 난민 문제와 같이 사회적 문제를 두고도 회원국들 간 대립과 갈등이 나타나고 있다. 종교, 인종, 경제, 복지, 안보 등 다양한 문제가 걸쳐 있는 난민의 문제에 대해서 공동의 목소리를 내는 것이 쉽지 않기 때문이다.

새로운 회원국 가입 문제에 더해 기존 회원국의 탈퇴 문제도 최근 유럽연합의 큰 문제로 등장하고 있다. 미국발 금융위기 이후 발생한 유럽 내 재정위기로 인해 그리스를 비롯한 몇몇 국가들의 유럽연합 탈퇴 문제가 부각되었다. 또한 브렉시트(Brexit)로 명명되는 영국의 유럽연합 탈퇴에 대한 국민투표 결정은 큰 반향을 일으키고 있다.

역사·지리적으로 대륙 유럽국가들과는 다른 환경에 처한 영국이 최근 국민투표를 통해 탈퇴 결정을 한 것이다. 영국의 탈퇴 결정이 유럽연합에 어떤 정치적·경제적·사회적 영향을 끼칠 것인가는 지켜볼 일이다. 하지만 유럽연합 초유의 사태임을 고려하고 영국의 정치적·경제적 중요성을 고려할 때, 영국의 탈퇴 결정은 매우 큰 영향을 끼칠 것으로 예상할 수 있다.

브렉시트 문제는 사실 다양한 원인이 존재한다. 우선 유럽연합 회원국 위치를 유지함으로 인해서 얻는 경제적 이익과 이로 인한 경제적 부담의 균형 문제가 있다. 상당한 분담금을 지불해야 하는 영국이 경제적 통합에 따른 기대이익과 기대비용을 저울질할 수밖에 없는 것이다. 또한 유럽연합 내에서의 지배력 문제, 경제주권 회생과 규제의 문제 등도 영국의 탈퇴뿐만 아니라 기존 회원국들의 탈퇴 고려와 연관된 문제들이다. 그리고 최근 몇 년간 발생한 난민과 국내 복지혜택의 차이에서 생기는 인구 이동의 문제도 영국의 탈퇴 결정에 영향을 끼쳤다. 영어를 사용하고 복지혜택이 많은 영국으로의 대규모 난민 유입 문제가 영국의 유럽연합 탈퇴 결정에 영향을 끼친 것이다. 이외에도 국가 경제체제의 자율성 확보와 과거 영국의 영광으로의 회귀 희망 등이 탈퇴 결정에 영향을 끼쳤다고 할 수 있다.

영국의 유럽연합 탈퇴는 다른 국가들의 탈퇴 결정에도 영향을 끼칠 것으로 판단된다. 특히 경제적 어려움을 겪고 있는 회원 국가들, 그리고 국제정치경제 환경 변화로 인한 불이익을 예상하는 국가들의 탈퇴 결정이 이어질 가능성이 크다. 연쇄 탈퇴 현상이 발생한다면 유럽연합은 큰 타격을 받을 수 있고, 이는 세계경제에도 충격을 가할 수 있다. 또한 유럽연합에 신규 가입하려는 국가들의 결정에도 영향을 끼칠 수 있다. 궁극적으로는 국제정치경제 체제적 변동의 한 원인이 될 수도 있다.

이러한 갈등 이외에도 여러 가지 다른 형태의 갈등도 있다. 예를 들면 농산품을 수출하는 회원국과 그렇지 않은 회원국 간 공동농업정책(common agricultural policy)을 둘러싼 정책 차이로 인한 갈등이 있다. 과거 식민지를 보유한 국가들이 그 국가들과 가지고 있는 특혜 제도(preferential system)를 둘러싼 갈등도 있다. 유럽연합과 다른 지역국가들 간의 자유무역지대 형성 협상을 둘러싼 갈등도 자주 발생한다. 이렇듯 유럽연합 내에서도 많은 갈등이 존재하는 것이다.

유럽통합의 가속화는 지역 외 국가들과의 갈등도 발생시켰다. 다른 지역에 속한 국가들이 지역주의를 가속화시켰고, 이러한 지역주의 확산이 지금까지 국가들이 추진해왔던 다자주의 협력을 다소 약화시키는 효과를 가져왔다. 배타적 지역주의가 확산되면 지역 간 갈등을 조장할 가능성이 크다. 전 세계가 지역 간 갈등과 경쟁으로 점철될 가능성도 배제할 수 없다. GATT와 WTO를 중심으로 유지되어온 다자주의 자유무역 협력이 약화되고, 지역 내 협력 강화-지역 간 갈등 악화라는 결과가 초래될 가능성이 있는 것이다.

또 다른 지역 외 갈등으로 미국과의 갈등을 지적할 수 있다. 제2차 세계대전 이후 적어도 자본주의 경제 문제에서는 일극체제(unipolar system)를 유지해왔던 미국의 위상이 유럽연합의 가속화와 중국의 부상으로 인해 흔들리는 모습을 보이고 있다. 유럽통합이 심화되고 회원국가의 수가 증가하면, 패권국가의 위치를 둘러싼 미국과의 갈등이 첨예해질 가능성이 크다. 국제정치 이론에서 논의되듯이, 국제체제가 일극체제에서 양극체제 혹은 삼극체제가 되면 국가 간 갈등은 더욱 첨예해질 가능성이 크다.

또 다른 현상은 유럽연합의 확대가 러시아와 갈등을 일으키고 있는 것이다. 냉전시대 구소련의 영향권 내에 있었던 많은 국가들이 유럽연합과 나토(NATO, 북대서양조약기구)에 가입하면서 친서방 성향으로 전환한 것이다. 이러한 현상은 러시아의 안보와 경제에 큰 위협을 주고 있다. 최근 우크라이나와 조지아 등 러시아와 갈등을 보이고 있는 국가들이 유럽연합과 나토에 가입하려는 노력을 보이면서 이러한 갈등은 증폭되고 있고, 유럽 내 신냉전체제가 등장하고 있는 것이다.

유럽통합이 국가 간 협력의 최고 수준을 보여주면서도 지역 내 혹은 지역 외 갈등도 많이 유발하는 것이 사실이다. 따라서 유럽연합 회원국들이 당면한 과제 중 하나는 이러한 갈등을 어떻게 축소해서 지역 내 그리고 지역 간 협력체제를 구축하느냐 하는 것이다. 지역 내 갈등을 줄이기 위해서는 경제이념의 수렴화, 회원국 내 혹은 회원국 간 양극화의 축소, 효율적이고 평등한 거버넌스체제의 구축, 비유로 회원국들의 유로화, 정치통합을 통한 경제 문제의 해결 등이 정책 대안으로 제시될 수 있다. 지역 간 갈등을 축소하기 위해서는 다자주의 협력의 강화와 개방적 지역주의의 확대 등의 노력이 필요할 것이다. 또한 유럽연합의 확대와 심화로 인해 경제적으로 안보적으로 위협받는 국가들과의 협력을 확대하려는 노력을 강구해야 할 것이다. 어떻든 유럽통합을 둘러싼 이러한 많은 지역 내 혹은 지역 간 갈등으로 인해, 진정한 의미의 유럽연방국의 탄생은 요원한 것으로 판단된다.

(2) 동아시아 국가들의 협력가능성

국제경제체제에서 세 개의 큰 시장을 형성하고 있는 유럽, 북미 그리고 동아시아 중, 동아시아 국가들 간의 지역주의는 다른 두 지역에 비해 상당히 뒤쳐져 있다. 물론 지역 내 몇몇 국가 간에는 양자 간 자유무역협정이 체결되어 있고, 지역 내 거의 모든 국가를 포함하는 지역주의 논의가 활발하게 전개된 것도 사실이지만, 이러한 노력이 다자간 지역주의라는 결과를 만들어내지는 못하고 있다. 또한 동아시아 국가들을 포함하는 아시아-태평양 경제협력체(APEC: Asian-Pacific Economic Cooperation)가 형성되어 있지만 이 역시 지난 수년간 큰 발전을 이루지 못하고 있다. 또한 이 협력체는 미주의 많은 국가들이 가입한 지역 간 경제협력체이므로 진정한 의미의 동아시아 지역주의 제도라고 볼 수 없다. 지난 십수 년간 동아시아 국가 간 양자 자유무역협정, ASEAN+3, 혹은 ASEAN+6 등 다양한 형태의 지역협력체 구상들이 제안되고 논의되었지만, 현재까지 현실화된 것은 많지 않다. 동아시아 지역이 다른 지역들에 비해서 지역주의 발전이라는 측면에서 볼 때 상당히 저발전되어 있는 것이다.

그 원인은 다양하다. 첫째, 동아시아 지역 내의 패권경쟁 구도를 지적할 수 있다. 동아시아 지역에서는 경제구조와 체제가 가장 발전한 일본과 이에 대응해 급속도로 성장하는 중국 간의 이념적·정치적·군사적·경제적 패권경쟁이 존재한다. 두 국가 간의 패권경쟁으로 인해 긴밀한 협력관계의 구축이 어렵고, 따라서 이들 국가를 포함한 포괄적 지역주의 형성이 어려운 것이다. 두 국가의 경쟁으로 인해 어떤 국가의 제도, 이념, 체제를 지역주의의 모델로 삼을 것인가에 대한 갈등이 있다. 이러한 경쟁 구조하에서 일본과 중국 모두 지역주의를 전략적 측면에서 고려할 수밖에 없고, 따라서 이들 국가는 제로섬 게임의 입장에서 두 국가 간 관계를 설정하는 모습을 보인다. 해외투자와 경제 원조를 근거로 동아시아 국가들에 경제적·정치적 영향을 끼쳤던 일본과 중화인의 상업권력과 무역확대를 통해 동아시아 국가들에 영향을 끼치고 있는 중국 사이에서 어떤 선택을 하는 것이 국가의 부와 권력에 긍정적 영향을 끼칠지 확실한 판단을 하기 어렵다는 것도 동아시아 지역주의를 방해하는 요인이다.

북미에서의 지역주의는 미국이라는 패권국가를 중심으로 두고 있지만, 사실 유럽의 지역주의는 독일과 프랑스 간의 경쟁관계, 영국과 대륙국가들 간의 미묘한 갈등이라는 상황을 극복하고 형성되었다. 그러나 유럽의 지역주의는 서로를 협력체제 내에서 견제하려는 독일과 프랑스의 '일치된' 이해관계에서 형성될 수 있었지만, 동아시아에서는 일본과 중국이 아직 이러한 공동의 이해관계를 형성하고 있지 않다.

둘째, 동아시아 국가들이 가진 다양한 측면에서의 이질성을 지역주의 저발전의 원인으로 지적할 수 있다. 경제규모, 경제발전 수준 그리고 경제체제 운영의 근간이 되는 경제사상이라는 측면에서 볼 때 동아시아 국가들의 차이는 매우 크다. 일본은 전 세계에서 경제수준이 가장 높은 국가인 반면, 캄보디아와 미얀마, 그리고 라오스 등의 동아시아 국가들은 가장 빈곤한 국가들이다. 일본과 중국은 세계적인 수준에서도 매우 큰 규모의 경제를 가지고 있는 국가들이지만 동아시아의 많은 국가들은 경제규모가 상당히 작은 수준이다. 중국, 베트남, 북한 등의 국가들은 여전히 공식적으로 공산주의 경제체제를 채택하고 있고, 많은 동아시아 국가들은 발전국가 이념을 추구하고 있다. 이러한 이질성으로 인해 동아시아 국가들은 경제목적과 정책이 서로 다르고 따라서 공동의 제도와 이념을 구축하기 어려운 것이다.

셋째, 동아시아 국가들의 대미의존성을 지적할 수 있다. 1940년대 이후 미국으로부터의 경제원조, 군사적 지원, 대미 수출입 증가 등에 의존해서 경제성장을 이룬 동아시아 국가들이 많다. 이들 국가는 여전히 국제통상, 해외투자, 금융거래, 기술 이전 등의 사안에서 미국과 상당히 높은 수준의 경제관계를 맺고 있다. 이러한 상황에서 미국을 제외한 동아시아 국가들만의 지역주의 제도를 형성하는 것은 상당히 어려운 작업이다. 미국을 제외한 배타적 형태의 동아시아 지역주의를 미국이 반대하고 있고, 동아시아 국가들의 대미국 경제정책의 수렴화가 어려우며, 미국을 대체해 동아시아 국가들의 경제를 이끌 만한 힘을 가진 국가들 간의 경쟁이 뚜렷하기 때문이다. 지난 몇 년간 미국에 의해서 추진된 아시아 중심정책(pivot to Asia policy) 또한 아시아 지역의 협력과 통합을 어렵게 만들고 있다. 중국을 견제하고, 가장 빠른 경제성장을 보이는 지역에 참여함으로써 경제적 이익을 추구하려는 미국이 기존의 협력관계를 강화하고 있기 때문이다.

넷째, 동아시아 국가들이 여전히 극복하지 못하고 있는 과거사 문제와 이와 연관된 과거 동아시아 권위적 체제의 재형성에 대한 우려 등을 지적할 수 있다. 동아시아의 많은 국가들은 19세기까지 중국의 영향을 상당히 받았고, 20세기 초반에는 일본의 식민지로 전락하기도 했다. 대략 50~60여 년 전까지 동아시아 국제체제는 권위적 체제가 형성·유지되었고, 지역 내 수평적 협력의 경험이 매우 부족한 것이 사실이다. 이러한 과거로의 회귀에 대한 우려와 지역 내 경제 불균형이라는 사실이 접목되어, 동아시아 지역주의 형성이 초래할 또 다른 권위주의 체제의 구축 가능성, 지역 내 패권국가들에 대한 불신 등이 지역주의의 형성을 방해하고 있는 것이다.

마지막으로 지역 내 군사적·정치적 대립 관계를 지적할 수 있다. 예를 들면 한국과 북한, 중국과 대만, 베트남과 캄보디아 등은 여전히 군사적·정치적 대립관계를 유지하고 있다. 또한 과거사를 둘러싼 그리고 군비경쟁을 둘러싼 지역 내 정치적 갈등도 많다. 중국과 아시아 국가들 간의 해양영토를 둘러싼 대립과 갈등도 증폭되고 있다. 이러한 정치적·군사적 갈등의 해소 없이 경제적 협력체를 구축하는 것이 정말로 가능한 일일 것인가에 대한 논의가 있는 것이 사실이다.

이와 같이 동아시아 지역주의 발전을 저해하는 많은 요인이 있지만 동아시아 지역 내 지역주의를 구축하기 위한 노력 역시 다양하게 전개되었다. 특히 아세안+3(ASEAN +3)은 동남아시아 10개 국가와 한국, 중국, 일본을 포함한 13개 국가 간의 자유무역지대를 형성하기 위한 제도적 노력이다. 이에 더해 호주와 뉴질랜드, 그리고 인도를 한 통합체제에 포함시키는 방안도 제안되었다. 다양한 협상과 논의가 여전히 활발하게 전개되고 있는 것이다.

지역주의가 확산되는 일반적 원인이 동아시아에도 같은 방식으로 적용되기 때문에, 지역 내 논의가 활발하게 전개된다고 할 수 있다. 즉, 다른 지역에서의 지역주의 발전의 가속화로 인해 동아시아 국가들 사이에서도 지역 내 지역주의 형성이 필요하다는 인식이 증가하고 있다. 또한 국가 간 경제발전 경쟁을 치열하게 하고 있는 세계화 현상 속에서, 국가들이 경제체제의 효율적 운영과 규모의 경제 실현을 통한 경제적 이익의 창출과 그로 인한 경제적 생존 문제를 고려할 수밖에 없는 현실이 존재한다는 인식을 갖게 된 것이다.

그리고 국제체제가 적어도 경제 문제에서는 단극체제에서 다극체제로 전환하는 모습을 보이고 있고, 이러한 현상 속에서 지역 간 경쟁이 가속화되고 있으며 따라서 한

극을 차지하게 된 동아시아 국가들 내의 경제협력의 강화가 필요하다는 인식을 갖게 된 것이다. 동아시아 지역주의 발전 노력을 강화하는 또 다른 한 원인은 다른 지역주의의 성공 사례로부터의 교훈을 들 수 있다. 앞에서 지적했듯이, 비록 유럽통합에 여러 문제가 있는 것도 사실이지만, 적어도 경제발전과 국가 간 경제거래 규모의 발전이라는 측면에서 유럽 지역과 북미 지역 모두 지역주의 확대와 심화로부터 경제적 이익을 얻고 있는 것도 사실이다. 따라서 이러한 교훈이 동아시아 국가들에 시사하는 바가 크다고 할 수 있다. 동아시아 지역주의를 촉진하는 또 다른 요인은 다자주의 경제협력의 난항이다. 제2차 세계대전 이후 유지된 다자주의 경제체제로부터 가장 큰 혜택을 본 국가들은 사실 동아시아 국가들이라고 할 수 있다. 따라서 이 국가들은 다자주의 경제체제가 더욱 확대되고 심화되는 것을 선호한다. 다만 다자주의가 침체되면서 동아시아 국가들은 대안을 모색할 수밖에 없고 이러한 상황 속에서 지역주의를 강화하려는 것이다.

마지막으로 동아시아 지역주의를 촉진하는 다른 한 원인은 동아시아 국가들의 지역 내 경제거래의 확대이다. 지역주의 제도의 구축 없이도 동아시아 지역 내 국가들의 경제거래는 지난 수십 년간 급속도로 증가했다. 따라서 '자연적인' 지역주의 환경이 조성된 것이다. 앞에서 지적된 여러 제한 요인과 촉진 요인을 모두 고려할 때, 동아시아 지역 내의 가시적 시계 범위 안에서 지역주의가 발전 및 제도화될 것인가의 여부는 지켜볼 문제이다.

아시아 국가들 내에서의 지역협력체 구축이 다소 지연되면서 다른 형태의 지역주의 체제가 형성되고 있다. 과거의 APEC과 ASEM(Asia-Europe Meeting)과 같은 모델의 연장선상에서 최근 미국과 일본을 주도로 한 TPP(Trans Pacific Partnership)체제가 출범을 앞두고 있다. 이는 일부 아시아 국가들과 북중남미 국가들과의 경제협력체를 구축하는 모델이다. 반면에 아시아에서는 중국을 중심으로 RCEP(Regional Cooperative Economic Partnership) 형성 논의가 활발하게 전개되고 있다. 중국이 세계은행에 대한 대체 제도로 AIIB를 구축한 것처럼, 통상문제와 이와 연관된 경제 사안들에서 지역경제협력체를 구축할 수 있을 것인가의 문제가 남아 있다.

(3) 지역주의의 과제

이제 국가들에게 지역주의의 확산은 선택의 문제가 아니라 주어진 현상이다. 영국의 유럽연합 탈퇴 결정에도 불구하고 당분간 지역주의는 확대, 심화될 것으로 예상된다. 지역주의 발전이 돌이킬 수 없는 현상이라면, 국가들은 지역주의 확대가 초래할 부정적 효과는 축소하고 긍정적 효과는 확대하려는 노력을 강구해야 할 것이다. 앞에서 살펴본 지역주의 장점들을 확대하고 단점들을 줄이려는 노력을 보여야 한다는 것이다. 지역주의 과제로는 다음과 같은 점을 지적할 수 있다.

첫째, 지역주의를 다자주의와 경쟁적 관계가 아닌 보완적 관계를 형성하도록 하는 노력이 필요하다. 배타적 지역주의(closed regionalism)가 아닌 개방적 지역주의(open regionalism)의 모습을 갖게 하는 노력이 필요한 것이다. 배타적 지역주의는 비차별 원칙을 훼손할 뿐만 아니라 다른 비회원 국가들에 의한 보복을 초래할 것이고, 이는 국제경제체제의 근간을 흔들어 놓을 가능성이 크다.

둘째, 이와 연관해 지역 간 대립과 경쟁을 축소하는 방향으로 지역주의를 추진해야 한다. 현재 유지되는 국제정치경제체제의 근본적이고 궁극적인 목적은 전 세계적 경제발전과 이를 통한 국제평화의 유지이다. 따라서 지역 내 국가들 간의 경제협력과 이를 통한 경제발전이 지역 간 갈등과 대립으로 인한 평화체제의 불안으로 훼손되어서는 안 된다. 지역주의 협력이 지역 간 협력으로도 발전되는 방안을 모색해야만 경제발전과 국제평화라는 궁극적 목적을 달성할 수 있는 것이다.

셋째, 지역 내 불균형 해소라는 과제를 해결해야 한다. 지역주의의 형성은 경제협력을 통한 경제발전이라는 목적을 가지고 추구된다. 즉, 지역주의 경제협력에 참여하는 국가 모두에게 경제적 이익이 분배되어야만 지역주의가 유지·발전될 수 있다. 지역주의 형성 후에 회원국가들 간의 부와 권력의 분배가 더욱 불균형하게 된다면 이는 오히려 국가들 간의 협력을 방해하고 갈등을 증폭시킬 것이며, 궁극적으로는 지역주의가 해체될 것이다. 따라서 이러한 부분에 대한 고려가 필요하다.

마지막으로, 지역주의 내 거버넌스 문제의 관리가 필요하다. 사실 국제기구들 내에서의 의사결정 제도와 관련된 평등주의와 현실주의 간의 갈등은 해소하기 어려운 문제이다. 모든 국가의 동등한 대표와 권리를 주장하는 평등주의와 국가 간의 권력과 부의 불균형을 반영하는 형태의 의사결정 제도의 효율성과 효과성을 주장하는 현실주의 모두 그 자체로 논리성과 타당성을 가지고 있기 때문이다. 다만 많은 수의 국가가 참여하는 국제기구들 내에서보다는 적은 수의 국가만 참여하는 지역주의 제도에서 이러한 문제가 더 쉽게 해결될 가능성이 크다는 점을 지적할 수 있다. 따라서 민주적·효율적·효과적 거버넌스 제도를 모색하는 것이 지역주의 발전을 위해 필요한 작업이라고 하겠다.

마지막으로 답보 상태에 있는 다자주의 통상협상을 빨리 타결시켜 지역주의의 발전을 다소 더디게 하는 작업이 필요하다. 국제통상에서 가장 중요한 원칙인 비차별 원칙을 지키고, 이를 통한 세계경제의 발전과 세계 평화라는 궁극적 목적을 달성하기 위해서는 다자간 협력체의 강화가 매우 필요하다고 할 수 있다.

토론 주제

1. 지역주의에서 '지역'이라는 용어는 어떻게 정의할 수 있는가?
2. 1990년대 이후 지역주의가 빠르게 확산된 원인은 무엇인가?
3. 유럽통합 과정에서 경험한 통합 단계가 다른 지역에도 적용될 수 있을 것으로 판단하는가?
4. 동아시아에서 지역주의를 방해하는 요인은 무엇인가? 이러한 방해요인이 지난 10여 년간 완화되었다고 판단하는가?
5. 지역주의와 다자주의를 발전적으로 조화시킬 수 있는 방안은 무엇인가?
6. 미국과 중국이 경쟁하는 시대에, 지역주의 어떤 형태로 나타날 것으로 예상하는가?

제11장

세계화의 정치경제

Understanding International Political Economy: History, Ideology and Issues

1. 서론

1980년대 이후 국제정치경제 분야에서 가장 많이 사용되는 용어 중 하나는 세계화(globalization)이다. 세계화의 정의와 현상에 대한 많은 논의가 있다. 세계화는 경제의 세계화, 문화의 세계화, 정치의 세계화 등으로 구분될 수 있다. 경제의 세계화는 주로 국제경제 거래의 증가, 경제행위의 탈영토화 그리고 이에 따른 경제주체들의 정체성(identity) 변화 과정이라고 정의할 수 있다. 문화의 세계화는 국경 간 문화 이동이 증가하고, 각 국가들에 속한 시민들의 문화 정체성이 변화해서 공동의 정체성이 탄생하는 등의 현상을 지적하는 용어이다. 정치의 세계화는 민주화, 국제 비정부기구들의 역할 증가, 국제제도의 강화 등을 포함하는 개념이다. 이러한 다양한 형태의 세계화 중 가장 많이 논의되는 것은 경제의 세계화이고, 일반적으로 세계화라는 용어를 사용하는 경우 이는 주로 경제의 세계화를 의미하는 말로 받아들여진다.

경제의 세계화와 관련된 국제경제 거래의 증가는 다양한 분야에서 나타난다. 국제통상의 증가를 통해 재화와 서비스의 국경 간 거래와 국제 금융과 투자행위가 늘어나면서 국경 간 화폐의 거래가 증가한다. 국가 간 정보 통신 교류가 활성화되어 경제행위에 관한 정보 취득이 수월해지고 그 비용도 감소한다. 국가 간 인적 교류 역시 활발해지면서 노동의 이동이 상대적으로 쉬워지고, 해외 관광과 인적 방문이 증가한다. 다른 국가에 속한 기업들 간의 인수합병(M&A) 행위가 늘어나면서 다국적 또는 초국적 기업의 수와 이들에 의한 경제활동이 활성화되기도 한다.

세계화는 경제행위의 탈영토화 현상을 동반한다. 국내시장에서의 생산, 분배, 소비에 치중했던 경제주체들이 국경을 초월한 경제행위를 증가시키는 것이다. 소비자들은 세계시장에서 거래되는 재화와 서비스에 대해 더 많은 정보를 얻고, 이를 기반으로 해외에서 생산된 상품과 서비스에 대한 수요를 증가시켜 수입량을 늘리는 결과를 초래하며, 때로는 직접 전자상거래 등의 행위를 통해 직접적으로 국제경제 거래 행위를 한다. 또한 해외에서 발행되는 주식, 기업 채권 그리고 국채 등의 구매 행위를 통해 국제금융시장에도 참여한다. 다른 국가에 거주하는 가족과 친척들에게 돈을 송금하여 자본의 국제거래 규모를 증가시키기도 한다.

그리고 생산자들은 해외 아웃소싱 등의 행위를 통해 부품을 조달하고, 자신들이 생산한 재화와 서비스를 해외에 판매하는 행위를 통해 국경을 초월한 경제행위를 증가시키는 것이다. 또한 국제금융시장에의 참여와 해외투자행위를 통해 탈영토 경제행위에 참여하는 경제주체들 역시 증가하게 된다. 각 국가의 정부도 예외일 수 없다. 정부는 정부조달에서 해외에서 생산된 재화와 서비스의 비율을 높이는 방식으로 탈영토 경제행위에 참여한다. 외국 정부에 의해서 발주되는 대규모 인프라 건설사업에 참여하기도 하고, 다른 국가들의 광물 자원과 에너지 자원을 공동으로 개발하기 위한 협정을 체결하기도 한다. 소비자, 생산자, 그리고 정부 모두 탈영토 경제거래에 더 많이 참여하게 된 것이다.

이러한 경제행위의 변화와 더불어서 경제주체들의 정체성 역시 변화한다. 국내시장에 한정되어 경제행위를 하는 경제주체들의 정체성이 주로 영토에 기반을 두거나 때로는 민족에 기반을 둔 정체성을 갖는 반면에, 탈영토 경제행위에 참여하는 경제주체들의 정체성은 더 세계화된다. 국제경제행위를 규정하는 국제 문화와 제도를 습득하게 되고, 이에 따라서 국내시장에 한정되었던 경제행위자들의 이해관계가 세계시장에서의 이해관계로 확대된다. 이를 근거로 경제행위자들의 경제행위의 방향과 내용이 다르게 전개되는 것이다.

세계화는 다양한 목적을 가지고 전개되고 있다. 세계화의 가장 근본적 목적 중 하나는 세계경제의 효율성 향상과 그로 인한 세계 부의 증가 그리고 세계 경제의 성장일 것이다. 또 다른 목적은 개방된 자유로운 세계 경제의 구축을 통한 국가 간 평화와 협력체제의 강화이다. 보편적 기준의 구축과 적용도 세계화의 목적 중 하나이다. 예를 들면 인권, 노동, 환경 기준 등의 보편적 적용을 추구하는 것이다. 정치체제의 민주화 그리고 지적재산권의 보호 등의 사안도 보편적 기준의 구축과 관련된 것들이다.

세계화가 급속히 진행되어온 것도 사실이고 이에 따라 세계화에 관한 다양한 논의가 전개된 것도 사실이지만, 세계화가 모든 분야에 걸쳐서 그리고 모든 국가에서 획일적으로 확대·심화된 것은 아니다. 사안과 지역에 따라 세계화 수준이 큰 차이를 보이고 있다. 즉, 세계화가 빠르게 진행된 사안과 국가가 있는 반면 세계화 수준이 여전히 매우 낮은 사안과 국가도 있다는 것이다. 세계화와 완전히 동떨어져 경제운영을 하는 국가들도 소수 존재한다.

이와 연관해, 사안과 지역에서의 세계화 수준을 평가하는 측정의 문제가 남아 있다. 사안별 측정으로는 상품, 서비스, 정보, 화폐, 노동, 기술의 국경 간 거래의 양과 속도를 기준으로 평가하는 것이 일반적 관행이다. 국가들의 세계화 수준을 평가하는 작업은 조금 더 복잡하다. 다만 국가들의 경제통합 수준, 기술적 연결 수준, 인적 교류 그리고 국제정치적 연계 등을 기준으로 국가들의 세계화 수준을 평가하는 것이 일반적이다.

세계화가 가장 빠르게 진행된 분야는 금융과 해외투자 분야일 것이다. 금융거래와 해외투자의 양과 속도가 매우 빠르게 진행되어왔다. 그로 인해 국가 간 화폐의 거래가 최근 기하급수적으로 성장해왔다. 현재는 하루에 수조 달러의 돈이 국경을 넘어서 거래되고 있다. 이는 한국 일년 국민총생산(Gross National Product)의 수십 배에 달하는 금액이다. 국제금융과 해외투자에 비해서는 다소 약하지만, 국가 간 무역거래의 양과 속도 역시 상당히 빠르게 진행되었다. 국제무역 분야에서의 세계화가 국제금융에 비해 상대적으로 더디게 진행된 이유는 상품과 서비스의 국가 간 이동이 외환의 이동보다 훨씬 느릴 수밖에 없다는 사실과 국가들이 선별적으로 보호무역 정책을 채택했다는 사실에 기인한다. 세계화가 가장 더디게 이루어지는 부분은 노동의 세계화 부분이다. 국가들은 자국 노동시장을 보호하고 노동 이동에 따른 여러 부작용을 방지하기 위해 국가 간 노동 이동을 상당히 제한하고 있다. 노동의 이동과 관련되어 발생할 수 있는 복지혜택 제공 문제, 주택 문제, 임금 문제, 결혼 제도의 문제 등 다양하고 복잡한 문제 때문에 국가들이 노동시장의 개방을 꺼려하는 것이다. 또한 불법 이민과 불법 노동자 문제로 인해 국내에서 상당한 사회적, 정치적 문제가 발생하는 국가들도 많다. 최근에는 난민 문제도 노동과 인적 자원의 국경 간 이동이라는 측면에서 국제정치경제 분야의 한 사안이 되고 있다. 어떻든 간에 노동의 세계화는 상대적으로 매우 더디게 진행되고 있다.

지역 간 세계화의 차이도 두드러진다. 미국을 중심으로 한 몇몇 선진국의 세계화는 매우 빠르게 진행되었다. 유럽의 선진국 역시 미국보다는 대체로 더디긴 했지만, 그래도 상대적으로 빠르게 세계화가 진행되었다. 저발전 국가들 혹은 신흥시장 국가들에서의 세계화 수준 역시 편차가 크다. 가장 세계화가 더딘 국가들은 최빈국가들과 여전히 공산주의체제를 운영하고 있는 몇몇 국가이다. 이들은 금융, 해외투자, 무역, 노동 등 모든 분야에서 세계화를 거의 이루지 못하고 있으며, 세계화의 가능성도 별로 크지 않다.

세계화의 편차 그리고 세계화로 인한 긍정적 혹은 부정적 영향 등으로 인해 세계화에 관한 다양한 시각이 제기되었다. 세계화를 긍정적으로 보는 시각에서는 세계 부의 극대화와 세계평화의 달성이라는 이상적 가치 등에 초점을 맞춘다. 이들에 의하면 세계화의 심화와 확대는 국가경제를 발전시키고, 세계 부를 증가시키며, 국가들을 민주화시키고, 보편적 기준들이 구축되는 긍정적 효과를 갖는다고 주장한다. 이러한 모든 과정과 현상이 궁극적으로 세계평화에 기여하고 세계경제의 발전이라는 결과를 낳는다는 주장이다.

반면에 세계화에 대한 부정적 시각도 다수 존재한다. 세계화로 인해 국가의 독립성과 정체성이 약화되고, 오히려 경제 악과 정치 악이 발생할 수 있다는 것이다. 또한 국가의 문화 정체성이 훼손되고, 공동체적 가치가 손상되는 결과를 초래한다는 주장도 있다. 세계화는 이기적 목적을 가진 자본주의 국가들의 제국주의적 착취를 미화한 용어에 불과하다는 주장도 제기되었다. 그리고 세계화는 단지 미국화만을 의미하는 것이라는 주장도 있다. 이러한 부정적 시각에 의하면, 세계화는 국가 간 갈등을 조장하고, 이로 인해 국가들의 경제와 정치를 훼손시킬 수 있다.

2. 세계화의 배경

세계화는 갑자기 등장한 현상은 아니다. 세계화는 자본주의체제가 형성된 이후 계속 발전해왔다. 현대적 의미의 세계화 역시 제2차 세계대전 이후 국제정치경제체제 속에서 꾸준히 발전했다. 무역, 해외투자, 금융, 노동 등 여러 경제 사안들에서 세계화는 지속적으로 진행되었다. 다만 현재 나타나고 있는 세계화 논쟁에서 1980년대 이후의 세계화에 초점을 맞추는 이유는 여러 가지 환경적 변화를 통해 1980년대 이후의 세계화의 속도가 매우 빨라졌다는 사실과 세계화의 범위가 넓어졌다는 사실 때문이다. 이처럼 1980년대 이후 세계화가 빠르고 광범위하게 진행된 것에는 몇 가지 배경이 있다.

첫째, 제2차 세계대전 이후 유지되어왔던 내재적 자유주의(embedded liberalism)에 근거한 복지국가체제의 위기를 지적할 수 있다. 제2차 세계대전 이후 자유주의 경제체제를 유지하기 위해 국가들은 국내 복지혜택을 증가시키는 정책을 채택해왔다. 제2차 세계대전 이후 국제경제체제에서의 자유주의 사상은 국내적 요인들을 고려한, 즉 국내정치·경제체제에 '내재한' 자유주의 사상이었다. 그 내용은 국제적 자유주의와 국내적 개입주의의 결합이었다. 즉, 국제경제체제는 자유주의 사상에 근거해서 운영되지만, 국내적으로는 케인스주의에 근거해서 국가가 시장에 적극적으로 개입하는 경제정책을 운영한 것이다.

이러한 부자연스러운 국내외 경제정책의 조합은 1970년대 이후 큰 위기에 봉착한다. 국가들의 채무와 재정적자의 규모가 커지면서 국가경제 위기 상황을 맞게 되는 국가가 많이 발생한 것이다. 국가의 시장 개입에 따른 비효율성의 증가, 복지혜택의 증가에 따른 국가 부담의 증가, 노동시장 경직성의 상승 그리고 1970년대 인플레이션 상황에서의 이자율 증가에 따른 국가 채무 증가 등의 현상으로 인해, 이 체제를 지탱하는 국가능력이 한계를 드러내기 시작한 것이다. 따라서 국내외 경제정책의 조화를 이루는 방식으로 정책전환이 이루어진다. 이러한 정책전환을 주도한 국가는 미국과 영국이었다. 그리고 그 내용은 복지국가를 대체하는 경쟁국가(competition state)의 등장이었다. 국내외 경제체제에서 경제행위자들의 경쟁을 극대화해, 효율을 증대하고 이를 통해 국가 부를 축적하려는 정책이었다. 국가에 의한 경제개입을 축소하고, 많은 경제운영을 시장에 맡김으로 인해서, 사적 경제행위자들의 경쟁력을 제고시키고, 이를 통해 부를 축적할 수 있다는 논리였다.

둘째, 소련을 중심으로 한 구 공산권체제의 붕괴를 지적할 수 있다. 제2차 세계대전 이후의 전후체제는 냉전(cold war)이라는 자본주의 국가들과 공산주의 국가들 간의 총성 없는 전쟁체제였다. 국제체제에서의 경쟁과 협력이 두 경제이념을 바탕으로 한 국가군 간에 전개된 체제였던 것이다. 이러한 상황 속에서 한 국가군의 몰락은 다른 국가군이 가지고 있는 경제이념을 대두시키는 현상을 불러올 수밖에 없었다. 프랜시스 후쿠야마는 '역사의 종말(The end of history)'이라는 말로 냉전의 종식과 자본주의 승리를 표현했다. 공산주의 중심 세력의 몰락은 자본주의 중심 세력의 득세를 초래했고, 그 이념을 강화시키는 동력으로 작동했다. 세계화가 급속히 진행된 하나의 큰 원인이 된 것이다.

셋째, 미국에서의 신 미국 경제(New American Economy) 대두를 세계화의 원인으로 지적할 수 있다. 1980년대 초에 채택된 레이건 경제(Reagonomics)의 핵심 내용은 국가 역할의 축소와 시장경제의 강화였다. 이러한 이념과 정책은 부시(Bush) 대통령 재임 시절 계승되었고, 심지어는 민주당 출신이었던 클린턴(Clinton) 대통령에게로도 이어졌다. 구체적 내용과 방향은 다소 수정이 되었지만 그 기본적인 기조는 유지되었다. 특히 1990년대에 미국 경제는 기술적 혁신, 탈규제화, 시장자유화, 미국 기업들의 구조조정을 핵심으로 하는 신 미국 경제체제를 채택한다. 이를 통해 기술발전과 그로 인한 생산성 향상, 국가 재정의 균형화와 대외경제의 자유화 등을 이루려는 노력들을 강구한 것이다. 미국의 경제가 1990년대에 상대적으로 빠르게 성장하면서 이러한 이념과 정책이 공고화되고, 다른 많은 국가들에 확산되기도 했다.

넷째, 다른 국가들의 경제상황을 지적할 수 있다. 1970년대와 1980년대에 미국보다 상대적으로 빨리 경제발전을 이루었던 국가들의 경제상황이 1990년대에 들어서면서 크게 쇠퇴했고, 이에 따라서 미국의 이념과 정책이 더욱 강화된 측면이 있다. 일본의 경우를 살펴보면, 1990년대 초 부동산 거품이 붕괴하면서 일본은 큰 경제위기에 직면한다. 버블경제(bubble economy) 붕괴 후 10여 년이 일본 경제의 '잃어버린 10년'이라고 표현될 정도로 심각한 경제침체 국면에 접어든 것이다.

제2차 세계대전 이후 가장 빠른 경제성장을 이루었던 국가 중 하나인 독일 역시

1990년대에 심각한 경제문제에 봉착한다. 동서독 통일이 가져온 후폭풍과 독일경제 체제의 약화가 결합된 결과였다. 생산성이 하락하고 실업이 증가했으며 복지혜택에 대한 수요가 증가하는 등 경제를 어렵게 하는 여러 현상이 동시에 발생한 것이다. 1960년대부터 매우 빠르게 경제성장을 해온 아시아 국가들 역시 1990년대에 큰 경제위기를 경험한다. 수출 소득이 감소하고 생산성은 저하되었으며 국가 부채가 증가하면서 아시아 신흥시장의 많은 국가들이 경제침체를 겪게 되었다. 또 1997년 아시아 금융위기에 의해 큰 타격을 받기도 했다. 아시아 국가들이 유지하고 있던 국가 자본주의(statist capitalism)와 아시아 가치(Asian Value)에 대해 근본적인 의문을 제기하는 시각이 등장했고, 아시아 학자들과 서구 학자들 간에 치열한 논쟁이 전개되기도 했다. 이러한 국가들의 경제침체 혹은 경제위기 상황과 대비해, 1990년대에 상대적으로 빠른 경제성장을 보인 미국의 신자유주의 이념이 더욱 강화되었던 것이다.

다섯째, 세계화를 촉진하고 확대시킨 국제경제기구들의 역할 강화를 지적할 수 있다. 국제금융에 관한 논의에서 지적했듯이, 1980년대 초에 발생한 채무위기 이후 IMF의 역할과 권한은 상당히 강화되었다. 이와 함께 IMF의 동반 기구 역할을 하고 있는 세계은행의 역할과 권한 역시 상당히 증가했다. 최빈 국가들의 경제 상황이 악화되고 대규모 경제적, 기술적 지원이 절실한 상황에서, 세계은행에 의한 지원은 그 중요성이 매우 커졌고, 이로 인해 세계은행의 역할이 강화된 것이다. 이러한 국제경제기구들이 미국의 재무부와 협력해서 세계경제를 세계화시키려고 노력한 것이다. 소위 워싱턴 합의(Washington Consensus)라는 새로운 세계 경제이념의 내용은 세계화의 핵심 내용과 동일하다. 자유화, 사유화 그리고 탈규제화가 그 핵심 내용인 것이다. IMF와 세계은행은 구제금융을 원하는 국가들에게 대출조건을 통해 이러한 내용의 정책을 채택하도록 권고하고 강요했다. 또한 저발전 국가들에 대한 경제자문과 기술적 지원을 통해서도 세계화와 연관된 정책들을 채택하도록 권고하고 유도하기도 했다. 사실 워싱턴 합의라는 용어는 국제경제체제에서의 비민주성을 우회적으로 표현한 말이다. IMF, 세계은행, 미 재무부는 모두 미국 정부 혹은 미국 주도 기관들이고, 이들 간에 이루어지는 합의는 당연히 미국의 이념과 정책을 반영하는 것이기 때문이다. 어떻든 간에, 1990년대의 시대적 상황은 이러한 세계화 이념과 정책을 가능하게 했다. 이와 관련한 또 다른 중요한 요인은 인식론적 공동체(epistemic community)의 역할이었다.

세계화 이론으로 무장한 많은 서구의 학자들이 세계화를 옹호하고, 세계화 정책의 긍정적 효과에 대한 분석을 제시한 것이다. 정부와 학자 간 동맹이 형성되었고, 이를 기반으로 정부가 세계화를 더욱 추진할 수 있는 역량을 강화시킨 것이다.

마지막으로, 기술적 발전을 세계화의 한 배경으로 지적할 수 있다. 1990년대는 정보기술산업 분야에서 큰 발전을 이룬 시대이다. 컴퓨터, 소프트웨어, 인터넷 등 정보기술산업의 발달로 인해 국제경제에서의 거래비용이 크게 축소되었다. 정보수집과 교환, 의사소통이 쉬워졌다. 또한 운송체제와 기술의 발전 역시 국가 간 경제행위를 크게 증가시키는 데 기여했다. 정보통신 그리고 운송 기술의 발전으로 인해 거래비용이 낮아지면서, 국가 간 상품과 서비스의 거래, 금융거래, 인적 이동 등이 확대되는 현상이 나타난 것이다.

이러한 여러 가지 시대적 배경을 바탕으로 1980년대 이후 세계화는 매우 빠르게 진행되었고 많은 국가가 영향을 받았다. 세계화에 대한 논의가 활발히 진행되었고, 여러 형태의 경제행위자들 역시 세계화 시대의 전략을 수립하기 위해 노력했다. 부와 권력을 동시에 추구하는 국가 역시 세계화 시대에 맞는 국가전략을 채택하고 적용하기 위한 노력을 강구했다. 세계화로 인한 국가 권력과 부의 분배가 이루어지기 시작한 것이다.

3. 세계화와 관련한 논쟁

1980년대 이후 세계경제에 큰 영향을 끼친 세계화 현상과 관련해 많은 학문적·정책적 논쟁이 있다. 이 논쟁들은 대개 다섯 가지로 요약할 수 있는데, 세계화의 장단점에 관한 논쟁, 세계화가 새로운 현상인가에 관한 논쟁, 세계화에 따른 국가역할에 관한 논쟁, 세계화에 따른 경제정책의 수렴화 여부에 관한 논쟁, 세계화가 역전되고 있는가에 관한 논쟁 등이 그것이다.

세계화에 관한 첫 번째 논쟁은 세계화의 장단점에 관한 논쟁이다. 세계화가 과연 바람직한 현상인가, 세계화와 관련된 이익과 손실은 무엇이며, 세계화로 인한 이익을 극대화하고 손실을 최소화하기 위한 정책적 대안은 무엇인가에 관한 논쟁인 것이다.

세계화를 옹호하는 사람들은 세계화로 인한 경제적·정치적 이익을 강조한다. 이들은 세계화가 소비자에게 더 많은 정보를 제공하고 선택의 기회를 확대해 소비자 후생을 증가시키는 효과를 갖는다고 주장한다. 세계화는 또한 경제행위자 간 경쟁을 강화해서 경제행위자들의 경제행위를 더욱 효율적으로 만드는 효과가 있으며, 상품과 서비스의 생산·분배·소비가 더욱 효율적으로 행해짐으로써 궁극적으로 경제가 성장하게 된다는 것이다.

세계화로 인한 긍정적 정치 효과도 기대할 수 있다. 세계화로 인한 더 많은 정보 교환, 소비자 선택의 확대, 생산자 해외경제활동의 확대 그리고 시민 평균 부의 증가 등의 결과들은 정치적 민주화를 강화시킨다. 시민사회의 능력과 활동이 강화되고, 이를 통해 독단적 정부 정책을 제한할 수 있다는 것이다. 또한 세계화와 국제정치 발전의 긍정적 연관성을 제시하는 주장도 제기되었다. 민주주의의 확대와 경제거래의 증가로 인해 국가 간 협력이 강화되고, 평화가 유지될 수 있다는 주장이다.

이에 반해 세계화로 인한 부정적 효과가 긍정적 효과보다 크다고 보는 견해도 있다. 세계화는 분배보다는 성장과 효율을 강조하는 경제정책을 채택하도록 유도하고, 이로 인해 국내외적 소득 불균형이 악화된다는 것이다. 국내시장에서 부익부 빈익빈 현상이 증가해 시민들 간 갈등과 불신이 증가한다는 것이고, 이러한 현상이 궁극적으로 정치적 불안과 대립을 초래한다고 주장한다. 또한 국제적으로도 선진국들과 저발전 국가들 간의 소득 불균형이 악화되고, 특히 최빈국들의 경제사정의 악화는 이들 국가의 독립과 정치적 안정을 저해하는 요인으로 작동한다는 것이다. 세계화가 실업을 악화시킨다는 주장도 있다. 세계화는 기업들이 국제경쟁에서 생존하기 위해 비용절감과 생산 효율화를 극대화하는 방향으로 기업들의 활동을 유도하게 되는데, 이러한 과정에서 대량실업이 발생한다는 것이다.

세계화 경쟁 속에서 기업들이 노동임금을 최소화하고 환경을 악화시키는 등의 부정적 결과를 초래하는 기업 활동을 한다는 주장도 있다. 흔히 '바닥으로의 경쟁(race to the bottom)'이라는 용어로 표현되는 이러한 현상은 세계화가 사회갈등을 악화시키고 환경파괴를 초래한다는 점을 부각시키고 있다. 특히 해외자본 유치 경쟁을 하는 국가들이 다국적 기업들의 투자를 확보하기 위해 자국의 임금을 낮추고 노동조건을 악화시키며, 환경 규제를 완화하는 등의 옳지 않은 행동을 한다는 것이다. 전 세계적으로 노동 조건이 악화되고 환경이 파괴되는 결과를 초래한다는 것이다.

세계화가 각 국가의 문화적 전통과 생활양식을 파괴한다는 비판도 있다. 일반화와 규격화를 강조하는 세계화로 인해 국가의 문화 독립성이 훼손된다는 것이다. 이러한 비판에 의하면, 세계화는 진정한 의미의 세계화가 아니라 미국화(Americanization)일 뿐이라고 주장한다. 미국의 문화와 제도 그리고 사상이 다른 국가들에게 전파되고 이식된다는 것이다. 국가들이 오랫동안 보존해왔던 문화적 전통과 제도, 이념들이 붕괴될 가능성이 있다는 주장이다.

세계화가 초래하는 긍정적 효과와 부정적 효과를 기반으로 하여, 세계화에 대한 다양한 시각이 제시되기도 했다. 세계화의 긍정적 효과를 강조하는 시각은 자유시장 시각으로 표현될 수 있다. 위에서 설명했듯이, 이 시각은 세계화로 인한 세계 부의 증가, 그리고 이로 인한 세계평화의 달성 등 긍정적 효과에 초점을 맞추어 세계화를 바라보는 시각이다. 반면에 세계화의 부정적 효과에 초점을 맞추는 시각들도 있다. 포퓰리즘 시각 혹은 민족주의적 시각은 세계화의 정치적·경제적·사회적 해악에 초점을 맞춘다. 이 시각에 의하면 세계화는 민족 문화를 파괴시키고, 국가의 정치적 독립성을 저해하며, 국가의 경제적 의존을 확대하고, 사회 불평등을 조장한다는 것이다. 또한 공동체주의 시각도 있다. 이 시각은 세계화를 자본주의의 횡포로 규정하면서, 이는 또 다른 제국주의적 착취 현상이라고 주장한다. 세계화가 공동체의 전통과 문화, 그리고 환경을 파괴하고 있다고 주장한다. 따라서 이 시각은 세계화를 중단하고 지역적, 독립적 공동체를 기반으로 한 경제사회체제로의 회귀를 주장한다.

세계화와 관련된 두 번째 논쟁은 1980년대 이후 확대 심화되고 있는 세계화 현상이 과연 세계경제의 새로운 현상인가 아니면 역사의 반복인가에 관한 논쟁이다. 1980년대 이후 강화된 세계화 현상이 과거와는 다른 새로운 현상이라고 간주하는 주장이 있다. 이에 따르면 세계경제 환경의 변화, 새로운 기술적 발전과 도입, 새로운 정보통신체제의 구축, 이데올로기적 변환, 국가 간 권력분배의 특이성 등은 모두 과거에는 찾을 수 없었던 새로운 현상이고, 따라서 1980년대 이후 나타난 세계화는 새로운 시각과 관점에서 분석되어야 한다.

이와 반대로 1980년대 이후 등장한 세계화 현상은 과거에도 있었던 세계화 현상의 반복일 뿐이라고 주장하는 학자도 있다. 세계화는 단절되어 나타나기보다는 지속적으로 나타나는 현상이고, 1980년대 이후 강화된 세계화는 그전 40여 년보다 속도를 조금 빨리했을 뿐이라는 주장이다. 이들 주장에 의하면, 과거에도 세계경제의 환경이 빠르게 변화한 시대가 있었고, 또한 기술적 발전이 더 빨랐던 시대도 있었으며, 이데올로기적으로 자유주의를 표방한 시대도 여러 번 있었다. 그리고 자유주의 이념을 가졌던 패권국가가 존재했던 시대도 있었다는 것이다. 따라서 1980년대 이후에 나타나는 세계화 현상은 단지 역사의 반복일 뿐이고, 따라서 과거에 적용했던 시각과 관점 그리고 논의들을 재적용해서 분석할 수 있다고 주장한다.

이러한 상반된 주장을 검증하기 위해 19세기 말과 20세기 말의 현상을 비교·분석하는 경험적 연구가 다양하게 수행되었다. 이러한 연구들은 주로 19세기 말과 20세기 말 세계경제에서 국제통상의 규모와 증가 속도, 국제금융거래의 규모와 증가 속도, 해외투자의 양과 증가 속도, 기술적 발전의 영향, 경제 이데올로기 변환 여부 등을 비교 분석하는 작업들을 수행했다. 1980년대 이후 등장한 현 세계화가 새로운 현상이라고 주장하는 학자들은 현재 나타나는 국제통상, 금융, 해외투자, 정보통신 기술의 발전과 적용, 미국 중심적 패권시대 등이 과거와 질적 양적으로 다른 현상을 보이고 있다고 주장한다. 반면 현재의 세계화가 단지 과거의 반복이라고 주장하는 학자들은 19세기 말에 나타난 국제통상, 금융, 해외투자, 기술적 발전 그리고 영국 패권시대 등을 오히려 더 세계화 현상을 강화시켰던 요인으로 본다. 이러한 시각은 19세기 후반 이후의 세계화 시대에, 국가들의 무역과 해외투자, 금융거래가 폭발적으로 증가했다고 주장한다. 또한 그 당시 기술적 발전과 인적 이동은 20세기 후반부터의 세계화보다 훨씬 더 빨랐다고 주장한다. 따라서 이들은 현재의 세계화가 이전과 질적으로 양적으로 큰 차이가 없다는 주장을 하고 있다.

이러한 논쟁이 중요한 또 다른 한 가지 이유는 이 문제가 세계화의 역전가능성 문제와 밀접한 연관이 있기 때문이다. 현재 나타나는 세계화가 새로운 현상이라면 그리고 한 국가 혹은 소수 국가의 힘만으로는 현재의 세계화를 돌이킬 수 없다면, 국가들은 세계화에 순응하고 이를 활용하기 위한 정책 대안을 마련해야 한다. 이러한 정책의 채택을 통해 세계화가 양산하는 경제적 이익 중 많은 부분을 차지하고, 국가의 존립과 독립을 확보하고, 궁극적으로 국가의 권력을 극대화하는 정책을 취해야 하는 것이다. 그러나 세계화가 역사의 반복 현상이고 우리가 1930년대에서 경험했듯이 세계화가 역전될 가능성이 충분하다면, 국가들은 다른 정책 대안을 마련해야 할지도 모른다. 특히 세계화에 의해 경제적·정치적 불이익을 당하는 국가들은 세계화를 역전시키기 위해 공동의 노력을 강구해야 할지도 모른다. 따라서 현재 진행되고 있는 세계화에 대해 어떤 역사적 시각을 가지는가에 따라서, 국가들의 미래에 대한 대비책이 극명하게 다르게 나타날 수 있는 것이다.

세계화와 관련된 세 번째 논쟁은 세계화 속에서 국가의 역할이 어떻게 변화할 것인가에 관한 논쟁이다. 이 논쟁은 주로 국가의 역할이 약화될 것인가 아니면 오히려 강화될 것인가에 관한 논쟁이고, 또한 어떤 부분에서 국가역할이 약화되고 아니면 강화될 것인가에 관한 논쟁인 것이다. 국가의 역할이 약화될 것이라는 주장은 시장과 국가관계에 초점을 맞추어서 논의를 전개한다. 세계화는 효율, 자유화 그리고 개방화를 강조하는 경제정책을 동반한다. 시장압력이 강화되고 시장에서 활동하는 경제주체들의 역할과 권한이 증가하는 것이다. 동시에 국가의 역할은 약화될 수밖에 없다. 예를 들면 자유화와 개방화를 통해 국가의 시장개입 규모와 강도가 축소된다. 해외투자를 유치하려고 다른 국가들과 경쟁하는 국가들은, 앞에서 지적했듯이 시장행위자들의 압력과 요구에 부응하는 정책을 채택한다. 세계화에서 가장 큰 권력을 획득한 다국적 기업들과 세계금융 행위자들의 선호에 부응하는 정책을 선호하게 되고, 이는 국가권력의 상대적 약화를 의미한다. 국가역할의 축소를 초래하는 또 다른 한 요인은 국가경제의 해외부문 의존성이 증가하는 것이다. 국가가 자국시장 내에서 통제할 수 있는 부분들이 축소되고, 반면에 자신이 통제할 수 없는 해외 요인들이 증가하면서 국가의 경제운영에서의 독립성과 자율성이 제한받게 되는 것이다.

이러한 주장에 대응해 적어도 몇몇 분야에서는 세계화로 인해 국가의 역할이 오히려 증대될 것이라는 주장도 제기된다. 앞에서 지적했듯이, 세계화의 부정적 효과를 강조하는 주장 중 하나는 세계화가 소득양극화를 악화시키고 실업을 증가시킨다는 것이다. 소득양극화의 악화와 실업의 증가는 사회적 불안을 야기하고, 정치적 안정을 저해할 수 있는 요인이다. 특히 정권의 유지와 재집권을 도모하는 국가 엘리트들은 이러한 문제에 대한 해결책을 모색할 수밖에 없다. 따라서 국가는 소득양극화와 실업 문제의 해결을 위한 일종의 조치를 취하고, 사회적 안전망을 구축하려는 노력을 강구할 수밖에 없다. 이러한 부분에 대한 국가의 역할이 증가하는 것이다.

시장 기제의 강화를 위한 규칙, 규범 그리고 제도들을 구축하기 위한 국가의 역할이 강화된다는 주장도 제기될 수 있다. 예를 들면 과도한 국제금융 자유화를 제한하기 위한 규제 제도의 도입을 위한 국가 역할의 강화 그리고 마약, 무기, 매춘 등의 국제무역을 막기 위한 국가 역할의 확대, 다국적 기업들의 사회적 책임성을 강화하기 위한 국가 역할의 증대 등 정상적이고 규범적인 자본주의체제를 구축하기 위한 국가의 역할이 오히려 강화된다는 것이다. 세계화 시대에 국가의 역할 강화를 필요로 하는 부분도 있다. 기업들의 투자를 활성화시키고 기술적 발전을 도모하며, 이를 통해 경제적 부를 증대시키려면 지적재산권과 특허권 등을 보호해야만 한다. 이에 대한 국가의 역할이 강화되어야만 세계화가 오히려 촉진되는 것이다.

세계화 과정 속에서도 국가들의 역할이 축소되지 않을 것이라는 또 다른 주장은 국가의 속성에 대한 분석을 근거로 하고 있다. 국가는 다른 조직들과 마찬가지로, 그 권한과 역할을 확대하려는 근본적 속성이 있다는 것이다. 따라서 세계화가 진행되는 과정 속에서도 국가는 자신의 역할과 권한을 확대하려는 속성을 가진다. 세계화로 인해 국가의 한 역할이 축소되는 상황에서도, 국가는 세계화가 덜 진행된 다른 분야에서의 독립성과 자율성을 확보하기 위해 그 권한과 역할을 확대하려고 노력한다는 것이다. 예를 들면 유럽 통합의 과정에서도 회원국들은 통합에서 제외된 부분에 대해 그 권한을 확대 강화하려는 노력들을 강구한 사례가 있다. 이러한 유럽 국가들의 정책이 유럽통합을 지연시킨 것처럼 세계화 속에서도 국가의 역할을 강화하려는 노력은 계속된다는 것이다.

세계화와 관련된 네 번째 논쟁은 국가들의 경제정책의 수렴화 여부에 관한 논쟁이다. 세계화는 소비자와 기업 그리고 금융기관들의 역할을 증가시키는데, 이들 행위자는 자유시장의 원리에 순응하는 행동을 보인다. 경쟁이 강화되고 시장압력이 증가하며 행위자 간 정보의 교류가 확대되는 등의 현상을 보이는 것이다. 이러한 현상은 반시장 행위를 억제시키고, 국가의 시장개입 여지를 축소시킨다. 자유시장 작동 원리를 거스르는 정책의 채택은 상당한 경제적 손실을 불러올 수 있어서, 국가들이 이러한 정책의 채택을 꺼리게 된다. 세계화 시대에 국가와 기업, 소비자가 사회화되는 것이다.

예를 들면 다국적 기업과 해외투자자들의 이익에 반하는 정책을 채택한다든지, 혹은 인플레이션을 방조하는 정책을 채택하는 것은 종종 막대한 경제적 손실을 야기할 수 있는 것이다. 따라서 국가들의 경제정책이 친시장적으로 전환하게 되고, 증가하는 시장압력에 의해 국가들의 경제정책이 비슷해질 것이라는 주장이 제기될 수 있다. 1980년대 이후 급속히 진행되고 있는 현재의 세계화는 시장 자유화, 사유화, 국제거래의 자유화 그리고 정보통신의 자유화 등의 사상적 기반을 가지고 있고, 이러한 경제사상에 순응하는 정책을 각 국가들이 채택하는 것이다. 따라서 국가들의 경제정책은 서로 매우 비슷해지는 수렴화 현상을 보일 것이라는 주장을 제기할 수 있다. 이러한 주장에 의하면, 미국식 자본주의, 유럽식 자본주의, 아시아식 자본주의의 구별이 희석될 가능성이 크다. 유럽과 아시아의 많은 국가들이 미국식 자본주의를 모방하기 시작하면서, 그 구별이 약화된다는 것이다.

반면에 국가들의 경제정책은 세계화 과정 속에서도 여전히 서로 매우 상이한 정책 내용과 방향을 유지할 것이라는 주장도 있을 수 있다. 비록 세계화가 일부 사안에서 정부정책의 수렴화 현상을 보일지라도, 전체적으로 볼 때 여전히 매우 다른 정책 내용과 방향을 가지고 있다는 것이다. 이러한 주장은 두 가지 논리에 근거하고 있다. 첫째, 각 국가의 정부는 경제정책 운영에서의 자율성과 독립성을 추구하는데, 이를 위해 종종 다른 국가들과는 상이한 경제정책을 운영하게 되고, 또한 종종 반시장적 정책을 채택하는 경우도 발생한다는 것이다. 예를 들면 세계화로 인한 무역자유화 압력 속에서도 각 국가는 국내 정치경제적으로 매우 중요한 국내시장을 보호하려는 노력을 보인다. 선진국에서의 노동집약적 산업들에 관한 국내시장 보호와 농산물시장 보호 등은 이들 국가가 여전히 이러한 부분에서 독립성과 자율성을 확보하려는 노력으로 볼 수 있다. 또한 저발전 국가들에 의한 유치산업 보호정책 그리고 각종 서비스 산업 보호정책들 역시 다양한 정치경제적 고려를 바탕으로 한 자율성과 독립성 확보 노력으로 간주할 수 있는 것이다.

두 번째 논리는 국가들의 경제운영의 사상과 제도가 매우 다르게 유지되고 있다는 점을 강조하고 있다. 선진국들과 저발전 국가들의 경제운영에서의 사상과 제도는 매우 다르게 나타날 수 있고, 이러한 차이는 세계화 속에서도 지속되고 있다고 할 수 있다. 또한 선진국들 내에서도 경제사상과 제도는 다르게 나타난다. 앞에서 지적했듯이 '자본주의'라는 공동의 용어를 사용하고 있지만, 미국식 자본주의, 유럽식 자본주의 그리고 동아시아식 자본주의는 서로 내용이 매우 상이하다. 이러한 차이는 국가라는 경제행위자뿐만 아니라 기업과 소비자에게도 상당한 영향을 끼치므로 다른 국가에 속한 경제행위자들의 경제활동과 양식의 형태가 다르고, 국가들의 경제정책은 수렴화되지 않는다는 것이다.

세계화와 관련된 마지막 논쟁은 최근 국제경제체제에서 나타난 금융위기로 인해 세계화가 역전될 것인가에 관한 현실적 논쟁이다. 2008년부터 본격적으로 나타나기 시작한 금융위기와 이로 인한 경제위기로 인해 세계화는 역전될 것이라는 주장을 제기할 수 있다. 1980년대 초부터 급속히 발전한 세계화가 한계에 봉착했기 때문에 국가들이 이를 대신할 수 있는 정책대안을 마련해야 한다는 것이다. 2008년 발생한 국제금융위기는 규제되지 않은 시장들의 위험성을 노출한 것이고, 세계화론자들이 주장하는 방식의 시장자유화는 이제 허용될 수 없다고 주장할 수 있다. 현재의 금융위기와 경제위기를 극복하는 과정 속에서 국가의 역할이 크게 강화되었고, 따라서 경제운영체제의 중심축이 시장으로부터 국가로 상당 부분 이전되어야 한다는 것이다. 이에 더해 경제위기로 인해 가장 큰 피해를 입은 행위자들이 일반 소비자들과 상대적으로 빈곤한 시민들이라는 점을 고려할 때, 이들에 대한 보상과 구제 과정에서 국가의 역할이 강화되어야 한다고 주장할 수 있다. 세계화로 인한 소득 양극화 그리고 세계화와 연관된 경제위기에서의 일반 시민들의 피해를 고려할 때, 시장의 역할을 축소하고 국가의 역할을 강화해야 한다는 논리를 전개하는 것이다. 세계화의 역전이 이루어지지 않으면, 불균형과 불만이 축적되어 결국은 폭발할 것이고, 이는 세계적으로 큰 정치적·경제적·사회적 혼란을 만들 것이라는 주장이다. 물론 국가 간 군사적 대립과 전쟁도 제외될 수 없다.

이에 반해 현재의 금융, 경제위기가 세계화를 역전시킬 만큼의 사안은 아니라고 주장할 수 있다. 규제되지 않은 시장으로 인해 2008년 이후 금융 경제위기가 확대된 것은 사실이지만, 그렇다고 정부가 경제운영에서 많은 역할을 담당하게 하는 것은 더 많은 문제와 위기를 초래할 수 있다는 것이다. 과거에 비추어보면 국가의 과도한 시장개입은 비효율을 창출하고 국가채무를 증가시킬 수 있다. 세계화와 연관된 문제를 해결하기 위해 국가가 간헐적이고 제한적 역할을 담당하는 것은 필요하지만, 지속적이고 광범위하게 시장에 개입하는 행위는 더 큰 문제를 불러올 수도 있다는 것이다. 현재 진행되고 있는 세계화를 수정하는 작업이 필요한 것이지, 이를 역전시키고 완전히 다른 형태의 체제를 도입하는 것은 바람직하지 않다는 주장이다.

4. 세계화의 미래와 과제

앞에서 설명한 세계화 논쟁 중 하나인 세계화의 지속 여부가 세계화의 미래에 관한 핵심 논쟁 사안이다. 과연 세계화는 현재의 모습과 속도로 지속될 것인가, 아니면 그 폭과 속도가 상당히 줄어들 것인가, 지속된다면 얼마 동안이나 지속될 것인가 등의 질문을 제기할 수 있다. 이러한 질문들에 명확한 답을 제시하는 것은 불가능하다. 미래에 전개될 일들에 대해서는 알 수 없기 때문이다. 다만 현재 진행되고 있는 세계화의 모습을 분석하면서, 세계화의 방향에 대한 논의는 가능하다고 판단된다.

세계화는 지속적으로 진행되어왔다. 다만 그 속도와 폭이 1980년대 이후 빨라지고 넓어진 것이다. 따라서 세계화는 미래에도 지속될 것으로 보인다. 이러한 판단은 몇 가지 사실에 기인한다. 첫 번째는 과거의 경험을 들 수 있다. 1930년대와 1940년대에 있었던 세계공황과 세계전쟁 그리고 그로 인한 세계화 퇴보는 각국의 정치와 경제에 큰 타격을 입혔다. 전쟁은 인간의 생명과 재산, 그리고 자유를 빼앗았다. 그런 과거의 경험으로 인해 국가들은 세계화의 진전이 세계화의 퇴보보다는 좋다는 최소한의 합의를 가지고 있는 것으로 보인다. 즉, 세계화의 속도와 폭에 관한 이견은 존재하지만, 세계화 진행에 관한 합의는 존재하는 것이다.

두 번째로 주요 국가들 간의 세계화에 대한 합의를 지적할 수 있다. 세계화가 지속되려면 강대국들의 지지가 있어야만 가능하다. 현재 패권 위치를 차지하고 있는 미국, 미국의 패권에 도전하고 있는 유럽과 중국 모두 세계화의 진전에 근본적으로 동의하는 세력이다. 이들 모든 국가와 지역이 현재 진행되고 있는 세계화로 인해 이익을 얻고 있는 국가들이다. 경제성장과 침체를 반복적으로 경험하고 있긴 하지만, 이들 국가들은 세계화와 그로 인한 부의 창출, 그리고 자신들의 지위 유지에 만족하고 있는 것이다. 과거 냉전 시대에 평화가 유지되었던 큰 원인 중 하나가 미국과 소련의 당시 상태에 대한 합의라는 점을 고려할 때, 현재 세계경제체제에서 가장 핵심적 국가인 미국, 유럽, 중국 간의 합의는 세계화 동력의 근간이라고 지적할 수 있다.

세계화가 지속되리라고 판단하는 또 다른 근거는 세계경제가 자유주의 정책이 채택되었을 당시에 가장 빠른 성장을 했다는 사실에 근거한다. 19세기 말, 1940년대와 1950년대 그리고 1990년대 등을 예로 들 수 있다. 반면에 1930년대와 1970년대 등의 보호주의 시대는 경제침체와 위기를 겪었던 시대이다. 이러한 과거의 사실을 고려할 때 세계화를 통한 세계경제의 성장을 목적으로 하는 국가들의 전략이 지속될 것으로 판단할 수 있다.

마지막으로 세계화에 대한 대안의 부재를 고려할 수 있다. 세계경제의 성장과 세계평화의 달성이라는 궁극적 목적을 실현하기 위해 어떤 대안 이념과 정책을 국가와 학자들이 제시할 수 있는가의 문제이다. 물론 세계화에 따른 여러 부작용들로 인해 효율과 성장만을 강조하는 형태의 세계화가 지속되기는 어렵다. 정-반-합이라는 변증법적 논리가 제시하듯이, 세계화 지지 논의와 반세계화 논의가 혼합되어 현재의 모습과는 다소 다른 형태로 세계화가 전개될 가능성이 크다. 그러나 이러한 방향과 내용이 세계화의 근본적 모습을 바꿀 가능성은 크지 않은 것이다. 이러한 요인들로 인해 세계화는 당분간 지속될 것으로 판단된다.

하지만 세계화가 지속되기 위해서는 몇 가지 해결되어야 할 과제들이 있다. 첫째, 소위 말하는 '인간의 모습을 한 세계화(globalization with a human face)'를 추구해야 한다는 것이다. 효율과 경쟁 그리고 성장에 과도하게 초점을 맞추는 세계화는 한계가 있다. 환경, 인권, 평등, 약자 보호 등 다른 많은 가치도 중요하기 때문이다. 예를 들어 세계화가 국내외적 불평등을 악화시킨 요인이라고 밝혀진다면, 이에 대한 대책 마련은 사회 안정과 정치적 지지의 확보를 위해서라도 반드시 필요한 부분이다. 소득 불균형이 증가하고, 실업이 증가하고, 복지혜택이 축소되는 등의 현상이 지속될 수는 없다. 이에 불만을 가진 집단들의 정치적 세력이 증가하게 되고, 궁극적으로 국가의 정책 전환이 발생할 수밖에 없기 때문이다. 심지어는 이들에 의한 폭동과 혁명도 가능하다. 세계화에 대해 불만을 품은 국가들이 전쟁을 일으킬 가능성도 있다. 따라서 이러한 상황을 피하기 위해서 국가들은 세계화와 관련된 문제들을 해결하는 노력을 동시에 강구해야만 하는 것이다. 사회안전망의 구축과 사회적 합의 도출, 그리고 세계적 부의 분배 등이 매우 중요한 사안이 되고 있는 것이다.

둘째는 비세계화된 사안들과 국가들을 세계화에 포함시키도록 노력하는 것이다.

앞에서 지적했듯이 세계화는 사안별·국가별로 큰 차이를 보이고 있다. 진정한 세계화는 이러한 사안들과 국가들을 세계화로 편입시키는 것이다. 세계화된 사안과 비세계화된 사안의 공존 상태 그리고 세계화된 국가들과 비세계화된 국가들의 공존 상태는 세계화 속의 비효율과 불균형을 발생시킬 수 있다. 다만 이 과제는 단기적으로 해결될 문제는 아니다. 비세계화된 사안들의 세계화 편입에 관해서는 국가 간 이해관계가 매우 다르다. 노동의 공급에 경쟁력을 가지고 있는 저발전 국가들과 자국의 노동을 보호하려는 선진국들 간의 이해 대립이 한 예이다. 그리고 비세계화된 국가들을 세계화로 편입시키려는 과제 역시 막대한 자금과 시간이 필요한 사안이다. 비세계화된 최빈 국가들이 세계에 많이 존재하고 있기 때문이다. 이들 국가들이 가지고 있는 능력과 의지, 경제 수준, 정치체제의 현황 등을 모두 고려할 때, 이들 국가들의 세계화 작업이 과연 가능한 것인가에 관한 근본적 의문이 제기될 수도 있다. 또한 이들 국가들을 세계화로 편입하는 작업이 과연 도덕적으로 옳은 일인가에 관한 의문도 제기될 수 있다. 이 모든 상황을 고려할 때, 세계화가 가야 할 길은 멀기만 하다. 아직도 세계화의 여지가 많이 남아 있는 것이다.

셋째, 최근 부상하고 있는 지역주의와의 조화 문제가 남아 있다. 지역주의를 다루는 장에서 지적했듯이, 이 문제는 현재 나타나고 있는 지역주의가 배타적 성향을 보일 것인지 아니면 개방적 성향을 보일 것인지의 문제와 밀접히 연관되어 있다. 또한 이 문제는 세계화된 국가들과 비세계화된 국가들을 어떻게 조화롭게 연결시킬 것인가의 문제와도 연결되어 있다. 지역주의는 근본적으로 개방화라는 세계화 속성을 가지고 있지만, 배타성 속성 역시 가지고 있다. 따라서 배타성을 극복하고 개방성을 확대하는 방향으로 지역주의와 세계화를 연결시키는 작업이 필요한 것이다.

이러한 문제 외에도, 세계화를 지원하고 있는 국제기구들에서의 민주적 거버넌스 체제의 도입, 민주 결핍(democratic deficit) 문제의 극복, 세계화 주체들의 사회적 책임성 강화, 국가 간 이데올로기적 합의 도출 등 세계화가 안고 있는 많은 문제가 여전히 해결되지 않은 채로 남아 있다. 이러한 문제들을 해결할 수 있는 국가들의 역량과 합의가 있는가의 문제가 미래의 세계화의 내용과 방향 그리고 역전 가능성을 결정하는 요인으로 작동할 것이다.

2008년 발생한 미국발 금융위기와 세계화로 인한 양극화 심화 현상 등으로 인해 세계화 동력이 약화된 것이 사실이다. 워싱턴 컨센서스에 대항하는 베이징 컨센서스(Beijing Consensus)처럼 세계화의 이념적 근간인 신자유주의 정책에 대항하는 국가주도형 자본주의 이념의 세력이 강화된 것도 사실이다. 또한 세계화의 속도를 빠르게 진행시켰던 핵심 사안인 국제금융 숭배(fetish) 경향도 많은 비판 속에 다소 수그러들고 있다. 시장 기제에 경제 운영을 맡기는 보이지 않는 손(invisible hand) 주장이 아닌 국가가 주도하는 경제 운영을 주장하는 보이는 손(visible hand) 논의가 확대되고 있다. 미국 주도의 세계화가 아닌 다양한 국가들의 이해와 요구가 반영되는 형식의 새로운 세계화를 진행시켜야 한다는 목소리도 힘을 얻고 있다. 이런 다양한 비판과 새로운 아이디어에도 불구하고 세계화는 진행될 것이다. 아직 세계화되지 않은 지역과 사안들이 많이 존재하고 있기 때문이다. 또한 세계의 많은 시민들이 개방된 경제체제로부터의 다양한 혜택을 경험했기 때문에 세계화에 대한 정치적 지지도 여전히 강하다. 따라서 앞으로는 지난 30년간 이루어진 세계화를 수정한 형태의 또 다른 세계화가 진행될 것으로 예상할 수 있다.

토론 주제

1. 세계화는 국제화와 어떻게 다른가?
2. 세계화로 인한 부정적 효과를 축소하기 위해 국가와 국제기구는 어떤 전략과 정책을 채택할 수 있는가?
3. 세계화로 인해 국가의 역할이 오히려 강화될 수 있다는 주장에 의하면, 국가의 어떤 역할이 강화될 수 있는가?
4. 세계화로 인해 국가 경제정책의 내용과 방향이 수렴화된다는 주장을 따른다면, 과연 수렴화의 의미는 무엇인가?
5. 세계화의 부정적 효과와 그로 인한 거센 반세계화 운동에도 세계화가 지속될 것으로 판단하는가?

참고문헌

감사원. 2015.1.「공적개발원조 추진실태 감사결과보고서」. https://www.bai.go.kr (검색일: 2015.11.30).

강근형. 1995.「국제정치의 성격 변화와 패권이론」. ≪국제정치논총≫, 제35집 2호.

강명세. 2001.『세계화와 복지국가의 국내적 대응』. 세종연구소.

_____. 2012.『공적개발원조의 정치경제』. 세종연구소.

강원택. 2000.「유럽통합과 다층 통치제제: 지역의 유럽 혹은 국가의 유럽?」≪국제정치논총≫, 제40집 1호.

구갑우. 2004.「국제정치경제(학)와 비판이론: 존재론과 인식론을 중심으로」. ≪한국정치학회보≫, 제38집 2호.

_____. 2001.「세계무역기구(WTO) 지역주의 조항의 기원: 국제경제법 형성의 정치경제」. ≪국제정치논총≫, 제41집 1호.

_____. 2001.「세계무역기구(WTO)의 다자주의와 지역주의」. ≪한국정치학회보≫, 제35집 2호.

구범모·백종국. 1990.「한국의 후발산업화 연구에 관한 문헌비평」. ≪한국정치학회보≫. 제24집 1호.

구정우·김대욱. 2011.「세계사회와 공적개발원조: 한국 ODA 결정요인 분석, 1989-2007」. ≪한국사회학≫, 제45집 1호, 153~190쪽.

구춘권. 2004.「유럽연합과 국가성의 전환: 조절이론의 네오그람시안적 확장을 통한 접근」. ≪국제정치논총≫, 제44집 4호.

_____. 2002.「유럽연합의 화폐통합에 대한 네오그람시안적 접근: 팍스 아메리카나의 위기와 유럽의 신자유주의적 재편」. ≪국제정치논총≫, 제42집 3호.

_____. 2001.「유럽연합의 통합양식 변화와 비판적 통합이론의 도전」. ≪한국정치학회보≫, 제35집 3호.

_____. 2000.「화폐적 축적의 자립화: 포드주의의 위기와 국제금융시장의 팽창」. ≪한국정치학회보≫, 제34집 3호.

_____. 1999.「아시아적 자본주의?: 전후 유럽의 성장구도에 대비되는 한국과 일본에서 자본주의 발전의 특수성들」. ≪한국정치학회보≫, 제33집 1호.

국제개발협력위원회. 2015.3. "제21차 국제개발협력위원회 의결안건." http://www.odakorea.

go.kr (검색일: 2015.12.2).

_____. 2010.10. "제7차 국제개발협력위원회 의결안건." http://www.odakorea.go.kr (검색일: 2015.12.2).

권율 외. 2011.『ODA에 대한 국민인식 조사 결과 및 국제 비교』. 대외경제정책연구원.

길정우. 1992.「한국 통상외교의 환경변화와 특징: 한-미 통상관계를 중심으로」. ≪국제정치논총≫, 제32집 2호.

김관옥. 2002.「미국 무역정책의 변화 연구: 미국 항공기 및 자동차산업 무역정책을 중심으로」. ≪한국정치학회보≫, 제36집 3호.

김기석. 2000.「엔 국제화정책: 이슈영역, 규제완화, 그리고 대외경제정책」. ≪국제정치논총≫, 제40권 2호, 85~108쪽.

김미경. 2006.「무역자유화의 국내정치 제도적 조건: 교차국가 간 비교분석」. ≪국제정치논총≫, 제46집 3호.

김상태·윤지웅·김영곤. 2013.「연구논문: 공적개발원조(ODA) 중점협력국가 선정 요인에 대한 실증 분석」. ≪정부학연구≫, 제19집 1호, 125~153쪽.

김석우. 2006.「자유무역협정의 국내정치경제」. ≪세계정치≫, 제6집, 61~92쪽.

_____. 2004.「한미 통상마찰 연구: 반도체 상계관세 사례」. ≪국제정치논총≫, 제44집.

_____. 2003.「남북한 경제협력의 정치경제」. 국제관계연구회 엮음.『동아시아 국제관계와 한국』. 을유문화사, 221~245쪽.

_____. 2003.「국가와 해외자본: 다국적 기업의 사회적 책임성 제고를 위한 다자간 협정을 중심으로」. ≪세계지역연구논총≫, 제20집, 45~65쪽.

_____. 2000.「민주주의와 국제통상정책: 저발전국 사례연구」. ≪국제정치논총≫, 제40집 4호, 139~158쪽.

_____. 1999.「국제정치경제연구의 현황과 전망」. 한국정치학회 편.『21세기 국제관계연구의 쟁점과 과제』. 서울: 박영사.

_____. 1998.『국제통상의 정치경제론』. 서울: 한울.

_____. 1996.「민주주의, 비민주주의와 무역정책 결정요인들」. ≪한국정치학회보≫, 제30집 1호.

_____. 1995.「제3세계 보호무역 정책의 정치경제」. ≪국제정치논총≫, 제35집 1호, 155~183쪽.

김석우·박현정. 2016.「ODA 정책의 국내 요인: 국내 복지정책과 ODA 정책」. ≪한국정치학회보≫, 제50집 1호, 133~154쪽.

김왕식. 1991.「IMF 경제안정화 프로그램의 효과: 라틴아메리카의 경험」. ≪한국정치학회보≫, 제25집 2호.

김욱. 2000.「공공재이론의 관점에서 본 패권안정이론: 한계와 대안을 중심으로」. ≪국제정치논총≫, 제40집 4호, 27~44쪽.

김운태. 2000.「21세기 한국정치연구의 회고와 전망」. ≪한국정치학회보≫, 제34집 3호.

김유은. 1993.「국제정치 분석 개념으로서의 패권: 재검토」. ≪한국정치학회보≫, 제26권 3호, 297~314쪽.

_____. 1992.「국제레짐의 변천에 관한 제이론의 비교 고찰: 패권적 안정이론과 게임이론을 중심으로」. ≪국제정치논총≫, 제32집 1호.

김재철. 2000.「세계화와 국가주권: 공존을 향한 중국의 탐색」. ≪국제정치논총≫, 제40권 3호, 63~80쪽.

김정렬. 1998.「동아시아 발전이론의 비판적 재구성을 위해」. ≪한국정치학회보≫, 제32집 3호.

김준석. 2010.「국제원조의 윤리학에 관한 소고: 토마스 포제와 존 롤스의 논의를 중심으로」. ≪국제정치논총≫, 제50집 1호, 7~35쪽.

김지영. 2013.「한·중·일의 대 아프리카 ODA 분석을 통한 아시아 원조 모델 모색」. ≪사회과학연구≫, 제22집 1호, 146~182쪽.

김진영. 2002.「국제금융체제의 비판과 개혁의 모색: 대안추구의 관점에서」. ≪국제정치논총≫, 제42집 1호.

_____. 1998.「세계화(Globalization)와 헤게모니」. ≪한국정치학회보≫, 제32권 1호, 339~360쪽.

김진철. 1987.「상호의존론」. ≪국제정치논총≫, 제27집 2호.

_____. 1983.「세계경제와 국제정치의 상관성에 관한 연구」. ≪한국정치학회보≫, 제17집.

_____. 1982.「국제적 상호의존관계의 이론적 접근」. ≪한국정치학회보≫, 제16집.

김태균. 2010.「국제개발협력을 위한 가치지향의 이중적 구조」. ≪국제지역연구≫, 제19집 2호, 67~104쪽.

김호섭. 2001.「아시아 경제위기 이후의 일본의 지역주의: 한일자유무역협정 논의의 전개를 중심으로」. ≪한국정치학회보≫, 제35집 1호.

김호진. 1984.「종속이론의 비판적 고찰」. ≪한국정치학회보≫, 제18집.

대외경제협력기금. 2015. "대외경제협력기금 업무통계." https://www.edcfkorea.go.kr (검색일: 2015.11.30).

류상영·이승주. 2003.「탈냉전기 한일경제관계와 플라잉 기즈 모델」. ≪국제정치논총≫, 제43집 2호.

마인섭. 1992.「자본주의적 발전과 민주화: 한국산업화의 단계, 계급구조와 국가」. ≪한국정치학회보≫, 제26집 2호.

문돈. 2007.「국제무역질서의 변화와 한국: 다자주의, 지역주의, 양자주의, 그리고 한국」.『한국정치연구』, 제16권 2호, 165~190쪽.

문정인. 1987.「패권적 안정 쇠퇴와 상호주의」. ≪국제정치논총≫, 제27집 2호.

박건영. 1992.「국제정치경제학의 이론화를 위한 시론: 수정-중상주의」. ≪국제정치논총≫, 제

32집 2호.
박복영·이홍식·구정우. 2013.「중점협력국 선정 기준 및 방법에 관한 연구」. ≪KIEP Research Paper≫, No. Policy Analysis, 13~35쪽.
박사명. 2000.「세계화와 동남아: 도전과 응전」. ≪한국정치학회보≫, 제34집 4호.
박상섭. 1987.「한국국제정치학 40년: 현황, 방향 및 가능성」. ≪한국정치학회보≫, 제21집 2호.
박은홍. 2000.「구조조정과 민주주의: 이론과 경험」. ≪한국정치학회보≫, 제34집 2호.
박홍석. 1993.「미국의 일본 비난과 대외경제정책의 수정주의」. ≪국제정치논총≫, 제 33집 2호.
박홍영. 2010.「전후 일본 ODA 정책의 변화상: 해석과 평가」. ≪일본연구논총≫, 제32집 단일호, 245~272쪽.
박희종 외. 2007.「한국과 FTA 추진국가 간의 무역구조에 관한 연구」. ≪국제지역연구≫, 제11권 2호, 494~518쪽.
백종국. 1998.「동아시아 모델 위기론에 대한 비판적 고찰: 한국의 외환위기를 중심으로」. ≪한국정치학회보≫, 제32집 3호.
_____. 1998.「한국외환위기의 원인과 구조」. ≪국제정치논총≫, 제37집 3호.
백창재. 2001.「쇠퇴기 패권국 대외경제정책의 국내정치적 기반」. ≪한국과 국제정치≫, 제17권 2호, 99~152쪽.
변진석. 1995.「APEC과 미국의 아시아태평양 지역주의정책의 등장: 다자주의인가 동맹인가?」. ≪한국정치학회보≫, 제29집 1호.
서창록·여정동·이종찬 공편. 2000.「현실주의 국제정치경제이론」. ≪현대국제정치경제≫. 법문사.
성태규·정병기. 2003.「금융세계화와 유럽차원의 대응: 유럽중앙은행(ECB)의 기원과 역할 및 한계를 중심으로」. ≪국제정치논총≫, 제43집 3호.
손열. 2006.「한국의 FTA 추진의 국제정치경제: FTA 경쟁과 따라잡기의 동력」. ≪세계정치≫, 제6집, 93~133쪽.
손찬현 외. 1996.「WTO체제의 정착과 신통상의제」. ≪정책연구≫, 96~108쪽.
송주명. 1997.「외압에 대한 전략적 대응으로서의 해외투자정책: 1980년대 일본의 '확장적' 신중상주의적 산업재편전략」. ≪국제정치논총≫, 제36집 3호.
신기현. 1995.「국제정치경제 연구의 전개 양상」.『국제정치학의 새로운 영역과 쟁점』. 나남출판.
안문석. 2013.「한국의 국제개발협력에 대한 국제정치이론 관점의 성찰」. ≪국제정치논총≫, 제53집 4호, 297~331쪽.
안병준 외. 1997.『국제정치경제와 한반도』. 박영사.
안숙영. 2010.「새천년개발목표(MDGs)와 독일의 공적개발원조(ODA)」. ≪21세기정치학회보≫, 제20집 3호, 381~404쪽.
안승국. 2002. 「동아시아 경제위기에 대한 통합적 분석: 대내적 요인과 대외적 요인의 연계를 중심으로」. ≪국제정치논총≫, 제42집 3호.
양기웅. 2006. 「협상이론 측면에서 본 한국의 FTA 협상 분석」. ≪세계정치≫, 제6집, 173~227쪽.
염홍철. 1987. 「국제정치경제: 종속의 시각」. ≪국제정치논총≫, 제27집 2호.
유영준. 1981. 「종속이론의 몇 가지 이론적 특성에 관한 고찰」. ≪한국정치학회보≫, 제15집.
유웅조. 2011. 「한국 공적개발원조(ODA) 정책의 성격에 대한 실증분석」. ≪세계지역연구논총≫, 제29집 1호, 33~58쪽.
_____. 2010. 「미국의 대외원조 정책에 대한 실증분석: 인권정책을 중심으로」. ≪국제정치논총≫, 제50집 2호, 65~85쪽.
유태환·배성일. 2007. 「CGE 자본축적모형을 이용한 한국과 주요 무역상대국의 FTA 체결에 대한 경제적 효과 분석」. ≪무역학회지≫, 제32집 2호, 421~441쪽.
유현석. 2002. 「한-칠레 자유무역협정 협상의 국내정치: 국내협상의 이해집단과 국내제도를 중심으로」. ≪한국정치학회보≫, 제36집 3호.
_____. 2002. 「경제적 지역주의의 국제정치적 접근: 이론적 검토와 APEC에의 적용」. ≪국제정치논총≫, 제42집 3호.
_____. 2001. 「아태지역의 자유주의적 경제협력과 아시아 중상주의의 갈등: APEC의 사례」. ≪국제정치논총≫ 제41집 1호.
윤영관. 1996. 『전환기 국제정치경제와 한국』. 서울: 민음사
_____. 1994. 「패권국가와 국제정치경제 질서」. 이상우·하영선 공편. 『현대국제정치학』. 나남출판.
윤진표. 2001. 「패권안정이론과 국제정치」. 안병준 외. 『국제정치경제와 한반도』. 박영사.
이계우. 2011. 「공적개발원조 배분정책과 실적: 선진국과 한국의 비교」. ≪한국개발연구≫, 제33호 4호, 49~82쪽.
이근. 2006. 「한미 FTA의 정치경제: 정부의 신뢰상실과 찬반의 이념화 과정」. ≪세계정치≫, 제6집, 229~251쪽.
이상환. 2002. 「동아시아 경제위기와 그 해법: 한국 말레이시아 사례에 관한 비교연구」. ≪한국정치학회보≫, 제36집 2호.
_____. 1995. 「미국과 동북아 3국간의 무역분쟁: 패권안정이론과 잉여능력이론의 고찰」. ≪국제정치논총≫, 제35집 1호.
이순학·이홍식. 2012. 「공적개발원조(ODA)는 수출을 진작시키는가?: 도구변수를 이용한 분석」. ≪국제경제연구≫, 제18집 3호, 105~128쪽.
이승주. 2013. 「세계질서의 복합 네트워크화와 개발협력모델의 분화」. ≪한국정치외교사논총≫, 제34집 2호, 285~315쪽.

이재승. 2001.「프랑스의 환율위기관리: 유럽통화통합에 대한 선호의 재정립」. ≪국제정치논총≫, 제41집 2호.
이종찬. 1995.「동아시아 정치경제이론들에 대한 비판적 고찰: 신제도주의 이론을 중심으로」. ≪한국정치학회보≫, 제29집 4호, 571~595쪽.
이호철. 2000.「한국정치학에서 정치경제연구의 쟁점과 과제」. ≪한국정치학회보≫, 제34집 1호.
_____. 1997.「WTO체제의 형성: 패권안정, 합리적 선택, 과두안정?」, ≪국제정치논총≫, 제37집 1호.
임혜란. 2000.「동아시아 위기: 동아시아 모델과 지역경제협력」. ≪국제정치논총≫, 제40집 2호.
장노순. 1997.「남북한 경제협력의 정치적 의미: 현실주의 인식의 재평가」. ≪한국정치학회보≫, 제31집 1호.
장준호·정복철. 2008.「국제개발협력의 두 가지 모델 비교연구」. ≪세계지역연구논총≫, 제26집 3호, 311~339쪽.
장혜영. 2013.「공적개발원조 정책과 국회」. ≪한국정당학회보≫, 제13집 2호, 255~284쪽.
장훈 외. 2000.「영국에서 국가성 변화의 이중성에 대한 연구: 케인스주의 국가에서 신자유주의적 국가로」. ≪국제정치논총≫, 제40권 3호, 297~316쪽.
전기원. 1996.「미국 헤게모니의 지속: 미국 경제의 회복과 헤게모니 유지패턴의 변화」. ≪한국정치학회보≫, 제30집 3호.
정진영. 2007.「지역무역협정의 안보적 외부효과: 한미 FTA를 중심으로」.『국방연구』, 제50집 1호, 61~80쪽.
_____. 1997.「자본의 국제적 유동성, 국가의 정책자율성, 국제협력: 세계금융의 정치경제에 관한 한 시론」. ≪국제정치논총≫, 제36집 3호.
조경근. 1995.「그린라운드(Green Round)의 국제정치적 특성: '자유무역레짐'의 변화를 둘러싼 갈등과 협력의 구조」. ≪국제정치논총≫, 제35집 2호.
조찬수. 2003.「전후 국제경제질서의 국내정치적 기반: 내장된 자유주의에 대한 하나의 역사제도주의적 설명」. ≪한국정치학회보≫, 제37집 2호.
조홍식. 2015.「한국의 ODA정책과 국가 정체성: 기원과 발전과정(1986-2009)」. ≪사회과학논총≫, 제17집, 33~60쪽.
_____. 1993.「EC 공동통상정책의 형성을 통해서 본 유럽통합」. ≪한국정치학회보≫, 제27집 2호.
조화순. 2004.「국제협력의 정치경제: 1989-1992년과 1996-1997년 한-미 정보통신협상의 사례분석」. ≪국제정치논총≫, 제44집 1호.
진시원. 2004.「유럽연합에 대한 이론적 고찰: 경쟁이론들의 장·단점 비교연구」. ≪한국정치학≫, 제38집 2호.

진창수. 2001.「일본 경제정책의 변화와 국제적 효과: 엔의 국제화를 중심으로」. ≪국가전략≫, 제7권 1호. 39~63쪽.

최영종. 2005.「선진국-개도국 통합 사례로서 JACEP(Japan-ASEAN Comprehensive Economic Partnership) 협정에 대한 분석」. ≪국제정치논총≫, 제45집 4호.

_____. 2002.「현실주의 지역통합 이론: 그 가능성과 한계」. ≪한국정치학회보≫, 35집 2호, 409~425쪽.

_____. 2001.「현실주의 지역통합 이론: 그 가능성과 한계」. ≪한국정치학회보≫, 제35집 2호.

최진우. 1997.「유럽경제통화통합의 동인과 정치적 쟁점」. ≪국제정치논총≫, 제36집 3호.

최태욱. 2006.「한국의 FTA 정책과 이익집단정치」. ≪세계정치≫, 제6집, 135~171쪽.

_____. 2001.「대외통상정책의 국제정치와 국내정치: 한일 FTA를 중심으로」. ≪한국정치학회보≫, 제35집 3호.

하경근. 2007.「신국제질서와 제3세계」. ≪국제정치논총≫, 제22집.

한국국제협력단. 2015.「2014년 대외무상원조실적 통계」. http://www.koica.go.kr (검색일: 2015.11.30).

_____. 2008.『국제개발협력의 이해』. 서울: 한울.

한영빈. 2001.「금융 불안정과 정치적 통제의 중요성: 후기케인스주의의 정치학적 의미를 중심으로」. ≪한국정치학회보≫, 제35집 2호.

허태회. 1997.「동아시아 무역팽창과 국제분쟁: 벡터 자기회귀분석」. ≪한국정치학회보≫, 제31집 1호.

Abbott, Kenneth W. 2000. "The Concept of Legalization." *International Organization*, pp.401~419.

Aggarwal, Vinod K., Robert O. Keohane and David B. Yoffie. 1987. "The Dynamics of Negotiated Protectionism." *American Political Science Review*, 81-2, pp.345~66.

Alesina, Alberto and David Dollar. 2000. "Who Gives Foreign Aid to Whom and Why?" *Journal of Economic Growth*, 5, pp.33~63.

Alesina, Alberto and Guido Tabellini. 2007. "Bureaucrats or politicians? Part I: a single policy task." *The American Economic Review*, 97-1, pp.169~179.

Allison, Graham T. and Philip Zelikow. 1999. *Essence of decision: Explaining the Cuban missile crisis*. Vol.2. New York: Longman.

Altman, Oscar L. 1995. "Professor Triffin's Diagnosis of International Liquidity and Proposals for Expanding the Role of the IMF." *IMF Staff Papers*.

Amsden, Alice. 1989. *Asia's Next Giant: South Korea and Late Industrialization*. New

York: Oxford University Press.

Andreas, Hasenclever et al. 1997. *Theories of International Regimes*. Cambridge: Cambridge University Press.

Andrews, David M. and Thomas D. Willett. 1997. "Financial Interdependence and the State: International Monetary Relations at Century's End." *International Organization*, 51-3, pp.479~511.

Axelrod, Robert. 1984. *The Evolution of Cooperation*. Basic Books.

Baker, Andy. 2003. "Why is Trade Reform So Popular in Latin America? A Consumption-Based Theory of Trade Policy Preferences." *World Politics*, 54, pp.423~455.

Baldwin, David A. 1985. *Economic Statecraft*. Princeton: Princeton University Press.

Bandyopadhyay, Subhayu and Howard J. Wall. 2007. "The determinants of aid in the post-cold War Era." *Federal Reserve Bank of St. Louis Review*, 89, pp.1~25.

Bates, Robert H., Philip Brock and Jill Tiefenthaler. 1991. "Risk and Trade Regimes: Another Exploration." *International Organization*, 45-1, pp.1~18.

Beck, Michael. 2000. "Reforming the Multilateral Export Control Regimes." *The Non-proliferation Review*, pp.91~103.

Bergsten, C. Fred. 1997. "The Dollar and the Euro." *Foreign Affairs*, 76-4, pp.83~95.

Berry, William D. and Stanley Feldman. 1985. *Multiple Regression in Practice*. Newbury Park: Sage Publications.

Bhagwati, Jagdish. 1988. *Protectionism*. Cambridge: The MIT Press.

Bjorn Van Camperhout et al. 2007. "Empirical Evidence on the New International Aid Architecture." *IMF Working Papers,* 1~38.

Blake, David H. and Robert S. Walters. 1983. *The Politics of Global Economic Relations*, 2nd edition. Englewood Cliffs. NJ: Prentice-Hall.

Bollen, Kenneth A. 1979. "Political Democracy and the Timing of Development." *American Sociological Review*, 44, pp.572~587.

Boone, Peter. 1996. "Politics and the effectiveness of foreign aid." *European economic review*, 40-2, pp.289~329.

Brander, James A. and Barbara J. Spencer. 1985. "Export Subsidies and International Market Share Rivalry." *Journal of International Economics*, 18, pp.83~100.

Bueno de Mesquita, Bruce and Alastari Smith. 2009. "A Political Economy of Aid." *International Organization*, 62-2, pp.309~340.

Burgoon, Brian. 2001. "Globalization and Welfare Compensation: Disentangling the Ties that Bind." *International Organization*, 55-3, pp.509~551.

Cairnes, John. 1884. *Some Leading Principles of Political Economy*. London: Macmillan.

Carrol, B. A. 1999. "Corporate Social Responsibility." *Business and Society*, 38-2, pp.268~295.

Casson, Mark. 1979. *Alternatives to the Multinational Enterprise*. London: MacMillan. Press.

Caves, Richard E. 1995. "The Multinational Enterprise as an Economic Organization." in Jeffry A. Frieden and David A. Lake. *International Political Economy: Perspectives on Global Power and Wealth*, 3rd edition. London: Routledge, pp.139~153.

Cerny, Philip G. 2000. "Restructuring the Political Arena: Globalization and the Paradoxes of the Competition State." in Randall D. Germain(ed.). *Globalization and Its Critics*. London: MacMillan Press Ltd, pp.117~138.

Claessens Stijin, Danny Cassimon and Bjorn van Campenhout. 2007. "Empirical Evidence on the New International Aid Architecture." *World Economy & Finance Research Program Working Paper Series,* 26.

Cohen, Benjamin J. 1996. "Phoenix Risen: The Resurrection of Global Finance." *World Politics*, 48, pp.268~296.

______. 1983. "Balance-of-payments financing: evolution of a regime." in Stephen D. Krasner(ed.). *International Regimes*. Ithaca: Cornell University Press, pp.315~336.

Conybeare, John A. C. 1984. "Public Goods, Prisoner's Dilemmas and the International Political Economy." *International Studies Quarterly*, 28-1, pp.5~22.

______. 1983. "Tariff Protection in Developed and Developing Countries: A Cross- sectional and Longitudinal Analysis." *International Organization*, 37-3, pp.441~463.

______. 1982. "The Rent-Seeking State and Revenue Diversification." *World Politics*, 35-1, pp.25~42.

Cooper, Richard N. 1975. "Prolegomena to the Choice of an International Monetary System." in Fred C. Bergsten and Lawrence B. Krause(eds.). *World Politics and International Economics*. Washington.

Cooray, Nawalage S. and Md Shahiduzzaman. 2004. "Determinants of Japanese aid allocation: an econometric analysis." *International Development Series,* 2~19.

Corden, W. M. 1974. *Trade Policy and Economic Welfare*. London: Oxford University Press.

Cornwell, John. 1977. *Modern Capitalism: Its Growth and Transformation*. New York: St. Martin's Press.

Dashti-Gibson et al. 1997. "On the Determinants of the Success of Economic Sanctions: An

Empirical Analysis." *American Journal of Political Science*, 41-2, pp.608~ 618.

De Mesquita, Bruce Bueno and Alastair Smith. 2009. "A political economy of aid." *International Organization*, 63-2, pp.309~340.

Dixit, Avinash. 1983. "International Trade Policy for Oligopolistic Industries." *The Economic Journal*, 94, pp.1~17.

Doyle, Michael W. 1983. "Kant, Liberal Legacies and Foreign Affairs, Part 1." *Philosophy and Public Affairs*, 12-3, pp.205~235.

Doyle, Michael. 1986. "Liberalism and World Politics." *American Political Science Review*, 80, pp.1151~1169.

Drezner, Daniel W. 2000. "Ideas, bureaucratic politics and the crafting of foreign policy." *American Journal of Political Science*, pp.733~749.

Dunning, John H. 1981. *International Production and the Multinational Enterprise*. Boston: Allen and Unwin.

_____. 1977. "Trade, Location of Economic Activity and the MNE: A Search for an Eclectic Approach." in B. Ohlin et al(eds.). *The International Allocation of Economic Activity*. London: Holmes and Meier, pp.395~418.

Eichengreen, Barry. 1994. *International Monetary Arrangements for the 21st Century*. Washington D.C.: The Brookings Institution.

_____. 1987. "Conducting the International Orchestra: Bank of England Leadership under the Classical Gold Standard." *Journal of International Money and Finance*, 6, pp.5~29.

_____. 1985. "Editor's introduction." in Barry Eichengreen(ed.). *The Gold Standard in Theory and Practice*. New York: Methuen, pp.1~33.

Elliott, Michael. 1999. "Trade Warriors, Please Stand Down." *Newsweek. International Economics*. London: Oriel Press, pp.138~153.

Ember, Carol et al. 1992. "Peace Between Participatory Polities: A Cross-Cultural Test of the 'Democracies Rarely Fight Each Other' Hypothesis." *World Politics*, 44-4, pp.573~599.

Ethier, Wilfred. 1998. "Regionalism in a Multilateral World." *Journal of Political Economy*, 106, pp.1214~1245.

_____. 1983. *Modern International Economics*. N.Y.: W.W. Norton and Company.

Evans, Peter. 1997. "The Eclipse of the State?: Reflections on Stateness in an Era of Globalization." *World Politics*, 50, pp.62~87.

Feldstein, Martin. 1997. "EMU and International Conflict." *Foreign Affairs*, 76-6, pp.60~73.

Fieldhouse, David. 1995. "A New Imperial System? The Role of the Multinational Corporations Reconsidered." in Jeffry A. Frieden and David A. Lake. *International Political Economy*, 3rd edition. London. Routledge, pp.165~178.

Finger, J. Michael and Philip Schuler. 1999. "Implementation of Uruguay Round Commitments: The Development Challenge." Paper for presentation to the WTO/World Bank Conference on Developing Countries' in a Millennium Round. Geneva, pp.20~21.

Fleck, Robert and Christopher Kilby. 2006. "How Do Political Changes Influence US Bilateral Aid Allocation? Evidence from Panel Data." *Review of Development Economics*, 10-2, pp.210~223.

______. 2005. "How do political changes influence US bilateral aid allocation? Evidence from panel data." *Vassar College Economics Working Paper* #67.

Fleming, Marcus. 1962. "Domestic Financial Policies under Fixed and Floating Exchange Rates." *IMF Staff Paper*.

Frankel, Jeffrey A. 1997. *Regional Trading Blocks in the World Economic System*. Washington, D.C.: Institute for International Economics.

Frieden, Jeffry A. 1991. *Debt, development, and democracy: modern political economy and Latin America, 1965-1985*. Princeton University Press.

Frieden, Jeffry A. and Ronald Rogowski. 1996. "The impact of the international economy on national policies: An analytical overview." *Internationalization and domestic politics*, 26, pp.25~47.

Friedman, Milton. 1995. "The Case for Flexible Exchange Rates." in Philip King, pp.289~305.

Friedman, Thomas L. and Ignacio Ramonet. 1999. "Dueling Globalization." *Foreign Policy*, 116, pp.110~127.

Gallarotti, Giulio M. 1985. "Toward a Business-Cycle Model of Tariffs." *International Organization*, 39-1, pp.155~187.

Garrett, Geoffrey. 1998. "Global markets and National Politics: Collision Course or Virtuous Circle?" *International Organization*, 52-4, pp.787~824.

Garten, Jeffrey E. 1993. *A Cold Peace: America, Japan, Germany, and the Struggle for Supremacy*. New York: Random House.

Gilpin, Robert. 2001. *Global Political Economy: Understanding the International Economic Order*. Princeton University Press.

______. 2000. *The Challenge of Global Capitalism: The World Economy in the 21st*

Century. Princeton: Princeton University Press.

_____. 1987. *The Political Economy of International Relations*. Princeton University Press.

_____. 1976. *U.S. Power and the Multinational Corporation*. Basic Books.

_____. 1975. *U.S. Power and the Multinational Corporation: The Political Economy of Foreign Direct Investment*. New York: Basic Books.

Goldstein, Judith and Robert O. Keohane(eds.). 1993. *Ideas and Foreign Policy*. Ithaca: Cornell University Press.

Goldstein, Judith et al. 2000. "Introduction: Legalization and World Politics." *International Organizations*, 54, pp.358~399.

Goldstein, Markus P. and Todd J. Moss. 2005. "Compassionate Conservatives or Conservative Compassionates? US Political Parties and Bilateral Foreign Assistance to Africa?" *The Journal of Development Studies*, 41-7, pp.1288~1302.

Golob, Stephanie R. 2003. "Beyond the Policy Frontier: Canada, Mexico, and the Ideological Origins of NAFTA." *World Politics*, 55, pp.361~398.

Gowa, Joanne and Edward D. Mansfield. 1993. "Power Politics and International Trade." *American Political Science Review*, 87-2, pp.408~420.

Gowa, Joanne. 1994. *Allies, Adversaries, and International Trade*. Princeton: Princeton University Press.

Grieco, Joseph M., Robert Powell and Duncan Snidal. 1993. "The Relative Gains Problem for International Cooperation." *American Political Science Review*, 87-3, pp.729~743.

Grossman, Gene M. and Elhanan Helpman. 1995. "The Politics of Free-Trade Agreements." *American Economic Review*, 85, pp.667~690.

Hainmueller, Jens and Michael J. Hiscox. 2006. "Learning to Love Globalization: Education and Individual Attitudes Toward International Trade." *International Organization*, 60, pp.469~498.

Halperin, Morton H. and Priscilla Clapp. 2006. *Bureaucratic politics and foreign policy*. Brookings Institution Press.

Hamilton, Colleen and John Whaley. 1988. "Coalitions in the Uruguay Round: The Extent, Pros and Cons of Developing Country Participation." *NBER Working Paper*, No.2751.

Hansen, John Mark. 1990. "Taxation and the Political Economy of the Tariff." *International Organization*, 44-4, pp.527~551.

Hansen, Wendy. 1990. "The International Trade Commission and the Politics of Protectionism." *American Political Science Review*, 84, pp.21~46.

Hanson, Brian T. 1998. "What Happened to Fortress Europe? External Trade Policy Liberalization in the European Union." *International Organization*, 52-1, pp.55~85.

Hart, Michael. 1999. "The FTA? Who Cares?" *Time*.

Hays, Jude C., Sean D. Enrlich and Clint Peinhardt. 2005. "Government Spending and Public Support for Trade in the OECD: An Empirical Test of the Embedded Liberalism Thesis." *International Organization*, 59-2, pp.473~494.

Hirschman, Albert O. 1970. *Exit, Voice, and Loyalty: Responses to Decline in Firms, Organization, and States*. Harvard University Press.

Hirst, Paul and Grahame Thompson. 1999. *Globalization in Question*, 2nd edition Oxford: Polity Press.

Hiscox, Michael J. 2001. "Class versus Industry Cleavages: Inter-Industry Factor Mobility and the Politics of Trade." *International Organization*, 55, pp.1~46.

Hook, Steven W. 1995. *National Interest and Foreign Aid*. Boulder: Lynne Rienner.

Horning, Nadia Rabesahala. 2008. "Strong support for weak performance: Donor competition Madagascar." *African Affairs*, 107-428, pp.405~431.

Hume, David. 1985 "On the Balance of Trade." in Eichengreen. *The Gold Standard in Theory and Practice*, pp.39~48.

Imbeau, Louis M. 1989. *Donor Aid-The Determinants of Development Allocations to Third World Countries*. Peter Lang.

Ingco. M.D. 1996. "Tariffication in the Uruguay Round: How Much Liberalization." *The World Economy*, 19-4, pp.425~447.

Irwin, Douglas A. 1996. *Against the Tide: An Intellectual History of Free Trade*. Princeton: Princeton University Press.

Jackman, Robert W. 1982. "Dependence on Foreign Investment and Economic Growth in the Third World." *World Politics*, 34, pp.175~196.

_____. 1973. "On the Relation of Economic Development to Democratic Performance." *American Journal of Political Science*, 17.

Jensen, Nathan M. 2003. "Democratic Governance and Multinational Corporations: Political Regimes and Inflows of Foreign Direct Investment." *International Organization*, 57-3, pp.587~616.

Jepma, Catrinus J., Henk Jager and Elise Kamphuis. 1996. *Introduction to International Economics*. London: Longman.

Kahler, Miles. 1985. "Politics and international debt: explaining the crisis." in Miles Kahler(ed.). *The Politics of International Debt*. Ithaca: Cornell University Press, pp.11~36.

Kapstein, Ethan B. 2000. "Winners and Losers in the Global Economy." *International Organization*, 54-2, pp.372~375, 539~584.

Katzenstein, Peter J. 1978. *Between Power and Plenty*. Madison: University of Wisconsin.

Keohane, Robert O. 1984. *After Hegemony: Cooperation and Discord in the World Political Economy*. Princeton: Princeton University Press.

Keohane, Robert O. and Joseph S. Nye. 1993. "Introduction: The End of the Cold War in Europe." in Robert O. Keohane, Joseph S. Nye and Stanley Hoffmann(eds.). *After the Cold war: International Institutions and State Strategies in Europe, 1989-1991*. Cambridge: Harvard University Press.

_____. 1980. "The theory of hegemonic stability and changes in international economic regimes. 1967-1977." in Ole Holsti et al. *Change in the International System*. Boulder: Westview Press, pp.131~162.

Kindleberger, Charles P. 1973. *The World in Depression, 1929-1939*. University of California Press.

King, Gary, et al. 1994. *Designing Social Inquiry: Scientific Inference in Qualitative Research*. Princeton: Princeton University.

King, Philip. 1995. *International Economics and International Economic Policy: A Reader*, 2nd Edition. McGraw-Hill Inc.

Klee, Kenneth. 1999. "The Price of Prosperity-Cheap Imports? No Problem-Except For Steelworkers." *Newsweek*.

Knack, Stephen. 2004. "Does Foreign Aid Promote Democracy?" *International Studies Quarterly*, 48-1, pp.251~266.

Kobrin, Stephen J. 1987. "Testing the Bargaining Hypothesis in the Manufacturing Sector in Developing Countries." *International Organization*, 41-4, pp.609~638.

Koh, Harold H. 1997. "Why Do Nations Obey International Law?" *Yale Law Journal*, 106, pp.2598~2659.

Krasner, Stephen D. 1979. "The Tokyo Round: Particularistic Interests and Prospects for Stability in the Global Trading System." *International Studies Quarterly*, 23-4, pp.491~531.

Krasner, Stephen D. 1985. *Structural Conflict: the Third World Against Global Liberalism*. Berkeley: University of California Press.

_____. 1976. "State Power and the Structure of International Trade." *World Politics*, 28-3, pp.317~347.

Krueger, Anne. 1974. "Political Economy of the Rent-Seeking Society." *American Economic Review*, 64-3, pp.291~303

_____. 1969. "Balance-of-Payments Theory." *Journal of Economic Literature*, 7, pp.1~26.

Krugman, Paul R. and Maurice Obstfeld. 1994. *International Economics: Theory and Policy*, 2nd edition. Harper Collins Publishers.

Krugman, Paul(ed.). 1986. *Strategic Trade Policy and the New International Economics*. Cambridge: The MIT Press.

Lake, David A. 1992. "Powerful Pacifists: Democratic States and War." *American Political Science Review*, 86-1, pp.24~37.

Lederman, Daniel, William F. Maloney and Luis Serven. 2005. "Trade, Doha, and Development." *World Bank Report*.

Lewis, Stephen R. Jr. 1963. "Government Revenue from Foreign Trade: An International Comparison." *The Manchester School of Economic and Social Studies*, 31-1, pp.39~46.

Lewis-Beck, Michael S. 1989. *Applied Regression: An Introduction*. Newbury Park: Sage Publications.

Lindsay, James M. 1986. "Trade Sanctions as Policy Instruments: A Re-examination." *International Studies Quarterly*, 30-2, pp.153~173.

Lipset, Seymour Martin. 1959. "Some Social Requisites of Democracy: Development and Political Legitimacy." *American Political Science Review*, 53, pp.69~105.

Lumsdaine, David and James C. Schopf. 2007. "Changing values and the recent rise in Korean development assistance." *The Pacific Review*, 20-2, pp.221~255.

Lumsdaine, David Halloran. 1993. *Moral Vision in International Politics*. Princeton: Princeton University Press.

MacBean, A. I. and P. N. Snowden. 1981. *International Institutions in Trade and Finance*. London: George Allen and Unwin.

MacBean, A. I. and P. N. Snowden. 1987. "The General Agreement on Tariffs and Trade(GATT)." in *International Institutions in Trade and Finance*. London: George Allen and Unwin, pp.63~92.

MacShane, Denis. 1999. "The Threat to Globalization-It doesn't come from those sho sill gather in Seattle, but from darker political forces." *Newsweek*.

Magee, Stephen P. 1980. "Three Simple Tests of the Stolper-Samuelson Theorem." Peter Oppenheimer(ed.). *Issues in International Economics*. London: Oriel Press, pp.138~153.

Magee, Stephen P. et al. 1989. *Black Hole Tariffs and Endogenous Policy Theory*. Cambridge: Cambridge University Press.

Mansfield, Edward D. 1997. "Alliances, Preferential Trading Arrangements, and International Trade." *American Political Science Review*, 91-1, pp.94~107.

Mansfield, Edward D. and Helen V. Milner. 1999. "The New Wave of Regionalism." *International Organization*, 53-3, pp.589~627.

Mansfield, Edward D., Helen V. Milner and B. Peter Rosendorff. 2002. "Why Democracies Cooperate More: Electoral Control and International Trade Agreements." *International Organization*, 56, pp.477~514.

_____. 1995. "International Institutions and Economic Sanctions." *World Politics*, 47-4, pp.575~605.

Mansfield, Edward et al. 2000. "Free to Trade: Democracies, Autocracies, and International Trade." *American Political Science Review*, 94, pp.305~322.

Mark Casson. 1979. *Alternatives to the Multinational Enterprise*. London: MacMillan Press.

McCallum, Bennett T. 1996. *International Monetary Economics*. Oxford University Press.

McKeown, Timothy J. 1984. "Firms and Tariff Regime Change: Explaining the Demand for Protection." *World Politics*, 36-2, pp.215~233.

_____. 1983. "Hegemonic Stability Theory and the 19th Century Tariff Levels in Europe." *International Organization*, 37-1, pp.73~91.

McKinnon, Ronald I. 1988. "Monetary and Exchange Rate Policies for International Financial Stability: A Proposal." *Journal of Economic Perspectives*, 2, pp.83~103.

_____. 1981. "The Exchange Rate and Macroeconomic Policy: Changing Postwar Perceptions." *Journal of Economic Literature*, 19, pp.531~537.

McLean, Elena V. 2012. "Donors' Preferences and Agent Choice: Delegation of European Development Aid." *International Studies Quarterly*, 56-2, pp.381~395.

Michael Beck. 2000. "Reforming the Multilateral Export Control Regimes." *The Nonproliferation Review*, pp.91~103.

Midford, Paul. 1993. "International Trade and Domestic Politics: Improving on Rogowski's Model of Political Alignments." *International Organization*, 47-4, pp.535~564.

Milner, Helen V. 1988. *Resisting protectionism: Global industries and the politics of international trade*. Princeton, NJ: Princeton University Press.

Milner, Helen V. with Keiko Kubota. 2005. "Why the Move to Free Trade? Democracy and Trade Policy in the Developing Countries." *International Organization*, 59, pp.107~143.

Milner, V. Helen and Dustin H. Tingley. 2010. "The political economy of US foreign aid: American legislators and the domestic politics of aid." *Economics and Politics*, 22-2, pp.200~232.

Mitsuya Araki. 2007. "Japan's Official Development Assistance: The Japan ODA Model That Began Life in Southeast Asia." *Asia-Pacific Review*, 14-2, pp.17~29.

Moore, Mike. 1999. "Challenges For The Global Trading System In The New Millenium." http://www.wto.org/wto/new.

______. 1999. "Seattle: What's at Stake? Transatlantic Business Dialogue." http://www.wto.org/wto/speeches.

______. 1999. "Trade For Development-The Way Ahead." Address to the Group of 77 Ministerial Meeting. http://www.wto.org/wto/speeches.

Moran, Theodore H. 1996. "Grand Strategy: The Pursuit of Power and the Pursuit of Plenty." *International Organization*, 50-1, pp.175~205.

Mundell, Robert. 1963. "Capital Mobility and Stabilization Policy under Fixed and Flexible Exchange Rates." *Canadian Journal of Economics and Political Science*, 29, pp.475~485.

______. 1962. "The Appropriate Use of Monetary and Fiscal Policy under Fixed Exchange Rates." *IMF Staff Paper 9*.

Mussa, Michael. 1974. "Tariffs and the Distribution of Income: The Importance of Factor Specificity, Substitutability, and Intensity in the Short and Long Run." *Journal of Political Economy*, 82-6, pp.1191~1204.

Naylor, Tristen. 2001. "Deconstructing Development: The Use of Power and Pity in the International Development Discourse." *International Studies Quarterly*, 55-1, pp.177~197.

Noel, Alain Noel and Jean-Philippe Therien. 1995. "From domestic to international justice: the welfare state and foreign aid." *International Organization*, 49-3, pp.523~553.

Nollen, Stanley D. and Dennis P. Quinn. 1994. "Free Trade, Fair Trade, Strategic Trade, and Protectionism in the U.S. Congress, 1987-88." *International Organization*, 48-3, pp.491~525.

Nurske, Ragnar. 1985. "The gold exchange standard." in Eichengreen. *The Gold Standard in Theory and Practice*, pp.201~225.

Nye, Joseph S. 1990. *Bound to Lead: The Changing Nature of American Power*. Basic Books.

Nye, Joseph S. 2004. *Soft Power: The Means to Success in World Politics*. Public Affairs.

Odell, John S. 1979. "The U.S. and the Emergence of Flexible Exchange Rates: An Analysis of Foreign Policy Change." *International Organization*, 33-1, pp.57~81.

OECD. 2001. *The OECD Guidelines on Multinationals: A User's Guide*. Paris.

_____. 2000. *The OECD Declaration and Decisions on International Investment and Multinational Enterprises: Basic Texts*. Paris.

_____. 2000. *The OECD Guidelines for Multinational Enterprises: Revision*. Paris.

Oye, Kenneth(ed.). 1986. *Cooperation under Anarchy*. Princeton University Press.

Pape, Robet A. 1997. "Why Economic Sanctions Do Not Work." *International Security*, 22-2, pp.90~136.

Peter Sutherland et al. 2001. "Challenges Facing the WTO and Policies to Address Global Governance." in Gary P. Sampson. *The Role of the World Trade Organization in Global Governance*. The United Nations University Press.

Petterson, Lee Ann. 1997. "Agricultural Policy Reform in the European Community: A Three-level Game Analysis." *International Organization*, 51-1, pp.135~165.

Philips, Cutright. 1963. "National Political Development: Measurement and Analysis." *American Sociological Review*, 28, pp.253~264.

Pollins, Brian M. 1989. "Does Trade Still Follow the Flag?" *American Political Science Review*, 83, pp.465~480.

Powell, Robert. 1991. "Absolute And Relative Gains in International Relations Theory." *American Political Science Review*, 85-4, pp.1303~1320.

Putnam, D. Robert. 1988. "Diplomacy and Domestic Politics: the Logic of Two-level Games." *International Organization*, 42-3, pp.427~460.

Ray, Edward John. 1986. "Changing Patterns of Protectionism: The Fall in Tariffs and the Rise in Non-Tariff Barriers." *Northwestern Journal of International Law and Business*, 8, pp.285~327.

Remmer, Karen L. 1998. "Does Democracy Promote Interstate Cooperation? Lessons from the Mercosur Region." *International Studies Quarterly*, 42, pp.25~52.

Richard H. Steinbert, 2002. "In the Shadow of Law or Power? Consensus-Based Bargaining and Outcomes in the GATT/WTO." *International Organization*, 56-2.

Richardson, J. David. 1990. "The Political Economy of Strategic Trade Policy." *International Organization*, 44-1, pp.107~135.

Ricupero, Rubens R. 2001. "Rebuilding Confidence in the Multilateral Trading System: Closing the 'Legitimacy Gap'." in Gary P. Sampson. *The Role of the World Trade Organization in Global Governance*. The United Nations University Press.

Rodrik, Dani. 1997. "Sense and Nonsense in the Globalization Debate." *Foreign Policy*, 107, pp.19~36.

_____. 1992. "The Rush to Free Trade in the Developing World: Why so Late? Why Now? Will It Last?" *NBER Working Papers Series*, No.3947.

Rogowski, Ronald. 1989. *Commerce and Coalitions: How Trade Affects Domestic Political Alignments*. Princeton: Princeton University Press.

Ruggie, John Gerard. 1982. "International Regimes, Transactions, and Change: Embedded Liberalism in the Postwar Economic Order." *International Organization*, 36-2, pp.379~415.

Rupert, Marx. 2000. *Ideologies of Globalization*. London: Routledge.

Russett, Bruce. 1985. "The Mysterious Case of Vanishing Hegemony? or, Is Mark Twain Really Dead?" *International Organization*, 39-2, pp.207~231.

Sachs, Jeffrey. 1998. "International Economics: Unlocking the Mysteries of Globalization." *Foreign Policy*, 110.

Sayrs, Lois W. 1989. *Pooled Time Series Analysis*. Newbury Park: Sage Publications.

Scammell, W. M. 1985. "The Working of the Gold Standard." in Eichengreen. *The Gold Standard in Theory and Practice*, pp.103~119.

Schattschneider, Elmer Eric. 1935. *Politics, Pressures and the Tariff: A study of free private enterprise in pressure politics, as shown in the 1929-1930 revision of the tariff*. Prentice-Hall, inc.

Schraeder, Peter J. 1995. "From Berlin 1884 to 1989: Foreign Assistance and French, American, and Japanese Competition in Francophone Africa." *The Journal of Modern African Studies*, 33-4, pp.539~567.

Schraeder, Peter J., Steven W. Hook and Bruce Taylor. 1998. "Clarifying the Foreign Aid Puzzle: A Comparison of American, Japanese, French, and Swedish Aid Flows." *World Politics*, 50-2, pp.294~323.

Shaffer, Gregory. 2005. "Power, governance, and the WTO: a comparative institutional approach." in Michael Barnett and Raymond Duval. *Power in Global Governance*. Cambridge: Cambridge University Press.

Snidal, Duncan. 1985. "The Limits of Hegemonic Stability Theory." *International Organization*, 39-4, pp.579~614.

Sohn, Hyuk-Sang, Sungsik Ahn and Jiyoung Hong. 2011. "What Matters in Determining Korean ODA Allocation-An Empirical Analysis of Bilateral Aid since 1991." *Korean Political Science Review*, 45-6, pp.45~68.

Spero, Joan Edelman. 1985. *The Politics of International Economic Relations*, 3rd edition. New York: St. Martin's Press.

Stein, Arthur A. 1994. "The Hegemon's Dilemma: Great Britain, the United States, and the International Economic Order." *International Organization*, 38-2, pp.355~386.

Stiglitz, Joseph E. 1999. "Two Principles for the Next Round Or, How to Bring Developing Countries in from the Cold." Paper for presentation to the WTO/World Bank Conference on Developing Countries' in a Millennium Round, Geneva.

Stokke, Olav. 1989. *Western Middle Powers and Global Poverty*. Nordic Africa Institute.

Stolper, Wolfgang F. and Paul A. Samuelson. 1941. "Protection and RealWages." *Review of Economic Studies*, 9, pp.58~73.

Strange, Susan. 1987. "The Persistent Myth of Lost Hegemony." *International Organization*, 41-4, pp.551~574.

Tarzi, Shah. 1995. "Third World Governments and Multinational Corporations: Dynamics of Host's Bargaining Power." in Frieden and Lake. *International Political Economy*. St. Martin's Press, pp.154~164.

Tavlas, George S. 1995. "The Theory of Optimum Currency Areas Revisited." in King. *Iternational Economics*. London: Oriel Press, pp.138~153.

The Commission on Global Governance. 2005. "A New World." in Rorden Wilkinson(ed.). *The Global Governance Reader*. London: Routledge.

Thérien, Jean-Philippe and Alain Noel. 2000. "Political Parties and Foreign Aid." *The American Political Science Review*, 94-1, pp.151~162.

_____. 1994. "Welfare Institutions and Foreign Aid: Domestic Foundations of Canadian Foreign Policy." *Canadian Journal of Political Science*, 27-3, pp.529~558.

Thérien, Jean-Philippe. 2002. "Debating Foreign Aid: Right versus Left." *Third World Quarterly*, 23-3, pp.449~466.

Timothy J. Sinclair. 2004. *Global Governance: Critical Concepts in Political Science*. London: Routledge.

Tingley, Dustin. 2010. "Donors and domestic politics: Political influences on foreign aid effort." *The Quarterly Review of Economics and Finance*, 50, pp.40~49.

Travis, Rick. 2010. "Problems, politics, and policy streams: A reconsideration US foreign aid behavior toward Africa." *International Studies Quarterly*, 54, pp.797~821.

Triffin, Robert. 1985. "The myth and realities of the so-called gold standard." in Eichengreen. *The Gold Standard in Theory and Practice*, pp.121~140.

_____. 1978-79. "The international role and fate of the dollar." *Foreign Affairs,* 57, pp.269~286.

_____. 1961. *Gold and the Dollar Crisis*. Yale University Press.

United Nations Development Program. 1992. *Human Development Report 1992*. New York: Oxford University Press.

Viner, Jacob. 1950. *The Customs Union Issue*. New York: Carnegie Endowment for International Peace.

Wallerstein, Immanuel. 1974. *The Modern World-System I*. New York: Academic Press. Inc.

Wallerstein, Michael. 1987. "Unemployment, Collective Bargaining, and the Demand for Protection." *American Journal of Political Science*, 31, pp.729~752.

Waltz, Kenneth N. 1959. *Man, the State and War: A Theoretical Analysis*. New York: Columbia University Press.

Waltz, Kenneth. 1979. *Theory of International Politics*. Addison-Wesley. London: Routledge, pp.139~153.

Wang, Te-Yu. 1999. "US foreign aid and UN voting: an analysis of important issues." *International Studies Quarterly*, 199~210.

Whalley, John. 1989. "Recent Trade Liberalization in the Developing World: What is behind it, and Where is it headed?" *NBER Working Paper*. No.3057.

Williamson, John. 1985. "The Exchange Rate System." *Policy Analyses in International Economics*. Washington, D.C.: Institute for International Economics.

Wolfgang, Mayer. 1974. "Short-run and Long-run Equilibrium for a Small Open Economy." *Journal of Political Economy*, 82-5, pp.955~967.

Woo-Cumings(ed.). 1999. *The Developmental State*. Ithaca: Cornell University Press.

찾아보기

ㅇ

ㅈ

지은이

김 석 우

서울대학교 불어불문학과 졸업

아이오와 주립대학교 정치학 석사

노스캐롤라이나 주립대학교(Chapel Hill) 정치학 박사

현 서울시립대학교 국제관계학과 교수

한국정치학회 부회장, 한국국제정치학회 부회장 역임

한국국제정치학회 편집위원장

저서

『국제통상의 정치경제론』(도서출판 한울, 1998)

『현대 국제정치경제』(공저, 법문사, 2000)

『한국의 통상협상』(공저, 도서출판 오름, 2004)

『세계정치: 자유무역협정의 정치경제』(공저, 인간사랑, 2006)

『현대 국제정치학과 한국』(공저, 인간사랑, 2007)

『현대국제정치이론과 한국적 수용』(공저, 법문사, 2009)

『미래 한일협력의 정치학』(공저, 인간사랑, 2009)

한울아카데미 1913

국제정치경제의 이해(개정판)

역사, 이념 그리고 이슈

지은이 | 김석우
펴낸이 | 김종수
펴낸곳 | 한울엠플러스(주)
편 집 | 조인순

초판 1쇄 발행 | 2011년 1월 17일
개정판 1쇄 발행 | 2016년 8월 16일
개정판 6쇄 발행 | 2026년 3월 20일

주소 | 10881 경기도 파주시 광인사길 153 한울시소빌딩 3층
전화 | 031-955-0655
팩스 | 031-955-0656
홈페이지 | www.hanulmplus.kr
등록번호 | 제406-2015-000143

Printed in Korea.
ISBN 978-89-460-5913-9 93340

※ 책값은 겉표지에 표시되어 있습니다.